suhrkamp taschenbuch 3826

»Wenn man mit Frauen Freundschaften haben könnte, welche Freude – die Beziehung so geheim und vertraut, verglichen mit der zu Männern«, schrieb Virginia Woolf 1924, als sie Vita Sackville-West näher kennengelernt hatte. Virginia Woolf war Anfang 40 und erst am Anfang ihrer Karriere, Vita Sackville-West mit Anfang 30 schon eine vielgelesene Schriftstellerin. »Ich bete Virginia an«, schreibt Vita Sackville-West nach dem ersten Treffen. »Da ich mein eigenes Geschlecht sehr bevorzuge ... habe ich die Absicht, in Zukunft nur noch die Gesellschaft von Frauen zu kultivieren. Männer sind immer alle im Licht: Mit Frauen schwimmt man sofort in die schweigende Dämmerung«, schrieb die, um die es geht.

Susanne Amrains »hinreißendes Buch ist eine Hommage an zwei leidenschaftliche und kühne Frauen: die schriftstellernde Aristokratin und ›entschiedene Sapphistin‹ Vita sowie die begnadete Schriftstellerin und engagierte Frauenrechtlerin Virginia«.

Emma

Susanne Amrain, geboren 1943, starb 2008 in Göttingen. Sie arbeitete einige Jahre als Schauspielerin und studierte danach Anglistik und Germanistik in Heidelberg und Göttingen. Promotion 1983. Veröffentlichungen zur ›Erfindung‹ der romantischen Liebe und ihres Frauenbildes, zum Androgynieproblem, über Dorothy Wordsworth.

Susanne Amrain

So geheim und vertraut

Virginia Woolf und
Vita Sackville-West

Suhrkamp

Umschlagfoto:
E. O. Hoppé (Vita Sackville-West),
Suhrkamp Verlag (Virginia Woolf)

suhrkamp taschenbuch 3826
Erste Auflage dieser Ausgabe 2006

Druck: Druckhaus Nomos, Sinzheim
Umschlag: Göllner, Michels, Zegarzewski
Printed in Germany
ISBN 978-3-518-45826-6

2 3 4 5 6 7 – 14 13 12 11 10 09

Inhalt

Gewidmet:

Djuna Barnes und Thelma Wood
Bryher und Hilda Doolittle
Dorothy Bussy und Marie Souvestre
Romaine Brooks und Natalie Barney
Colette und Missy
Sylvia Townsend Warner und Valentine Ackland
Sylvia Beach und Adrienne Monnier
Theodora Bosanquet und Lady Rhondda
Edith Simcox und George Eliot
Margaret Llewelyn Davies und Lilian Harris
Tony Atwood, Christopher St John und Edy Craig
Charlotte Brontë und Ellen Nussey
Alice B. Toklas und Gertrude Stein
Radclyffe Hall und Una Troubridge
Potto und Towser
Jane Harrison und Hope Mirrlees
Winifred Holtby und Vera Brittain
Ethel Sands und Nan Hudson
Charlotte Mew
Violet Trefusis und Vita Sackville-West
Ida Baker und Katherine Mansfield
Dorothy Wellesley und Hilda Matheson
Winaretta, Princesse de Polignac und Ethel Smyth
Elizabeth Robins und Octavia Wilberforce
Margaret West, Miss Bevan und Rosa Howlett
u.v.a.m.

» Wen liebte sie? Und wie?«

Virginia Woolf las leidenschaftlich gern Biographien und war doch oft unzufrieden mit dem, was sie daraus erfuhr. Sie hat sehr präzise definiert, was ihr lieber gewesen wäre: »... nüchterne Tatsachen, jene ›authentische Information‹, aus der [...] gute Biographie gemacht ist. Wann und wo hat die reale Person gelebt, wie sah sie aus, trug sie Schnürstiefel, oder solche mit elastischem Seitenteil, wer waren ihre Tanten und ihre Freunde, wie putzte sie sich die Nase, wen liebte sie, und wie?«[1]

Die Verfasserin hat sich bemüht, in der Beschreibung eines Ausschnitts aus Woolfs Biographie diesem Verlangen nach Alltagsdetails gerecht zu werden, vor allem aber den zuletzt gestellten Fragen nachzugehen: Wen liebte Virginia Woolf? Und wie?

Wer immer sich für Virginia Woolf und Vita Sackville-West interessiert, weiß, daß die beiden Frauen einmal eine Liebesbeziehung miteinander hatten, und auch über die Natur dieser Beziehung scheint man gut unterrichtet zu sein: Sie sei, und so steht es leider auch noch in neueren biographischen Arbeiten von Frauen zu lesen[2], von kurzer Dauer gewesen, wenig befriedigend für die notorisch lesbische und leidenschaftliche Vita und für die bekanntermaßen so frigide Virginia allenfalls eine platonische Angelegenheit, der insgesamt keine große Bedeutung zukomme.

Dieses Urteil gründet sich hauptsächlich auf die unkritische Übernahme der Aussagen von Virginias Neffen und erstem Biographen, Quentin Bell, und von Vitas Sohn, Nigel Nicolson, dem Herausgeber von Virginias Briefen.[3] Als Virginia und Vita sich kennenlernten, waren Quentin und Nigel zwar erst zwölf bzw. fünf Jahre alt und sahen die beiden Frauen in der Folgezeit nur sehr sporadisch. Dennoch sprechen sie mit der Autorität der Zeitgenossenschaft und der persönlichen Wahrnehmung – natürlich aber auch aus ihrer profunden Kenntnis von Vitas und Virginias Briefen und Tagebüchern –, wenn sie das Geschehen interpretieren. Sie tun das in einem Tonfall der Zweifelsfreiheit, der es schwierig macht, sich dem Thema erneut und unbefangen zu nähern.

Und doch ist ebendas notwendig, denn bei genauerer Betrachtung finden sich in den Aussagen dieser beiden Gewährsleute Hinweise darauf, daß hier, bei aller bemühten Objektivität und Liberalität, ein leiser Unwille herrscht, – und eine gewisse Herablassung.

Quentin Bell, der 1972 seine in vieler Hinsicht hervorragende Biographie Virginia Woolfs veröffentlichte, mochte mit diesem Thema nicht recht umgehen.* Er schreibt, und man merkt seinen grammatischen Windungen an, daß ihm die Sache unbehaglich war, »Vielleicht hat es – alles in allem glaube ich, es hat wahrscheinlich – einiges Liebkosen, einiges Miteinander-ins-Bett-Gehen gegeben. Aber was an Derartigem auch immer zwischen ihnen vorgefallen sein mag – ich bezweifle sehr, daß es dazu angetan war, Virginia zu erregen oder Vita zu befriedigen. Soweit es Virginias Leben betrifft, hat dieser Punkt keine große Wichtigkeit; für sie war wichtig, wie sehr sie gefühlsmäßig beteiligt, wie sehr sie verliebt war.«[4] Zu dieser Schlußfolgerung kommt Bell wohlbemerkt trotz seines eingehenden Quellenstudiums, das ihn eines Besseren hätte belehren können, und man fragt sich, warum ihm soviel daran lag, Virginias Empfindungen ausschließlich als leibferne Geisteserotik zu definieren.

Er fährt fort: »Man kann auf solche Fragen keine eindeutigen Antworten geben, aber wenn Leidenschaft am Grad ihrer Blindheit gemessen werden soll, dann waren ihre Empfindungen nicht sehr tiefgehend. [...] Die Ehemänner der beiden nahmen das Ganze mit bewundernswerter Gelassenheit hin. [...] Wie also soll man, alles zusammengenommen, die Beziehung der beiden beschreiben? Ich denke, wir dürfen sie eine Affäre des Herzens nennen, aber soweit es Virginia betraf, war das auch alles.«[5]

Vita Sackville-Wests Sohn Nigel Nicolson widersprach dieser Einschätzung zunächst nicht. In seinem 1973 erschienenen *Portrait einer Ehe* stellt er fest: »Die körperliche Seite ihrer Beziehung war ein vorfühlender Versuch und nicht sehr gelungen. Es ist ein Zerrbild ihrer Beziehung, sie eine Affäre zu nennen.«[6]

Später, als er die Herausgabe von Virginias Briefen besorgte, modifizierte Nicolson dieses Urteil ein wenig und schreckte auch nicht mehr davor zurück, die Sache nun doch eine ›Affäre‹ zu nennen: »Sie liebten einander. Sobald man diese Worte hinschreibt,

* Auch seine bagatellisierende Behandlung von Virginias sexuellem Mißbrauch durch ihre Stiefbrüder – einer Tragödie ihres Lebens, der sie selbst immer wieder unmißverständlichen Ausdruck gegeben hat – zeigt Bells Hemmung, bestimmte Themen unvoreingenommen zu behandeln.

provozieren sie Fragen, die ihre diskreten Briefe nicht direkt beantworten. Aber die Fakten werden aus anderen Quellen deutlich, aus Vitas (nicht Virginias) Tagebuch und ihren beichtenden Briefen an Harold. Sie schliefen vielleicht ein dutzend Mal miteinander, in Vitas Haus und später in Virginias, während ihre Ehemänner abwesend waren. Das erste Mal geschah es in Long Barn, am 18. Dezember 1925. [...] Vita war hingerissen, Virginia merkwürdigerweise wenig beunruhigt. [...] Für Virginia bedeutete die Affäre eine merkwürdige und vergnügliche Erfahrung, die jedoch nichts Berauschendes an sich hatte und befristet war. [...] Ihre Affäre dauerte, mit Unterbrechungen, ungefähr drei Jahre.«[7]

Es fällt auf, wie wichtig Bell und Nicolson es finden, die – recht kühn auf ›ein dutzend Mal‹ – begrenzte Anzahl der stattgehabten sexuellen Handlungen zu betonen, um allein auf dieser Basis die Qualität und Dauer der Beziehung zwischen Virginia und Vita zu definieren und ihr damit einen belanglosen, marginalen Status zuzuweisen.

Wenn die Autoren hingegen auf die Ehen der beiden Frauen zu sprechen kommen, in denen, abgesehen von Virginias Flitterwochen und Vitas ersten fünf Ehejahren, überhaupt keine Sexualität stattfand, folgen sie dieser sonderbaren Logik keineswegs und gelangen zu ganz anderen Schlußfolgerungen: In diesen asexuellen Ehen nämlich siedeln sie die einzigen, wahrhaften und großen Lieben beider Frauen an. – Es ist das Prinzip Leugnung, welches wir hier am Werk sehen.

Die Geschichte von Virginia und Vita muß also neu erzählt werden, denn es läßt sich an ganz anderen Quantitäten als den sexuellen leicht erkennen, daß wir es keineswegs mit einer Episode oder einer nebensächlichen homoerotischen Verirrung zu tun haben:

Diese beiden hochbegabten, schönen, witzigen und völlig unsentimentalen Frauen schrieben sich in fast zwanzig Jahren nahezu siebenhundert Briefe, waren sich über weite Strecken lebensnotwendig und beflügelten sich gegenseitig zu ihren besten künstlerischen Produktionen.

Sie liebten einander. Sobald man diese Worte hinschreibt, provozieren sie in der Tat Fragen: Warum liebten sie sich? Wie liebten sie sich? Wie sehr? Liebten sie sich im gleichen Maß? Auf die gleiche Art? Was hatten sie sich zu sagen? Was bedeuteten sie im Leben der jeweils anderen?

Diese Fragen sind in Wahrheit nicht schwer zu beantworten,

denn Virginia und Vita haben viel darüber gesagt, und man braucht nichts weiter zu tun, als ihre Äußerungen ernst zu nehmen.

Ihre Liebe war kein kurzer Rausch und keine Episode, sondern eine lange, komplizierte und nicht selten quälende Geschichte. Wenn man sie erzählt und dabei die Protagonistinnen ausführlich selbst zu Wort kommen läßt, erscheint zumal Virginia Woolf in einem ganz neuen Licht: Mit Vita erlebte sie Phasen des leidenschaftlichen Verlangens, der Eifersucht, der Entfremdung und der Wiederbegegnung. Vita war, neben ihrer Schwester Vanessa und ihrem Mann Leonard, der einzige Mensch, den Virginia wirklich liebte.

Nicht zuletzt wird die Erzählung dieser Liebesgeschichte dazu dienen, das Bild der ›tragischen Lady von Bloomsbury‹, als die Virginia Woolf so häufig apostrophiert wurde, zu korrigieren. Unbestritten: sie war immer gefährdet durch Depression und Geisteskrankheit, und sie hat ihr Leben durch Selbstmord beendet. Aber sie war auch die Frau, deren Dinnergäste bis drei Uhr morgens wie gebannt sitzen blieben und dem Feuerwerk ihres Gesprächs zuhörten, obwohl sie schon um zehn Uhr Abends zu einer anderen Verabredung hätten gehen sollen.

Und im Zusammensein mit Vita Sackville-West war Virginia Woolf so heiter, frivol, frei und menschlich wie mit niemand sonst. – Es wäre ein Versäumnis, all das nicht zu beschreiben.

Endzeit

Eine Epoche endet hier, und der Tod ist ein Meister aus Deutschland.

Im August 1939 wartet England mit angehaltenem Atem auf den Ausbruch des Krieges. Virginia Woolf und Vita Sackville-West sind nicht mehr jung, siebenundfünfzig und siebenundvierzig Jahre alt. Vita lebt in Kent, nur eine knappe Stunde von Virginia entfernt, die sich jetzt meist in ihrem kleinen Landhaus in Sussex aufhält. Sie haben sich eine Zeitlang nicht mehr gesehen, aber sie schreiben sich, und in dieser bedrückenden Zeit fühlen sie deutlich, wie tief ihre Vertrautheit miteinander ist.

Virginia notiert in ihrem Tagebuch, »Vita sagt, morgens empfindet sie Entsetzen und Grauen – lebt wieder auf, und versinkt dann. Für uns ist es so, als wären wir auf einer kleinen Insel. [...] Aber da ist diese unermeßliche, stille, kalte Düsternis. Und die Anspannung. Wie wenn man auf das endgültige Urteil eines Arztes wartet.«[1]

Als Vita sich zu einem Besuch ansagt, antwortet ihr Virginia, »Ja, liebstes Wesen, komm, wann immer Du willst, und teile unseren Essenstopf mit uns. [...] Dein Brief hat mir so gefallen. Und wenn ich stumm und kühl bin, so bedeutet das nicht, daß ich nicht immer an Dich denke. Eine der ganz wenigen ständigen Präsenzen bist Du. [...] Liebstes Wesen, wie sehr ich Dich immerwährend vor mir sehe, gequält.«[2] – In dieser doppeldeutigen syntaktischen Position des Attributs ›gequält‹, das sich auf Virginia ebenso beziehen läßt wie auf Vita, scheint, wie von einem Streiflicht erhellt, die ganze Tiefe und Kompliziertheit jener Liebe auf, die sie seit so vielen Jahren verbindet.

Aus Vitas Besuch kann nichts werden, denn als sie Virginias Brief am 3. September erhält, befindet sich England seit einigen Stunden im Krieg. Zunächst macht sich das im Land kaum bemerkbar, aber man muß sich vorbereiten. Virginia Woolf fährt nach London, bringt, wie es jetzt alle tun, ballenweise schwarzen Stoff zur Verdunkelung der Fenster nach Hause und schafft ein paar Vorräte an. Sie kauft Schreibpapier, Zucker, Butter und Streichhölzer.

Vereinzelte Luftangriffe werden geflogen. Einige große Schiffe werden von deutschen U-Booten versenkt. London erstarrt; es ist kein Leben mehr auf den Straßen, die U-Bahn fährt nicht, und man ist auf wenige Busse angewiesen. Die Post funktioniert nicht mehr wie sonst, Gasmasken werden verteilt. Der Premierminister Chamberlain macht noch immer Versuche, den Frieden wiederherzustellen. Alle sind davon überzeugt, daß England überrannt werden wird und verloren ist, wenn Hitler wirklich zum Angriff übergeht. »Die Zivilisation ist eingeschrumpft«[3], konstatiert Virginia. Sigmund Freud, den sie noch kennengelernt hatte, stirbt in seinem Londoner Exil. Das Benzin wird rationiert. Man kann entfernter lebende Freunde nicht mehr besuchen, wann man will. Kinder und schwangere Frauen werden hastig aus London evakuiert und auf die Dörfer verteilt.

»Es ist die Unwirklichkeit der Gewalt, die alles dämpft.«[4] »Alles hat seine Bedeutung verloren.«[5] Virginia Woolf lebt inmitten dieser Atmosphäre von Angst, Resignation, Brutalisierung und öffentlichen Aufschwüngen kriegerischen Gebarens und ahnt, daß dieser Krieg alles beenden wird, was ihr Leben ausmacht: Es wird keine Leser mehr geben, kein Echo für ihre Bücher, keinen Sinn, keine Kultur. Sie sagt, »wenn man nicht schreiben kann, [...] kann man sich ebensogut umbringen«.[6]

Doch dann rafft sie sich wieder auf, arbeitet weiter an der Biographie ihres Freundes, des Kunsttheoretikers Roger Fry, einem Buch, das sie unendliche Mühe kostet; sie schreibt weiter an ihrem Roman *Pointz Hall*, der später *Zwischen den Akten* heißen wird, und an ihren Lebenserinnerungen. Noch einmal setzt sie sich über die Bedrückungen dieses Alltags hinweg und packt an: Ihre neue Wohnung in London, Mecklenburgh Square, ist nach dem Umzug aus Tavistock Square immer noch nur halb eingerichtet, quillt über von Kisten und ungeordnetem Hausrat und muß bewohnbar gemacht, die Hogarth Press, der Verlag, den sie mit ihrem Mann Leonard zusammen betreibt, muß dort im Souterrain installiert werden.

Um den Gefahren der in naher Zukunft befürchteten Luftangriffe auf London zu entgehen, entschließen sich die Woolfs, ihr kleines Haus auf dem Land, das ihnen bisher nur als Ferien- und Wochenendhaus gedient hat, zu ihrem Hauptaufenthaltsort zu machen. Monk's House im Dorf Rodmell, Sussex, liegt direkt an der Dorfstraße, umgeben von alten Bäumen und hohem Gebüsch. Es ist wenig geräumig, nicht unterkellert und daher immer feucht.

Die Küche und die beiden größeren, als Wohn- und Eßzimmer genutzten Räume liegen so tief unter dem Niveau des hinter dem Haus ansteigenden Gartens, daß darin immer grüne Dämmerung herrscht wie in einem Aquarium. Louie Everest, eine junge Frau aus dem Dorf, kommt jeden Tag, besorgt den Haushalt und bereitet den Lunch zu. Abends kocht Virginia jetzt immer selbst, was sie bisher nur selten getan hat.

Vormittags arbeitet sie diszipliniert, entweder in ihrem Zimmer im oberen Stockwerk oder, wenn es nicht zu kalt ist, in ihrer einfachen Schreibhütte, die am Ende des großen Gartens steht, mit einer Wand an die Mauer des Friedhofs gelehnt, der zur Dorfkirche von Rodmell gehört. Aus ihrem Fenster hat sie einen wunderbaren Ausblick auf die Downs von Sussex, die sanften Hügel, die sie immer wieder entzücken. Nachmittags, vor dem Tee, macht sie weite Spaziergänge und beruhigt sich an der unverstörten Landschaft. Dieser September 1939 ist besonders schön und sonnig. Manchmal kommen Freunde zu Besuch, und sie spielen im Garten Boule, das französische Kugelspiel. Wenn sie Boule spielt, ist Virginia glücklich.

Im November wird es dunkel, kalt und stürmisch. Die BBC überträgt eine Hitlerrede im Radio. »Wir hörten dem Toben zu, dem erstickten, hysterischen, schluchzenden, fluchenden Rasen Hitlers im Bierkeller.«[7] * »Rußland greift Finnland an. In England geschieht nichts. Nirgendwo Vernunft. Nur wildgewordene Bestien. [...] Wir warten.«[8]

Während eines kurzen Aufenthalts in London geht Virginia in die *Galeries Lafayette* in Regent Street und kauft warme Pullover. Aus dem Glanz des eleganten Warenhauses tritt sie in schwarze Nacht hinaus. Sie hat die Taschenlampe vergessen, die man jetzt während der Verdunkelung braucht, um seinen Weg zu finden. Aber die finstere Stadt hat für sie eine »sonderbare, wilde Schönheit – mittelalterlich, verstohlen – Gestalten, die vorbeischlurfen und -huschen«.[9]

In Rodmell liest sie Sigmund Freuds Werke, deren englische Ausgabe die Hogarth Press herausgebracht hat. Sie ›verschlingt‹ seine Bücher, und die Lektüre deprimiert sie: »Wenn wir nichts als Instinkt sind, Unbewußtes, was hat es dann auf sich mit der Zivilisation, dem ganzen Menschen, der Freiheit, etc.?«[10]

* Hitlers Rede vom 7. November im Bürgerbräukeller in München, bei der er knapp einem Attentat entging.

Nach Weihnachten wird es außergewöhnlich kalt. Das Land ist hartgefroren, wie mit einer Glasschicht überzogen. Virginia setzt ihre Spaziergänge trotzdem fort. Auf dem Rückweg von ihren Wanderungen muß sie immer den Friedhof überqueren, um dann durch einen schmalen Weg, an dem auch die Dorfschule liegt, zur Seitenpforte ihres Gartens zu kommen. »Ein Kind weint in der Schule. Was tue ich, um zu helfen?«[11] »Das Tauwetter hat eingesetzt, und Regen und Wind, und die Sumpfwiesen sind durchweicht und weiß gefleckt, und zwei sehr kleine Lämmer taumelten im Ostwind.«[12] – Ihr seelischer Zustand spiegelt sich in diesen Wahrnehmungen, die sie im Tagebuch niederlegt, und ihre Umgebung verstärkt ihre Depression: Der Wind schneidet wie eine Sense. Das Haus ist naß und kalt. Der Teppich im Eßzimmer verschimmelt.

Um in ihr Schlafzimmer zu gelangen, das vor einigen Jahren, ebenfalls ohne Unterkellerung, außen an das Haus angebaut worden ist, muß Virginia bei jedem Wetter ein Stück durchs Freie gehen. Im späten Februar 1940 schneit es noch immer, bis in Virginias Schlafzimmer hinein. Die Türangel friert über Nacht ein. Virginia erkrankt an Grippe. Wochenlang liegt sie fiebernd im Bett und liest unter anderem Havelock Ellis' Autobiographie, in der der Sexualwissenschaftler sehr offen über seine ungewöhnliche Ehe berichtet, über seine Frau Edith, »die Frauen liebte«.[13]

Schließlich erholt sie sich etwas, und ihre unter unsäglichen Mühen vollendete Biographie *Roger Fry* steht im März kurz vor der Veröffentlichung, als Leonard Woolf das Buch wütend kritisiert. »Es war, als würde man von einem sehr harten, starken Schnabel gehackt.«[14]* Sie hat einen Rückfall. Zwei Tage später hört sie von Vita, die sie besuchen möchte. Immer noch fiebernd, sich fast überstürzend, antwortet sie ihr, »Oh welche Freude, Deinen Brief zu bekommen! Und wie merkwürdig! – Ich sagte gerade zu Leonard, ich hätte das Gefühl, Du glaubtest, wir hätten keine Verbindung mehr miteinander: was mich betrifft, ich habe *niemals* das Gefühl, keine Verbindung mit Vita zu haben. Das ist seltsam, aber wahr. [...] Du wirst mich niemals abschütteln – nein, keinen Augenblick lang fühle ich mich Dir jemals weniger verbunden. Ist das nicht seltsam? Und deshalb habe ich nicht geschrieben, sondern gewartet. – Ja, komm, komm. Was für ein Spaß, welche Freude wird das sein.«[15]

* Die gleichen Worte gebraucht sie in *Zum Leuchtturm*, um Mr. Ramsay zu kennzeichnen, in dem sie ihren patriarchalischen Vater, Leslie Stephen, porträtiert.

Vita Sackville-West durchlebt diese erste Kriegszeit nur knapp eine Stunde von Rodmell entfernt in Sissinghurst, einem Schloß, von dem nur noch Teilgebäude existieren, die in dem von Vita herrlich angelegten Garten verstreut sind. Ihre Wellensittiche, die sie in großer Zahl in Volieren hält, sterben, weil das richtige Futter nicht mehr zu bekommen ist. Vita sitzt in ihrem kaum heizbaren Schloßturm, trägt mehrere alte Schulpullover ihrer Söhne übereinander, darüber noch einen alten, mottenzerfressenen Pelzmantel, und schreibt.

In einem Cottage ganz in der Nähe wohnt die Schwester ihres Mannes, Gwen St Aubyn, mit der Vita einige Jahre lang in Sissinghurst zusammengelebt hatte. Sie haben noch immer eine enge Beziehung zueinander. Aber im September 1938 hat Vita, wie ihre Biographin schreibt, als Reaktion auf die Anspannung der Zeit »es zugelassen, daß Miss Macmillan, genannt ›Mac‹, ihre schottische, presbyterianische Sekretärin, sich in sie verliebte«.[16] Mit Mac trinkt sie jeden Abend, und viel zu viel. Es ist eine trübe Liebschaft in einer trüben Zeit.

Dann verläßt Mac Sissinghurst, um als Krankenschwester Dienst zu tun, und Vita muß sich um die stets kränkelnde Gwen kümmern, die jetzt an einem Zwölffingerdarmgeschwür leidet. Vita wird zunehmend menschenscheu. Meist hat sie nur ihre beiden Schäferhunde, Martha und Martin, als Gesellschaft. Es ist ihr recht. Sie will am liebsten niemanden sehen und weigert sich, ihren Mann Harold Nicolson, der sich politisch betätigt und bald wieder in den Dienst des Außenministeriums eintreten soll, zu offiziellen Gesellschaften zu begleiten. »Ich kann einfach nicht hingehen. [...] Ich bin wirklich ein sehr einsamer Mensch.«[17] Sie will auch deshalb allein sein, weil sie trinken muß und fürchtet, sich in der Öffentlichkeit unmöglich zu machen.

Doch sie arbeitet trotzig weiter an der Vervollkommnung ihres Gartens, kauft eine neue, langsam wachsende Magnolie. »In hundert Jahren wird jemand vorbeikommen, sie zwischen den Trümmern des Turms wachsen sehen ... und sagen: ›Es muß sich früher einmal jemand um diesen Ort gekümmert haben.‹«[18] Und Vita hat Aufgaben für den Kriegsfall übernommen: Sie arbeitet mit bei der Anwerbung von Frauen für die ›Women's Land Army‹, die überall aushelfen müssen, weil die meisten jungen Männer bereits zum Kriegsdienst eingezogen sind, und sie läßt sich als Krankenwagenfahrerin einteilen.

Man fürchtet Giftgasangriffe, und sie versucht, einzelne Räume in Sissinghurst gasdicht zu machen. Vita ist in großer Sorge um ihre Söhne, den fünfundzwanzigjährigen Ben, der bei einer Flakbatterie Dienst tut, den zweiundzwanzigjährigen Nigel, der darauf wartet, zu den Gardegrenadieren kommandiert zu werden, und um ihren Mann Harold, der sich meist in London aufhält und dort besonders gefährdet ist. An Virginia schreibt sie, »Man ist sehr unglücklich, und immer sehr müde, findest Du nicht? Ich habe mich – physisch und geistig – in meinem ganzen Leben nie so müde gefühlt. Ich glaube, das ist der vorherrschende Eindruck, den ich bis jetzt vom Zweiten Deutschen Krieg bekomme: völlige Erschöpfung und Überdruß. [...] Ich möchte Dich gern sehen. Darf ich morgens anrufen und Dich fragen, ob ich zum Lunch kommen kann? Benzin gibt es noch.«[19]

Vita sieht Virginia im April in Rodmell. Danach schreibt sie ihr, »Danke, daß Du mir erlaubt hast, Dich zu besuchen und dafür, daß Du so unwandelbar liebevoll zu mir bist. Deine Freundschaft bedeutet mir so viel. Sie ist wirklich eins der wichtigsten Dinge in meinem Leben.«[20]

Ab Mai 1940 fürchtet man nun täglich die bereits seit langem angedrohte Invasion der Deutschen. ›Operation Seelöwe‹ ist in der Tat geplant, und auf Himmlers Schwarzer Liste mit den Namen der Personen, die augenblicklich zu verhaften sind, stehen auch »Woolf, Leonhard [sic], Schriftsteller« und »Woolf, Virginia, Schriftstellerin«.[21] Sie wären unter den ersten gewesen, die man gefangen hätte: Die Invasionstruppen sollten an der Südküste Englands in Newhaven landen, nur ein paar Kilometer von Rodmell entfernt.

Die Woolfs wissen sehr genau, was ihnen im Fall der Invasion bevorsteht. Leonard ist Jude und hat durch seine Arbeit als sozialistischer Journalist und politischer Schriftsteller detaillierte Informationen über die Vorgänge in Deutschland. In seinen Lebenserinnerungen schreibt er darüber: »Überall in den Städten wurden die Juden öffentlich gejagt, verprügelt und gedemütigt. Ich sah das Foto eines Juden, der von SA-Leuten aus einem Laden in einer der Hauptstraßen Berlins gezerrt wurde; man hatte ihm den Hosenschlitz aufgerissen, um zu zeigen, daß er beschnitten und demnach Jude war. Das Gesicht des Mannes trug den schrecklichen Ausdruck von nacktem Leiden und Verzweiflung, den die Menschen vom Anbeginn der menschlichen Geschichte unter der Dornenkrone in den Gesichtern ihrer verfolgten und gedemütigten Opfer gesehen haben. Noch schrecklicher auf dieser Fotografie war der Ausdruck in den Gesichtern von wohlanständigen Männern und Frauen, die auf dem Trottoir standen und das Opfer auslachten.«[22]

Als die Deutschen am 10. Mai ohne Vorwarnung Holland, Belgien und Luxemburg überfallen, wird Chamberlain von Churchill als Premierminister abgelöst, der der Nation in einer Rundfunkansprache ›nichts als Blut, Schweiß und Tränen‹ zu bieten hat. Ein paar Tage später diskutieren Leonard und Virginia beim Frühstück sehr sachlich darüber, was sie tun werden, wenn die Deutschen landen: Leonard hat einen Kanister Benzin beiseite gestellt; sie werden die Garagentür schließen und sich mit Auspuffgasen umbringen.

Vita Sackville-West und ihr Mann treffen ähnliche Vorbereitungen. Harold gibt ihr Ratschläge für den Fall, daß die Grafschaft Kent evakuiert wird: Sie soll den Wagen mit Nahrung, Kleidung und einigen wenigen Kostbarkeiten beladen, Gwen mitnehmen und zu seinem Bruder Eric nach Devonshire fahren.

Vita weigert sich jedoch, Sissinghurst zu verlassen, da sie nun einmal zugesagt hat, den Krankenwagen zu fahren. Für den schlimmsten Fall besitzen sie und Harold Giftpillen, die ihnen ein befreundeter Arzt verschafft hat und die sie in ihren Briefen verschleiernd als ›blanken Dolch‹ bezeichnen. Vita stellt eine Liste der Dinge zusammen, die sie mitnehmen will, falls sie doch plötzlich fliehen muß: »Stiefel. Breeches. Pullover. Hemden. Strümpfe. Trauerkleidung. Pyjamas. Unterwäsche. Taschentücher. Päckchen. Aspirin. Dialdehyd. Vick. Natriumbikarbonat. Thermosflasche. Morgenmantel. Hausschuhe. Toilettengegenstände. Wärmflaschen. *Grand Canyon* [Manuskript ihres halb fertiggestellten Romans]. Barbara [Holzgeschnitzte Figur; Geschenk von Harold]. Unveröffentlichte Gedichte. Roget [Wörterbuch]. Scheckbücher. Zigaretten und Spitzen und Streichhölzer. Brille. Mein Exemplar von *Collected Poems* mit Korrekturen. Blanker Dolch. Waschsachen: Zahnpulver und Zahnbürste; Nagelbürste; Rasierapparat [Ihr immer schon vorhandener Bartanflug war mit der Zeit so stark geworden, daß sie sich rasierte]. Sibyls Mantel [Ein warmer Flauschmantel, Geschenk von Sybil Colefax]. Handschuhe.«[23]

Im Juni bekommt Virginia von ihrem Bruder, der Arzt ist, ein

Rezept für eine tödliche Dosis Morphium. Das erleichtert sie. Der Gedanke, in der Garage an giftigem Qualm sterben zu müssen, war ihr schrecklich gewesen. Der Sommer 1940 ist sehr heiß; wochenlang herrscht schönstes Wetter, und der ländliche Friede von Rodmell ist fast ungestört. Wann immer es möglich ist, spielt sie mit Leonard und den wenigen Besuchern, die die jetzt schwierig gewordene Fahrt nach Sussex nicht scheuen, Boule auf der großen Rasenfläche vor ihrer Schreibhütte. Das gibt ihr, wenigstens für Stunden, ein Gefühl von Normalität.

Dann beginnen im August 1940 die schweren Luftangriffe der Deutschen, die die Invasion endgültig einleiten sollten. Das Hauptziel ist London, aber auch der Süden Englands wird bombardiert, Sissinghurst ebenso wie Rodmell. »Sie kamen sehr nahe. Wir legten uns unter den Baum. Es war ein Geräusch, als ob jemand in der Luft genau über uns sägte. Wir lagen flach auf dem Gesicht, die Hände hinter dem Kopf. Beiß nicht die Zähne aufeinander, sagte Leonard. [...] Bomben erschütterten die Fenster meiner Gartenhütte. Wird eine herunterfallen, fragte ich mich? Wenn ja, werden wir gemeinsam zerschmettert.«[24]

Vita hat sich Ende August zu einem Besuch angemeldet, aber dann muß sie im letzten Moment absagen. Virginia schreibt darüber im Tagebuch: »Jetzt sind wir wirklich im Krieg. England wird angegriffen. Gestern hatte ich zum ersten Mal gänzlich dieses Gefühl. Das Gefühl von Druck, Gefahr, Entsetzen. Vita rief um 6 [Uhr abends] an, um zu sagen, daß sie nicht kommen könne. Sie saß in Sissinghurst. Die Bomben fielen um das Haus herum. Sie hatten den ganzen Tag gekämpft. Ich bin zu ausgelaugt, um das Gefühl wiederzugeben – mit jemandem zu sprechen, der jeden Augenblick getötet werden kann. Hörst Du das? sagte sie. Nein, ich hörte es nicht. Sie wiederholte dasselbe – daß sie bleibe, um den Krankenwagen zu fahren – immer und immer wieder, wie ein Mensch, der nicht denken kann. [...] Es war sehr schwierig, zu sprechen. Sie sagte, es sei ein Trost, zu sprechen. Sie brach ab – Oh wie schrecklich mir das ist, und legte den Hörer auf. Ich ging und spielte Boule.«[25]

Sie geht nicht sofort hinaus. Erst schreibt sie an Vita. »Eben noch habe ich mit Dir telefoniert. Es scheint so sonderbar. Hier ist es vollkommen friedlich – sie spielen Boule – ich hatte gerade Blumen in Dein Zimmer gestellt. Und da sitzt Du, und die Bomben fallen um Dich herum. Was kann man sagen – außer daß ich Dich liebe, und ich muß diesen seltsamen, stillen Abend durchleben und an Dich denken, wie Du da alleine sitzt. Liebste – schreib mir eine Zeile [...] Du hast mir solches Glück geschenkt.«[26]

Dieses Glück hatte, zögernd und von Skepsis begleitet, vor achtzehn Jahren seinen Anfang genommen.

1922 war Virginia Woolf bereits vierzig Jahre alt, doch ihr literarischer Ruhm begann eben erst, sich zu verbreiten. Vor kurzem hatte sie ihren Roman *Jakobs Zimmer* veröffentlicht, und ihr Schwager Clive Bell berichtete ihr, Mrs. Nicolson halte sie für die beste zeitgenössische Schriftstellerin. Das freute sie, denn ›Mrs. Nicolson‹ war die zehn Jahre jüngere Vita Sackville-West, Tochter eines hocharistokratischen Hauses und eine Romanautorin, deren Bekanntheitsgrad weit größer war als Virginias eigener.

Am 14. Dezember 1922 begegnete sie Vita zum ersten Mal. Clive hatte sie zusammen mit einigen anderen Gästen in seine Wohnung eingeladen. Am nächsten Tag schrieb Virginia, »Ich bin zu wirr im Kopf, um irgend etwas zustande zu bringen. Das ist zum Teil die Folge des Dinners bei Clive gestern abend, um die schöne, begabte, aristokratische Sackville-West kennenzulernen.«[1]

›Schön, begabt, aristokratisch‹, – so mochte Clive Bell, dem viel daran gelegen war, die beiden Frauen miteinander bekanntzumachen, sie ihr vorher gepriesen haben. Aber sie war kritisch: »Nicht ganz nach meinem strengeren Geschmack – gerötet, schnurrbärtig, papageienbunt, mit der ganzen geschmeidigen Ungezwungenheit der Aristokratie, doch ohne den Geist der Künstlerin. Sie schreibt 15 Seiten am Tag – hat wieder ein Buch beendet – veröffentlicht bei Heinemann – kennt alle Welt – aber könnte ich sie je kennen? Ich soll am Donnerstag dort dinieren.«[2]

Da spricht eine Dame, die blaß ist, sich niemals schminkt und sich nur unter Qualen um ihre Kleidung kümmert, über eine andere, die einen südlichen, von ihrer spanischen Großmutter, einer Zigeunerin, ererbten Teint besitzt, Puder und Rouge benutzt und auffallende Modelle trägt. – Und eine Schriftstellerin grenzt sich gegen eine andere ab.

Aber während sie distanziert ihre Eindrücke vom vergangenen Abend niederschrieb, hatte Virginia ständig schockartige Erinnerungen an Glücksmomente ihrer Kindheit, und Vita ging ihr nicht aus dem Kopf: »Das aristokratische Benehmen ähnelt dem der

Schauspielerin – keine falsche Schüchternheit oder Bescheidenheit: beim Dinner fiel ihr eine Schmuckperle in den Teller – sie schenkt sie Clive – bittet um Likör – ist völlig souverän – macht, daß ich mir wie eine Jungfrau vorkomme, schüchtern und schulmädchenhaft. Nach dem Dinner jedoch polterte ich Ansichten [über Kunst und Literatur] heraus. Sie ist ein Grenadier; hart, gutaussehend, männlich; neigt zu Doppelkinn.«[3]

Es ist fast unheimlich, mit welchem Scharfblick Virginia bei diesem ersten Zusammentreffen bereits das an Vita sah, was diese selbst als ihre ›Doppelnatur‹ bezeichnete und sorgfältig zu verbergen suchte: die papageienbunte Dame der Gesellschaft und den ›Grenadier‹.

Vier Tage später dinierte Virginia zusammen mit Clive Bell in Vitas Londoner Stadtwohnung, Ebury Street. Vita befand sich bereits völlig in Virginias Bann und schrieb an ihren Mann, Harold Nicolson, der als Diplomat an der Friedenskonferenz in Lausanne teilnahm, »Ich bete Virginia an, und das würdest Du auch tun. Ihr Charme und ihre Persönlichkeit würden Dich zu Boden strecken. Es war eine gute Abendgesellschaft. [...] Mrs. Woolf ist so einfach: Sie macht unbedingt den Eindruck von etwas Großem. Sie ist völlig ungekünstelt, ganz ohne äußere Verzierungen – sie zieht sich abscheulich an. Anfänglich hält man sie für unscheinbar; dann zwingt sich einem eine Art geistiger Schönheit auf, und man entdeckt eine gewisse Faszination darin, sie zu beobachten. Gestern abend war sie etwas eleganter; das heißt, statt der orangefarbenen Wollstrümpfe trug sie gelbseidene, aber sie hatte wieder ihre Schnürschuhe an. Sie ist sowohl distanziert wie menschlich, schweigt, bis sie etwas sagen will, und sagt es dann unübertrefflich gut. Sie ist ziemlich alt. Ich bin selten von jemand so eingenommen gewesen und ich glaube, sie hat mich gern. Zumindest hat sie mich nach Richmond eingeladen, wo sie wohnt. Liebster, ich habe richtig mein Herz verloren.«[4]

Vita war, trotz ihrer aristokratischen, anti-intellektuellen Herkunft und ihrer Einbindung in die ›elegante Welt‹ Londons, keine oberflächliche Betrachterin. Ihre Beschreibung Virginias spiegelt bereits all jene Eigenschaften, die Virginia später so an ihr schätzte: den kompromißlosen Blick, Bescheidenheit, was ihre eigene Person betraf, und eine große Begabung zur Bewunderung und Freundschaft.

Am Beginn des neuen Jahres 1923 war Virginia deprimiert. Sie litt, wie sooft, unter ihrer Kinderlosigkeit, die sie besonders stark empfand, weil sie über Weihnachten bei ihrer Schwester Vanessa und deren drei Kindern gewesen war. »Sie lassen mein Leben manchmal ein wenig kahl erscheinen, und dann bringt meine unverbesserliche Romantik ein Bild hervor, wie ich mich mühsam vorankämpfe, allein, durch die Nacht: wie ich innerlich leide, stoisch, wie ich kometenhaft bis zum Ende verglühe.«[5]

Und sie machte sich Gedanken über ihre Ehe mit Leonard. »Vielleicht bin ich glücklicher gewesen als für mein Seelenheil gut ist? Vielleicht bin ich feige und nachgiebig gegen mich selbst geworden? Und kommt ein Teil meiner Unzufriedenheit daher? Gestern abend konnte ich nicht in 46 [Gordon Square, bei Vanessa] bleiben, weil L[eonard] am Telefon sein Mißvergnügen ausdrückte. ›Wieder spät. Sehr leichtsinnig. Du hast ein schwaches Herz.‹ – und folglich, weil mein Selbstvertrauen untergraben wurde, hatte ich nicht den Mut, gegen seinen Willen etwas zu riskieren. Dann reagiere ich. Natürlich ist es eine schwierige Frage. Denn unzweifelhaft bekomme ich Kopfschmerzen oder Herzstolpern, und das verdirbt dann sein Vergnügen, und wenn man mit jemandem zusammenlebt, hat man das Recht ... ?«[6]

Leonard wußte, wie ungeheuer empfindlich Virginia war und welche gefährlichen Folgen für sie schon die positive Erregung einer geistreichen Diskussion mit Freunden, ein allzu lang ausgedehnter Abend oder ein Glas Wein zuviel haben konnte. Virginia hatte in ihrem Leben bereits drei große Anfälle von Wahnsinn erlitten, und Leonard unterwarf sie rigiden Beschränkungen, um Belastungen von ihr fernzuhalten, die womöglich einen neuerlichen Ausbruch von Geisteskrankheit hervorrufen konnten. Unter anderem bestand er darauf, daß sie stets pünktlich um 23 Uhr zu Bett ging. Obwohl sich Virginia meist ohne Murren seinen wohlmeinenden Direktiven unterwarf, begehrte sie doch manchmal auf. So auch jetzt. Es war eine Phase, in der sie ihres Daseins als Invalidin herzlich überdrüssig war und sich nach Freiheit und Robustheit sehnte.

Ihre Bekanntschaft mit Vita, die nicht nur frei und robust, sondern auch sehr schön war, entwickelte sich rasch. Sie lud sie auf den 11. Januar 1923 in ihr Haus in Richmond außerhalb von London ein. »Liebe Mrs. Nicolson, ja, kommen Sie unbedingt morgen [...], wenn es Ihnen nichts ausmacht, daß nur wir beide da sind. Und unser Hausmädchen hat Ausgang. Nehmen Sie bitte den

Zug um 7 Uhr 10, der direkt nach Richmond fährt? Ich werde Sie abholen und Ihnen den Weg zeigen, der zwar kurz ist, aber schwierig zu erklären. Wenn ich nichts von Ihnen höre, erwarte ich Sie dann. Mit freundlichen Grüßen, Virginia Woolf.«[7]

Vita schrieb, als sie diesen Brief erhielt, aufgeregt an Harold: »Morgen esse ich mit meiner liebsten Mrs. Woolf in Richmond. [...] Ich liebe Mrs. Woolf mit einer krankhaften Leidenschaft. Das wirst Du auch tun. Tatsächlich glaube ich nicht, daß ich Dir erlauben werde, sie kennenzulernen.«[8] Und danach, »Ich habe gestern mit Virginia Woolf allein diniert. Ach, wie sehr ich diese Frau liebe.«[9] Vita betrachtete Virginia noch mit dem Blick der zehn Jahre Jüngeren, fast mit Ehrfurcht und Anbetung, aber bereits auch mit Begehren.

Am Morgen nach Vitas Besuch saß Virginia beim Frühstück, als ihre Haushälterin hereinkam und wichtigtuerisch verkündete, ›Mrs. Murry ist tot! Es steht in der Zeitung.‹ Auf diese Art erfuhr Virginia, daß Katherine Mansfield, verheiratete Murry, in Fontainebleau bei Paris an einem Lungenblutsturz gestorben war. Diese Nachricht traf sie tief. Sie hatte Katherine gut gekannt, hatte eine höchst komplizierte Beziehung zu ihr gehabt und sich in ihrer letzten Lebenszeit nicht mehr um sie gekümmert. All das mochte mit dazu beitragen, daß Virginia krank wurde, wie ihre Krankheiten ja fast immer mit seelischen Erschütterungen zusammenhingen. Wochenlang laborierte sie an einer Grippe.

Vita beschäftigte sie in Gedanken weiterhin. Ihrer Freundin und alten Liebe Violet Dickinson schrieb sie, »Ich mag Mrs. Nicolson: eine reelle Person.«[10] Und offenbar waren ihre Gespräche mit Vita bereits recht vertraut geworden. In ihrem Tagebuch vergleicht sie sie mit einer anderen geborenen Aristokratin, »Wie Vita verabscheut sie [i.e. Mrs. Birch] die verschnörkelten Ehrwürdigkeiten der Großen, nennt ihre Familie langweilig und dumm, beklagt sich über das Leben als Mädchen.«[11]

Wenig später war Virginia bei Ethel Sands zu Besuch, einer Malerin, reichen Erbin und bekannten Londoner Gastgeberin, in deren Haus Intellektuelle und Künstler ebenso anzutreffen waren wie Mitglieder der Aristokratie. Ethel lebte seit dreißig Jahren mit ihrer Freundin Nan Hudson zusammen, die ebenfalls Malerin war. Ganz anders als ihre Zeitgenossin Natalie Barney, die mit ihren Freundinnen in Paris ihren berühmten lesbischen Salon kultivierte, vermieden Ethel und Nan es peinlichst, sich öffentlich als liebendes Paar zu präsentieren. Ethel kannte Vita Sackville-West, wußte von ihrer noch nicht lange zurückliegenden (in *Portrait einer Ehe* geschilderten) dramatischen Liebesgeschichte mit Violet Trefusis, an der Vitas Ehe fast zerbrochen war, und von ihren nachfolgenden Frauenbeziehungen.*

Vitas kühner Lebenswandel, der immer die Gefahr des öffentlichen Skandals barg, machte der konservativen und zurückhaltenden Ethel Sands Angst. Und da ihr nicht entgangen war, mit welcher Begeisterung Vita von Virginia sprach, meinte sie, diese warnen zu müssen, und klärte sie auf.

Virginias Kommentar dazu klingt jedoch keineswegs so, als hätten Ethels Enthüllungen sie schockiert: »[Vita] ist eine entschiedene Sapphistin und hat vielleicht, meint Ethel Sands, ein Auge auf mich geworfen, alt wie ich bin. Vielleicht hat die Natur ihr Wahrnehmungsvermögen geschärft. Snobistisch wie ich bin, verfolge ich ihre Leidenschaften 500 Jahre zurück, und sie werden mir romantisch, wie alter, gelber Wein. Ich nehme an, der scharfe Beigeschmack ist verflogen.«[12]

Frauenliebe war Virginia keineswegs fremd. In ihrem engeren und weiteren Bekanntenkreis gab es außer Ethel und Nan noch sehr viele weitere Frauenpaare, deren Neigung füreinander sie immer mit Sympathie und Selbstverständlichkeit kommentierte. Sie selbst hatte mehr als einmal die zärtlichsten Gefühle für Frauen gehegt, ohne über sexuelle lesbische Erfahrungen im engeren Sinn zu verfügen.

Jetzt geriet Virginia zum ersten Mal seit vielen Jahren wieder in den Bann einer Frau, und es gefiel ihr, es schmeichelte ihr, daß die schöne Aristokratin, die ›entschiedene Sapphistin‹ Vita augenscheinlich in sie verliebt war.

* Vita bewegte sich auch in den Kreisen des reichen Mayfair, das in den Zwanziger Jahren dem Exzentrischen nicht fern stand, Parties feierte, die nicht immer im Rahmen des Schicklichen blieben und auf deren Gästelisten nicht ausschließlich die feine Gesellschaft stand. Vermutlich hatte Vita in diesem Umfeld 1924 auch die amerikanische Schauspielerin Tallulah Bankhead kennengelernt, von der sie beeindruckt war. Vitas Mutter, Lady Sackville, sprach jedoch ein Machtwort: »Ich habe [Vita] dazu bewogen, davon Abstand zu nehmen, Taloola [sic] Bankhead zum Lunch einzuladen. [Vita] sagt, sie sei die vollendetste Lesbierin in ganz England, und ich billige es keineswegs, daß Vita eine dieserart vollendete Persönlichkeit kennt, die in einer so abscheulichen Weise spricht.« [Susan Mary Alsop, *Lady Sackville: A Biography*, S. 228.] – Damit mochte Lady Sackville sowohl auf Tallulahs breiten Südstaatenakzent wie auch auf ihre wenig gehemmte Ausdrucksweise anspielen.

Bald nach Ethels faszinierenden Eröffnungen jedoch legte sich ein Schatten der Entfremdung über dieses neue Gefühl, denn Vita war so unklug, eines Nachmittags mit ihrem Mann in Richmond zu erscheinen und den Woolfs zur Teezeit einen Überraschungsbesuch zu machen. Virginia war ›not amused‹. Bisher hatte sie Vita ausschließlich als unabhängige Person und schriftstellerische Kollegin kennengelernt. Jetzt sah sie sie als Ehefrau neben dem sehr konventionell wirkenden, rundlich-freundlichen Harold, sah, wie Vita sich zurücknahm, fast betulich auf ihren Mann einging, und das fand sie nicht stimulierend. Sie wußte, daß Harold neben seiner Arbeit als Diplomat Bücher schrieb – Biographien im berühmt gewordenen Stil ihres alten Bloomsbury-Freundes Lytton Strachey –, konnte sich aber nicht vorstellen, daß er zum Schriftsteller taugte. Harsch beurteilte sie das Ehepaar Nicolson als ›zweitklassig‹. »Meine Seele verkleinerte sich, ach, während sich der Abend dahinschleppte, und die Zusammenziehung ist fast körperlich bedrückend.«[13]

Diese Reaktion ist in ihrer Heftigkeit und Nachhaltigkeit erstaunlich. Schließlich handelte es sich ja nur um einen ungebetenen Besuch von wenigen Stunden, von dem man annehmen möchte, daß sie ihn am nächsten Tag vergessen haben würde. Aber die ›Zusammenziehung ihrer Seele‹ deutet auf mehr: Sie war enttäuscht. Vielleicht auch einfach deshalb, weil sie viel lieber allein mit Vita, die ihr schon so nah gewesen war, über Dinge gesprochen hätte, die sie wirklich beschäftigten und die sich in den konventionellen Rahmen dieses Teebesuchs nicht einfügen ließen.

Vier Wochen später nahm die Beziehung der beiden Frauen eine weitere unglückliche Wendung: Vita und Harold wurden in Vanessas Haus, Gordon Square No. 46, eingeladen und ›Bloomsbury‹ vorgeführt, jener ›Löwengrube‹, jener elitären Gruppe von Intellektuellen und Künstlern, die so großen Einfluß auf das kulturelle Leben der Zeit hatte, und die Nicolsons bestanden diese grausame Prüfung nicht: »Vom elektrischen Licht durchleuchtet zeigen Eier dunkle Flecken. Damit meine ich, daß wir die beiden als unheilbar dumm einschätzten. Er ist ein einziger Bluff, und ach so durchsichtig; sie, fand Duncan [Grant, der Lebensgefährte von Virginias Schwester Vanessa, Maler], nahm [Harolds] Stichworte auf und hatte nichts Eigenes zu sagen. Da war Lytton [Strachey], geschmeidig und fein wie ein alter Lederhandschuh, und betonte ihre Steifheit nur noch. Es war ein mühsamer, steiniger Abend.«[14] – Virginia konnte unbarmherzig sein. Was sie nicht erwähnt: als sie an jenem Abend bemerkte, wie sehr Lytton Stracheys ironisch-herablassende Art Harold kränkte, war sie besonders freundlich zu ihm und half ihm über die Situation hinweg, und Harold vergaß ihr das nie.

Schließlich machte Vita den Fehler, ›Dear Mrs. Woolf‹ brieflich zu bitten, dem PEN-Club beizutreten, dessen Mitglied sie bereits war und dem sie Virginia zur Aufnahme vorgeschlagen hatte. Virginia hielt sich, ganz im Gegensatz zu Vita, von allen Schriftstellerverbänden fern, die eigentlich nur dazu da waren, die ›richtigen‹ Leute innerhalb jener Literaten-Szene kennenzulernen, die sie nicht goutierte. Aber Vita hatte geschrieben, »– also, wollen Sie so nett sein und sich wählen lassen? Um meinetwillen?«[15] Darauf antwortete Virginia, animiert von der Vorstellung, Vita auf diese Art häufiger sehen zu können, zunächst zustimmend und bat ›Dear Mrs. Nicolson‹, sie doch ›Virginia‹ zu nennen, was Vita in ihrem Antwortbrief freudig tat und sich wünschte, gleichfalls mit ihrem Vornamen angeredet zu werden. Vierzehn Tage später jedoch schrieb Virginia eine kühle Absage, wiederum an ›Dear Mrs. Nicolson‹: sie könne die ihr inzwischen angetragene PEN-Mitgliedschaft nicht annehmen, weil sie aus der Satzung ersehe, daß es sich um einen reinen Dinner-Club handele, und es ihr nicht möglich sei, von Richmond aus an dessen Treffen in London teilzunehmen. Das war vermutlich ein vorgeschobener Grund: Vitas unverhohlenes Werben mochte ihr doch etwas unheimlich geworden sein, und sie hat später selbst eingeräumt, daß es eine Phase gab, in der sie versuchte, Vita aus dem Weg zu gehen.

Vita aber war gekränkt, fand Virginia launisch, fühlte sich brüskiert und vor dem PEN-Club blamiert. Zudem war sie in der Folgezeit von allerlei Turbulenzen in ihrem Privatleben sehr in Anspruch genommen und versuchte vorerst nicht mehr, die Beziehung zu Virginia aufrechtzuerhalten.

Damit riß ihr Kontakt ab. Sie sahen sich fast ein Jahr lang nicht, sie schrieben sich nicht. Aber in diesem Schweigen bereitete sich insgeheim etwas vor. Vita vergaß sie nicht; Virginia dachte in diesem Jahr viel über Frauen und ihre Gefühle für sie nach, und ihre Beschäftigung mit diesem Thema fand direkten Eingang in ihre schriftstellerische Arbeit.

Als Virginia und Vita einander im Februar 1924 wiederbegegneten, betrachteten sie sich mit anderen Augen und verliebten sich schließlich ineinander.

»*Der Zaubergarten der Frauen*«

Wie jedes derartige Ereignis hat auch dieses seine Vorgeschichte der Empfindungen, die man sich vergegenwärtigen muß, um zu erkennen, daß die Begegnung der beiden Frauen nicht nur von den vorausgegangenen Leidenschaften Vitas, der ›entschiedenen Saphistin‹, geprägt wurde, sondern ebensosehr von den oft nur am Rande erwähnten früheren Frauenlieben Virginias, die ihre Schule des Herzens waren.

Vita Sackville-Wests dramatische und spektakuläre Liebesbeziehungen zu ihrer Jugendfreundin Rosamund Grosvenor und vor allem zu Violet Trefusis sind wohlbekannt, seit ihr Sohn Nigel ihren zu Lebzeiten streng geheimgehaltenen Bericht darüber in *Portrait einer Ehe* veröffentlicht hat. Vita beschreibt dort, wie sie vor und während ihrer Verlobungszeit mit Harold Nicolson empfand: »Männer zogen mich nicht an. Frauen ja. Rosamund zog mich an.« [...] »Ich denke schon, daß mir vage klar war, daß es mir nicht anstand, bei Rosamund zu schlafen, und ich hätte bestimmt nicht zugelassen, daß jemand das herausfand, aber weiter ging mein Schuldgefühl nicht.«[1] »Rosamund war damals nicht eigentlich eifersüchtig auf [Harold]; er war zu weit weg [an der Botschaft in Konstantinopel], und unsere Verlobung war zu vage, und sie wußte, daß ich, obwohl ich ihn gern hatte, sie leidenschaftlich liebte, – ich verwende das Wort ›leidenschaftlich‹ bewußt. Es war Leidenschaft, die mich, manchmal sogar mitten am Tag, schwindlig werden ließ, aber wir lebten das nicht aus.«[2] Sie lebten das nicht aus, weil sie als gut viktorianisch erzogene Mädchen sexuell ohnehin sehr mangelhaft aufgeklärt waren und von weiblicher Homosexualität schon gar nichts wußten.

Vitas Gefühle für Harold waren ganz anderer Natur. »Unsere Beziehung war so frisch, so intellektuell, so unkörperlich, daß ich niemals unter diesem Aspekt an ihn dachte. [...]«[3] Harold war für Vita, die in ihrer ganzen Kindheit und Jugend keine Freundinnen oder Freunde gehabt hatte, der ideale ›Spielgefährte‹, dessen Gegenwart ihr das Gefühl gab, vor allem, was ›niederträchtig und gemein war‹, gerettet zu sein. Im Oktober 1913 heiratete sie ihn und ließ die eben noch so sehr geliebte Rosamund, die ihr jetzt vollkommen gleichgültig geworden war und deren Verzweiflung und

Tränen sie nur mehr ärgerlich machten, ›ohne das geringste Herzklopfen im Stich‹.

Sich selbst erklärte sie diese Gemütsroheit mit der ›Dualität ihres Wesens‹, ihrer ›Jekyll und Hyde-Persönlichkeit‹. Da sei auf der einen Seite Harold, der alles Reine und Gute bedeute und in ihr wachrufe, und auf der anderen Seite ihre ›verderbte und widernatürliche Wesensart‹, die sie zu Frauen hinziehe und deren Grundzug Grausamkeit sei.

Doch hier tut sie sich teilweise unrecht. Es ist zwar leider unbestreitbar, daß Vita immer wieder reichlich skrupellos und ohne auf die Gefühle oder Existenzbedingungen ihrer Geliebten Rücksicht zu nehmen Beziehungen einging und sie wieder löste, sobald sie ihrer überdrüssig wurde, daß sie dabei Ehen zerstörte und das Leben mehrerer Menschen heillos durcheinanderbrachte. Aber dafür war nicht primär, wie sie glaubte, eine angeborene, in Weiblichkeit und Männlichkeit gespaltene Persönlichkeit verantwortlich, deren eine Hälfte liebevoll und deren andere grausam und sadistisch war, sondern Vita Sackville-West liebte, wie sie es gelernt hatte.

Man muß sich in einiger Ausführlichkeit mit dem beschäftigen, was gewöhnlich von dem überlieferten eindrucksvollen, fast glamourösen Bild der aristokratischen und hochfahrenden Vita verdeckt wird, um zu begreifen, daß sie in nahezu jeder ihrer Liebesbeziehungen wiederholte, was sie selbst in ihrer Kindheit erfahren hatte. – Es war nichts Gutes.

Vita war das einzige Kind eines schwachen Vaters und einer hochgradig neurotischen Mutter, von der sie sich niemals lösen konnte. Bald nach Vitas Geburt entfremdeten sich die Eltern einander, und ihre Mutter nahm sich reiche Liebhaber, die sie mit viel Geld versorgten, den riesigen Besitz Knole, der unendliche Summen verschlang, aufrechterhielten und Lady Sackvilles Bedürfnis nach Luxus befriedigten. Vita sah als kleines Mädchen mit an, wie ihre Mutter diese Männer ausbeutete wie Goldminen, mit ihnen umsprang, wie es ihr gefiel, sie durch Charme, Schmeichelei, Temperamentsausbrüche und Trennungsdrohungen völlig von sich abhängig machte, und Vita hielt das für normal, denn die Mutter behandelte ihre kleine Tochter ganz ähnlich.

Wenn Vita über ihre Kindheit spricht, tut sie das in einem fast wegwerfenden Ton, aber trotzdem erkennt man das Drama, das dahintersteckt: »Sie liebte mich, als ich ein Baby war, aber ich glaube nicht, daß sie sich viel aus mir machte, als ich ein Kind war, und ich kann es ihr nicht verdenken.«[4] »Ich kann mich nicht an sehr vieles aus meiner Kindheit erinnern, außer, daß ich sehr lange Beine und sehr glattes Haar hatte und daß meine Mutter mich zu kränken pflegte, indem sie sagte, sie könne meinen Anblick nicht ertragen, denn ich sei so häßlich. [...]. Ich [...] machte es mir zum Ideal, robust, abgehärtet und so jungenhaft wie nur möglich zu sein. Ich weiß, daß ich zu anderen Kindern grausam war – ich entsinne mich, daß ich ihnen Glaserkitt in die Nasenlöcher stopfte und einen kleinen Jungen mit Brennesseln schlug. Auf diese Art büßte ich schließlich alle meine Freunde ein.«[5] »Ich denke an meine alte geliebte Nanni [Vitas Kinderfrau], die Mutter nach fünfzehn Jahren entließ, weil sie sich fest einbildete, Nanni hätte die Wachteln gegessen [die für eine Festlichkeit eingeplant gewesen waren], an meine Hunde, die ich hingebungsvoll liebte, an meine Kaninchen, die heimlich mit meinen Hunden ›Hetzjagden‹ machten, [– sicher nicht freiwillig –] und deren Nachkommenschaft ich über die Parkmauer zu werfen pflegte, wenn sie zu zahlreich wurde, [...] an mein erstes Theaterstück, dessen Probeaufführung von Mutter erbarmungslos zerpflückt wurde. [...] Ich sehe mich [...] reizlos, mager, dunkel, ungesellig, unansehnlich – furchtbar unansehnlich! – rauhbeinig und geheimnistuerisch.«[6]

All das, inklusive der Tierquälerei und der sadistischen Behandlung ihrer Spielgefährten, durch die sie an schwächeren Wesen ausließ, was ihr selbst widerfuhr, zeigt ein psychisch mißhandeltes und sozial verkommenes Kind. – Man denke sich eine solche Kindheit im Slum, und man sieht vor sich, was dabei herausgekommen wäre. Nur Vitas gesellschaftlicher Status hat sie gerettet.

Nigel Nicolson vertrat in einem Gespräch mit der Verfasserin die Ansicht, daß Vita zwar eine schreckliche Mutter gehabt, ihre Kindheit aber ansonsten den üblichen Aufzuchtsbedingungen von Kindern aus guten Familien jener Zeit entsprochen habe. – Es ist wahr, daß eine Vielzahl dieser Kinder in ihren frühen Jahren sich selbst, ihrer Nurse und dem Hauspersonal überlassen blieb (– bis man sie mit etwa acht Jahren am Eßtisch der Familie zuließ und manchen dann oft erst einmal ihren bis dahin im Dienstbotenkreis erworbenen proletarischen Akzent austreiben mußte –), aber Vitas Kindheit war in einem Maß von Kälte und hysterischer Instabilität geprägt, die über das damals Übliche weit hinausging. Und solche Erfahrungen sind ›dominant erblich‹: Nicolsons Ansichten mögen auch daher rühren, daß er und sein Bruder Ben eine ähnlich lieblose Kindheit erlebten: Vita war ihnen keine Mutter; ihre Söhne blieben ihr fremd; sie empfand sie meist als störend und war froh, wenn sie sie unter der Obhut ihrer Gouvernanten und Hauslehrer oder in ihren Privatschulen wußte. Vor allem Ben, der ältere Sohn, scheint das nie verwunden zu haben. Kein Wunder, daß noch Vitas Enkel, Nigel Nicolsons Sohn Adam, über diese ›Familientradition‹ klagt. Nigel schreibt: »Er sagt mir, was für ein schlechter Vater ich war. Er sagt, ich habe keine Warmherzigkeit.«[7]

Nicolson und andere Biographen haben Vitas ›unsentimentale‹ Selbstdefinition vom verschlossenen, rauhbeinigen, unangenehmen Kind bedenkenlos übernommen, ohne zu registrieren, daß sie mit dem typischen, verächtlichen Ton aller Menschen spricht, deren Kindheit so leidvoll war, daß sie sie verdrängen und wie das Leben eines fremden Wesens beschreiben müssen, zu dem sie keinen Zugang mehr haben. Anders ist es nicht zu erklären, warum nicht nur die oben angeführten, sondern auch die folgenden, bezeichnenden Passagen bisher stets kommentarlos zitiert wurden: »Ich vergaß zu sagen, daß ich zwei- oder dreimal versuchte, von zu Hause wegzulaufen, aber immer zurückgebracht wurde«[8], sowie eines der frühesten erhaltenen Schriftstücke Vitas, ein Testament, das sie mit neun Jahren aufsetzte und das gewöhnlich zitiert wird, um ihre ausgeprägte Bubenhaftigkeit zu bezeugen, denn ihre Legate bestehen zum größten Teil aus Jungenspielzeug: Cricket-Ausrüstung, Fußball, Rüstung, Degen, Flinten, Werkzeuge, Bogen und Pfeile, etc. – Aber es scheint an dieser Stelle doch angebracht, sich zu fragen, *warum* ein neunjähriges Kind ein Testament aufsetzt. So etwas ist, selbst wenn es aus spielerischem Nachahmungstrieb geschieht, kein Scherz, denn es setzt die Vorstellung, oder bereits den Willen zu sterben voraus. Es ist nicht einmal übertrieben, die Vermutung anzustellen, daß Vita auf unausgesprochene Todeswünsche reagierte, die ihre Mutter gegen sie hegte.[9] – Viele Jahre später hat diese Mutter, die höchst unpassenderweise immer ›Bonne Maman‹, abgekürzt B.M., genannt wurde, solche Todeswünsche gegen Vita laut schreiend und öffentlich ausgespien.

Mit zwölf Jahren begann Vita ihre literarische Beschäftigung, und »danach hörte ich nie mehr auf zu schreiben – historische Romane, prätentiöses, völlig uninteressantes und pedantisches Zeug, und alles mit nicht nachlassender Geschwindigkeit hingeschrieben«.[10] Sie entdeckte, daß sie sich mit dem Schreiben ihrer Umgebung entziehen und sich eine Welt schaffen konnte, in der sie ihr eigener Held war. Gewöhnlich stellte sie sich selbst in ihren Schriften als jungen Adelssproß und Erben des väterlichen Schlosses dar, – was sie selbst, da sie als Mädchen geboren war, nie sein konnte: das Schloß Knole, an dem sie mit einer persönlichen Liebe hing und das ihr wie eine ›mütterliche Geliebte‹ erschien, würde ihr niemals gehören. Ein Teil ihrer phantasierten Männlichkeit hat in dieser Versagung ihren Grund.

Eine weitere Erklärung aber liegt in der Tatsache, daß Vitas Mutter ihr übelnahm und vorhielt, daß sie nicht als Junge geboren worden war.[11] Und da sie in einer klassischen *double-bind*-Beziehung mit dieser sie im einen Moment zärtlich an sich ziehenden und im nächsten angewidert wegstoßenden Mutter gefangen war, wird sie versucht haben, in der Imagination jener Sohn zu sein, den ihre Mutter geliebt hätte – und, unbewußt, der ideale Geliebte der Mutter. Diesen unbewußten Versuch hat sie nie aufgegeben: 1927, als Vita 35 Jahre alt war, erzählte sie einer ihrer Geliebten (Mary Campbell) von ihrer Mutter, und diese sagte darauf: »›Welch tiefe Leidenschaft Du für Deine Mutter empfinden mußt.‹ Ich war verblüfft und sagte nur, ›Ja, das tue ich.‹«[12] Und diesen Dialog teilte sie ihrer Mutter brieflich mit! (– Violet Trefusis rief nachmals wohl auch deshalb soviel ›wahnsinnige‹ Leidenschaft in ihr hervor, weil sie als Typus und in ihrem unberechenbaren und nicht selten theatralisch-hysterischen Verhalten Vitas Mutter sehr ähnelte.)

Vitas Patenonkel, The Honourable Kenneth Hallyburton Campbell, versuchte Vita zu vergewaltigen, während er Gast im Haus ihrer Eltern war, und sie entkam ihm nur durch Zufall. Neben dem Schock, den sie erlitt, muß es furchtbar für sie gewesen sein, daß sie sich offenbar niemand anvertrauen, bei niemand Schutz vor diesem Mann suchen konnte, der seine Attacken mehrfach wiederholte.

Mit vierzehn Jahren war sie bereits so befangen in ihrer Scheu vor Menschen und ihrem tiefen Mißtrauen gegenüber menschlichen Beziehungen, daß sie in der Londoner Tagesschule, die sie mehrere Jahre lang besuchte, nicht einmal mehr versuchte, Freundinnen zu finden, und statt dessen ehrgeizig wurde: »Ich nahm mir vor, in der Schule zu triumphieren, und ich triumphierte auch – früher oder später schlug ich sie alle, und bei den Prüfungen am Semesterschluß fand ich, daß ich schlecht abgeschnitten hatte, wenn ich nicht wenigstens sechs der acht ersten Preise davontrug. Ich glaube, ich tat das ganz bewußt: Wenn ich nicht beliebt sein konnte, wollte ich gescheit sein. [...] es war mir wirklich völlig egal, ob man mich mochte oder nicht. Dies waren meine wildesten, grimmigsten Jahre! Ich arbeitete hart und wurde pedantischer denn je.«[13]

Vieles an Vitas späterem Verhalten in Liebesbeziehungen hat seine Wurzeln in dieser Kindheit und Jugend: Immer wieder war sie unwiderstehlich von Frauen angezogen, vermochte aber nicht, sich ihnen als *Frau* liebend zu nähern, weil sie dann jene Zurückweisung und Grausamkeit fürchten mußte, mit denen ihre Mutter dem Mädchen Vita sooft begegnet war. Folglich liebte sie ihre Freundinnen mit imaginierter, unverletzlicher und oft grausamer Männlichkeit (für Violet war sie stets ›Julian‹ oder ›Mitya‹, ein Zigeuner, und für ihre späteren Freundinnen ›David‹) und war dabei zur Treue unfähig. Das ist nach allem nicht verwunderlich, denn da agierte sie in einem Wiederholungszwang aus, was sie kannte, und versuchte unbewußt immer wieder, sich zu rächen: Sie verführte und eroberte, um zu verlassen, und sie wurde der Liebe überdrüssig, sobald ihre Geliebten sie erwiderten.

Ein anderer Zug in ihren Beziehungen mit Frauen war die mütterliche Fürsorglichkeit, mit der sie sie zeitweilig umgeben konnte und die doppeldeutig ist: zum einen machte Vita ihre Geliebten damit ungefährlich und beherrschbar, indem sie sie infantilisierte, zum anderen war dieses mütterliche Verhalten eigentlich ein ständiger stummer Hinweis auf das, was Vita selbst nötig gehabt hätte. Wenn ihr solche Mütterlichkeit allerdings wirklich einmal entgegengebracht wurde, konnte sie sie kaum ertragen, denn dazu hätte sie sich selbst und anderen eingestehen müssen, daß auch sie schwach sein konnte, und das wäre für die seelische Panzerung, die sie sich erworben hatte, um zu überleben, zu gefährlich gewesen.

1943, als Vita einundfünfzig Jahre alt war, schickte Harold eine Handschriftenprobe von ihr an einen Graphologen. Dessen Deutung lautete, »Es handelt sich um eine hochbegabte Frau, die außerordentlich nervös ist, der es aber gelingt, ihre Nerven zu kontrollieren. Sie fürchtet sich davor, emotionale Beziehungen zu irgend jemandem aufzunehmen. Sie ist durch ihre Kindheit stark beeinflußt worden.«[14]

Nur wenige ihrer Freundinnen ahnten, daß Vita unter der Maske der mythischen Mutter ebenso einsam war wie unter der des Don Juan. Auch Virginia Woolf brauchte einige Zeit, um hinter Vitas seelische Kulissen zu schauen, aber dann sah sie alles, und es bewegte sie tief, ohne daß sie imstande gewesen wäre, Vita aus ihren Zwängen zu befreien. Daß sie erkannt hatte, wer Vita wirklich war, wie ›gequält‹ sie war, machte es ihr jedoch möglich, sie auch dann noch zu lieben, als Vita sich von ihr entfernte und sich in immer neue Liebesverhältnisse stürzte.

Vitas Ehe mit Harold war für sie zunächst eine Rettung aus all ihren Wirrnissen und vor allem aus den Klauen ihrer Mutter. »Harold war für mich wie ein sonniger Hafen. Alles war offen, freimütig, sicher; und obwohl ich nie die körperliche Leidenschaft erfuhr, die ich für Rosamund empfunden hatte, fehlte sie mir eigentlich nicht. Dieser Zustand dauerte ungestört ungefähr viereinhalb Jahre.«[15] Nigel Nicolson sagt über seine Mutter, »Sie war keineswegs frigid, aber der ›normale‹ Liebesakt erschien ihr viehisch und abstoßend.«[16] Und Vitas Mutter äußerte 1918 in ihrem Tagebuch Bedauern für die Tochter: »Vitas Bemerkungen darüber, daß Harold so kalt ist, haben mich ganz krank gemacht. [...] Es ist so schwer für sie, [...] er ist immer so schläfrig und nimmt sie in drängender Hast.«[17]

Während ihrer ersten viereinhalb Ehejahre lebten die Nicolsons zunächst in Konstantinopel, wo Harold an der britischen Botschaft arbeitete, dann kehrten sie nach England zurück und kauften in der Nähe des Schlosses Knole ein altes Haus, ›Long Barn‹, das sie durch einen großen Anbau zu einem sehr bequemen und großzügigen Landhaus machten.

Vita bekam drei Söhne, von denen der zweite nach einer weit übertragenen Schwangerschaft 1915 tot geboren wurde. Die Nicolsons lebten, durch Vitas Apanage großzügig mit Geld ausgestattet, in einigem Luxus: In Long Barn gab es mehrere Bäder und Gästezimmer, einen Butler, einen Diener für Harold, eine Zofe für Vita, Kindermädchen für die Söhne, Gärtner und Hauspersonal. Das eheliche Glück schien ungetrübt.

Vita konnte mit Harold so gut zusammenleben, weil er nicht von ihrem eigenen Geschlecht, dabei aber so ›weiblich‹ war, daß sie sich ihm gegenüber immer eher wie ein Mann fühlte: In ihrem Roman *Reddín* personifizierte sie sich und Harold und schrieb, »sie wußte in ihrer unwandelbaren Ehrlichkeit, daß ihr Gefühl am tiefsten war, wenn sie ihn liebte, wie ein Mann eine Frau«.[18] Harold seinerseits war, was Vita zunächst nicht wußte, primär homosexuell und fand sicher nicht zuletzt auch deswegen Gefallen an ihr, weil sie durchaus Züge eines jungen Mannes an sich hatte, eines ›schönen Grenadiers‹ von fast einem Meter zweiundachtzig Größe.

Dann trat Violet Keppel (später verheiratete Trefusis) auf den Plan, und man hat den Eindruck, daß allein ihr Auftauchen für die nun folgende Krise verantwortlich war, denn sowohl Nigel Nicolson in *Portrait einer Ehe* wie James Lees-Milne in seiner detaillierten, zweibändigen Biographie Harold Nicolsons lassen ein Ereignis dezent unerwähnt, das Violets Erscheinen vorausging und das erst Vitas Biographin Victoria Glendinning benannt und in seiner Bedeutung gewürdigt hat: Im Oktober 1917 war das Ehepaar Nicolson mit mehreren anderen Gästen zu einem glanzvollen Wochenende auf dem Schloß Knebworth House eingeladen. Am 6. November mußte Harold Vita nicht nur gestehen, daß er sie an jenem Wochenende – praktisch in ihrem Beisein – betrogen und sich mit einer Geschlechtskrankheit angesteckt, sondern auch, daß er sich bei einem Mann infiziert hatte.

Sein Arzt hatte ihn gezwungen, Vita das zu beichten, denn sie mußte sich ebenfalls einer Behandlung unterziehen. Gleichzeitig war sie nun schockartig mit der Tatsache konfrontiert, daß Harold vor und während ihrer Ehe immer homosexuelle Verhältnisse gehabt hatte.

Nach Knebworth House sah sie ihre Ehe vermutlich nicht mehr nur als den ›sonnigen Hafen‹, in dem alles ›offen, freimütig und sicher‹ war. Zugleich aber brachten sie der Schock über Harolds Geständnis seiner Homosexualität und seine Erklärungen zu dieser Liebesform zur Erkenntnis ihres eigenen Begehrens: Jetzt erst begriff sie, daß ihre Liebe zu Frauen nicht nur diffuse, ungerichtete Leidenschaft war, sondern daß sie diesem Gefühl sexuellen Ausdruck geben konnte.

Violet Keppel, die Vita schon als Kind gekannt hatte und die wohl immer schon in sie verliebt gewesen war, kam in jener Zeit öfter zu Besuch nach Long Barn. Sie spürte sehr genau, was in Vita vor sich ging. Im April 1918 brachte sie sie dazu, ihre ›Doppelnatur‹ zu bekennen, und sie machte ihr eine Liebeserklärung, der sich Vita nicht entzog. Sie empfand für Violet eine unstillbare Leidenschaft, die sie später als eine Form von ›Wahnsinn‹ bezeichnete und der in ihrem Leben nie wieder etwas Vergleichbares folgte.

Während der nächsten drei Jahre gingen Vita und Violet immer wieder miteinander auf und davon, lebten monatelang in Paris und Cannes, wo Vita als junger Mann, als Soldat mit Kopfverband, mit Violet in Nachtclubs tanzte, in der Spielbank erhebliche Summen verlor und gewann, ihr Alter ego ›Julian‹ auslebte, während Harold unglücklich darauf wartete, daß sie zu ihm und ihren kleinen Söhnen zurückkehrte, was sie von Zeit zu Zeit tat, nur um dann wiederum mit Violet fortzureisen. Schließlich wurde Violet von ihrer Mutter gezwungen, Denys Trefusis zu heiraten, um dem sich ausbreitenden Skandal die Spitze zu nehmen.

Das vorläufige Ende kam in Amiens, wohin beide Gatten den Frauen gefolgt waren und wo Harold Vita sagte, daß Violet mit Denys nicht, wie sie geschworen hatte, ausschließlich keusch gelebt habe. Diesen Verrat ertrug Vita nicht. Aber seine Entdeckung war ihr wohl halbbewußt auch ein willkommener Anlaß, aus dieser Beziehung auszubrechen. Eine ›Ehe‹, das ausschließliche Zusammensein mit Violet für den Rest ihres Lebens, hätte sie nicht ertragen. Die Affäre zog sich noch eine ganze Weile hin und zerfaserte schließlich.

Violet Trefusis lebte später mit dem ungeliebten Denys in Paris und wurde nach seinem frühen Tod an Tuberkulose eine unstete und umgetriebene, wiewohl hochgeachtete Dame der Gesellschaft, die Jean Cocteau und François Mitterand ebensogut kannte wie Winston Churchill und Colette. Sie bewegte sich auch in dem lesbischen Kreis um Natalie Barney, deren Geliebte sie kurze Zeit war. Violet schrieb einige Romane und eine Autobiographie *Don't Look Round* (in der sie ihre Liebesgeschichte mit Vita völlig ausklammert) und erwies sich als hochbegabte Schriftstellerin, der nur das Stehvermögen fehlte, um aus ihrem Talent mehr zu machen als eine gelegentliche Beschäftigung. Ingrid von Rosenberg hat die Persönlichkeit Violets in neuerer Zeit angemessen gewürdigt und präsentiert[19], und man kann ihren Ausführungen entnehmen, daß Vitas Rückzug den entscheidenden, deformierenden Bruch in Violets Leben zur Folge hatte.

Vita nahm in der Folgezeit eine Beziehung zu Violets exzentrischer Freundin Pat Dansey auf, die zunächst heimlich Briefe der verzweifelten Violet an sie übermittelt hatte und dann selbst ihr Herz für Vita entdeckte. Bald fand Vita eine weitere Geliebte: Dorothy Wellesley, allgemein ›Dottie‹ genannt, Dichterin und reiche Erbin, war mit Lord Gerald Wellesley, einem jüngeren Sohn des Herzogs von Wellington, verheiratet und hatte zwei Kinder. Vita suchte anfänglich ebenso wie Harold ihre Freundschaft, um sich über die Violet-Affäre mit ihr zu beraten. Daraus scheint jedoch sehr bald ein Liebesverhältnis geworden zu sein, das Harold allerdings keinen Kummer bereitete. Er und Vita hatten sich irgendwann nach der Krise mit Violet dazu entschlossen, einander in Liebesdingen jede Freiheit zu lassen, solange sie ihre Ehe nicht bedrohten, und Harold hatte sich inzwischen in Edward Molyneux, einen Modeschöpfer, verliebt. Als Vita daher mit ihrer neuen Freundin verreiste, war er wenig beunruhigt und wünschte ihnen eine schöne Zeit.

Im Herbst 1922 lernte Vita in Italien den Architekten und Schriftsteller Geoffrey Scott kennen, der mit seiner Frau Sibyl in der Villa Medici in Fiesole bei Florenz lebte. Auch Geoffrey kannte, wie Harold, Männerbeziehungen, war eine sexuell uneindeutige Gestalt – ein Typus, der sich von Vita immer angezogen fühlte. Ein Jahr später sahen sie sich wieder und verliebten sich ineinander. Nach Vitas Rückkehr nach England schrieben sie sich fast täglich. – Es war eine überhitzte Briefliebe, die auf Vitas Seite abrupt abkühlte, als Geoffrey im Januar 1924 nach London kam und erklärte, er werde sich von seiner Frau trennen und mit ihr leben.

Nichts lag Vita ferner. Sie ging zwar mit ihm in seine Londoner Wohnung, gab sich ihm aber nie hin, was ihn so zur Verzweiflung trieb, daß er sie eines Nachts fast erwürgte. (An dem Abend, als sich das ereignete, war sie viel später gekommen, als sie verabredet hatten, und sie kam von Virginia.) Geoffreys hartnäckige Liebe wurde Vita zur Last, aber sie brachte es nicht fertig, ihm eindeutig klarzumachen, daß er sie als Liebhaber nicht interessierte. Sie fand ihn als Gesprächspartner unwiderstehlich und hätte ihn nun gern als Freund gehabt, doch er konnte ihren Sinneswandel nicht begreifen.

Als Geoffrey im Sommer 1924, sehr gegen ihren Willen, wieder einmal nach England kam, holte sie ihn vom Bahnhof ab, brachte ihn nach Long Barn, teilte ihm mit, daß in Harolds Haus keine Unschicklichkeiten stattzufinden hätten, und fuhr sofort allein weiter zu Dottie auf deren Landsitz Sherfield Court.

Geoffrey gab erst viele Monate später, als sie schon längst in Virginia verliebt war, alle Hoffnung auf, Vita zu gewinnen, verschwand aus ihrem Leben und starb ein paar Jahre danach vereinsamt und arm in New York, sechsundvierzig Jahre alt. Vita hatte ihn schäbig behandelt, aber Geoffrey hatte sich auch starrsinnig geweigert zu erkennen, daß er als Mann in Wahrheit keine Chance hatte, sie sexuell zu beeindrucken. Sie liebte und begehrte nur Frauen, und von nun an bis zum Ende ihres Lebens hatte sie keinerlei Männerbeziehungen mehr.

Virginias frühe Liebesbeziehungen zu Frauen waren anderer Art gewesen als Vitas Leidenschaften. Dennoch hatten sie für ihr Leben eine große Bedeutung gehabt, und das drang ihr jetzt, sicher auch unter dem Eindruck ihrer Begegnungen mit Vita, wieder lebhaft ins Bewußtsein. Ihre positiven Erinnerungen waren alle an Frauen geknüpft: an ihre sehr geliebte Mutter, die starb, als Virginia dreizehn Jahre alt war, an ihre Stiefschwester Stella, die starb, als Virginia ein junges Mädchen war. Eine nie endende Liebe verband sie mit ihrer drei Jahre älteren Schwester Vanessa, mit der sie sich in beider Jugend in einem konspirativen Bündnis gegen ihre patriarchale, viktorianische Familie befunden und mit der sie das furchtbare Geheimnis des sexuellen Mißbrauchs durch ihren Stiefbruder George geteilt hatte. Und Vanessa, die sie so gut kannte wie niemand sonst, vermutete bereits 1909, als die Schwester siebenundzwanzig Jahre alt war, vielleicht habe Virginia »sapphistische Tendenzen«.[20]

An Vanessa schrieb Virginia, nur halb im Scherz, als sie beide fast fünfzig Jahre alt waren, »In Dich bin ich zutiefst, leidenschaftlich und unerwidert verliebt, und dem Himmel sei Dank, daß Deine Schönheit ruiniert ist, denn dann kühlt sich mein inzestuöses Gefühl vielleicht ab – und doch hat es ein halbes Jahrhundert [Deiner] Gleichgültigkeit überdauert.«[21] Vanessas Tochter Angelica hat geschildert, wie sich Virginia noch in späten Jahren gegen Vanessas ›stumme, fast bestürzte Abneigung gegen die ganze Demonstration von Zärtlichkeit‹ durchsetzte: »Wenn Virginia mich und Vanessa am Kamin oder unter dem Apfelbaum antraf, kauerte sie sich neben uns [...]. Dann forderte sie ihre Rechte ein: einen Kuß auf den Nacken oder auf ein Augenlid oder eine Menge kleiner Küsse vom inneren Handgelenk bis in die Ellenbeuge, Ladies' Mile genannt, nach dem Sandweg in Rotten Row, Hyde Park.«[22]

Virginias erste Liebe außerhalb ihrer Familie war Madge Symonds, dreizehn Jahre älter als sie, die Tochter des Schriftstellers John Addington Symonds. Madge war in den Schweizer Alpen aufgewachsen und hatte, ganz anders als Virginia, viel Freiheit und eine gründliche Bildung genossen. Als Virginia ein Kind von sieben Jahren war, lebte Madge längere Zeit in London bei Virginias Familie, den Stephens, und schon aus dieser Zeit stammte Virginias über viele Jahre anhaltende Neigung für sie. »Niemals werde ich meine grenzenlose Freude vergessen – es war, als wäre man eine Geige und jemand spielte darauf – als ich herausfand, daß [meine Mutter] eine meiner Geschichten an Madge Symonds geschickt hatte ...«[23] Madge war hochbegabt, schrieb, interessierte sich brennend für Kunst, war lebhaft, rebellisch und schön, und Virginia liebte sie, betete sie an als ein Vorbild dessen, was eine Frau trotz aller viktorianischen Unterdrückung weiblichen Eigen-Sinns sein und werden konnte.

Als Madge 1898 Virginias Vetter, den ziemlich öden und engstirnigen Schulmeister William Wyamar Vaughan heiratete, mag sich die damals sechzehnjährige Virginia verraten und verlassen gefühlt haben. Zudem aber war sie entsetzt über die Verwandlung, die mit Madge vorging, denn die junge Frau wurde nach ihrer Eheschließung zur unterwürfigen Gattin und hingebungsvollen Mutter, ließ ihre beträchtlichen Talente brachliegen und gab alle eigenen Pläne auf. Das konnte ihr Virginia nicht verzeihen.

1921 besuchte die inzwischen zweiundfünfzigjährige Madge Virginia noch einmal. Man merkt der Beschreibung dieses Zusammentreffens an, daß Virginias Enttäuschung damals unendlich tief gewesen sein mußte, – und warum sie es war: »Madge wollte gern kommen, also luden wir sie ein. Sie ist sonderbar verändert. Die mittleren Jahre haben ihre Linien verdickt und ihre Farben vertieft. [...] Sie ist nie erwachsen geworden, sondern lebte irgendwo unter einem Schutzschild, ohne herausgefordert zu werden, viel über das Leben redend, aber ohne sich ihm auszusetzen. Oh, sie hat derart viel über das Leben geredet – immer in Bezug auf sich selbst, was den Verstand zum Schielen bringt. [...] Man kann sie wirklich kaum eine Minute lang beim Thema Dichtung, Küche, Liebe, Kunst oder Kinder festhalten. Trotzdem hat sie ihre Fröhlichkeit und ihre Vitalität, die einen vor der schlimmsten Langeweile bewahren. Leonard und Roger allerdings nicht. Die waren ganz außer sich vor Elend. Und das war die Frau, die ich angebetet habe! Ich sehe mich noch immer, wie ich im Kinderschlafzimmer in Hyde Park Gate stand, mir die Hände wusch und zu mir selbst sagte, ›In diesem Augenblick ist sie wirklich hier, unter diesem Dach.‹«[24]

Es war kein Zufall, daß Virginia gerade während ihrer sich vertiefenden Freundschaft mit Vita in den Jahren 1922 bis 1924 in dem Roman *Mrs. Dalloway* die junge Madge von damals und ihre Gefühle für sie wieder zum Leben erweckte: Sie porträtierte Madge als Sally Seton, die Jugendfreundin Mrs. Dalloways. Man darf die dort niedergelegte lange Reflexion der Clarissa Dalloway durchaus als autobiographische Erzählung Virginias lesen – und als ein Manifest. Hier seien nur wenige Auszüge wiedergegeben, die zeigen, wieviel Virginia über die Gefühle zwischen Frauen wußte und wie intensiv sie sie empfand.

»Aber diese Frage der Liebe (dachte sie, während sie ihren Mantel aufhängte), dieses Sich-in-Frauen-Verlieben. Sally Seton zum Beispiel; ihr Verhältnis zu Sally Seton damals. War das schließlich nicht Liebe gewesen? Sie saß auf dem Fußboden – das war ihr erster Eindruck von Sally – sie saß auf dem Fußboden, die Arme um die Knie, und rauchte eine Zigarette. [...] jenen ganzen Abend lang konnte sie die Augen nicht von Sally abwenden. Es war eine außerordentliche Schönheit von der Art, die sie am meisten bewunderte, dunkel, mit großen Augen, mit jener Eigenart, die sie, da sie selbst sie nicht besaß, beneidete – eine Art Hemmungslosigkeit, als ob sie alles sagen, alles tun könnte. [...] Das Seltsame war, im Rückblick, die Reinheit, die Integrität ihres Gefühls für Sally. Es war nicht das Gefühl, das man für einen Mann hatte. Es war vollkommen selbstlos, und dazu hatte es eine Eigenschaft, die es nur zwischen Frauen geben konnte, zwischen eben erwachsen gewordenen Frauen. Es war beschützend, von ihrer Seite, entsprang einem Empfinden, miteinander verbündet zu sein, einer Vorahnung von etwas, das sie notwendig voneinander trennen würde, (von der Ehe sprachen sie stets nur als von einer Katastrophe), die zu dieser Ritterlichkeit führte, diesem beschützenden Gefühl, das auf ihrer Seite weit stärker war als auf Sallys. Denn damals war sie absolut bedenkenlos gewesen, tat die idiotischsten Dinge aus reiner Tollkühnheit, fuhr mit dem Fahrrad auf der Terrassenbrüstung entlang, rauchte Zigarren. Absurd war sie – völlig absurd. Aber der Zauber war übermächtig, mindestens für sie, so daß sie sich erinnern konnte, wie sie unterm Dach in ihrem Schlafzimmer stand, den Heißwasserkrug in den Händen hielt und laut vor sich hinsagte, ›Sie ist unter diesem Dach ... Sie ist unter diesem Dach!‹ Nein, jetzt bedeuteten ihr diese Worte überhaupt nichts. Nicht einmal ein Echo ihres alten Gefühls kam. Aber sie konnte sich erinnern, wie ihr kalt wurde vor Erregung und sie sich in einer Art Ekstase frisierte, (jetzt kehrte das alte Gefühl wieder, als sie die Haarnadeln herausnahm, sie auf den Toilettentisch legte, ihr Haar richtete), während die Krähen im rosigen Abendlicht auf und nieder flatterten, sich ankleidete und hinunterging und, als sie die Halle durchquerte, fühlte, ›Gält' es jetzt, zu sterben, jetzt wär's mir höchste Wonne‹. Das war ihr Gefühl – Othellos Gefühl, und sie empfand es, davon war sie überzeugt, wie Othello es nach Shakespeares Absicht fühlen sollte, alles nur, weil sie in einem weißen Kleid zum Dinner hinunterging und Sally Seton begegnen würde! Sie trug rosa Gaze – konnte das wahr sein? Jedenfalls *schien* sie ganz Licht zu sein, zu leuchten wie ein Vogel oder ein Flaumball, der hereingeflogen ist, sich einen Augenblick lang an einen Dornenstrauch geheftet hat. Aber nichts ist so sonderbar, wenn man verliebt ist (und was war das anderes als Verliebtsein?) wie die völlige Gleichgültigkeit der anderen. Tante Helena verschwand nach Tisch einfach, Papa las die Zeitung. Vielleicht war Peter Walsh da, und die alte Miss Cummings; Joseph Breitkopf war bestimmt da, denn er kam jeden Sommer, der arme Alte, blieb Wochen und Wochen und gab vor, mit ihr Deutsch zu lesen, während er in Wirklichkeit Klavier spielte und Brahmslieder sang, ohne jede Stimme. All das war nur Hintergrund für Sally. Sie stand am Kamin und sprach, mit dieser schönen Stimme, die alles was sie sagte wie eine Liebkosung klingen ließ, mit Papa, der sich eher gegen seinen Willen allmählich zu ihr hingezogen fühlte (er konnte ihr nie verzeihen, daß er ihr eins seiner Bücher geliehen und es vom Regen durchweicht auf der Terrasse gefunden hatte), als sie plötzlich sagte, ›Eine Schande, hier drinnen zu sitzen!‹ und sie alle auf die Terrasse hinausgingen und auf und ab schlenderten. Peter Walsh und Joseph Breitkopf sprachen weiter über Wagner. Sie und Sally blieben etwas zurück. Dann kam der köstlichste Augenblick ihres ganzen Lebens, als sie an einer steinernen Urne mit Blumen vorüberkamen. Sally blieb stehen, pflückte eine Blume, küßte sie auf den Mund. Die ganze Welt hätte kopfstehen können! Die anderen verschwanden; sie war hier, allein mit Sally. Und sie empfand, daß sie ein Geschenk erhalten hatte, eingepackt, und daß man ihr gesagt hatte, sie solle es nur haben, nicht ansehen – einen Diamanten, etwas unendlich Kostbares, eingepackt, das sie, während sie gingen (auf und ab, auf und ab), enthüllte, oder der Glanz brach durch, die Offenbarung, das religiöse Gefühl! – als plötzlich der alte Joseph und Peter ihnen gegenüberstanden: ›Sterngucken?‹ sagte Peter. Es war, als stieße man im Dunkeln mit dem Gesicht gegen eine Granitmauer! Es war grauenhaft, es war entsetzlich. Nicht ihretwegen. Sie fühlte nur, wie Sally schon jetzt übel mitgespielt, wie sie mißhandelt wurde; sie fühlte seine Feindseligkeit, seine Eifersucht, seine Entschlossenheit, in ihre Gemeinsamkeit einzubrechen. All das sah sie, wie man beim Aufleuchten eines Blitzes eine Landschaft sieht.«[25]

Madge Vaughan starb im November 1925. Virginia beschreibt ihre Reaktion auf diesen Tod, und man kann dem Maß ihrer Abgrenzung, ihres Zorns, entnehmen, wie tief ihre Liebe gewesen sein muß, wie tief auch ihr Leiden an deren Verrat. Sie hatte Madge nicht nur verübelt, daß sie durch das Zusammenleben mit ihrem Mann zur Unperson geworden war, sondern sie hatte an ihr gelitten wie eine um Erfüllung betrogene Geliebte. »Madge ist gestorben. In meinen Gefühlen herumraschelnd fand ich nichts anderes als tote Blätter. Ihre Briefe hatten die Wirklichkeit ausgehöhlt – den Glanz, die Wärme. Oh verabscheuungswürdige Zeit, die so das Herz herausfrißt und den Körper weiterleben läßt. Was mich betrifft, haben sie in Highgate ein Reisigbündel begraben.«[26]

Mit zwanzig Jahren verliebte sich Virginia erneut, in die siebzehn Jahre ältere Violet Dickinson, eine Freundin der Familie. Sie war unverheiratet und lebte mit ihrem ebenfalls unverheirateten Bruder Oswald, ›Ozzie‹ (der übrigens mit Vita gut befreundet war), in Welwyn. Violet kam im Sommer 1902 als Gast der Familie Stephen in deren Feriendomizil nach Fritham. Virginias Vater, Leslie Stephen, bemerkte über sie, »Ihr einziger Fehler ist ihre Größe von einem Meter neunzig. [...] Miss D. sagte mir viele erfreuliche Dinge über [Virginia und Vanessa] und bewundert Ginias Intelligenz außerordentlich.«[27]

Virginia beschrieb sie damals. »Wir brachten sie auf ihr Zimmer und ließen sie dann allein, damit sie sich ihre langen, von der Reise beschmutzten Glieder abstauben konnte. Zum Dinner kam sie in fließenden und malerischen Gewändern herunter – denn trotz ihrer Größe und einer gewissen Komik des Gesichts behandelt sie ihren Körper mit Würde. [...] Sie war in vieler Hinsicht einzigartig freimütig, sprach und lachte und nahm an allem mit jugendlichem Eifer teil. Erst nach einiger Zeit lernte man, ihren Charakter richtig einzuschätzen; dann sah man, daß da durchaus nicht nur Fröhlichkeit und gute Laune waren. – Sie hatte niedergedrückte Phasen und konnte sich plötzlich zurückziehen. [...] Einem flüchtigen Beobachter würde sie, glaube ich, wohl als eine sehr wohlgelaunte, ziemlich verrückte, flatterhafte Person erscheinen, deren Rolle im Leben sich darin erfüllt, leicht lächerlich und warmherzig zu sein und jeder Abendgesellschaft zum Erfolg zu verhelfen. [...] Sie ist siebenunddreißig, kann nicht mit Schönheit aufwarten, was sie selbst sehr wohl weiß. [...] Aber ein Beobachter, der es hierbei bewenden ließe und sie nur als eine jener recht gescheiten, anpassungsfähigen Damen mittleren Alters einstufte, die überall willkommen und nirgendwo unentbehrlich sind, wäre in der Tat oberflächlich.«[28]

Virginia war nicht oberflächlich, was Violet betraf. Sie sah sie gut, sie liebte sie und warf sich ihr in die Arme. In den ungefähr 450 Briefen, die sie Violet in den nächsten acht Jahren schrieb, addressierte sie sie als ›My woman‹, ›My child‹, ›My beloved woman‹, ›My Violet‹. Und für sich selbst erfand sie, wie sie es in Liebesbeziehungen immer tun würde, Tierkosenamen: Sie war ›Sparroy‹ und vor allem ›Wallaby‹, ein Känguruhjunges, das von Känguruhmutter Violet unendliche Liebesbeweise verlangte und sie erhielt, das Schutz bei ihr suchte und ihn erhielt. Als Virginia 1904 zum zweiten Mal einen schweren Anfall von Wahnsinn erlitt, der ganz ursächlich mit den sexuellen Übergriffen ihres Stiefbruders George zusammenhing, vor denen sie niemand beschützt hatte und denen sie sich jetzt, nach dem Tod ihres Vaters, noch hilfloser ausgesetzt sah[29], brachte man sie zu Violet nach Welwyn, wo sie den ganzen Sommer über gepflegt wurde und schließlich gesundete. Sie sagte einmal, Violet habe ihr damals das Leben gerettet.

Sie rettete ihr das Leben nicht nur dadurch, daß sie sie pflegte und sie ihrer Liebe versicherte, sondern auch durch die Ermutigung zum Schreiben: Es war, nota bene, Violet Dickinson, die ihre ersten literarischen Versuche zu sehen bekam, die sie dazu anhielt, die Schriftstellerinnenlaufbahn einzuschlagen und die die erste Veröffentlichung eines Textes von Virginia in der *Times* vermittelte.

Virginias Mutter war gestorben, als sie dreizehn Jahre alt war, und es ist unübersehbar, wieviel Sehnsucht nach einer mütterlichen Gestalt in ihre Liebe zu Violet einfloß. Das spricht jedoch nicht gegen die Tiefe ihres Gefühls. Im Gegenteil. Es ist der Versuch zur Wiederherstellung jenes Urvertrauens, jener Urliebe, die in allen, auch den heterosexuellen Beziehungen eine so wesentliche Rolle spielt. Für Virginia blieb sie stets ein wichtiger Bestandteil ihrer Lieben, nicht zuletzt bei Vita: »Sie überschüttet mich so mit jener mütterlichen Fürsorge, die aus irgendeinem Grund das ist, was ich mir immer von allen am meisten gewünscht habe.«[30]

In Virginias Liebe zu Violet finden sich durchaus auch Züge dessen, was landläufig als ›pubertäre Schulmädchenschwärmerei‹ belächelt und ironisiert wird, um einem solchen Gefühl jede Bedeutung abzusprechen. Aber nahezu jede ›Schulmädchenschwärmerei‹ ist in Wahrheit tiefer Ernst, gleichgültig, ob sie einer Altersgenossin oder einer älteren Frau gilt. Jede Frau, die sich erinnert, kennt und weiß das. Und weiß auch, wie solche innigen Beziehungen erstickt, durch sarkastische Bemerkungen zerstört werden. Man sagt den jungen Mädchen, ›das‹ werde sich schon geben, wenn der erste Mann auftauche, und signalisiert ihnen damit, daß ihre Liebe zu Frauen an sich keinen Wert besitze, sondern nur eine Ersatzhandlung darstelle.

Wirklich enden die meisten Lieben sehr junger Frauen mit dem Erscheinen eines männlichen Wesens, dessen Werben nicht unbedingt glücklicher macht, aber unstreitig mehr soziale Anerkennung mit sich bringt. Oft ist das für mindestens eine der beiden Frauen eine Erfahrung von Verlust und Verrat, die nicht in Worte gefaßt werden kann und tief verdrängt wird. Es ist ein sprachloses Trauma, das in Selbstablehnung umschlagen kann, sich im späteren Leben als Mißtrauen und Rivalitätsgefühl unter Frauen manifestiert und von nicht wenigen Müttern als Homophobie an ihre Töchter weitergegeben wird.

Virginia war nicht mehr ganz so jung, als sie Violet Dickinson liebte, und sie hatte das Glück, in jener nachviktorianischen Epoche zu leben, die zärtliche, fraglos unsexuell definierte Frauenfreundschaften noch kulturell hoch bewertete. Violet entzog sich ihr nicht, und ihre zärtlichen Beziehungen gingen ganz sicher, wie Nigel Nicolson es ausdrückt, ›über kindische Koseworte hinaus‹.[31] Eine gewisse Entfremdung entstand erst, als Violet der nunmehr siebenundzwanzigjährigen Virginia dringend riet, sich zu verheiraten. Aber sie blieb mit Violet bis zum Ende ihres Lebens in Verbindung und vergaß nie, was sie ihr gewesen war.

1917 lernte Virginia, fünfunddreißig Jahre alt und seit fünf Jahren mit Leonard Woolf verheiratet, die neunundzwanzigjährige Katherine Mansfield kennen. Katherine lebte mit John Middleton

Murry zusammen und heiratete ihn schließlich. Zugleich aber bestand ihre langjährige Beziehung zu Ida Baker, genannt L.M., fort, die Katherine als ›meine Frau‹ bezeichnete. Von dieser Verbindung wußte Virginia nichts. Ihr wurde Ida Baker als eine Art Haushälterin präsentiert.

Katherine hatte sich lobend über Virginias ersten Roman *The Voyage Out* geäußert, und Virginia fühlte von ihrem ersten Zusammentreffen an, daß sie es hier mit einer wirklichen Kollegin zu tun hatte, einer Schriftstellerin, die ihrer Profession genauso leidenschaftlich und oft gequält nachging wie sie selbst. Ihr Verhältnis zu Katherine war von Anfang an zwiespältig; sie fand sie ›billig und hart‹, mochte nicht, daß sie sich so stark parfümierte und ›stank wie eine Zibetkatze‹, war aber gleichzeitig fasziniert von ihrem kompromißlosen und ›unsittlichen‹ Lebenswandel, ihrem Mut zum Ausbruch aus allen Konventionen.

Katherine bewies wahre Hellsichtigkeit und Intuition, als sie, ohne das Geringste über Virginias sexuellen Mißbrauch durch ihre Stiefbrüder zu wissen, über sie schrieb, »Ich mag sie wirklich ungeheuer gern. [...] Zum ersten Mal fühlte ich da die seltsame, zitternde, schimmernde Eigenart ihres Geistes – und ganz zum ersten Mal schien sie mir eine von jenen Dostojewski-Frauen zu sein, deren ›Unschuld‹ verletzt worden ist.«[32]

Virginia und Leonard hatten inzwischen die Hogarth Press gegründet, und Katherines Erzählung *Prelude* war die zweite Veröffentlichung des kleinen Verlages.

In den nächsten drei Jahren warb Virginia um Katherine, trotz der häufigen Zurückweisungen und Verunsicherungen, die sie erfuhr, und hoffte, daß sie durch Katherines harte Oberfläche zu deren verletzlichem Selbst vorgedrungen sei. Aber Katherine ließ sich niemals ganz in die Karten sehen, vertraute sich Virginia nie wirklich an. Vielleicht auch, weil sie fühlte, daß ihre Beziehung Elemente enthielt, die keine vollkommene Annäherung zwischen ihnen gestatteten: Katherines Zwiespalt zwischen ihrem Hingezogensein zu Frauen und ihrem selbstquälerischen Beharren auf dem Gelingen ihrer Ehe mit Middleton Murry und die Eifersucht beider Frauen auf die literarische Begabung der jeweils anderen.

Trotzdem suchte Virginia immer wieder Katherines Nähe, denn die Gespräche mit ihr waren einzigartige Erfahrungen. Einmal hatte Katherine weder ihre liebevollen Briefe beantwortet noch sich für ihre kleinen Weihnachtsgeschenke bedankt und ließ Virginia monatelang im ungewissen. Aber als sie sich dann wiedersahen, kommentierte Virginia, »Die unergründliche Frau bleibt unergründlich, stelle ich zufrieden fest; keine Entschuldigungen, noch das Gefühl, daß Entschuldigungen am Platze wären. Augenblicklich warf sie ihren Schreibstift hin und stürzte sich, als wären wir nur zehn Minuten voneinander getrennt gewesen, in die Frage Dorothy Richardson, usw. mit der größten Freiheit und Lebhaftigkeit auf beiden Seiten, bis ich gehen mußte, um meinen Zug zu erreichen. [...] Und wieder, wie gewöhnlich, finde ich bei Katherine, was ich bei anderen klugen Frauen nicht finde: ein Gefühl von Ungezwungenheit und Interesse, das, nehme ich an, darauf zurückgeht, daß sie so ernsthaft, wenn auch so anders als ich, unsere edle Kunst wichtig nimmt.«[33]

Virginia unterzog sich über lange Zeit der Mühe, jede Woche mit dem Zug nach Hampstead zu fahren, um Katherine zu sehen, die damals schon an Tuberkulose litt und kaum mehr ausgehen konnte. Als sie dann nach Frankreich ziehen mußte, um dem schlechten Klima in England zu entgehen, versprachen sie einander, ihre Verbindung aufrechtzuerhalten, doch es wurde nichts daraus. Katherine war bereits zu krank, und Virginia wußte nicht, wie ernst ihr Zustand war. Es verletzte sie, daß Katherine ihre Briefe nicht beantwortete, und sie gab es auf, ihr zu schreiben.

Im Januar 1923 starb Katherine in Fontainebleau, und Virginia beschrieb ihre Reaktion auf diesen Tod. Diese Tagebucheintragung ist atemberaubend in ihrer grausamen, auch gegen sich selbst grausamen Ehrlichkeit, die die ganze Ambivalenz ihrer Gefühle für Katherine offenbart – und deren Tiefe: »Katherine ist seit einer Woche tot, und in wie weit befolge ich ihr ›Vergiß Katherine nicht ganz‹, das ich in einem ihrer alten Briefe gelesen habe? Vergesse ich sie schon? Es ist eigenartig, den Prozeß der eigenen Gefühle zu verfolgen. Nelly sagte in ihrer sensationellen Art beim Frühstück am Freitag ›Mrs. Murry ist tot! Es steht in der Zeitung!‹ woraufhin man fühlt — was? Einen Schock der Erleichterung? – eine Rivalin weniger? Die Verwirrung darüber, daß man so wenig empfindet – dann, nach und nach, Leere und Enttäuschung, dann eine Depression, aus der ich mich diesen ganzen Tag lang nicht aufraffen konnte. Als ich anfing zu schreiben, schien mir, daß das Schreiben keinen Sinn hatte. Katherine wird es nicht lesen. Katherine ist nicht mehr meine Rivalin. Großherziger fühlte ich dann, ›Aber obwohl ich das hier besser kann als sie, wo ist sie, die konnte, was ich nicht kann?‹ Dann, wie immer bei mir, stiegen wieder und wieder visuelle Eindrücke vor mir auf – immer von Katherine, die einen weißen Kranz aufsetzt und uns verläßt, abberufen, gewürdigt, erwählt. Und dann hatte man Mitleid mit ihr. Und man fühlte, daß sie zögerte, den Kranz zu tragen, der eiskalt war. Und sie war erst 33. Und ich konnte sie so deutlich vor mir sehen, und das Zimmer in Portland Villas. Ich gehe hinauf. Sie steht, sehr langsam, von ihrem Schreibtisch auf. Ein Glas Milch und eine Medizinflasche standen da. Da waren auch Berge von Romanen. Alles war sehr ordentlich, hell, und irgendwie wie ein Puppenhaus. Augenblicklich, oder doch fast, waren wir über unsere Schüchternheit hinweg. Sie (es war Sommer) lag halb auf dem Sofa am Fenster. Sie sah wieder einmal aus wie eine japanische Puppe, den Pony ganz gerade über ihre Stirn gekämmt. Manchmal sahen wir einander ganz unverwandt an, als hätten wir, durch die Augen hindurch, eine dauerhafte Beziehung erreicht, unabhängig von den Veränderungen des Körpers. Ihre Augen waren schön – ziemlich hundeähnlich, braun, sehr weit auseinanderstehend, mit einem stetigen, langsamen, ziemlich ehrlichen und traurigen Ausdruck. Ihre Nase war scharf und etwas vulgär. Ihre Lippen dünn und hart. Sie trug kurze Röcke. [...] Sie sah sehr krank aus – sehr abgezehrt, und bewegte sich matt, schleppte sich durchs Zimmer, wie ein leidendes Tier. Ich vermute, ich habe einiges von dem niedergeschrieben, was wir sagten. An den meisten Tagen erreichten wir, glaube ich, jene Art von Gewißheit, im Gespräch über Bücher, oder eher über unser Schreiben, das, wie ich dachte, etwas Dauerhaftes an sich hatte. Und sie war unergründlich. Mochte sie mich? Manchmal sagte sie es – küßte mich – sah mich an als ob (ist das sentimental?) ihre Augen immer treu sein wollten. Sie versprach mir, niemals, niemals zu vergessen. Das sagten wir am Ende unseres letzten Gesprächs. Sie sagte, sie würde mir ihr Tagebuch zum Lesen schicken und würde mir immer schreiben. Denn unsere Freundschaft, sagten wir, sei etwas Wirkliches und sahen einander gerade in die Augen. Sie würde immer weiterbestehen, was auch immer geschähe. Was geschah, war, vermute ich, Krittelei und vielleicht Klatsch. Sie antwortete nie auf meinen Brief. Und doch fühle ich, daß diese Freundschaft immer noch weiterbesteht. Noch immer gibt es Dinge beim Schreiben, an die ich denke und die ich Katherine erzählen will. Wenn ich in Paris gewesen und zu ihr gegangen wäre, wäre sie aufgestanden, und innerhalb von drei Minuten hätten wir wieder gesprochen. Nur konnte ich diesen Schritt nicht tun. Die Umgebung – Murry und so weiter – und die kleinen Lügen und Betrügereien, das ewige Spielen und Necken, oder was immer es war, schnitten viel von der Substanz der Freundschaft weg. Man war zu ungewiß. Und daher ließ ich alles so hingehen. Doch erwartete ich mit Bestimmtheit, daß wir uns nächsten Sommer wiedersehen und einen neuen Anfang machen würden. Und ich war eifersüchtig auf ihr Schreiben – das einzige Schreiben, auf das ich je eifersüchtig gewesen bin. Das machte es noch schwieriger, ihr zu schreiben, und ich sah darin, vielleicht aus Eifersucht, alle Eigenschaften, die ich an ihr nicht mochte. Zwei Tage lang fühlte ich mich gealtert und hatte einen Ansporn zum Schreiben verloren. Dieses Gefühl schwindet. Ich sehe sie nicht mehr dauernd mit dem Kranz. Sie tut mir nicht mehr so leid. Dennoch habe ich das Gefühl, daß ich in Abständen mein ganzes Leben lang immer wieder an sie denken werde. Wahrscheinlich hatten wir etwas gemeinsam, das ich in niemand anderem jemals wiederfinden werde.«[34]

Claire Tomalin schreibt in ihrer Biographie Katherine Mansfields: »Als [Virginia] im Winter 1925 mit Leonard in Ken Wood spazierenging und wegen Vita Sackville-West, in die sie jetzt verliebt war, deprimiert war, notierte Virginia, wie ›dieser ganze Teil von Hampstead mich an Katherine erinnert – dieses matte Gespenst mit den unverwandt blickenden Augen, den spöttischen Lippen.‹ Möglicherweise brachte sie die Entdeckung der erotischen Liebe für eine ihres Geschlechts dazu, die Gefühle noch einmal zu überdenken, die sie einst für Katherine hatte, deren sexuelle Doppeldeutigkeit so eisern in Schach gehalten worden war, als sie einander kannten.«[35]

»Darling Mrs. Nicolson«

Es war Vita, die im Januar 1924 den ersten Schritt zu einer Wiederannäherung tat. Sie schrieb an Virginia und bat, mit Lord Berners, einem Schriftsteller und Musiker, den sie aus Konstantinopel kannte, am 9. Januar zum Tee kommen zu dürfen.

Virginia mußte ihr absagen, denn gerade an diesem Tag besichtigte sie ein Haus in London. Sie hatte sich entschlossen, aus dem ruhigen Richmond wegzuziehen – sehr gegen Leonards Willen, der fürchtete, daß das aufregende Londoner Leben ihrer Gesundheit schaden werde. Aber sie setzte sich durch, fand und mietete am 9. Januar No. 52, Tavistock Square, ein altes Haus im Stadtteil Bloomsbury, dessen Parterre und ersten Stock die Anwaltsfirma Pritchard innehatte. Der ›Square‹ war ein kleiner Park, dessen Bäume man von den Fenstern aus sah und in dem sie mit ihrer Hündin Grizzle spazierengehen konnten.

Im März würden sie umziehen, und Virginia freute sich unbändig darauf: »Musik, Gespräche, Freundschaft, Ansichten der Stadt, Bücher, Verlag, etwas Zentrales und Unerklärliches, das jetzt alles in meiner Reichweite liegt wie seit August 1913 nicht mehr.«[1]

Sie lud Vita und Lord Berners auf den 18. Januar ein, fragte, ob sie zum Dinner kommen wollten, »in der Küche, ohne Abendkleidung? Das wäre viel netter als zum Tee.«[2]

Nach diesem Abend schrieb Virginia an Clive Bell, immer noch ein wenig ironisch und von oben herab, was Vitas Geistesgaben betraf, doch wie schon beim ersten Zusammentreffen völlig fasziniert von Vitas physischer Erscheinung, »Die liebe Vita hat den Körper und das Hirn eines griechischen Gottes [...], aber wenn es sich darum handelt, eng beieinander, 2 Fuß voneinander entfernt, von 8 Uhr bis 11 Uhr 30 abends am Kamin zu sitzen – mehr Verstand, oh Gott, mehr Verstand! [...] Vita wurde wegen des PEN-Clubs ordentlich ausgelacht, aber das arme Mädchen hat sich verrannt und weiß nicht, was es jetzt anstellen soll. Ob ich sie wohl mit den Robert Lynds [einem Literaten und seiner Frau] bekanntmachen würde? ›Nun ja, wenn Sie mich mit Lord Lascelles [einem früheren Verehrer Vitas und Ehemann der Prinzessin Mary] bekanntmachen.‹ ›Warum tragen Sie nichts zum Puppenhaus der Königin bei, Virginia?‹* ›Ist auch ein WC drin, Vita?‹ ›Sie sind ein bißchen hochnäsig, Virginia.‹ ›Na ja, ich bin nach der alten Cambridge-Schule erzogen worden. Schon mal von Moore gehört?‹ [Sie meint G. E. Moore, den Cambridge-Philosophen, der Bloomsbury stark beeinflußt hat.] ›George Moore, der Romanautor?‹ ›Meine liebe Vita, wir kommen wirklich aus sehr verschiedenen Ecken.‹ [...] Das arme Mädchen sieht göttlich schön aus, etwas zerzaust, in einer Samtjacke.«[3]

Vita dagegen war wiederum hingerissen von ihr und erinnerte sich in ihrem Brief an Harold nicht an das kleine, süffisante Geplänkel mit Virginia, sondern an Gespräche über ein ganz anderes Thema: »Virginia köstlich wie eh und je; wie recht sie hat, wenn sie sagt, die Liebe mache jeden zum Langweiler, aber das Aufregende im Leben liege in den Vernarrtheiten und in den kleinen Schritten näher an die Menschen heran. Vielleicht ist sie dieser Auffassung, weil sie eine Experimentatorin der menschlichen Natur ist und in ihrem Leben keine *grande passion* hat.«[4] Diese letzte Feststellung ist beachtenswert, denn sie beweist, daß Virginia ihr bereits genug Vertrauen entgegenbrachte, um ihr von ihrer Freundschaftsehe mit Leonard und ihrer sexuellen Scheu zu erzählen.

Vita hatte zu jener Zeit, sogar für ihren Geschmack, ein wenig zu viele *grandes passions* in ihrem Leben: Ihre Beziehung mit Dorothy Wellesley bestand, unter Leiden und Eifersuchtsausbrüchen Dotties, weiterhin. Zu dem immer noch leidenschaftlich in sie verliebten Geoffrey Scott war sie inzwischen sehr kühl geworden. Das ermutigte Harold, sich ihr wieder zu nähern. Am 9. März schliefen sie miteinander, – vermutlich zum letzten Mal. Sein Tagebuch kommentiert dieses Ereignis freudig mit »Vita nuova«; in ihrem steht, »Hadji [ihr Kosename für ihn]. Guter Gott!«[5]

Mit Virginia ging in diesen Monaten eine Veränderung vor sich, an der das Vorbild der ›papageienbunten‹, aber so schönen Vita einigen Anteil gehabt haben mag: Sie, die immer alle ›äußeren Verzierungen‹ abgelehnt hatte, bat jetzt die hochelegante und mo-

* Ein Puppenhaus, das das englische Volk der Königin Mary schenkte und zu dem alle angesehenen Handwerksfirmen des Landes winzige Ausführungen ihrer Erzeugnisse beisteuerten. Bekannte SchriftstellerInnen wurden um ein Miniaturmanuskript für die Bibliothek des Puppenhauses gebeten. Vita hatte zugesagt, Virginia abgelehnt. (Übrigens war ein WC drin, mit echter Wasserspülung, und als Queen Mary sich darüberbeugte, um sich dessen Funktion demonstrieren zu lassen, blieb sie mit einer Haarsträhne an dem aufgeklappten Deckel hängen; es dauerte eine peinlich kleine Weile, ehe man sie befreien konnte.)

disch versierte Mary Hutchinson, die Geliebte ihres Schwagers Clive Bell, darum, ihr zum Geburtstag Puder und Schminke zu schenken, weil sie nicht den Mut aufbrachte, allein in ein Kosmetikgeschäft zu gehen. Im Februar 1924 schrieb sie ihr einen Dankesbrief, der nicht nur belustigend, sondern auch sehr rührend ist: »Mary!!!!! [...] Riechst Du mich nicht? Wie eine Zibetkatze. Leonard findet mich widerlich. Ich finde mich zu, zu, zu schön. Ja: Du hast mein Leben vollständig verändert und meiner Eitelkeit einen neuen Kanal gegeben, in dem sie fließen kann. Wie Du erraten haben magst, hat mich diese unerklärliche und höchst verachtenswerte Prüderie, (die mich zehn Jahre lang dazu gebracht hat, Monatsbinden aus Kapokwatte selbst zu machen, statt sie zu kaufen), daran gehindert, zu einem gepuderten Ladenmädchen zu sagen ›Auch ich bin eine Frau ... auch ich will Puder haben‹. Nun hast Du eine Hemmung beseitigt, ein Heim ruiniert, ein Herz berauscht, und mich fürs Leben zu Deiner Sklavin, Bittstellerin, Dienerin, Schuldnerin gemacht. Nein, mehr kann ich nicht sagen. Tom [der Dichter T. S. Eliot] kommt morgen zum Dinner, und ich werde sehr neugierig beobachten, ob Lippenrot sein marmorgleiches Herz schneller schlagen läßt. Und Ihres, Madame? Haben Sie eins? Wir Damen, die sich pudern – Du verstehst: Du hast mich in die große Gesellschaft der *wirklichen* Frauen aufgenommen – die Sehnsucht meines Herzens.«[6]

Leonard war immer dagegen, daß Virginia sich schminkte und parfümierte oder mehr Geld als unbedingt notwendig für Kleidung ausgab. Das entsprang seiner rigiden Sparsamkeit, aber vielleicht auch einer gewissen Eifersucht, die es nicht gutheißen konnte, wenn sich Virginia für andere Menschen schön machte. Virginia empfand ihren Körper durch ihre frühen Erfahrungen seines Mißbrauchtwerdens als ihr enteignet und fremd, und sie litt buchstäblich Höllenqualen, wenn sie Kleidungsstücke aussuchen und anprobieren mußte, und Leonards Haltung verstärkte diese Torturen noch. Das war ein Jammer, denn sie war fast einen Meter achtundsiebzig groß, bei einem Gewicht von knapp 60 kg sehr schmal und langgliedrig und sah sogar in den ziemlich formlosen langen Röcken und Jacken, die sie gewöhnlich trug, noch vornehm aus. Aber mit etwas Rückhalt bei Leonard hätte sie es vielleicht gewagt, die elegantere Mode der jeweiligen Zeit zu tragen, und wäre zufriedener mit ihrer Erscheinung gewesen. Es ist herzzerreißend zu lesen, wenn sie im Tagebuch immer wieder darüber schreibt, wie tief unglücklich ihr Äußeres sie machte: »Das ist es, was mich demütigt – wenn ich die Regent Street, Bond Street etc. hinuntergehe und so merklich schlechter angezogen bin als andere Leute.«[7]

Mitte März 1924 zogen Virginia, Leonard und die Hogarth Press von Richmond nach London um. Vita bot ihnen ihr Auto an, falls sie etwas darin transportieren wollten. Virginia lehnte dankend ab – es sei bereits alles in den Händen einer Umzugsfirma –, lud Vita aber als eine der ersten in das neue Haus am Tavistock Square ein, in dem die Woolfs den zweiten und dritten Stock bewohnten, während die Hogarth Press im Souterrain untergebracht war. »Wir hoffen, Sie morgen um 1 Uhr zu sehen – aber machen Sie sich auf ein totales Picknick gefaßt, zwischen Ruinen von Büchern und Tischbeinen, Schmutz und Staub, und nur Fragmente von Eßbarem.«[8]

Vitas Brief an Harold vermerkt, daß das Haus in absolutem Chaos sei und ›Wandgemälde von unvorstellbarer Häßlichkeit‹ enthalte, die Virginias Schwester Vanessa und deren Lebensgefährte Duncan Grant gemalt hatten. – In Geschmacksdingen waren Virginia und Vita abgrundtief verschieden.

Nach dem Lunch ging Leonard ins Souterrain hinunter, um im Verlag zu arbeiten. Vita blieb bei Virginia. »Es war, glaube ich, das erste Mal, daß ich länger mit ihr allein war. Ging B.M. [›Bonne Maman‹, der Kosename für ihre Mutter, Lady Sackville] besuchen, und der Kopf schwindelte mir von Virginia.«[9]

Virginia ihrerseits hatte in der nächsten Zeit manchmal entschieden frivole Anwandlungen: Als sie ihrer Schwester Vanessa einen Besuch von Maynard Keynes, dem Wirtschaftswissenschaftler und Mitglied des alten Bloomsbury-Kreises, schilderte, beschrieb sie dessen Geliebte Lydia Lopokova, eine junge russische Tänzerin aus der Diaghilev-Truppe, fand sie charmant und zog den Schluß, »ich glaube, ich hätte sie selbst gern zur Geliebten«.[10]

Im April mußte Virginia beim Abschiedsessen für den scheidenden Präsidenten von Roger Frys Künstlervereinigung *London Group* in *Pinoli's Restaurant* eine Rede halten. Osbert Sitwell, der Bruder der Dichterin Edith Sitwell, hat diesen Abend beschrieben, und seine Charakterisierung Virginias wirft allerlei Schlaglichter auf die ambivalente Person, als die sie auch Vita erschienen sein wird: »Als ich ankam, stellte ich zu meiner großen Freude fest, daß ich neben Virginia saß. Doch sie war an jenem Abend mitleiderregend nervös, weil sie eine Rede halte sollte; ihre Qual war offensichtlich. Ich fühlte mich ihretwegen ganz elend und versuchte wirklich alles, um ihr Mut zuzusprechen. [...] Ich schloß aus ihrem Zustand, daß sie an die Anspannung, die solche Gelegenheiten mit sich bringen, nicht gewöhnt war und nur deshalb eingewilligt hatte, zu sprechen, weil Roger Fry einer ihrer ältesten Freunde war. Und wenn das der Fall war, war das, was folgte, nur um so erstaunlicher. [Es] kam der Moment, den ich um Virginias willen fürchtete. Sie stand auf. Die nächste Viertelstunde war eine herrliche Entfaltung von Kunst und, was noch bemerkenswerter war, von Gefühl, die ihre Höhepunkte der Fantasie und Schönheit in der Beschreibung der Hochzeit von Musik und Dichtung zur Zeit der Troubadoure erreichte und darin, wie im kommenden Zeitalter die Malerei den anderen Künsten gleichermaßen vermählt werden müsse. Es war eine wundervoll vorbereitete, jedoch scheinbar spontane Rede, exzellent vorgetragen und in ihrem Fluß poetischer Beredsamkeit ebenso natürlich wie ein Pfau, der seinen Schweif spreizt und schwingt. Irgendwie hatte ich diese Bravour nicht erwartet; es war eine Leistung, die keiner der Anwesenden jemals vergessen wird, und als sie sich wieder setzte, tat es mir fast leid um das Mitgefühl, das ich an sie verschwendet hatte.«[11] Virginia war oft ein Nervenbündel, aber mit dem Rücken zur Wand lief sie, schüchtern und doch kühn, zu großer Form auf, – und das nicht nur, wenn sie eine Rede halten mußte.

Ende Mai bat Virginia Vita, ein Buch für die Hogarth Press zu schreiben. Das bedeutete einen hohen Anspruch an ihre Leistungsfähigkeit, denn das Buch sollte bereits im Herbst erscheinen, aber Vita sagte zu. Zugleich lud sie Virginia ein, sich ihr elterliches Schloß Knole anzusehen. Am 5. Juli holte sie sie mit dem Wagen in Tavistock Square ab. Dorothy Wellesley war mit von der Partie, und auf der Fahrt hinunter nach Kent hörte Virginia etwas verlegen, wie Vita und Dottie einander mit zärtlichen Kosenamen anredeten. Sie fühlte sich schlecht gekleidet und scheu in der Gesellschaft dieser beiden Frauen, die so elegant, so in ihrem Element, so vollkommen lässig waren, unterwegs den Rolls Royce anhielten und große Körbe voll Erdbeeren kauften.

Virginia wurde mit Vitas Vater, Lord Sackville, bekannt gemacht, mit dem sie sich auf Anhieb gut verstand und der ihr sagte, er habe ihr Buch *Jakobs Zimmer* mit Freude gelesen. Sie aß mit ihm allein zu Mittag. Knole, dieses größte Schloß Englands mit seinen 52 Treppenaufgängen und 365 Zimmern, beeindruckte sie. »Seine Lordschaft lebt im Kern einer riesigen Nuß. Man durchwandert Meilen von Galerien, läßt endlose Schätze links liegen – Stühle, auf denen vielleicht Shakespeare gesessen hat – Tapisserien, Gemälde, Fußböden, die aus halben Eichenstämmen gemacht sind, und dringt endlich zu einem runden, glänzenden Tisch durch, auf dem ein einzelnes Gedeck liegt. [...] Ein einzelner Hochadliger sitzt allein in der Mitte, und seine Serviette ist in Form einer Lotosblüte gefaltet. [...] Seile sperren die Hälfte der Zimmer ab; die Gemälde und Stühle sehen konserviert aus, das Leben hat sie verlassen. Seit mehr als hundert Jahren haben die Gefolgsleute sich nicht mehr zum Dinner in der großen Halle niedergelassen. Dann gibt es Maria Stuarts Altar, an dem sie vor der Hinrichtung betete. ›Einer unserer Vorfahren überbrachte ihr das Todesurteil‹, sagte Vita.«[12]

Knole beeindruckte sie auch deswegen, weil sie, ›Snob, der ich bin‹, jetzt sah, in welcher Umgebung jene Vita aufgewachsen war, die ihr so gefiel. »All diese Vorfahren und Jahrhunderte und Silber und Gold haben einen vollkommenen Körper hervorgebracht. Sie ist einem Hirsch ähnlich, oder einem Rennpferd, außer im Gesicht, das schmollt, und sie hat keinen sehr scharfen Verstand. Aber als Körper ist der ihre Vollkommenheit. [...] es ist Vitas Hochgezüchtetheit, die ich mit mir nahm, und ich hatte sie und Knole vor Augen, als ich mit der unteren Mittelschicht [im Zug nach London] hinauffuhr, durch Slums hindurch.«[13]

Virginia beschrieb die physische Anziehungskraft, die Vita für sie hatte, immer mit einer Deutlichkeit, wie man sie in keiner ihrer Äußerungen über andere Menschen findet. Und Vita war wirklich sehr schön: sehr groß und langbeinig, mit zart bräunlich getönter Haut, rosigen Wangen und riesigen dunklen Augen. Selbst Leonard Woolf, dem man eine Neigung zur Schwärmerei nicht nachsagen kann, wurde für seine Verhältnisse geradezu hymnisch, wenn er über Vitas Erscheinung sprach: »Sie stand damals buchstäblich [...] in der Blüte des Lebens, ein Tier auf dem Gipfel seiner Kraft, eine wunderschöne Blume in voller Blüte. Sie war sehr gutaussehend, elegant, aristokratisch, gebieterisch, beinahe arrogant. In Romanen ›durchschreiten‹ die Leute oft Räume; bis ich Vita sah, neigte ich zu der Auffassung, daß sie das nur in den unwirklichen romantischen Wohnzimmern der Romanciers täten – aber Vita schritt wirklich.«[14]

Außerdem war sie ein prachtvolles Exemplar jener Spezies, deren intellektuelle Fähigkeiten Virginia zwar nie sehr hoch einschätzte, für die sie aber doch eine gebannte, fast kindliche Bewunderung hegte, – der Aristokratie. Virginias Interesse am Adel und dessen Lebensgewohnheiten ging so weit, daß manche Menschen es als peinlich empfanden, wie zum Beispiel Dorothy Wellesley: »Es gab einen kuriosen Aspekt in Virginias Wesen, den ich nicht verstehen konnte. Dieser Makel kann nur als umgekehrter Snobismus beschrieben werden; oder es war vielleicht irgendeine Art unnötiger ›Neckerei‹. Sie liebte es, Leute aufzuziehen. Ob sie wußte, wie tief das jene verwundete, die ihr intellektuell unterlegen waren, weiß ich nicht. Sie stellte jedem Angehörigen der Oberschicht oder der Aristokratie stets unzählige Fragen über das Verhalten und die Gewohnheiten dieser mysteriösen Wesen: da sie selbst von außerordentlich guter Herkunft war und der intellektuellen Aristokratie entstammte, war dies oft peinlich.«[15] Und Stephen Spender schrieb, »Virginia hatte eine leidenschaftliche Neugierde betreffend die ›Ober-‹, ›Mittel-‹ und ›Unterschicht‹. (Ich glaube, diese Unterscheidungen in Klassen waren in ihrem Denken sehr deutlich präsent.) Die königliche Familie war ein Thema von starkem Interesse für sie. Diese Voreingenommenheit konnte peinlich sein – wenn einem Snobismus peinlich war. Ihr Interesse am Königshaus beruhte jedoch zum größten Teil auf der Tatsache, daß die Mitglieder des Königshauses [...] auf dieselbe Art besonders und exotisch waren, wie es die Menschen in ihren Werken sind. Die Episode in *Mrs. Dalloway*, in der ein Chauffeur einem Polizisten eine kleine Plakette hinhält und der Wagen am angehaltenen Verkehr vorbeischießt, drückt in einer winzigen Phrase innerhalb einer beschreibenden Symphonie genau das aus, was sie faszinierte – das privilegierte, besondere Leben, in einer Limousine versiegelt, deren Fahrer einen Freibrief besitzt. [...] ›Warum interessieren sie uns so – sie sind doch gar nicht so verschieden von uns?‹ rief sie dann wohl aus, wenn das Gespräch über die königliche Familie schon fast ans Ermüdende grenzte. Die Antwort war, ›weil sie unseren Blicken ausgesetzt sind‹, oder ›weil sie ein lebendes Museum von Fleisch und Blut sind, gekleidet in die Gewänder vergangener Geschichte‹ oder ›weil schließlich doch ihre ererbten Anlagen sie zu etwas Außerordentlichem machen‹.«[16]

Die Aristokraten waren ihr deshalb ein solches Faszinosum, weil sie durch die über Jahrhunderte hinweg erhaltenen Lebenszeugnisse ihrer Familien in ganz anderer Weise eine ›Geschichte‹ hatten als bürgerliche Menschen, weil sie mit Historie angereicherte, wandelnde Überlieferungen waren und dadurch weit fester in ihrem Dasein verankert als das bürgerliche und zudem ständig von Ich-Verlust bedrohte Individuum Virginia Woolf.

Nach dem Besuch in Knole waren Virginia, Vita und Dottie nach Long Barn gefahren und hatten dort, gemeinsam mit Harold und Geoffrey Scott, den Nachmittag und Abend verbracht. Virginia wußte weder, welcher Natur Vitas Beziehung zu Dottie war, noch kannte sie ihr Verhältnis zu Geoffrey, aber ihre Intuition brachte sie doch dazu, eine gewisse atmosphärische Spannung wahrzunehmen und an Geoffrey so etwas wie Mißtrauen ihr gegenüber zu spüren. Daß er unter Vitas Gleichgültigkeit litt und zudem eifersüchtig war, weil sie ihm bereits mit Begeisterung von ihrer ›liebsten Mrs. Woolf‹ erzählt hatte, ahnte sie nicht.

Um Geoffreys lästig gewordenen Forderungen nach Liebe zu entgehen, ließ ihn Vita einfach in Long Barn zurück und fuhr mit Harold bis Ende Juli in die Dolomiten. Dort machte sie, die beneidenswert gesund und robust war, täglich ausgedehnte Wanderungen und Klettertouren und verfaßte abends im Hotel wie nebenbei den der Hogarth Press versprochenen Roman, *Verführer in Ecuador.*

Anläßlich der Gespräche in Long Barn hatte Virginia ihr den Vorwurf gemacht, sie schriebe ihr immer nur sehr unpersönliche, wenig intime Briefe. Das war eigentlich schon eine unverhüllte Aufforderung, und Vita verstand sie sehr wohl.

Am 16. Juli 1924 schrieb sie an Virginia, und dieser Brief markiert den Beginn ihrer Liebe. Sie habe, sagte Vita, die Herausforderung angenommen, eine Geschichte für die Hogarth Press zu schreiben, »Auf den Gipfeln von Bergen und neben grünen Seen schreibe ich sie für Dich, und nur Dir soll sie gewidmet werden. Aber natürlich war die wahre Herausforderung nicht die Geschichte, (die ja schließlich nur ein ›kommerzielles Projekt‹ war), sondern der Brief. Du sagtest, ich schriebe Briefe von unpersönlicher Gefühlskälte. Nun, vielleicht ist es schwierig, etwas anderes zu tun in einer Landschaft, wo zwei Felsengipfel von entschiedener Majestät direkt vor meinem Fenster in den Himmel aufragen und wo ein Amphitheater von Bergen meinen Horizont und meine Schritte umschließt. Heute kletterte ich zum ewigen Schnee hinauf und fand dort leuchtend gelbe Mohnblüten, die gleichermaßen dem Gletscher und dem Sturm trotzen, und schämte mich angesichts ihres Mutes. [...] Ich habe das Gefühl, als wäre aller Intellekt aufgesogen von reiner physischer Energie und von Wohlbefinden. Und so, davon bin ich überzeugt, sollte man sich fühlen. Ich betrachte sinnend die jungen Bergsteiger, mit Seilen und Eispickeln behangen, und denke, daß sie allein verstanden haben, wie das Leben zu leben ist. – Wirst Du jemals Bloomsbury und die Kultur schwänzen und mit mir auf Reisen gehen? Nein, natürlich nicht. Ich habe Dir einmal gesagt, daß ich mit Dir lieber als mit irgend jemand sonst nach Spanien fahren würde, und Du blicktest verwirrt drein, und ich hatte das Gefühl, einen *faux pas* begangen zu haben, – zu persönlich geworden zu sein, genau genommen –, und doch bleibt diese Feststellung wahr, und ich werde nicht eher ruhen, bis ich Dich weggelockt habe. Kommst Du nächstes Jahr mit zu diesem Ort, wohin die Zigeuner jedes Jahr eine Pilgerfahrt zu irgendeiner Madonna machen? Ich weiß nicht mehr, wie er heißt. [Santiago de Compostela.] Aber es ist ein Ort in der Nähe der baskischen Provinzen, wohin ich immer schon wollte, und nächstes Jahr FAHRE ICH HIN. Und ich denke, Du solltest unbedingt mitkommen. Betrachte es, wenn Du willst, als literarisches Material, – als was Du ja, wie ich glaube, alles betrachtest, menschliche Beziehungen eingeschlossen. Oh ja, Du magst Menschen eher mit dem Verstand als mit dem Herzen, – verzeih mir, wenn ich mich irre. Sicher wird es Ausnahmen geben; die gibt es immer. Aber im allgemeinen ... Und außerdem glaube ich nicht, daß man Menschen in ihrer eigenen Umgebung jemals kennenlernt; man erkennt sie nur in der Fremde, abgeschnitten von all den kleinen Schnüren und Spinnweben der Gewohnheit. Long Barn, Knole, Richmond und Bloomsbury. Alles zu bekannt und bindend. Entweder bin *ich* zu Hause, und Du bist fremd, oder *Du* bist zu Hause, und ich bin fremd; folglich ist keine von uns der wirkliche, wesentliche Mensch, und daraus entsteht Verwirrung. Aber in den baskischen Provinzen, inmitten einer Horde von *Zingaros*, wären wir beide gleichermaßen fremd und wirklich. Insgesamt glaube ich, Du solltest Dich dazu entschließen und Dich ein paar Tage frei machen und mitkommen.«[17]

Dieser Brief wurde Virginia unvergeßlich: Vitas Bild von den alles dominierenden Berggipfeln und den jungen Bergsteigern blieb in ihrem Gedächtnis haften und ging fast unverändert in ihre letzte Erzählung *The Symbol* ein, die sie kurz vor ihrem Selbstmord schrieb und die vielleicht so etwas wie ihr Abschiedsbrief an Vita war.

Ebenso bewegt war sie von Vitas Ansinnen, sie eines Tages mit auf eine Reise zu nehmen, von diesem Signal, das besagte, ›Ich will Dich entführen, Dich aus Deiner Umgebung reißen, Dich mit mir konfrontieren; ich will Dich für mich alleine haben‹, und auch: ›Du sollst einen Teil meines Herkommens kennenlernen‹, denn schließlich war ihre Großmutter eine Zigeunerin gewesen.

Vor allem aber traf sie Vitas Vorwurf, sie liebe die Menschen nur mit dem Kopf und sei zur Herzensliebe unfähig. »Dein intimer Brief aus den Dolomiten hat mir Freude gemacht. Er hat mir eine ganze Menge Schmerz verursacht – was zweifellos das erste Stadium der Intimität ist – keine Freunde, kein Herz, nur ein gleichgültiger Kopf. Dennoch: ich habe Deine Beschimpfung sehr genossen.«[18]

Vita wußte gar nicht, wie genau sie mit ihrer Bemerkung ins Schwarze traf. Scheinbare Fühllosigkeit war eine Verhaltensweise von Virginia, die sie sich als Reaktion auf unerträgliche Ereignisse und Verluste ihrer Kindheit und Jugend angewöhnt hatte. Auch ihre ironische Distanz und ihre bis zum Sarkasmus gehende Abgrenzung von anderen Menschen hatten dort ihre Wurzeln. Daß ausgerechnet Vita, deren intellektuelle Fähigkeiten sie bisher so geringgeschätzt hatte, diese Eigenart erkannte, muß ihr geradezu einen Schock versetzt haben, besonders deshalb, weil sie gerade eben begann, Vita mit dem Herzen zu lieben.

Sie schloß ihren Brief mit dem verkappten Geständnis: »Aber ich sage nichts weiter, sonst würde ich Dir einen wirklich intimen Brief schreiben, und dann würdest Du mich nicht mehr mögen, noch weniger mögen, als Du es ohnehin schon tust.«[19]

Vita antwortete postwendend: »Dich nicht mehr mögen, noch weniger mögen. – Liebe Virginia, (sagte sie und legte ihre Karten auf den Tisch), Du weißt sehr gut, daß ich Dich ganz sagenhaft gern mag, und jeder meiner Freunde könnte Dir das bestätigen.«[20]

In diesen frühen Beispielen ihrer Korrespondenz bildet sich bereits das Muster ab, das ihre Beziehung lange Zeit bestimmen sollte: Virginia war im Grunde die Kühnere von beiden; oft war sie es, die zuerst Geständnisse machte und Liebe forderte, aber sie war, so paradox es klingt, aus Schüchternheit kokett und tat es so, daß Vita aussprechen mußte, was Virginia meinte.

Im September 1924 kam Vita zum ersten Mal zu Besuch nach

Rodmell. Virginia, die ja inzwischen wußte, wie luxuriös Long Barn war, hatte Angst davor, wie Vita auf die Unbequemlichkeiten von Monk's House reagieren würde, denn die waren in der Tat beträchtlich: Das Gästezimmer war winzig, es gab kein Badezimmer (wenn jemand baden wollte, wurde in der Küche eine Zinkwanne aufgestellt), in den Schlafzimmern standen Waschschüsseln, die Toilette war ein Plumpsklo in einem Schuppen im Garten, und besonders bei Regen roch es ziemlich nach Sickergrube. Man konnte auch damit rechnen, daß einem im Garten hie und da Ratten über den Weg liefen. Und Vita würde, so schrieb ihr Virginia, im ›unbequemsten Bett im kleinsten Zimmer von ganz Sussex‹ schlafen müssen.

Virginia sah diesem Besuch also verständlicherweise mit einigem Zagen entgegen, aber aus ihrer Beschreibung seines Verlaufs hört man nicht nur Erleichterung, sondern auch eine neue Hochachtung heraus: »Vita war von Samstag auf Sonntag hier, glitt in ihrem großen, neuen, blauen Austin, den sie souverän beherrscht, durchs Dorf. Sie trug einen geringelten gelben Jersey [– den langen, meist von einem Gürtel zusammengehaltenen Trikotpullover der 20er Jahre, –] und einen großen Hut und hatte einen Koffer bei sich, der voller Silber [Vitas Toilettengegenstände] und in Seidenpapier gewickelte Nachthemden war. Nelly [Virginias Hausangestellte] sagte, ›Wenn sie doch bloß keine Honourable [Ehrenwerte] wäre!‹* und war nicht imstande, ihr das heiße Wasser zu bringen. Aber mir gefällt es, daß sie ehrenwert ist, und sie ist es wirklich; eine vollendete Dame, mit all dem Schwung und der Courage der Aristokratie und weniger von deren kindischen Art, als ich erwartet hatte. Sie hat uns eine Geschichte hiergelassen, die mich ziemlich interessiert. Ich erkenne mein eigenes Gesicht darin wieder, das ist wahr. Aber sie hat den früheren Wortreichtum abgestreift und irgendwie einen Schimmer von Kunst erhascht; jedenfalls glaube ich das, und wirklich, ich bewundere ihre Geschicklichkeit und Sensibilität, denn: ist sie schließlich nicht Mutter, Ehefrau, große Dame, Gastgeberin, neben der Schreiberei? Wie wenig ich von alledem tue: mein Gehirn würde sich niemals innerhalb von vierzehn Tagen 20.000 Wörter abringen lassen, und folglich muß mir eine zentrale Energie fehlen. Hier sitze ich und blinzele über Vita hinweg nach meiner verdammten Mrs. Dalloway hin, und

* ›the Honourable‹, abgekürzt ›the Hon.‹, ›die/der Ehrenwerte‹, ist der Adreßtitel, den Kinder englischer Adliger vor ihrem Familiennamen führen.

kann nachts manchmal nicht aufhören, über die nächste Szene nachzudenken, und wie ich sie aufziehen soll. Vita [...] ist wie eine überreife Traube in ihren Zügen, mit einem Anflug von Schnurrbart, schmollend, wird mal ein wenig schwer werden; jetzt aber schreitet sie auf schönen Beinen daher, in einem gut geschnittenen Rock, und obwohl sie beim Frühstück störte, hat sie doch einen mannhaften gesunden Menschenverstand und eine Einfachheit an sich, die Leonard und ich sehr annehmbar finden. Oh ja, ich mag sie, [...] und ich glaube, wenn das Leben es zuläßt, könnte das eine Art Freundschaft werden. [...] Dann fuhr sie uns nach Charleston – und wie sich die eigene Welt doch wendet – es sah alles sehr grau und schäbig und formlos aus im Licht ihrer Gegenwart. Was Monk's House betrifft, das wurde zur zerfallenen Scheune, und wir picknickten im Kehrichthaufen.«[21] Vita erschien ihr mehr denn je wie »ein Gardeoffizier in Bärenfell[mütze] und Reithosen. Und sehr elisabethanisch.«[22] – Hier bereits begann sie unbewußt jene Fäden der Imagination anzuknüpfen, die nachmals das phantastische Gewebe ihres Romans *Orlando* ergeben würden.

Vita bildete als Person und in ihrer Lebensform den völligen Gegensatz zu Virginias und Leonards spartanischer Existenz, die aus ihrer beider Verarmungsangst herrührte. Virginia beschrieb die Freundin späterhin immer wieder als ›opulent‹, ›prächtig‹, ›rosig glühend‹, als ›überströmendes Füllhorn‹ und bezeichnete damit auch die Vita eigene Sinnlichkeit, die sie liebte und an der sie sich immer erwärmte.

Nach ihrem Besuch schickte Vita Krokuszwiebeln an Leonard, der sich ebenso für Gärten begeisterte, und schrieb, »Ich war so gern mit Ihnen beiden zusammen; ich war so glücklich dort.«[23]

Virginia lobte ihr Manuskript von *Verführer in Ecuador* und gab in diesem Brief zugleich ein Beispiel für ihre absolute Ehrlichkeit, wenn es um Literatur ging: »... ich bin sicher, daß Du (jedenfalls nach meiner Meinung) etwas sehr viel Interessanteres gemacht hast als je zuvor. Es ist natürlich nicht ganz durchgeformt; ich denke, es könnte gestrafft werden ... [...] Ich freue mich sehr, daß wir es veröffentlichen werden, und bin äußerst stolz und wirklich gerührt, mit meiner kindlichen, geblendeten Zuneigung zu Dir, daß Du es mir widmen willst. [...] Du mußt mich in London besuchen kommen, denn Du hättest Leonard und mich hören sollen, als wir gestern abend an unserem Holzfeuer saßen und Dinge sagten, die wir im allgemeinen nicht sagen, wenn unsere Gäste wieder fort sind, darüber, wie außerordentlich nett Du etc. etc. und (ich bin jetzt schüchtern – und schließe daher).«[24]

Vita war entzückt von diesem Brief, denn sie blieb, trotz ihrer beträchtlichen Publikationserfolge, immer unendlich bescheiden, was ihre literarische Arbeit betraf, erkannte Virginias größere Begabung rückhaltlos an und erklärte sich mit Freuden bereit, alles so zu ändern, wie Virginia es vorschlug. »Nachdem ich Deinen Brief gelesen hatte, kam ich mir vor wie eine gestreichelte Katze.«[25] Sie freute sich auch über Virginias Eingeständnis ihrer ›kindlichen, geblendeten Zuneigung‹, denn sie wußte, wie zurückhaltend Virginia normalerweise in ihren Gefühlsäußerungen war.

In den kommenden Monaten sahen sich Virginia und Vita jedoch selten. Diese Trennungen über längere Zeiträume, oft gerade nach sehr intensiven Begegnungen, blieben immer ein Charakteristikum ihrer Beziehung. Sie trennten sich und gingen in ihrer je eigenen Welt auf, um sich dann mit vermehrter Innigkeit wiederzufinden. Zudem waren beide fleißige, methodische und konzentrierte Arbeiterinnen. Vita schrieb an ihrem langen Gedicht *The Land*, einer poetischen Schilderung des bäuerlichen Jahres ähnlich Vergils *Georgica*. Virginia schrieb intensiv an *Mrs. Dalloway* und zugleich an ihrem literaturkritischen Buch *Der gewöhnliche Leser*.

Aber Vita gehörte jetzt zu Virginias innerem Leben. Sie dachte in der Folgezeit viel über sie, über sich selbst und über die Liebe nach.

Vieles von dem, was sie beschäftigte, legte sie in Briefen an einen Freund nieder, zu dem sie ein ganz einzigartiges Verhältnis hatte und dem sie Gedanken und Empfindungen offenbarte, von denen niemand sonst etwas erfuhr. Es war der Maler Jacques Raverat, der mit seiner englischen Frau Gwen in Südfrankreich lebte und den Virginia schon seit 1908 kannte. Damals war sie in einen unglücklichen und unguten Flirt – eine Mischung aus übertragener Passion für ihre Schwester Vanessa und Eifersucht – mit ihrem Schwager Clive Bell verstrickt gewesen, und das Liebespaar Jacques und Gwen war ihr als die Verkörperung all dessen erschienen, was ihr selbst versagt blieb.

Jetzt starb Jacques langsam und qualvoll an einer degenerativen Knochenerkrankung, und sie schrieb ihm, teils, um ihn zu unterhalten und abzulenken, teils aber auch, um ihm noch etwas von dem zu sagen, was ihr so wichtig war und von dem sie wußte, daß er es verstehen würde. Das Schreiben an ihn wurde ihr »zu einer Art geheimen Lebens«.[26]

Im September 1924 reagierte sie heftig auf ein briefliches Mißverständnis von ihm – so heftig wohl auch deshalb, weil er so etwas Ähnliches gesagt hatte wie Vita, als sie schrieb, Virginia sei gefühllos.

»Ich meinte nicht, daß private Beziehungen mich langweilen; das ist sogar eine unerträgliche Verdrehung dessen, was ich wirklich meinte, ich, die ich Beziehungen aller Art immer fesselnder finde, und (obwohl man so oft zum Narren gemacht wird von dem eigenen Impuls, der Intimität alles preiszugeben – Würde und Schicklichkeit) endgültig, in gewisser Weise, bleibend, gigantisch, und schön. [...] Was ich meinte, war, daß mich *sexuelle* Beziehungen mehr langweilen als früher; bin ich prüde? Bin ich [allzu] weiblich? Jedenfalls habe ich in den vergangenen zwei Jahren, wie ich glaube, wohl ein Dutzend Herzensangelegenheiten mitangesehen – heftige und schreckliche, und bin zu dem Schluß gelangt, daß die Liebe eine Krankheit ist, eine Raserei, eine Seuche; oh, wie langweilig, wie monoton, und sie reduziert die jungen Männer und Frauen unter ihrem Bann auf solche Abgründe der Mittelmäßigkeit! Es ist wahr, daß alle diese Liebenden vom einfachsten Typus waren, und nur erröten und erbleichen konnten wie Seeanemonen, die mal in Blau, mal in Rot getaucht sind. Das war es, glaube ich, was ich meinte.«[27]

In diesen Äußerungen findet sich ein Widerhall desselben Gesprächs, von dem auch Vita berichtet hatte: Die rein sexuelle Anziehung, die aus so vielen Leuten Langweiler macht, weil sie sie alle für große, einmalige Liebe halten, war es, die sie anödete. »Gegen die Liebe wage ich nun nichts zu sagen«, erklärte sie an anderer Stelle, »aber es ist eine matte Leidenschaft, ich meine, eine grobschlächtige, langweilige Leidenschaft, wenn sie nicht Anteile von Phantasie, Intellekt, Poesie in sich hat.«[28]

In dem damaligen Gespräch hatte sie auch ihre eigene Erotik sehr genau beschrieben: ihr waren die Annäherungen erregend, die kleinen Schritte der sich langsam entwickelnden Begegnungen, die Vernarrtheiten.

»*Unsere* Lieben, Deine und meine und die der granitenen, monolithischen Gwen [...] waren von anderer Art. [...] Und außerdem (das ist ein Geheimnis) nahm Deine und Gwens Verlobung, Euer Verliebtsein, für mich aus irgendeinem Grund einen symbolischen Charakter an, den ich sogar schriftlich niederzulegen versuchte. Alles ganz absurd, nehme ich an; dennoch wart Ihr sehr ineinander verliebt, und es hatte eine ekstatische Qualität.«[29]

Wenn sie hier Gwens und Jacques' und ihre eigene glühende Liebe als exemplarisch für das bezeichnet, was sie unter sexueller Leidenschaft versteht, dann sind das wahrhaftig nicht die Äußerungen jener unheilbar Frigiden, als die Virginia immer hingestellt wird. Man ist daran gewöhnt – und viele haben sich geradezu auf ihre entsprechenden Äußerungen gestürzt –, Virginia von sich selbst als ›Eunuchen‹ sprechen zu hören, als ›sexuell feige‹, aber nicht daran, daß sie, in einer verborgen gehaltenen Schicht ihres Bewußtseins, ihre eigenen Leidenschaften als ekstatisch empfand.

Virginia wird wegen ihrer asexuellen Ehe mit Leonard immer und fraglos als frigide beschrieben. (Zuletzt so geschehen in einem Rundfunkessay, der mit dem Satz begann, »Sie war wahnsinnig, frigide und ein Genie.«[30]) Aber ist es wahr? Wahr ist, daß ihr männliche Sexualität fremd blieb und ihr zuwider war, seit sie sie in ihrer Kindheit und Jugend über Jahre hinweg als sexuelle Belästigungen durch ihre Stiefbrüder kennengelernt hatte und solche Formen der Bemächtigung fortan in jeder Art männlicher Sexualität, ja in der Männlichkeit überhaupt wiedererkannte. Die ließ sie in der Tat kalt.

Wahr ist auch, daß sie Leonard, bevor sie einwilligte, ihn zu heiraten, mit brutaler Offenheit sagte, er übe keinerlei körperliche Anziehung auf sie aus. Das muß nun aber nicht an ihr gelegen haben.

Wahr ist schließlich, daß nicht nur ihr Interesse und ihre Zärtlichkeit, sondern auch ihr Begehren sich immer auf Frauen gerichtet hatten, ohne daß es ihr ganz bewußt gewesen wäre. Erst jetzt, in der Konfrontation mit der ›entschiedenen Sapphistin‹ Vita, die aus ihren Gefühlen und Lüsten kein Hehl machte, war sie gezwungen, sich dieser Einsicht zu stellen. Sie fürchtete sich vor dem, was auf sie zukam (sie sagte selbst, daß sie lange Zeit versuchte, Vita aus dem Weg zu gehen), aber sie wich der Herausforderung nicht aus, denn sie war eine Frau, die sich niemals etwas vormachte; sie war extrem neugierig, und sie konnte nicht leugnen, daß sie in Vita verliebt war.

Zu derselben Zeit, in der sie Jacques ihre Auffassungen über ekstatische Leidenschaften offenbarte, machte sie sich viele Gedanken über ihr Verhältnis zu Frauen und dessen sich wandelnde Bedeutung in ihrem Leben. Anfang November besuchte sie Mary Hutchinson und reflektierte dann »Gestern war ich zum Tee in Marys Zimmer und sah die Schleppkähne mit den roten Lichtern vorbeifahren und hörte das schwirrende Sausen des Flusses: Mary in Schwarz mit Lotusblüten um den Hals. Wenn man mit Frauen Freundschaft haben könnte, welche Freude – die Beziehung so geheim und vertraut, verglichen mit der zu Männern. Warum nicht darüber schreiben? Wahrheitsgetreu?«[31]

Wenig später schrieb sie wirklich darüber. In *Mrs. Dalloway* findet sich, neben der Beschreibung der Liebe zu Sally Seton, eine Passage, die auf die sinnlichste Weise illustriert, was Virginia meinte, wünschte – und kannte: Clarissa Dalloway denkt darüber nach, warum sie ihrem Mann Richard gegenüber versagt hat, sich ihm seit langem entzieht. »Sie sah, woran es ihr mangelte. Nicht an Schönheit; nicht an Verstand. Es war etwas Zentrales, das alles durchdrang; etwas Warmes, das Oberflächen sprengte und den kalten Kontakt zwischen Mann und Frau überrieselte, oder zwischen Frauen. Denn davon *hatte* sie eine schwache Ahnung. Sie ärgerte sich darüber, hatte Skrupel, die sie weiß der Himmel wo aufgelesen oder die ihr die Natur (die unwandelbar weise ist) gesandt hatte: dennoch konnte sie manchmal nicht widerstehen, dem Charme einer Frau – nicht eines Mädchens – einer Frau zu erliegen, die ihr, wie sie es bei ihr so oft taten, ein kleines Problem, eine Torheit beichtete. Und ob es nun Mitleid war, oder ihre Schönheit, oder weil sie älter war, oder irgendein Zufall – ein schwacher Duft etwa, oder eine Geige nebenan (so seltsam ist die Macht von Tönen manchmal), sie fühlte dann unzweifelhaft, was Männer fühlten. Nur einen Augenblick lang, aber es war genug. Es war eine plötzliche Offenbarung, ein Anflug wie ein Erröten, das man aufzuhalten suchte und dann, während es sich verbreitete, gab man seiner Ausdehnung nach und eilte an den äußersten Rand und erschauerte dort und fühlte die Welt näherkommen, zum Bersten angefüllt von einer erstaunlichen Bedeutung, einem Druck von Entzücken, das seine dünne Haut sprengte und sich mit unsäglicher Linderung über die Risse und wunden Stellen ergoß und strömte. Da, in diesem einen Moment, hatte sie eine Erleuchtung gesehen; ein Zündholz, das in einem Krokus brannte, einen inneren, fast zum Ausdruck gekommenen Sinn.«[32] – Das ist jene orgiastische Verzückung, die ihr nur mit Frauen vorstellbar war. Ein Jahr später würde sie Vita mit einer ›Erleuchtung‹ vergleichen und in der

Liebe zu ihr Spuren jenes ›inneren Sinns‹ entdecken, nach dem sie immer auf der Suche war.

Anfang November kam Vita kurz nach London, wollte Virginia endlich einmal wiedersehen und machte ihr spontan einen Besuch, traf sie jedoch nicht an. Virginia war traurig darüber, daß sie Vita verpaßt hatte. »Ich bin nur durch die Straßen gestreift, um Luft zu schnappen – hätte gut zu Hause bleiben können, wollte Dich so gern sehen.«[33] Im Postskriptum dieses Briefes schreibt sie, daß sie zufällig Charlotte Mew begegnet sei, der ›größten lebenden Dichterin‹.[34] Virginia kannte die Gedichte Charlottes, der Melancholikerin, die so oft unglücklich in Frauen verliebt war, und fand sie ›sehr gut und interessant und anders als alle anderen‹. Offenbar waren jedoch sowohl Charlotte wie Virginia zu schüchtern, um das Zusammentreffen zu nutzen und sich miteinander bekannt zu machen. – Das ist so eine der verpaßten Gelegenheiten, die man für die Biographie wie für die Literaturgeschichte nur bedauern kann. Sie und Charlotte hätten sich viel zu sagen gehabt, – über die Liebe und über die Dichtkunst.

Virginia arbeitete in diesem Spätsommer 1924 wie besessen. Sie schrieb im Souterrain, wo sich die Verlagsräume der Hogarth Press befanden. Alles war dort ziemlich feucht, eng und dunkel. Es gab ein baufälliges Klo ohne Licht, in dem alte Hogarth-Druckfahnen als Toilettenpapier dienten.

Virginia schrieb in einem großen Raum, den der Vorbesitzer des Hauses sich als Billardzimmer mit Oberlicht hatte bauen lassen und der jetzt gleichzeitig Virginias ›Studio‹ und Lager der Hogarth Press war. Dort kauerte sie, umgeben von Regalen, in denen die Bücher- und Papiervorräte des Verlags gestapelt waren, in einem kaputten alten Sessel, der aussah, als litte er an *prolapsus uteri* [Gebärmuttervorfall], wie Leonard sagte. Als Schreibunterlage hatte sie ein Sperrholzbrett mit einem darauf festgeleimten Tintenfaß auf den Knien, – sie schrieb mit dem Federhalter – und ›galoppierte‹ durch ihren Roman. Selten, sagte sie, sei ihr das Schreiben so leicht gefallen.

Nachmittags ging sie, mit einem blauen Overall bekleidet, in die nebenan gelegenen Verlagsräume und half, sehr geschickt und schnell, beim Bleisatz und Drucken jener kleineren Bücher, die sie nicht an professionelle Druckereien gaben, sondern auf ihrer eigenen Handpresse herstellten, und es störte sie nicht, wenn ihre schönen, langen Hände, auf die sie so stolz war, nachhaltig mit der

Druckerschwärze in Berührung kamen. Sie genoß das Leben in London, ging ins Theater, ins Kino, in Konzerte, machte Besuche und hatte viele Gäste.

Wenn sie und Leonard zu Hause blieben, konnten sie jetzt nach dem Dinner Musik hören: sie hatten ein Grammophon gekauft. Virginia liebte Musik, besonders Schubert, die späten Beethoven-Quartette, Mozart und Bach, manchmal auch Wagner. Beim Zuhören arbeitete sie an ihrer Gobelinstickerei mit bunter Wolle. Sie hatte diese Beschäftigung vor einiger Zeit begonnen, weil sie es so beruhigend und erholsam für den Geist fand, etwas mit den Händen zu tun. Ihre Schwester Vanessa entwarf ihr dazu Stickvorlagen, unter anderem für die Sitzpolster ihrer Eßzimmerstühle.

Im Herbst erschien Vitas Buch, *Verführer in Ecuador*, und war ein großer Erfolg, – auch ein ansehnlicher Verkaufserfolg für die Hogarth Press, und der Beginn einer langjährigen, für beide Seiten einträglichen Geschäftsbeziehung: Nahezu jedes Buch, das Vita in den folgenden Jahren bei der Hogarth Press veröffentlichte, wurde ein Bestseller.

Am zweiten Weihnachtstag schrieb Virginia an Jacques Raverat einen ihrer Briefe zu seiner Unterhaltung, der viel Klatsch und amüsante Personenbeschreibungen enthält, unter anderem auch eine Schilderung Vitas, die noch immer ziemlich ›hochnäsig‹ klingt, aber bereits ein Rückzugsgefecht ist, dessen Boshaftigkeit ihre Faszination nicht verbergen kann: »Und wer ist da noch? Nun ja, bloß eine Hochadlige namens Vita Sackville-West, Tochter von Lord Sackville, Tochter von Knole, Frau von Harold Nicolson, und Romanautorin, aber ihren wahren Anspruch auf Beachtung bilden, wenn ich mal so ungehobelt sein darf, ihre Beine. Oh, sie sind exquisit – steigen wie schlanke Säulen hinauf zu ihrem Rumpf, der der eines brustlosen Kürassiers ist (und doch hat sie zwei Kinder), aber alles an ihr ist jungfräulich, ungezähmt, aristokratisch; und warum sie schreibt, was sie mit vollkommener Kompetenz tut, und mit einer Blechfeder, ist mir ein Rätsel. Wenn ich sie wäre, würde ich ausschließlich, 11 Elchhunde hinter mir, durch meine angestammten Wälder schreiten. Sie stammt von Dorset, Buckingham, Sir Philip Sidney und der ganzen englischen Geschichte ab, die sie, in Särgen einen hinter dem anderen ausgestreckt, von 1300 bis heute, unter ihrem Eßzimmerfußboden hat.«[35]

Am selben Tag schrieb Virginia aus Monk's House einen Dankesbrief an Vita, die am 24. Dezember in Tavistock Square vorbeigekommen war und ihr eine Flasche ›Alella‹, einen spanischen Weißwein, zu Weihnachten geschenkt hatte. »Meine liebe Vita, es ist betrüblich, daß Du entschlossen scheinst, meine Tugend zu untergraben. Nie bin ich so glücklich gewesen wie vor zwei Tagen, obwohl wir die langweiligste Abendgesellschaft hatten, die man sich vorstellen kann. (Eine rein geschäftliche Unterredung.) Ich nippte still an meinem Glas, wurde dann immer herzlicher, immer leutseliger, freundlicher und zutraulicher, bis den Anwesenden etwas schwante. Also, Du solltest diese Genüsse wirklich für meine Besuche bei Dir reservieren. Häusliches Süffeln wird mein Ruin sein. Hier in diesem wässrigen und antialkoholischen Haus, wo der Truthahn und die kalten Würstchen nie gar werden, hätten wir einen Tropfen bitter nötig.«[36] Dieser Wein sollte noch öfter eine Rolle spielen. Er war Vitas Lieblingsgetränk und wurde, gewissermaßen, Virginias Liebestrank.

Im Januar 1925 beendete Virginia *Mrs. Dalloway* und gab ihr Manuskript in Satz. Danach wurde sie krank, wie so oft, wenn sie ein Werk abgeschlossen hatte. In den nächsten vier Wochen lag sie mit Grippe im Bett. Zu ihrem dreiundvierzigsten Geburtstag am 25. Januar schickte ihr Jacques Blumen aus Vence, und sie weinte, als sie sie bekam, denn sie wußte, daß er nur noch kurze Zeit zu leben hatte und seine Schmerzen auch mit hohen Dosen Morphium kaum mehr zu unterdrücken waren. Sie kündigte ihm an, sie werde ihm den Fahnenabdruck von *Mrs. Dalloway* schicken. Das war ein beispielloser Vertrauensbeweis, den sie niemals wiederholt hat. Leonard war sonst der einzige Mensch, der ihre Bücher vor der Veröffentlichung zu lesen bekam.

Sie gab sich alle Mühe, Jacques mit einem Brief zu belustigen, der gleichzeitig eine Menge von ihrer ambivalenten Haltung gegenüber einer Tendenz zeigt, die sich von der Mitte der zwanziger Jahre an in ganz Europa bemerkbar machte: einer neuartigen Gruppenbildung und Selbstdarstellung homosexueller Frauen und Männer und der Entstehung einer Subkultur von ›Gleichgesinnten‹. Virginia war keineswegs homophob; im Bloomsbury-Kreis bewegten sich viele homosexuelle Männer und Frauen, mit denen sie im besten Einvernehmen stand, aber uniforme Demonstrativität irritierte sie immer. »Hast Du irgendeine Meinung zu der Liebe zum eigenen Geschlecht? Sämtliche jungen Männer haben diese Neigung, und ich kann mir nicht helfen, ich finde es leicht töricht, obwohl ich keinen bestimmten Grund dafür habe. Zum einen haben sämtliche jungen Männer gegenwärtig aus irgendeinem Grund den Hang zum Niedlichen und Damenhaften. Sie schminken und pudern sich, was zu unserer Zeit in Cambridge nicht Mode war. Und die Damen, entweder aus Selbstschutz, oder Nachahmungstrieb, oder aufrichtig, sind gleichfalls ihrem eigenen Geschlecht verfallen. Meine Aristokratin (ach, aber ich habe jetzt 2 oder 3, von denen ich Dir erzählen werde – sie interessieren mich) ist gewaltig sapphisch, und war von einer solchen Leidenschaft für eine Kusine befallen, daß sie zusammen nach Tirol, oder sonst irgendeinen gebirgigen Schlupfwinkel flohen, um dann von einem Paar Ehemännern im Flugzeug verfolgt zu werden. Die Mütter von Mädchen nehmen es sich zu Herzen, sagt man. Ich kann weder die eine noch die andere von diesen Verirrungen ernst nehmen.«[37] Das war nun wirklich ›Scherz, Satire, Ironie und tiefere Bedeutung‹: während sie bereits selbst gewaltig in diese ›gewaltig sapphische‹ Aristokratin verliebt war, mochte sie sich doch keineswegs ›jenem Kreis von Damen‹ zugehörig betrachten, die ›ihrem eigenen Geschlecht verfallen‹ waren. Sie definierte sich nicht als lesbisch, sondern sie liebte Vita, und das erschien ihr als etwas ganz anderes, etwas Einzigartiges. – Kein ganz seltenes Phänomen bei Frauen in ihrer Situation. – Doch verwegen fuhr sie fort: »Aber um Dir ein Geheimnis zu verraten, ich will meine Dame dazu anstiften, nächstens mit *mir* auf und davon zu gehen. Dann tauche ich plötzlich bei Dir auf und erzähle Dir alles darüber.«[38]

Während Virginia immer noch vergrippt und fiebernd darniederlag, bat sie ihre Dame, doch am Freitag auf ein »schwaches Täßchen Tee« vorbeizukommen: »das wäre engelsgut und mildtätig und sehr, sehr langweilig (für Dich).«[39] Die besorgte Vita kam bereits am nächsten Tag und brachte Liebesgaben für die arme Kranke: eine Flasche Kümmelschnaps und wundervolle Pfirsiche (im Januar!), die Virginia andächtig verzehrte. Am verabredeten Freitag erschien Vita in Begleitung ihrer preisgekrönten Spanielhündin Pippin, die tragend war, und versprach den Woolfs einen der Welpen, die das Tier demnächst werfen sollte, aber Virginia fragte sich heimlich, ob sie einem derart hochadeligen ›Hund von Sackville‹ wohl gerecht werden könnte. Sie und Leonard besaßen eine Terriermischlingshündin namens Grizzle, die ganz bestimmt nicht mit einem ›Hund von Sackville‹ zu vergleichen war und zudem noch an einem häßlichen, pickeligen Ekzem auf dem Rücken litt.

Virginia war so krank, daß sie nicht wie geplant zu einer Party gehen konnte, die ihre schwierige und depressive Schwägerin Karin geben wollte, um wieder Anschluß ans Leben zu finden. Stattdessen lag sie im Bett, phantasierte sich die Geschehnisse des Abends zusammen und formulierte ihre Erfindungen in einem Brief an Jacques. Da wird unter anderem deutlich, daß sie viele Frauenpaare und einzelne frauenliebende Frauen kannte und häufig sah, unter anderen Hope Mirrlees, eine Schriftstellerin, die mit der berühmten Altphilologin Jane Harrison zusammenlebte: »Hope Mirrlees kam eine halbe Stunde zu früh (bewunderst Du ihre Romane? Ich kann keine Unze Freude daraus ziehen, aber wir sehen sie und Jane gern miteinander schnäbeln und turteln). [...] Dann rannte Karin, die gegen elf Uhr abends ihre Desillusionierung herannahen fühlte, in die Küche hinunter und borgte sich das Grammophon vom Hausmädchen. Die 40 jungen Männer begannen Walzer zu tanzen, und die drei reizenden Mädchen saßen zusammen in einer Ecke und flirteten miteinander [...], drei Mädchen, die entweder unter der Bedingung eingeladen werden, daß sie sich exquisit anziehen, oder irgendeines Mannes Geliebte sind, oder einander lieben.«[40] Und dann wurde sie fast ernsthaft; das ›Anderssein‹ von Frauen, der ›geheime und vertraute‹ Umgang mit ihnen waren ihr jetzt doch ständig präsent: »Da ich mein eigenes Geschlecht sehr bevorzuge, oder doch jedenfalls die Monotonie der Konversation junger Männer beträchtlich finde und mich über den ewigen Druck auf immer dieselbe Saite ärgere, den sie ausüben, wenn man eine Frau ist, finde ich das Mißverhältnis unmäßig und habe die Absicht, in Zukunft nur noch die Gesellschaft von Frauen zu kultivieren. Männer sind immer alle im Licht: mit Frauen schwimmt man sofort in die schweigende Dämmerung.«[41]

Am 7. März starb Jacques Raverat. Virginia betrauerte ihn tief. In ihrem Tagebuch vermerkte sie, daß er ihr kurz vor seinem Tod einen Brief über *Mrs. Dalloway* geschrieben hatte, »der mir einen der glücklichsten Tage meines Lebens schenkte«.[42]

Für Vita war 1925 ein schwieriges Jahr. Anfang April fuhr sie mit Harold und dem elfjährigen Sohn Ben nach Venedig, wo sie mit Geoffrey Scott zusammentrafen. Vater und Sohn verbrachten die Vormittage meistens allein, während Vita mit Geoffrey, der noch immer rettungslos in sie verliebt war, die Stadt durchstreifte.

Im Frühsommer war Vita allein in Long Barn, arbeitete in ihrem Garten und versuchte, ihr Gedicht *The Land* weiterzuschreiben. Das aber gelang ihr nicht, und sie erzählte Virginia, sie habe statt dessen angefangen, Hühner zu züchten. Ihre Ruhelosigkeit und mangelnde Konzentration hingen auch damit zusammen, daß Geoffreys Frau Sibyl plötzlich die Scheidung wünschte, weil sie sich erneut verheiraten wollte. Damit war Geoffrey mittellos, denn er hatte vom Geld seiner Frau gelebt. Nun vertraue er darauf, so schrieb er, daß Vita ihn nicht im Stich lassen werde. Sie war entsetzt und bat Harold, Geoffrey dazu zu veranlassen, nicht nach England zu kommen. Harold zeigte viel Verständnis für ihre unangenehme Situation und gestand ihr in dieser Krise, daß er sich in Raymond Mortimer verliebt hatte, der sein Lebensfreund werden sollte. Geoffrey hatte sich jedoch bereits an Vitas Mutter gewandt, die ihm seine Fahrkarte bezahlte, ihn in Brighton bei sich wohnen ließ und den seelischen Aufruhr, den sie da aus nächster Nähe miterleben konnte, wenn Geoffrey ihr sein Herz ausschüttete oder Vita zu Besuch kam, in vollen Zügen genoß.

Virginia hatte in dieser Zeit in wochenlanger angestrengtester Arbeit die Fahnenkorrekturen für ihre Bücher gemacht, die nun kurz nacheinander erschienen, *Der gewöhnliche Leser* am 23. April und *Mrs. Dalloway* am 14. Mai. Sie schickte sie an Vita, die beide bewunderte, den *Gewöhnlichen Leser* jedoch bevorzugte. Sonderbarerweise findet sich, mindestens in den überlieferten schriftlichen Zeugnissen, keine Äußerung von ihr, die sich auf Virginias Behandlung der Frauenliebe in *Mrs. Dalloway* bezieht.

Vita erinnerte Virginia jetzt an ihr Versprechen, sie im Sommer zu besuchen, aber vorerst wurde nichts daraus. Virginia hatte mit ihren beiden Büchern großen Erfolg, war ein begehrter Gast in allen Salons, auch in dem von Lady Ottoline Morrell, einer exzentrischen Aristokratin, Mäzenin und großen Bewunderin der Künste, die in ihrem Landhaus Garsington und später in London alle großen Namen versammelte. Dort traf Virginia auch Vita gelegentlich an, aber erst Anfang Juni war Vita wieder einmal bei ihr im Tavistock Square, zusammen mit der Dichterin Edith Sitwell. »– die gute Vita beschenkte mich mit einem ganzen Baum blauer Lupinen und war sehr unbeholfen und schwerfällig, während Edith wie eine römische Kaiserin war [...], erbebend beglückt über Morgans [E. M. Forsters] Komplimente (und er lobte Vita überhaupt nicht, die gekränkt, bescheiden, schweigend dasaß wie ein kurz abgefertigter Schuljunge.)«[43] Da wird Vitas andere Seite sichtbar, fern jeder aristokratischen Überlegenheit und Arroganz: wenn sie sich unbehaglich fühlte, war sie stumm und unfähig zur Konversation wie ein zurückgewiesenes Kind. Virginia sah das mit Erstaunen, und obwohl es ihrem Idealbild der allen Situationen gewachsenen großen Dame ganz zuwiderlief, fand sie diese neue Seite an Vita sympathisch und rührend.

Virginia konnte in diesem Sommer nicht mehr aufhören zu arbeiten: sie begann ihren Roman *Zum Leuchtturm*, schrieb eine Erzählung nach der anderen, dazu eine Reihe von Beiträgen für Zeitschriften, unter anderem auch für das amerikanische Modejournal *Vogue*, dessen ambitionierte Herausgeberin Dorothy Todd (»eine amerikanische Lesbierin mittleren Alters«[44]) sie vor kurzem kennengelernt hatte. Daneben las sie wie immer Stapel von Manuskripten für die Hogarth Press, setzte einen kompletten Gedichtband, half beim Einpacken bestellter Bücher und adressierte Umschläge für Werbeprospekte des Verlags.

Im August rächte sich dieser monströse Fleiß: Bei der Geburtstagsfeier für Vanessas Sohn Quentin in Charleston wurde sie beim Dinner ohnmächtig. Man brachte sie nach Rodmell, und sie lag monatelang krank im Bett, litt an quälenden Kopfschmerzen, die von einem oberen Rückenwirbel ausstrahlten und die sie fürchtete, weil ihre Anfälle von Geisteskrankheit immer mit diesem Schmerz begonnen hatten. Als sie auf dem Tiefpunkt war, zwang Leonard sie dazu, eine ganze kalte Ente zu essen, und sie mußte sich zum ersten Mal in ihrem Leben erbrechen, was sie als ›häßliche und fürchterliche Erfahrung‹ beschrieb.

Eine Woche später schrieb sie an Vita und erbat einen Brief von ihr, »da Du ja nie ungebeten schreibst«.[45] Der Schock des Zusammenbruchs erlaubte ihr, ihren Gefühlen endlich nachzugeben. Sie hatte Sehnsucht nach Vita, sie begehrte sie, und sie sagte es ihr: »Ich habe eine absolut romantische und zweifellos unwahre Vision von Dir im Kopf – wie Du in Kent in einem großen Bottich mit den Füßen den Hopfen stampfst – splitternackt, braun wie ein Satyr, und sehr schön. Sag mir nicht, daß das alles eine Illusion ist.«[46]

Vita erzählte ihr darauf, wie sie wenige Tage zuvor auf dem Rückweg von einem Besuch bei ihrer Mutter in Brighton um Mitternacht oben auf den Downs gestanden hatte und zu erraten versuchte, welches Tal wohl Rodmell und die dort schlafende Virginia berge. »Ich fing meine Hunde wieder ein, die wie verrückt über die Downs galoppiert waren, kletterte in den Wagen und fuhr durch die verlassenen Straßen und die schlafenden Dörfer von Sussex und Kent, mit dem geheimen Wissen, daß ich Dir einen Besuch gemacht hatte, von dem Du nichts wußtest.«[47] Was sie nicht mitteilte: sie war in Geoffreys Begleitung, und als sie ihm sagte, daß sie nach Virginias Dorf Ausschau halte, bekam er einen Wutanfall und nannte Virginia ›diese Person‹.

Vita erkundigte sich in ihrem Brief, sehr zu Recht, warum Virginia so viele Arbeiten übernehme, die sie vom Schreiben ihres Romans abhielten. »Wieviel Zeit ist dann noch für Virginia übrig? Außerdem hurst Du mit der *Vogue* und dergleichen herum.«[48] Virginias frivole Antwort darauf lautete: »Aber was ist gegen Hurerei mit Todd [der Herausgeberin von *Vogue*] zu sagen? Lieber herumhuren, denke ich, als ehrenwert und zaghaft und kühl und respektabel mit dem *Times Literary Supplement* zu kopulieren.«[49]

Eine Woche später war Virginia noch immer krank, lehnte unbequem und schräg in ihren Kissen und kritzelte mühsam einen Brief an Vita, die sie nun ständig vor sich sah. »In meinem Zimmer ist ein Hund, und sonst nichts als Bücher, Papiere, und Kissen und Gläser Milch und Decken, die von meinem Bett gerutscht sind, und so weiter. [...] Ich versuche, mir Dich auszudenken, aber ich merke, daß ich nur 2 Zweige und 3 Strohhalme habe, mit denen ich es tun kann. Ich kann das Gefühl bekommen, Dich zu sehen – Haare, Lippen, Farben, Größe, sogar, hie und da, die Augen und Hände, aber ich sehe Dich, wie Du weggehst, im Garten spazierst, Tennis spielst, umgräbst, sitzt und rauchst und redest, und dann fällt mir nichts ein, was Du sagen könntest. – Das beweist, und darüber könnte ich Bände schreiben, wie wenig wir irgend jemanden kennen, nur Bewegungen und Gesten, nichts Zusammenhängendes, Fortdauerndes, Tiefes.«[50]

Sie durfte noch keinen Besuch haben, weil sie, wie sie sagte, selbst von den langweiligsten Leuten nachts Alpträume bekam. »Wenn Du aber kämst, würde ich vielleicht umgekehrt träumen – von Hummeln und Brotpudding. Lies das hier noch einmal durch, und Du wirst feststellen, daß ein Kompliment darin enthalten ist.«[51]

Vita begriff sehr gut, daß darin mehr als nur ein Kompliment enthalten war, und sie reagierte: Sie fuhr nach Rodmell, wagte aber nicht, Virginia aufzusuchen, weil sie fürchtete, mit dieser Störung Leonards Mißfallen zu erregen. Statt dessen hielt sie auf der

Dorfstraße einen kleinen Jungen an, gab ihm eine Steingutschüssel, in der sie aus Erde, Kieseln und kleinen Alpenpflanzen einen Miniaturgarten angelegt hatte, dazu einen Rosenstrauß und einen Brief, und schickte ihn so beladen zu Mrs. Woolf. In ihrem Brief stand: »Deine Saga von den herabrutschenden Bettdecken hat mir das Herz im Leibe herumgedreht. [...] Ich wünschte, Du wärst wieder gesund, und ich könnte Dich sehen.«[52]

Virginia war tief enttäuscht, daß Vita nicht hereingekommen war: »Du schändlicher Lümmel! Bis vor dieses Haus zu kommen, und sich dann aus dem Staub zu machen! Als die Köchin mit Deinem Brief und Deinen Blumen und Deinem Garten kam, und der Geschichte, daß eine Dame einen kleinen Jungen im Dorf angehalten und sie ihm gegeben hatte, war ich so wütend, daß ich fast im Nachthemd hinter Dir hergesprungen wäre. Zehn Minuten Reden hätten mir nicht geschadet, und es hätte solchen Spaß gemacht. [...] Der Garten hat einen Krug Wasser bekommen, vorsichtig darüber gegossen. Die Blumen stehen in einem zerbrochenen Topf. Aber hüte Dich davor, mir Dinge zu schenken – Handarbeiten in Wolle sind meine Leidenschaft. Noch einmal ein Geschenk von Dir, und Du bekommst einen Teewärmer mit aufgestickten Tulpen und Papageien, und was machst Du dann?«[53]

Vita tat intuitiv etwas sehr Wichtiges: Sie lobte Virginia für ihren Fleiß, für ihre immensen Leistungen, und gerade jetzt, wo sie untätig im Bett liegen mußte und ihren Sommer dahinschwinden sah, in dem sie so viel arbeiten, ihren Roman *Zum Leuchtturm* voranbringen wollte, tat ihr diese Bestätigung besonders wohl.

Sie berichtete Vita von ihrem Plan, im kommenden Winter einmal monatlich einen ›großen Gala-Abend‹ zu veranstalten. Ihr Studio im Souterrain würde von Kerzen erleuchtet sein, Kakao und Rosinenbrötchen sollten gereicht werden. »Alle werden in diesem Raum einfach abgesetzt, unverfälscht, ohne Abendkleidung, ungepudert.«[54] Und dann stellte sie eine höchst bedeutsame Parallele zu dem her, was sie gerade am meisten beschäftigte: sie verglich Vita mit dem Objekt, das in ihrem neuen Buch das Symbol alles Ersehnten und Unerreichbaren war: dem Leuchtturm. Und sie sah Vita, wie ein Seemann in einer schwarzen Sturmnacht das bang erhoffte Rettungszeichen sieht: »Du wirst auftauchen wie ein Leuchtturm, flackernd, unvermittelt, sehr fern. (So ähnlich bist Du wirklich.)«[55] –

So ähnlich würde Vita immer bleiben. Sie war, obwohl ihre

zahlreichen Liebesbeziehungen dem zu widersprechen scheinen, in Wahrheit unzugänglich, ausweichend, nicht zu fassen. Und Virginia wünschte sie sich vielleicht nicht anders. Sie liebte Vita nicht ohne gelegentliche Anfälle wilder Eifersucht, aber sie schreckte vor dem Bedürfnis zurück, sie sich ›zu eigen‹ zu machen – oder sich ihr anheimzugeben. Sie wußte in ihrer ahnungsvollen Art, daß Vita sich immer von ihr entfernen würde, um dann, für Augenblicke jäher Intensität, wieder ganz bei ihr zu sein. Und diese Augenblicke waren ihr köstlicher als Treue und Beständigkeit.

Von nun an warb sie offen um Vita. Als Reaktion auf eine verpatzte Verabredung schrieb sie ihr einen scherzhaft durchnumerierten Brief, in dem sie alle fraglichen Punkte aufführte, und sie schloß, »(13) viel Zuneigung von Mrs. Woolf, die (15) Mrs. Nicolson für eine der nettesten Frauen hält, die sie (16) je getroffen hat.«[56]

Virginia glaubte schließlich, wieder gesund zu sein, aber als sie am 2. Oktober mit Leonard nach London zurückkehrte, brach sie zusammen, und ihre Ärztin verordnete strenge Bettruhe. Ein paar Tage später erfuhr sie, daß Harold Nicolson an die Botschaft in Teheran versetzt worden war. Vita würde ihn begleiten und schrieb an Virginia: »Wie wird es mir Freude machen, Dir zu schreiben; wie bitter wird es sein, zu fühlen, daß Tinte das einzige Mittel der Kommunikation ist; wie rücksichtslos werde ich Dir die Bürde auferlegen, der abwesenden Freundin zu schreiben.«[57]

Es war ein Schock für Virginia: »Aber für wie lange? Für immer? Ich bin erfüllt von Neid und Verzweiflung. Stelle mir vor, Persien zu sehen – stelle mir vor, Dich nie wiederzusehen. Die Ärztin hat mich ins Bett geschickt: jegliches Schreiben verboten. Also ist das hier mein Schwanengesang. Aber komm und besuche mich.«[58] Vita konnte sie etwas beruhigen: sie würde Harold erst im Januar folgen und im Mai wieder zurückkehren.

Sie besuchte Virginia einige Male zum Tee und blieb nie länger als eine halbe Stunde, um sie nicht zu ermüden. Bei einem dieser Gespräche muß Vita ihr vorgeworfen haben, sie sei ›grausam‹. Das nahm Virginia auf und gab wichtige Hinweise auf ihre Bedenken, sich Menschen gänzlich anzuvertrauen und sich ihnen dadurch auszuliefern. »Ich sage: nein, nicht grausam, nur dadurch, daß ich zehn Jahre älter bin als Du, in einem völlig anderen Klima: Ehrlichkeit war so wichtig, daß alle meine Spione ewig wachsam sein mußten, auf dem Ausguck nach Schwindlern.«[59]

Ihre größte Sehnsucht – sich jemandem ganz zu öffnen – bereitete ihr zugleich die größte Angst. Auch das hat seine Wurzeln unter anderem in den Erfahrungen, die sie mit ihrem Stiefbruder George gemacht hatte, der stets alle und alles mit dramatischen Versicherungen seiner Liebe überrollt hatte und, wie sie sagte, ›im dicksten emotionalen Dunst‹ lebte, gleichzeitig aber nichts dabei fand, seine Halbschwestern zu tyrannisieren und zu mißbrauchen. Und das schlimmste daran war, daß die ganze Verwandtschaft der Stephen-Schwestern ihm seine Rolle des hochherzigen, liebenden älteren Bruders unbesehen abnahm und die Mädchen stets ermahnte, ihm die gebührende Dankbarkeit zu erweisen. Virginia hatte seitdem eine tiefverwurzelte Skepsis gegen wort- und gestenreiche Liebesbeteuerungen.

Aber Vita vertraute sie: »Bist Du nicht eine der nettesten und hochherzigsten Frauen? Ich finde, das bist Du. ›Wertschätzung‹ ist ein verdammt kaltes Wort – (Deines für mich). Dennoch akzeptiere ich es, als der anspruchslose Spaniel, der ich bin. [...] Ja, ich habe Dich sehr gern: aber man wird dem armen Spaniel einen Klaps auf die Nase geben, wenn er noch mehr sagt.«[60]

Hier taucht zum ersten Mal im Zusammenhang mit Vita eine jener Personifikationen in Gestalt eines Tieres auf, deren Virginia sich immer bediente, wenn sie die liebebedürftigen, verspielten und zärtlichen Seiten an sich und anderen bezeichnen und aufrufen wollte. Sehr bald würde sie selbst sich mit ihrer Hündin Grizzle identifizieren und Vita bildlich und emotional in das Fell eines anderen Hundes stecken – und nur wenig später auch in einen Chitinpanzer: da wurde Vita dann zum ›Insekt‹. In solchen zoologischen Rollenspielen konnte Virginia vielen Gefühlen leichter Ausdruck geben und Dinge sagen, die Mrs. Woolf, der seriösen Autorin, geachteten Kritikerin und gefürchteten intellektuellen Herrscherin Bloomsburys nicht angestanden hätten. Sie benutzte solche Tierkosenamen nur bei den wenigen Menschen, die ihr wirklich nahestanden: Leonard war ›Mongoose‹ (Mungo), Vanessa ›Dolphin‹ (Delphin), und Virginia selbst stellte eine komplette, artenreiche und wahrhaft erstaunliche Menagerie dar: sie war ›Billy Goat‹ (Ziegenbock) und ›singes‹ (frz.: Affen) für Vanessa, ›Mandrill‹ und ›Marmots‹ (Murmeltiere) für Leonard, ein Eichhörnchen, Grizzle und vor allem ›Potto‹ (ein kleiner Halbaffe mit rundem Kopf und großen Augen) für Vita, die ihrerseits zum treuen Schäferhund ›Towser‹ [›Zottel‹] gemacht, wie Vanessa einem Delphin verglichen oder zärtlich als ›Donkey West‹ (›Eselin West‹) angeredet wurde.

In einem Brief bedauerte Virginia die Freundin, weil Harold inzwischen nach Persien abgereist war, »Es tut mir sehr leid für Dich – wirklich – wie schrecklich wäre es mir, wenn Leonard in Persien wäre! Aber schließlich sind in ganz London nur Du und ich gern verheiratet.«[61] Das ist ein nur scheinbar verwunderlicher Satz; sie waren wirklich gern verheiratet, denn sie liebten ihre Männer als Freunde, und ihre Ehen waren keine Ehen im herkömmlichen Sinn. Sie bestanden ohne die Probleme und Spannungen der ehelichen Sexualität, waren auf Freundschaft und auf Arbeit gegründet. Auch die übliche finanzielle Abhängigkeit von den Ehemännern entfiel: beide Frauen besaßen sowohl ererbtes wie selbst verdientes Geld. Virginia sagte in einer Unterhaltung mit ihrer Schwester einmal, sie habe Leonard wegen seiner Verläßlichkeit, Selbstlosigkeit und Entschiedenheit geheiratet. Sie selbst könne sich nie entscheiden und brauche jemanden, der ihr das abnehme, und Vanessa, die Leonard häufig als Tyrannen und Zerberus empfand, kommentierte das trocken mit: »– was Leonard zweifellos tut.«[62]

Vita betrachtete Harold als den Menschen, der in ihr nur ihre guten Seiten hervorrief und nie, wie ihre Geliebten das taten, ihre dunklen, grausamen Anteile weckte. Vita und Harold schrieben sich fast täglich, wenn sie getrennt waren, und versicherten sich in diesen Briefen unablässig ihrer unwandelbaren Liebe füreinander, während sie im Zusammenleben niemals Gespräche über ihre Beziehung führten, ja geradezu unfähig waren, über tiefe Gefühle oder Probleme zu sprechen. Victoria Glendinning hat sehr überzeugend formuliert, was das bedeutete: »Ihre Ehe im Briefwechsel war deren platonisches Ideal, an das beide glaubten. Falls dies ein instinktiver psychologischer Kunstgriff war, die Lockerheit ihrer Vereinigung im Zaum zu halten, war es ein erfolgreicher – so erfolgreich, daß er ein Eigenleben zu führen begann. Je inniger sie sich auf dem Papier trafen, desto abgesonderter konnten sie im Alltag leben. Was als einigender Prozeß begann, legitimierte ihre Getrenntheit.«[63]

Virginias Zusammenleben mit Leonard hatte seine Basis in ihrem nie erlahmenden Interesse aneinander und in der Tatsache, daß er sie unerschütterlich liebte. Das hatte sich erwiesen, als sie nach ihrer Heirat über viele Monate hinweg geisteskrank gewesen war. Damals hatte sie ihn verhöhnt und sich lange geweigert, ihn zu sehen, und er hatte das ausgehalten. Leonard war der Fels in der Brandung ihrer qualvollen Emotionen, er war ihre ›Mutter‹, wie sie selbst es ausdrückte. Das hatte einen bemerkenswerten Hinter- und Doppelsinn: Es bedeutete nicht nur, daß er sie umsorgte – und bisweilen gängelte – wie eine Mutter, ihr ihre Medikamente (Veronal, Chloral, Brom, Abführmittel etc.) ebenso zuteilte wie ihr Taschengeld von 13 Shilling die Woche, überhaupt das Einkommen verwaltete (das viele Jahre lang hauptsächlich aus den Zinsen ihres Erbteils und später aus den Einnahmen aus ihren Büchern bestand), ihren Tagesablauf regelte, sie ins Bett schickte, sie erbarmungslos aus Gesellschaften wegzog, wenn er fürchtete, daß sie sich überanstrengte. Es bedeutete auch, daß sie in seiner eisernen Rationalität etwas von dem wiederfand, was ihrer Mutter, die sie so früh verloren hatte, ebenso eigen gewesen war: etwas Strenges, Zurückhaltendes, Unwandelbares, Karges. – Alles das, was Vita nicht war. Und schließlich muß man über die niemals in Frage gestellten Ehen Virginias und Vitas auch sagen, daß sie beide Frauen vor den Zumutungen schützten, die eine ausschließliche Beziehung zueinander und Bezogenheit aufeinander mit sich gebracht hätte. Ihre Ehen boten ihnen Sicherheit und gesellschaftliche Einbindung und gleichzeitig die Freiheit, einander zu lieben.

Vita, die sich um Virginias Gesundheitszustand Sorgen machte und außerdem ganz zweifellos Hintergedanken von nicht ausschließlich karitativer Natur hegte, lud sie im November mehrmals ein, doch nach Long Barn zu kommen, sich von ihr umsorgen zu lassen und sich zu erholen, aber Virginia wagte es vorläufig noch nicht, ihre vertraute Umgebung zu verlassen und sich den Ritualen von Long Barn, dem würdigen Butler Horne, der perfekten Zofe Louise Genoux auszusetzen. Und sie wagte es auch noch nicht, mit ihrer Liebsten allein zu sein.

In ihrer gewohnten, betont sachlichen Art reflektierte sie ihre Gefühle: »Vita ist zweimal vorbeigekommen. Sie ist dazu verdammt, nach Persien zu gehen, und der Gedanke war mir so schrecklich (weil ich glaubte, ich würde sie 5 Jahre lang nicht mehr sehen), daß ich daraus schließe, daß ich sie wirklich gern habe. Man muß natürlich den Glanz des Ungewohnten mit in Betracht ziehen, der Aristokratie (Raymond [Mortimer, Harolds Geliebter seit dem Sommer 1925] sagt, ›Aber sie ist eine halbe Bäuerin –‹), der Schmeichelei.«[64] Raymond Mortimers Bemerkung über Vita als ›halbe Bäuerin‹ ist erhellend: sie hatte wirklich neben ihrer alles überstrahlenden Präsenz und Hochfahrenheit bäuerliche Züge: Sie mußte mit ihren Händen in der Erde wühlen, ihren Garten, ihr Land, Natur und Tiere haben. Und so eindrucksvoll arrogant sie sein und schreiten konnte, war sie doch in Gesellschaft oft unbeholfen und verlegen, vor allem, wenn sie sich nicht angenommen fühlte.

Virginia fuhr fort, »Trotzdem, nach allem Durchforschen und Einordnen bleibt viel übrig, da bin ich sicher. Werde ich bei ihr zu Gast sein? Werden wir an Weihnachten nach Charleston fahren? Ich sprach mit Raymond darüber [...], daß es in den Freundschaften keine Substanz gibt, daß sie welken wie – [...]. Es wird keine Münze geschlagen und einem für immer zu eigen gegeben. Menschen sterben, Madge stirbt, und ich kann keine einzige Träne vergießen.«[65] Sie wußte, daß sie Vita ganz nah kommen mußte, ehe diese für Monate fort sein würde.

Als Virginia im Dezember mehr als eine Woche lang überhaupt nichts von Vita hörte, war sie vollkommen verstört und unglücklich, weil sie glaubte, Vita hätte, vielleicht wegen ihrer Zögerlichkeit, das Interesse an ihr verloren. Und jetzt war es vorbei mit ihrer ambivalenten Haltung: »Ich möchte mich niederlegen wie ein müdes Kind und dieses kummervolle Leben fortweinen[66] – und mein Tagebuch soll mich auf seinem Daunenkissen empfangen. Die meisten Kinder wissen nicht, warum sie weinen, und ich weiß es auch nicht ganz genau. [...] Nun gut, es ist teilweise dieser Satan Vita. Kein Brief. Kein Besuch. Keine Einladung nach Long Barn. Sie war letzte Woche hier [in London] und kam nicht vorbei. Mir fallen für diese Vernachlässigung so viele gute Gründe ein, daß ich mich schäme, das einen Grund zum Weinen zu nennen. Nur, wenn ich sie jetzt nicht sehe, werde ich sie niemals sehen: denn der Augenblick der Intimität wird vorüber sein, nächsten Sommer. [Nach Vitas Rückkehr aus Persien]. Und das verstimmt mich, teilweise, weil ich sie mag, teilweise weil ich die Macht zu trennen hasse, die das Leben besitzt. Außerdem bin ich eitel. Clive wird wissen, *warum* Vita mich nicht besuchen kam. [...] Am Samstag gingen wir in Hampstead spazieren. Es war sehr kalt. [...] Dieser Teil von Hampstead ruft mir Katherine ins Gedächtnis – jenen blassen Geist mit den unverwandt blickenden Augen, den spöttischen Lippen, und am Ende mit dem Kranz auf dem Haar.«[67] Sie schloß diese sehr lange Tagebucheintragung mit den Sätzen, »Jetzt, da ich mich ausgeweint habe und die Sonne herauskommt, werde ich eine Liste von Weihnachtsgeschenken schreiben. Ethel Sands kommt zum Tee. Aber keine Vita.«[68]

Am nächsten Tag endlich erhielt sie den ersehnten Brief von Vita, die sich entschuldigte, weil sie sie nicht besucht hatte: der Nebel und ärgerliche Umstände hätten ihr Kommen verhindert. Und auch das Geständnis, auf das Virginia lange gewartet hatte, stand in Vitas Brief: »Von ›Wertschätzung‹ habe ich in der Tat gesprochen. Aber ich meinte ›Liebe‹. Nur hatte ich Angst, deswegen getadelt zu werden. Wie Du siehst, brauchst Du nur ein bißchen unwirsch mit mir zu sein, um die Wahrheit aus mir herauszukriegen.«[69]

Dieser Brief aber kreuzte sich bereits mit einem von Virginia! – Offenbar war sie durch Vitas Schweigen so irritiert und traurig gewesen, daß Leonard es gemerkt hatte. Trotz ihrer Befürchtungen, aufdringlich zu wirken, drängte er sie, nicht länger zu warten und selbst an Vita zu schreiben. Also formulierte sie – offensichtlich mit Mühe und Bedenken, denn der Stil ist ihr sonst gar nicht eigen – einen kleinen, etwas beklommenen Brief: »Meine liebe Vita, die Ärztin sagt, ich darf wegfahren. Möchtest Du, daß ich ein oder zwei Tage zu Dir komme, falls Du allein bist, vor dem 20.? Ich nehme an, dies ist zu spät und zu schwierig; ich schlage es nur vor, in der vagen Hoffnung, und natürlich mußt Du *ehrlich* sagen, ob. Oder wäre nach Weihnachten besser? [...] Schreibst Du mir bitte eine Zeile, weil ich einiges arrangieren muß?«[70]

Vita war entzückt und rief sofort an: Sie würde Virginia mit dem Wagen abholen. Virginias Antwort zeigt, wie erleichtert sie war, – und wie aufgeregt: »Meine liebe Vita, wäre Dir Dienstag nachmittag recht? Soll ich bis Freitag oder bis Samstag bleiben? Soll Leonard kommen und mich wieder abholen? Hättest Du etwas dagegen, wenn ich nur *einen* Morgenmantel mitbrächte? Wäre es sehr lästig, wenn ich mein Frühstück im Bett äße?«[71] Vita war alles recht, wenn sie nur kam. Von ihr aus, sagte sie, könne sie ihr Frühstück, Mittag- und Abendessen im Bett zu sich nehmen. Was immer sie damit meinte.

Dann mußte sie Virginia auf einen Tag später vertrösten; vorgeblich, weil jemand vom Personal krank geworden war. Tatsächlich aber hatte Vita vom 15. bis 17. Dezember notgedrungen den unglücklichen Geoffrey Scott in Long Barn zu Gast gehabt. Jetzt brachte sie, die immer sehr effektiv und planvoll war, ihn mit dem

Wagen zurück nach London, gab ihre Briefe an Harold im Außenministerium zur Diplomatenpost, transportierte anschließend einen Welpen aus ihrer Hundezucht zum Bahnhof Waterloo und verfrachtete ihn in einer Kiste nach Winchester zu seinen neuen Besitzern. Dann fuhr sie zum Tavistock Square und holte Virginia ab.

Leonard gab Vita ein Briefchen mit: »Liebe Vita, in der Anlage füge ich Virginia bei, und hoffe, sie wird sich anständig benehmen. Das Einzige, worum ich bitte, ist, daß Sie sie eisern ins Bett schikken, keine Minute später als 23 Uhr. Sie sollte sich nicht allzu lange unterhalten. Es ist sehr nett von Ihnen, daß Sie sie einladen. Ich hoffe, ich kann eine Nacht kommen. Ihr Leonard Woolf.«[72]

»Satan, der Du bist, nach Persien zu verschwinden und mich hier allein zu lassen!«

So fuhren sie denn am Donnerstag, dem 17. Dezember 1925, durch London hindurch und hinunter nach Kent. Vita war eine gute, wenn auch ziemlich unorthodoxe Autofahrerin, und Virginia fand es eindrucksvoll, wie sie andere Verkehrsteilnehmer herrisch zurechtwies, sobald sie ihr in die Quere kamen. Sie merkte sich sehr genau, wie Vita »scharfen Tons, als würden die Worte aus ihr hinausgeschleudert«[1] sagte, »›Warum schauen Sie denn nicht, wo Sie hinwollen? ... Können Sie nicht die Hand ausstrekken?‹«[2] [...], wie sie die Gänge bewundernswert schaltete und wie sie zuvor ausrief: »›Passen Sie doch auf, wo Sie hingehen!‹ ›Na, entschließen Sie sich endlich!‹«[3] Zwei Jahre später, in *Orlando*, zitierte sie diese Sätze wörtlich.

Das opulente Long Barn gefiel Virginia, irritierte sie aber auch ein wenig. Vitas Kinder, der elfjährige Ben und der achtjährige Nigel, traten selten in Erscheinung, und Virginia fiel auf, daß Vita mit ihren Kindern nicht eben liebevoll umging: »[Sie ist] etwas kalt und kurz angebunden mit ihren Jungen.«[4] Sie sah es, aber sie verzieh es ihr, gebannt und hingerissen von ihrer Gegenwart und dem Alleinsein mit ihr.

Nach dem Dinner lag Virginia auf dem Sofa am Kamin in Vitas Wohnzimmer, einem schönen Raum mit uralten dunklen Möbeln, Silber, Blumen und einer niedrigen, durchgebogenen Balkendecke.

Sie unterhielten sich und verbrachten einen ›friedlichen Abend‹, wie Vita vermerkte. Nachdem Virginia pünktlich zu Bett gegangen war, schrieb Vita an Harold in Persien, »... ich habe Virginia abgeholt und sie mit hierhergebracht. Sie ist eine exquisite Gefährtin, und ich liebe sie von Herzen. Sie muß bis Mittag im Bett bleiben, weil sie bei weitem noch nicht gesund ist, und sie hat viel zu schreiben. Leonard kommt am Sonntag. [...] Oh, die Tauben gurren. Es ist Mitternacht. Das Gurren der Tauben läßt mich immer an Dich denken, weil Du sie liebst, und sie sind so bezeichnend für das Cottage. – Bitte glaube nicht, daß ich mich (a) in Virginia verlieben werde, (b) Virginia sich in mich verlieben wird, (c) Leonard sich in mich verlieben wird, (d) ich mich in Leonard verlieben werde, weil dem nicht so ist. Nur weiß ich, daß mein alberner Hadji zu sich selbst sagen wird ›*Allons, bon!*‹, wenn er hört, daß Virginia hier zu Gast ist, und ›*Ça y est*‹, und so weiter. Lautes Gurren von den Tauben. Ich vermisse meinen Welpen, der der netteste war, den ich je hatte. Ich vermisse Dich. Deshalb schreibe ich Dir noch spät in der Nacht. Ich vermisse Dich besonders, weil Virginia sehr lieb war, was Dich betrifft, und sehr verständnisvoll.«[5]

Am anderen Morgen fühlte sich Virginia so wohl, daß sie nicht bis zum Mittag im Bett blieb, wie sie es eigentlich sollte. Sie fuhren ins nahe gelegene Sevenoaks, sahen sich das Städtchen an und machten Besorgungen in verschiedenen Geschäften. Es war Freitag, daher gingen sie auch in den Fischladen, wo Vita Stinte kaufen wollte. Im Schaufenster lag auf einer Marmorplatte ein großer Tümmler, eine Art Delphin, den sie sich lange betrachteten. Und dann hatte Virginia ihre Vision von Vita, – sie sah ein Bild vor sich, das in all den folgenden Jahren immer wiederkehrte und ihr zur Ikone dieser Freundin wurde: Vita, wie sie im Fischladen von Sevenoaks stand: sie trug einen langen rosa Jersey, ihre Perlenkette, weiße Strümpfe und war in Virginias Augen einfach überirdisch schön, – ein rosiges, sinnliches Glühen. In diesem Augenblick und Anblick drängte sich für sie Vitas ganzes Wesen zusammen, alles, was sie an ihr liebte.

Irgendwann an diesem Tag brachte Virginia es fertig, Vitas langes Manuskript von *The Land* zu lesen, und Vita brachte es fertig, ihren täglichen Brief an Harold zu schreiben.* »[Virginia] las [*The Land*] von Anfang bis Ende durch. Sie hat Dich gern. Sie hat mich gern. Sie sagt, sie braucht mich. Sie ist unter all ihrem funkelnden Geist so verletzlich. Ich liebe sie, aber nicht auf die b.s.-Art.«[6]

›B.s.‹, beider Nicolsons Ausdruck für geschlechtliches homosexuelles Handeln, ist die Abkürzung für ›backstairs‹: ›auf der Hintertreppe‹, ›die Toilette auf dem Treppenabsatz‹ oder auch ›heimlich‹ und ›tuschelnd‹. Das hat etwas Abschätziges und wirft ein bezeichnendes Licht darauf, wie Vita und Harold ihre Homosexualität einschätzten: nicht so sehr als negativ, aber als relativ nebensächlich, als etwas, das man sich in ihrer Gesellschafts-

* – Es hat etwas Befremdliches, daß Vita Harold hier und andernorts jeweils so umgehend über die Entwicklung der Dinge unterrichtete, aber das gehörte zu ihrem Ehevertrag und stellte, indem sie einander ihre Gefühle für Dritte mitteilten, auch so etwas wie eine übertragene, verlagerte Intimität dar.

schicht leistete wie einen frivolen, unartigen Luxus, zu dem man sich jedoch niemals öffentlich bekennen durfte.

Wenn Vita Harold nun schrieb, daß sie Virginia nicht mit homosexuellem Begehren liebe, war ihr einerseits sehr daran gelegen, Harold zu beruhigen, andererseits sagte sie vielleicht mindestens die halbe Wahrheit: Eine gewisse Unvereinbarkeit war bereits in den Anfängen dieser Liebesgeschichte angelegt, aber anders, als man es vielleicht erwartete: Die ›entschiedene Sapphistin‹ Vita liebte vor allem Virginias Geist, Virginia jedoch liebte Vitas Körper und ihre Sinnlichkeit.

Dennoch aber war Vita am Ende dieses Tages gar nicht ›eisern‹ und schickte Virginia keineswegs um Punkt 23.00 ins Bett. – »Sprach mit ihr bis 3 Uhr morgens, – kein friedlicher Abend«[7], vermerkte Vita anderntags. Worin der ›Unfriede‹ jener Nacht bestand, kann man nur aus Andeutungen entnehmen; aber es muß eine sehr vergnügliche und zärtliche Fehde gewesen sein: Sie saßen nebeneinander auf dem Sofa vor dem Kamin und tranken Alella, und Virginia gab vor, er mache sie so betrunken, daß die Deckenbalken schwankten und ihr noch viel krummer erschienen, als sie es ohnehin schon waren. Aber der Alella machte sie auch kühn, denn es war nicht Vita, die den ersten Schritt tat, sondern die von Liebe und Wein berauschte Virginia! Späterhin sprach sie zu Vita immer wieder einmal von »jener Nacht, in der Du umgarnt wurdest«[8], und Vita erinnerte sich stets »an jenen Abend hier, als Du Dich so skandalös benommen und mein Herz für immer gewonnen hast«.[9] Virginias Hochgemutheit mag Vita, die erfahrene Liebhaberin, einen Augenblick lang erstaunt haben. Dann aber beantwortete sie diese Annäherung mit Liebkosungen, die wiederum Virginia atemlos verblüfften.

Anderntags, ehe Leonard kam, schrieb Vita an Harold, »Ich glaube, sie ist einer der geistig erregendsten Menschen, die ich kenne. [...] In diesen zwei Tagen haben wir uns Hals über Kopf miteinander angefreundet. Ich liebe sie, aber ich könnte mich nicht in sie ›verlieben‹, also werde nicht nervös!«[10] Aber in dieser Situation war Vita nicht aufrichtig zu Harold; sie wußte, daß er sich vor einem neuerlichen Skandal à la Violet oder Dottie fürchtete, und sie beruhigte ihn, indem sie ihn an ein rein platonisches Verhältnis zu Virginia glauben ließ.

Harold war in der Tat nervös. Er schrieb, »Ich mache mir eigentlich keine Gedanken wegen Virginia und glaube, daß ihr wahrscheinlich sehr gut füreinander seid. Ich habe nur das Gefühl, daß Du nicht gerade *la main heureuse* hast, wenn es sich um Ehepaare handelt.«[11]

Am Samstagnachmittag kam Leonard nach Long Barn. Der Abend dieses Tages endete zweifellos pünktlich um 23 Uhr, und am Sonntagmorgen brachte Vita das Ehepaar Woolf mit dem Wagen nach London zurück.

Virginia schrieb am Montag eine lange Tagebucheintragung über ihren Besuch in Long Barn, die wirklich hinreißend ist: Mrs. Woolf analysiert das Geschehen und versucht, sich zu distanzieren! Das war zum einen Virginias Gewohnheit nach der Bloomsbury-Schule, die vor allem unbedingte Wahrhaftigkeit verlangte, zum andern hatte sie sich, als sie ihr Tagebuch zu schreiben begann, jegliche ›Introspektion‹ verboten, hatte sich untersagt, der ›Seele‹ Eingang in ihre Notizen zu gewähren, und zum dritten standen ihre Tagebücher immer für jedermann zugänglich im Regal. Aber die Distanzierung gelang ihr trotzdem nicht ganz.

Ihre letzte Eintragung hatte geendet »Aber keine Vita«. Jetzt schrieb sie: »Aber keine Vita! Aber Vita drei Tage in Long Barn, von wo Leonard und ich gestern zurückgekehrt sind. Diese Sapphistinnen *lieben* Frauen; Freundschaft ist nie ohne einen Anflug von Erotik. Kurz, meine Befürchtungen und Rückzüge, meine ›Unverschämtheit‹, meine übliche Befangenheit im Umgang mit Menschen, die mich vielleicht nicht haben wollen und so weiter – waren alle, wie Leonard sagte, schierer Blödsinn; und teilweise seinetwegen (er brachte mich dazu, ihr zu schreiben) habe ich dieses verwundete und schwer getroffene Jahr in großem Stil beschlossen. Ich mag sie und das Zusammensein mit ihr und die Pracht – sie leuchtet im Lebensmittelladen in Sevenoaks mit einem Glanz wie von Kerzen, schreitet auf Beinen wie Buchenstämme einher, rosig glühend, traubenumrankt, mit Perlen behangen. Das ist das Geheimnis ihres Zaubers, vermute ich. Jedenfalls fand sie mich unglaublich schlampig angezogen; keine Frau kümmere sich so wenig um ihre persönliche Erscheinung – niemand zöge Sachen so an wie ich. Und doch so schön, etc. Welche Wirkung hat das alles auf mich? Sehr gemischt. Da ist ihre Reife und Vollbusigkeit, sie so sehr unter vollen Segeln bei Flut, wo ich im toten Wasser an der Küste entlangschippere; ich meine ihre Fähigkeit, sich in jeder Gesellschaft zu behaupten, ihr Land zu repräsentieren, Chatsworth zu besuchen, Silber, Dienerschaft und ihre Chow-Chows unter

Kontrolle zu halten; ihre Mutterschaft (aber sie ist etwas kalt und kurz angebunden mit ihren Jungen), kurz, daß sie (was ich nie gewesen bin) eine wirkliche Frau ist. Dann ist da eine gewisse Wollüstigkeit an ihr; die Trauben sind reif, und sie ist nicht nachdenklich. Nein. An Verstand und Einsichten ist sie nicht so hoch organisiert wie ich. Aber das ist ihr bewußt, und sie überschüttet mich so mit jener mütterlichen Fürsorge, die aus irgendeinem Grund das ist, was ich mir immer von allen am meisten gewünscht habe. Was Leonard mir gibt, und Nessa mir gibt und Vita mir, auf ihre unbeholfenere und äußerliche Art, zu geben versucht. Denn natürlich ist da, vermengt mit all diesem Zauber, den Traubenbüscheln und Perlenketten, etwas nur locker Verbundenes. Wie sehr werde ich sie zum Beispiel wirklich vermissen, wenn sie durch die Wüste fährt? Darüber werde ich kommendes Jahr eine Notiz machen. Jedenfalls bin ich sehr froh, daß sie heute zum Tee kommt, und ich werde sie fragen, ob es ihr etwas ausmacht, daß ich mich so schlecht anziehe. Ich glaube schon. Ich las ihr Gedicht, das kompakter, besser gesehen und empfunden ist als alles was sie bisher gemacht hat. [...] Morgen fahren wir nach Charleston hinunter, was mich betrifft nicht ganz ohne Zittern, teilweise, weil mir noch flatternde Wolken der Herrlichkeit von Long Barn anhängen werden, das mich immer verstört und mich noch nervöser macht, als ich ohnehin schon bin, und dann bin ich — insgesamt so merkwürdig in mancher Hinsicht. Eine Empfindung folgt der anderen.«[12]

Es ist bemerkenswert, wie sie hier vor allem Vitas Weiblichkeit betont und liebt. ›Julian‹, Vitas männlich imaginiertes *Alter ego*, das sie im Zusammensein mit Violet Trefusis aufgebaut hatte, war nicht das Objekt von Virginias Begierde. Und es mag wohl sein, daß Vita es schwierig fand, nicht als Julian agieren zu können, sondern als Vita geliebt zu werden. Rührend ist auch Virginias Entdeckung, daß ›diese Sapphistinnen‹ Frauen *lieben*. Es scheint ihr in diesen wenigen Tagen erst ganz bewußt geworden zu sein, daß eine lesbische Frau sich nicht ausschließlich durch ihr sexuelles Begehren nach Frauen auszeichnete, sondern daß all ihre Gefühle, Zärtlichkeiten und Interessen sich auf Frauen richteten. – Ganz ähnlich wie bei ihr selbst, die sich doch so gar nicht als ›Sapphistin‹ verstand. Das muß sie sehr beruhigt haben.

Mit den letzten Worten ihres Berichts aber wich sie aus: »... und dann bin ich – insgesamt so merkwürdig in mancher Hinsicht.« Hier steht der Gedankenstrich für alles, was sie der ›Seele‹ nicht mitzuteilen erlaubte. In Wirklichkeit war sie überwältigt, erotisiert, freudig erregt und verspielt zweideutig. Am 21. Dezember kam Vita zum Tee, und am nächsten Tag schrieb ihr Virginia, »Meine liebe Mrs. Nicolson – ah hah! – hier will ich nur mitteilen, was ich in dem Durcheinander gestern zu sagen keine Zeit hatte, daß meine Adresse Charleston, Firle, Lewes, Sussex ist, bis Montag, und ich hoffe auf einen Brief von Dir. Außerdem, daß ich in der Nacht zitternd aufgewacht bin — warum? Wegen des Gedankens, daß ich wegen des Mittagessens am Sonntag grob ungastlich war. Da stand es dampfend auf dem Tisch – Huhn und Apfelkuchen, Schlagsahne und Kaffee, und Du, nachdem Du die Wolfsbande drei Tage lang gefahren, verwöhnt, umsorgt, betreut hattest, wurdest leer aufs Trottoir geschickt. Guter Gott – wie die Erinnerung an diese Dinge einen in der Nacht beißt wie Vipern! Aber der Biß war gelindert von den Freuden. Ich bin auf dem Sprung, ein Paar Handschuhe kaufen zu gehen. Ich sitze im Bett und bin sehr, sehr charmant; und Vita ist ein lieber, alter, zottelhaariger Schäferhund, oder, alternativ, mit Trauben behangen, rosig mit Perlen, leuchtend, von Kerzen bestrahlt, in der Tür eines Stoffladens. [Fisch- oder Stoffladen oder Krämer gingen ihr in der Retrospektive immer durcheinander.] Ich werde Nessa fragen, ob Samstag oder Sonntag und schreibe Dir nach Knole. Aber lösche nicht das stinkende Talglicht in Deinem Herzen aus – die arme Virginia meine ich, und die Hündin Grizzle, (die sich unter meinem Bett kratzt). Jetzt auf den Bus, die Southampton Row hinunter. Ach, und ich bin gern mit Vita zusammen.«[13]

Sie hatten verabredet, daß Vita in Vanessas Haus nach Charleston kommen sollte, wo die Woolfs Weihnachten verbrachten, weil Monk's House umgebaut wurde. Von dort schrieb ihr Virginia, sie möge unbedingt am zweiten Weihnachtstag kommen: alle erwarteten sie ungeduldig, auch Clive, »und wir gehen jetzt miteinander über die Scholle und reden, erst der eine, dann die andere, von Vita, Vita, Vita, während der Neumond aufsteigt und sich die Lämmer auf den Downs niederkauern«.[14]

Vita freute sich so darauf, sie wiederzusehen, daß sie sich ihr nicht recht mitteilen konnte: »Entweder muß ich Dir einen langen Brief schreiben, oder eine kurze Nachricht, daß ich zum Lunch ankomme. (›Verdammt, Vita, warum dann nicht den langen Brief?‹)«[15] – Vita schätzte Virginias Reaktionen bereits sehr richtig ein, die Vitas Briefe nie lang genug und nie zärtlich genug fand.

Vita war etwas nervös, als sie nach Charleston fuhr. Sie fürchtete sich vor Virginias ernster, fast statuarisch wirkender Schwester Vanessa, und das von schlammigen Äckern umgebene, eher bäuerliche Anwesen mit seinen bohèmehaften BewohnerInnen befremdete sie: «...einfaches Leben und hehre Gedanken. [...] Meine Güte, sie leben in solcher Verkommenheit. Wie luxuriös [wir] ihnen erscheinen müssen«[16], schrieb sie nach dem Besuch an Harold. Aber auch, daß Virginia vor allen Anwesenden ihr Gedicht *The Land* derart ausführlich gelobt hatte, daß sie ganz verlegen wurde.

Nachdem Vita gegangen war, sagte Clive zu Virginia, »Wie schön sie ist.« Und Virginia pflichtete ihm bei: »Eine Aristokratin von alter Rasse!« Darauf wandte sich Leonard an Vanessas Sohn Julian und sagte, »Was sind die beiden doch für Snobs!«[17] und entfachte damit einen lauten und wortreichen Streit, den alle von Herzen genossen.

Und Vita schrieb an Harold: »Virginia *liebt* Dein Mar [ihr Kosename]. Das tut sie wirklich. Es ist eine Seelenfreundschaft. Sehr gut für mich, und gut auch für sie.«[18] Vielleicht war Seelenfreundschaft wirklich ihr vorherrschendes Gefühl, vor allem aber war es ihre raffinierte Form von Diskretion, die sie glänzend beherrschte. Sie wollte nicht, daß Harold sich sorgte; sie wollte vor allem nicht, daß er aus anderen Kanälen erfuhr, welcher Art ihre Beziehung zu Virginia wirklich war, und diese Gefahr bestand durchaus: Am letzten Tag des Jahres war sie mit ihren Kindern bei Dottie Wellesley auf deren Landsitz Sherfield Court, und auch Harolds Geliebter Raymond Mortimer, der ihn bald in Persien besuchen würde, sowie Clive Bell waren unter den Gästen.

Offensichtlich geriet der Silvesterabend außer Kontrolle; Raymond und Clive waren sturzbetrunken, und plötzlich rief Clive quer über den Tisch, ob er sich wohl getraue, Vita eine sehr indiskrete Frage zu stellen. Vita ermunterte ihn leichtsinnig, sich keinen Zwang anzutun, und er fragte sie, ob sie jemals mit Virginia im Bett gewesen sei. – Sie hoffte, daß ihr ›Niemals!‹ die Anwesenden von der ›Wahrheit‹ überzeugte, – die sie ja in der Tat sprach; ein Sofa ist kein Bett –, war aber doch ziemlich beunruhigt und bat Virginia, ihrer Version nicht zu widersprechen.

Anfang Januar 1926 mußte sich Vita für ihre Orientreise impfen lassen. Sie schlug vor, Virginia vor diesem Termin nachmittags im Souterrain zu besuchen. Dann würde sie, wie sie es immer tat, auf einem niedrigen Hocker zu ihren Füßen kauern, und sie könnten zusammen Werbezettel der Hogarth Press in Umschläge stekken und Briefmarken aufkleben oder, wenn das Wetter schön wäre, ins Aquarium gehen und die Fische betrachten, die ›ja schließlich alle so aussehen wie Leute, die man kennt‹. »Und am Mittwoch in vierzehn Tagen fahre ich. Melancholie überkommt mich, aber vielleicht ist es gut so. Welche Wirkung hat Abwesenheit auf Dich? Wirkt sie so wie der schwindende Charme von Grizzle, der sie Dir nur noch liebenswerter macht?«[19]

Virginia war mit der armen Grizzle, deren räudiger Ausschlag auf dem Rücken immer schlimmer wurde, gerade vom Tierarzt zurückgekommen, als sie diesen Brief erhielt, und antwortete in Eile, »Ja, mein liebes Wesen, komm unbedingt morgen, so früh wie möglich, [...] und wir kleben Briefmarken auf oder sehen uns Fische an. [...] Ach, wenn Du willst, daß ich Dich auf immer und ewig liebe, mußt Du einen Ausschlag über den ganzen Rücken kriegen. Und das wirst Du nicht tun, denn wenn jemals eine Frau eine brennende Kerze war, ein Glühen, eine Erleuchtung, die die Wüste durchqueren und mich verlassen wird, so war es Vita: das ist die Wahrheit; und sie hat nichts und wird niemals etwas gemein haben mit der Hündin Grizzle, die vor mir steht, wund, schmierig, schlammbespritzt.«[20] – Hier benennt sie Vita zum ersten Mal als jene ›Erleuchtung‹, von der sie in *Mrs. Dalloway* in der ekstatischen Beschreibung ihres Liebesgefühls für Frauen gesprochen hatte: »Da, in diesem einen Moment, hatte sie eine Erleuchtung gesehen; ein Zündholz, das in einem Krokus brannte, einen inneren, fast zum Ausdruck gekommenen Sinn.«

Vita lag einige Tage später fiebrig und mit einem von der Impfung schmerzenden Arm im Bett und fragte, »... wie zugänglich ist Virginia eigentlich genau? Das ist etwas, was ich sehr gern wissen möchte.«[21] Virginia, die mit einem Anflug von etwas, das ihre Ärztin Elinor Rendel als ›Masern‹ diagnostizierte, ebenfalls zu Bett lag, wußte ganz gut, daß Vita mit ›zugänglich‹ eigentlich verführbar und für die Liebe empfänglich meinte, und antwortete ihr keck, ›zugänglich‹ sei sie wohl, jedoch nicht für den Geist, sondern ausschließlich für den Körper, – Vitas zum Beispiel, der sie an Buchen erinnere, an Wasserfälle und Kaskaden von schwarzblauem Papier –, »alles so kühl und fruchtreich und köstlich«.[22]

Eine Woche später berichtete sie von einer Unterhaltung mit Elinor Rendel, die merkte, daß es Virginia trotz der Masern soviel besser ging als noch vor ein paar Wochen und sie fragte, ob sie irgendwo zur Erholung gewesen sei. »Also sagte ich, es war Long Barn; früh zu Bett, Mangel an aufregenden Gesprächen, kurz: Zu Gast bei der Aristokratie.«[23] Worauf Elinor meinte, »Ah, ich verstehe: Gutes Essen und weder geistige noch körperliche Anstrengung.«[24] – Vita dürfte herzlich gelacht haben, als sie das las.

In den letzten Tagen vor Vitas Aufbruch nach Persien nutzten sie jede Gelegenheit, sich zu sehen. Virginia wußte, daß Vita in Dotties Begleitung reisen würde, aber das schien sie nicht zu beunruhigen. Den Nachmittag des 19. Januar, den Tag von Vitas Abreise, verbrachten sie allein in Virginias Wohnzimmer mit dem Blick auf Dächer und Schornsteine, Baugerüste und einen Kran, der vor dem Fenster Lasten schwenkte. Dann kam der Abschied. Virginia begleitete Vita hinunter. Die Straßenlaternen brannten schon, und in den Bäumen hing Nebel. Virginia stand auf der Türschwelle und sah Vita im Auto wegfahren. Danach ging sie ein paar Schritte in die benachbarte Marchmont Street, weil sie dort eine der Drehorgeln spielen hörte, die sie so gern hatte, und dachte, es würde sie trösten, ein wenig zuzuhören. Aber es half nicht viel.

Sie war verwirrt über die Heftigkeit ihres Kummers und schrieb gleich, nachdem sie wieder zu Hause war, mit dem deutlichen Bemühen um Fassung und Abstand in ihr Tagebuch, »Da Vita mich eben (vor 20 Minuten – es ist jetzt sieben) verlassen hat, was für Gefühle habe ich? Die eines trüben Novembernebels; die Lichter gedämpft und dunstig. Ich ging dem Klang eines Leierkastens in Marchmont Street nach. Aber das wird sich auflösen; dann werde ich nach ihr verlangen, deutlich und entschieden. Dann wieder nicht – und so fort. Dies ist das normale menschliche Gefühl, glaube ich. Man will Sätze beenden. Man will diese Atmosphäre – für mich so rosig und ruhig. Sie ist nicht klug, aber überströmend und fruchtreich; und wahrhaftig. Sie erschließt so viele Quellen des Lebens: Ruhe und Vielfältigkeit war ihr eigener Ausdruck, als sie heute abend im Gaslicht auf dem Fußboden saß. [...] Ich empfinde einen Mangel an Antrieb, an deutlich markierten Tagen, jetzt, wo Vita fort ist, und einige Trauer, die diesen Trennungen immer eigen ist, und sie hat eine Reise von vier Tagen durch den Schnee vor sich.«[25]

Dieses Tagebuchzitat ist ein aufschlußreiches Beispiel für Virginias extreme Zurückhaltung, wenn es um die Beschreibung ihrer

Empfindungen ging. Wenn man es nicht besser weiß, scheint dieser Text wenig mehr zu enthalten als ein leises Bedauern über die Abreise der Freundin. Aber hinter ihrer Rationalität verbarg sich, hier wie anderswo, ein Gefühl von namenloser Verlassenheit. Viel später erst hat sie Vita gestanden, wie schrecklich ihr dieser Abschied gewesen und wie entsetzt sie über das Ausmaß ihres Schmerzes war. In den nächsten Wochen war sie ruhelos und bedrückt und rettete sich, wie immer, nur durch die Arbeit.

Auch Vita litt sehr unter der Trennung und schrieb ihr, während sie im Zug durch Italien nach Triest fuhr, »Ich bin reduziert auf ein Ding, das Virginia haben will. Während der schlaflosen, alptraumhaften Stunden der Nacht habe ich einen schönen Brief an Dich entworfen, und er ist vergessen: Ich vermisse Dich einfach, auf eine schlichte, verzweifelte, menschliche Art. Du [...] würdest niemals einen so elementaren Satz schreiben; vielleicht würdest Du es nicht einmal fühlen. Und doch glaube ich, daß Du Dir einer kleinen Lücke bewußt bist. Aber Du würdest das in einen so exquisiten Satz kleiden, daß es ein wenig von seiner Realität verlöre. Wogegen es bei mir ganz kahl und karg ist: Ich vermisse Dich noch mehr, als ich mir hätte vorstellen können, und ich war darauf vorbereitet, Dich sehr zu vermissen. Also ist dieser Brief eigentlich nur ein Schmerzensschrei. Es ist unglaublich, wie notwendig Du mir geworden bist. Vermutlich bist Du daran gewöhnt, daß Dir die Leute solche Dinge sagen. Hol Dich der Teufel, verwöhntes Geschöpf, ich werde Dich nicht dazu bringen, mich mehr zu lieben, wenn ich mich derart preisgebe. Aber, ach meine Liebste, ich *kann* mit Dir nicht diplomatisch klug und unnahbar sein: dazu liebe ich Dich zu sehr. Zu wahrhaftig. Du hast keine Ahnung, wie unnahbar ich bei Menschen sein kann, die ich nicht liebe. Das habe ich zu einer hohen Kunst entwickelt. Aber Du hast meine Schutzwälle durchbrochen. Und ich nehme es Dir nicht einmal übel.«[26]

Virginia war aufgewühlt von diesem Brief, diesem »wilden, melancholischen, anbetungswürdigen Stöhnen aus Triest«[27], zugleich aber auch verletzt: wieder las sie hier die Unterstellung, sie sei echter Gefühle nicht fähig, und es tat ihr weh, daß Vita sie noch immer nicht besser kannte, nicht sah, daß all ihre Ironie, ihre Rückzüge und ihre Scharfzüngigkeit nichts anderes waren als der Selbstschutz einer grenzenlos empfindsamen und empfindlichen Frau. »Dein Brief aus Triest kam heute morgen – Aber warum glaubst Du, daß ich nicht fühle, oder daß ich nur Sätze drechsle? [...] Ganz das Gegenteil. Immer, immer, immer versuche ich zu sagen, was ich fühle. [...] [Seit Du fort bist] ist nichts Wichtiges geschehen – irgendwie ist es stumpf und gedrückt. Ich bin stumpf gewesen; ich habe Dich vermißt. Ich vermisse Dich sehr. Ich werde Dich vermissen.«[28]

Nachdem sie den ersten Verlustschmerz überwunden hatte, schrieb sie jeden Morgen an ihrem Roman, und das mit einer Leichtigkeit und Freude, wie sie sie noch nie erlebt hatte. *Zum Leuchtturm* ist ein sehr autobiographischer Text, in dem sie ihre Kindheit schildert und in Mr. und Mrs. Ramsay ihre Eltern porträtiert. Virginia sagte später einmal etwas über diesen Roman, das sehr wahrscheinlich unmittelbar mit ihrer Liebe zu Vita zusammenhing: »Bis in meine vierziger Jahre hinein verfolgte mich meine Mutter [– die gestorben war, als Virginia dreizehn Jahre alt war]. Ich konnte ihre Stimme hören, mir vorstellen, was sie tat oder sagte, während ich meinen täglichen Beschäftigungen nachging. Als [*Zum Leuchtturm*] geschrieben war, verfolgte mich meine Mutter nicht mehr. Ich höre ihre Stimme nicht mehr, ich sehe sie nicht. Ich vermute, ich habe für mich selbst getan, was Psychoanalytiker für ihre Patienten tun. Ich gab einer lange und tief gefühlten Empfindung Ausdruck, und indem ich ihr Ausdruck gab, erklärte ich sie und bettete sie dann zur Ruhe.«[29]

Ihre Liebe zu einer Frau, die sie als so beruhigend und erfüllend empfand, mag ihr allererst den Mut gegeben haben, sich der allgegenwärtigen, geisterhaften Mutter zu stellen und ihrer Herr zu werden, indem sie sie beschrieb, sie sich damit faßbar machte und die Wiedergängerin dann endgültig zu Grabe tragen konnte. Diese Mutter hatte sie deshalb so verfolgt, weil sie bereits zu Lebzeiten eine unnahbare, sich immer entziehende Gestalt gewesen war, an der das Kind Virginia mit ungestillter Sehnsucht hing, und das größte Unglück ihres Todes war gewesen, daß er Virginia der Gelegenheit beraubt hatte, sie mit zunehmendem Alter realistischer zu sehen. So blieb sie immer in ihrem Bann – bis Vita kam.

Gleichzeitig erklärt sich aus dieser Vorgeschichte ein besonderer Grundzug in Virginias Liebe zu Vita: Vita war ihr auch deshalb so nah, weil sie sich ebenfalls ständig entfernte: sie zog sich manchmal von einem Augenblick auf den nächsten in sich selbst zurück; sie verließ Virginia, als sie einander eben am nächsten waren, und reiste nach Persien; sie würde sie immer verlassen und andere Geliebte haben. Vita war somit in einem gewissen Sinn eine Wiederholung der ungestillten Sehnsucht, die Virginia nach der ewig entschwindenden Mutter gehabt hatte, aber Vita überzeugte sie gleichzeitig davon, daß sie sie liebte, daß sie sehr körperlich real war und daß sie auf sie zählen konnte.

Virginia schrieb auch »Was die Leute angeht, die ich gesehen habe: verliebt habe ich mich in niemand – aber das ist auch nicht ganz meine Linie. Hast Du das erraten? Ich bin nicht kalt, keine Schwindlerin, nicht schwächlich, nicht sentimental. Was ich bin, sollst Du mir sagen. Schreib, liebste Vita; die Briefe, die Du Dir im Zug ausdenkst. [...]«[30] Sie wünschte sich im Spiegel von Vitas Wahrnehmung zu erkennen, durch sie ein Bild von sich selbst zu bekommen, das sie nicht besaß. Sie sagte oft von sich, sie sei ›gar nicht real‹.

Sie empfand sich als physisch nicht vorhanden, und ihre extreme Spiegelscheu, ihr Horror vor Kleidungskäufen und Anproben, die ja bedeuteten, daß sie ihr Äußeres betonen, sich ›herzeigen‹ sollte, rührten daher. Sie konnte von sich sagen, was sie *nicht* war, aber sie sehnte sich nach einer vergewissernden, unbezweifelbaren Wiedergabe dessen, was sie in den Augen der Geliebten war. Und sie endete, indem sie sich am Ort ihrer Wünsche barg: »Aber natürlich (um auf Deinen Brief zurückzukommen) wußte ich immer von Deiner Unnahbarkeit. Nur sagte ich mir, ich bestehe auf Freundlichkeit. Mit diesem Ziel im Blick kam ich nach Long Barn. Öffne den obersten Knopf Deines Jerseys, und Du wirst darin eingeschmiegt ein lebhaftes Eichhörnchen sehen, mit den wißbegierigsten Gewohnheiten, aber trotz alledem ein liebes Geschöpf – Deine Virginia.«[31]

Vitas Reise führte sie über Deutschland, Italien, Ägypten, Indien, Irak und Kurdistan. In Agra hatte Dottie nachts Angst vor Schlangen und kam in Vitas Zimmer, wurde jedoch, so jedenfalls schrieb Vita an Harold, energisch wieder in ihr eigenes Zimmer zurückgeschickt. Ihre Briefe an Virginia waren voller Reiseeindrücke, teilweise ein wenig gezwungen und bemüht im Stil, und man merkt ihnen deutlich an, wieviel Scheu Vita vor Virginias Ironie hatte.

Vita war abgelenkter als Virginia, schrieb selten über ihre Gefühle. Sie war merklich die zehn Jahre Jüngere, die Unterlegene in dieser Beziehung, und sie erfüllte Virginias Wunsch nach Spiegelung nicht. Virginia bemerkte das und war etwas enttäuscht. »Vita ist eine stumme Briefschreiberin, und ich vermisse sie. Ich vermisse das Leuchten und die Schmeichelei und das Festliche. Ich vermisse sie, vermute ich, nicht sehr intim. Trotzdem vermisse ich sie wirklich und wünschte, es wäre der 10. Mai [Vitas Rückkehr].«[32]

Sie dachte über ihr Leben nach, mit Kopfweh, in einer Depression. Scheinbar schrieb sie nur über sich selbst, aber am Ende trat dennoch, fast unauffällig und ohne genannt zu werden, Vita ins Bild: »Fast alles macht mir Freude, und doch habe ich eine rastlos Suchende in mir. Warum gibt es keine Entdeckung im Leben? Etwas, auf das man die Hand legen und sagen kann, ›Das ist es‹? Meine Depression ist ein zermürbendes Gefühl – ich schaue, aber das ist es nicht – das ist es nicht. Was ist es? Und werde ich sterben, ehe ich es gefunden habe? Dann (als ich gestern abend durch den Russell Square ging) sehe ich die Berge am Himmel: die großen Wolken, und den Mond, der über Persien aufgegangen ist; ich habe eine große und erstaunliche Empfindung von etwas dort, das ›es‹ ist.«[33]

Ihre Briefe an Vita waren sehr offen; sie erklärte sich ihr, vertraute sich ihr an, auch in der Depression: »Soll ich Dir den Brief schreiben, den ich mir heute morgen ausgedacht habe? Er handelte ganz und gar von mir selbst. Ich überlegte, ob ich erklären könnte, wie unglücklich ich in den vergangenen vier Tagen war, und warum ich unglücklich gewesen bin.«[34]

Ein Teil ihres Unglücks hatte darin bestanden, daß sie sich plötzlich um die verschiedensten Haushaltsbelange zu kümmern hatte. Sie mußte Matratzen, Kissenbezüge, Unterröcke und Abfalleimer kaufen, und das brachte sie völlig außer Fassung, weil ihr, wie sie meinte, die Ladenbesitzer keine Kompetenz in solchen Dingen zutrauten und sie nicht ernst nahmen, was sie wiederum zur ›nörgelnden Harpyie‹ werden ließ.

Eine weitere Irritation bedeuteten die vielen Einladungen, die sie erhielt. Eigentlich wollte sie sie nicht annehmen, aber ihre unstillbare Neugierde auf Menschen trieb sie dennoch hin, obwohl eine Verabredung zu einem Gesellschaftsdinner sie zur Verzweiflung treiben konnte, weil sie bedeutete, daß sie sich einen neuen Hut kaufen mußte, und sie sah voraus, daß dieser Erwerb sie einen ganzen Nachmittag kosten und ihr Höllenqualen bereiten würde. »Ich kann Dir nicht sagen, wie tief unglücklich ich gewesen bin, wie ich in der Nacht hochschreckte und die Hände zu Fäusten ballte, alles nur, weil ich zum Dinner ausgehen und mir einen Hut kaufen und Jacques Blanche kennenlernen sollte! Und ich mußte ein Schlafmittel nehmen.«[35] Dann besuchte sie einen Vortrag Tatiana Tolstois, der Tochter des großen russischen Realisten, dessen Bücher Virginia sehr liebte. Tatiana sprach über ihre Eltern, und die abstoßende Geschichte von deren Eheleben brachte Virginia zum Weinen.

Und endlich gestand sie sich selbst und Vita ein, daß es noch einen anderen Grund für ihre Niedergeschlagenheit gab: Verlassenheit, Verlangen und frustrierte Lust. »Kannst Du Dich zufällig an Kent erinnern? Schließlich bin ich doch noch, mit Nessa und Duncan, in Marys Wagen hinuntergefahren. Und dann traf es mich wie ein Schlag, daß ein Teil meines Unglücks darin besteht, Dich nicht zu haben. Ja, ich vermisse Dich, ich vermisse Dich. Ich wage nicht, mich weiter darüber auszulassen, weil Du sonst sagen wirst, ich sei nicht kahl und karg und könne die Dinge nicht fühlen, die stumme Menschen fühlen. Weißt Du, das ist ziemlich quatschiger Quatsch, meine liebe Vita. Was ist denn schließlich ein schöner Satz? Einer, der so viel Wahrheit aufgewischt hat, wie er halten kann. [...] Und als wir fuhren, sah ich immer die Straßen, durch die Du mich gefahren hast und dachte über Dich nach, und dachte daran, wie ich vor Dir zurückgescheut war, und wie Du dann, als ich Dich bedrängte, sofort aus diesem Brennpunkt in einen anderen tratest; und in welcher Distanz werden wir uns am Montag, dem 10. Mai befinden?«[36] »Du wirst so aufgeregt sein, glücklich, und all das. Du wirst mich vergessen haben, das Zimmer, den Kran. Verglichen mit Teheran machen wir eine schlechte Figur. Grizzle ist im Tierspital, mit Räude. [...] Liebste, wie schön, Dich in einem Monat oder in zwei [in Rodmell] zu haben. Gestern habe ich unerwartet £ 20* verdient und geschworen, sie auf die Perfektionierung des WCs zu verwenden, um Deinetwillen. Aber Teheran erregt mich zu sehr. Im Augenblick glaube ich mehr an Teheran als an den Tavistock Square. Ich sehe Dich, irgendwie in langem Mantel und Hosen, wie eine abessinische Kaiserin über diese kahlen Hügel schreiten. Aber in Wahrheit will ich wissen, wie die Reise war, die 4 Tage durch den Schnee, die Karawane. Wirst Du mir schreiben und es mir erzählen. Und der zärtliche Brief – wann kommt der? [...] Mrs. Woolf muß 2 lange Romane lesen und sollte in diesem Augenblick damit beschäftigt sein, statt an Vita zu kritzeln, die

* Alle erwähnten Geldbeträge in £ ergeben mit 50 multipliziert ungefähr den heutigen Geldwert in D-Mark, d. h. £ 1 entsprach damals etwa DM 50.00.

viel zu glücklich und aufgeregt ist, um zuzuhören, und außerdem göttlich schön aussieht [...]. Also werde ich schließen, da ich von Natur aus anspruchsvoll bin und diese Art von geteilter Aufmerksamkeit hasse, die alles ist, was ich jetzt bekommen kann. Aber ich bin treu, und liebevoll, und habe niemand getroffen, der sich mit Dir vergleichen könnte – niemand, mit dem zusammenzusein so tröstlich ist.«[37]

Vita schrieb ihr aus Ägypten und zählte alphabetisch auf, was alles sie Überwältigendes gesehen hatte. »Und was noch? Ich vermisse Dich furchtbar, und davon abgesehen werde ich ständig wütend bei dem Gedanken, was Du aus diesem Land machen könntest, wenn man Dich nur hierherkriegen könnte. [...] Machen Dich Seidenkleider und Sonnenbrand neidisch? Nein, Du Schurkin, Du ziehst Dein altes, nebliges Gloomsbury [›Düsterburg‹] vor, und Deine Londoner Squares. Mich überkommt der Wunsch, Virginia zu stehlen, – sie zu stehlen, wegzunehmen, und sie in die Sonne zu stellen.«[38]

Dieses Verlangen, Virginia aus allem Gewohnten herauszureißen, wiederholte sich immer wieder, und es enthielt auch eine leise Kritik der reisetrunkenen Vita an Virginias vergeistigtem, Abenteuern abgeneigten Leben. Vita sagte zwischen den Zeilen schon in diesem frühen Stadium ihrer Beziehung, was ihr an Virginia fehlte, – etwas Handfestes, Bedenkenloses, Gesundes. Virginia verstand es sehr wohl und antwortete auf genau das, was Vita nicht explizit geäußert hatte: »Ja, liebster Towser, das ist ja alles ganz schön und gut, daß Bloomsbury ein altbackener Keks ist und ich ein Rüsselkäfer, und Persien eine Rose und Du ein Nachtpfauenauge – ich gebe Dir vollkommen recht: aber Du versäumst den schönsten Frühling, den es in England je gegeben hat.«[39]

»Ja, ich denke oft an Dich, statt an meinen Roman; im Sommer will ich Dich mit über die Sumpfwiesen nehmen, – ich habe mir viele Millionen Dinge ausgedacht, die ich Dir erzählen will. Satan, der Du bist, nach Persien zu verschwinden und mich hier alleinzulassen! [...] Und, liebste Vita, wir lassen [in Monk's House] gerade *zwei* WCs einbauen, das eine bezahlt von *Mrs. Dalloway*, das andere vom *Gewöhnlichen Leser*: Und beide Dir gewidmet! [...] Ethel Sands war eben zum Tee hier. Wir haben am Gaskamin gesessen; der Kran hebt immer noch Lasten. Sie sagt, ich bin sehr attraktiv und bittet mich, ihr Gast zu sein. (Ich füge das ein, um Dich eifersüchtig zu machen —.) Aber nein, Du wirst nicht eifersüchtig sein, nicht in Persien, wo die Luft rosenfarben ist und dieses – was Du Gloomsbury nennst – so fern und unbedeutend. [...] Aber, oh ja, ich würde Dich schrecklich gern sehen.«[40]

Vita entschuldigte sich für ihre ›stummen Briefe‹, ihr Abgelenktsein. »Weißt Du, es ist so leicht für Dich, am Tavistock Square zu sitzen und nach innen zu schauen, aber ich finde es sehr schwierig, nach innen zu schauen, wenn ich gleichzeitig die Küste des Sinai betrachte, und sehr schwierig, die Küste des Sinai zu betrachten, wenn ich gleichzeitig nach innen schaue und überall das Bild von Virginia sehe. Du wirst besser mit diesen Dingen fertig. Du hast einen ordentlicher aufgeräumten Geist. Du hast eine kleine Abteilung für den Verlag, und eine weitere kleine Abteilung für Mary Hutchinson, und eine für Vita, und eine für Hündin Grizzle, und eine für die Downs, und eine für den Prinzen von Wales, und eine für den *Leuchtturm*.«[41]

Virginia war zu dieser Zeit völlig in ihren Roman versunken. Sie schrieb gerade am schwierigen zweiten Teil von *Zum Leuchtturm*, ›*Zeit vergeht*‹. Sie schildert dort die zehn Jahre, in denen niemand das Sommerhaus der Ramsays auf den Hebriden aufsucht, das allmählich dem Verfall preisgegeben ist. In ihrem Brief an Vita erzählte sie, wie ein Besucher kam und sie sich fragte, ob sie sich wirklich mit ihm in ihrem Wohnzimmer am Tavistock Square befände oder nicht in Wahrheit »in einem Schlafzimmer auf den Hebriden-Inseln? Ich weiß, was mir am liebsten wäre – die Hebriden. In diesem Augenblick möchte ich mit Dir auf den Hebriden sein.«[42] – So berückend und so versteckt konnte nur Virginia Woolf einen unsittlichen Antrag machen!

Vitas Briefe aber, meinte sie, dürften länger sein, und liebevoller. »Doch ich verstehe Deine Situation – das Leben ist zu aufregend. [...] Neulich abends habe ich ein Stück Deines Gedichts gelesen – es muß gut sein, denke ich: man kann sich Brocken davon abbrechen und daran saugen. Ich frage mich, was aus Dir werden wird, als Schriftstellerin, (verliebe Dich nur weiter in Frauen und trinke, bis Du beschwipst bist, als Frau: ich mag das an Dir).«[43] Dieser Satz, der da so unvermittelt in ihrem Liebesbrief auftaucht, ist schockierend: Virginia wußte demnach von Anfang an, daß Vita ihr nicht treu sein würde, – oder eher: sie fürchtete es und bereitete sich auf den Schmerz vor, indem sie ihre Ahnung aussprach und tapfer guthieß. Ebensowenig war ihr entgangen, daß Vita ziemlich viel trank und auch diesen Rausch brauchte.

›Als Frau‹ ließ sie sie so gelten. Gleich darauf aber äußerte sie Zweifel über eine Zeile in *The Land* und nahm Vita an die Kandare der Profession: »Aber als Schriftstellerin? Ich wünschte, Du würdest auf der ersten Seite nicht ›Profil‹ sagen; es ist da nicht richtig: ›outlines‹ [›Umrisse‹], etwas Englisches, wäre besser. [Vita änderte die Zeile.] Wie von einem gehaltvollen Kuchen kann ich Brocken von Deinem Gedicht abbrechen. Ich denke mir, es fehlt ihm ein wenig zentrale Transparenz, irgend eine unvermittelte Intensität, ich bin mir nicht sicher.«[44] – Es verwundert nicht, daß Vita gegenüber dieser zärtlichen Freundin, die zugleich eine unbestechliche und schonungslose Kritikerin war, zwischen Liebe und Furcht schwankte.

Virginia hatte ihren langen Brief am 1. März begonnen und schrieb ihn über mehrere Tage, immer wieder unterbrochen durch Pflichten; unter anderem mußte sie im Verlag aushelfen, der gerade an Personalmangel litt. Dadurch illustriert dieser Brief sehr eindrucksvoll ihre seelischen Zustände, von deren Wechselhaftigkeit sie selbst spricht: Am dritten Tag geht sie auf Vitas Vorstellungen über ihren wohlgeregelten, in Schubfächer unterteilten Geist ein, und in dieser kurzen Textstelle drängt sich viel Trauer über ihr Unverstandensein und ihr Gefühl der Isolation zusammen: »Ich bin also so ordentlich, ja? Ich wünschte, Du könntest einmal eine Woche lang in meinem Gehirn leben. Es wird von den heftigsten Wellen des Gefühls überschwemmt. Worüber? Ich weiß es nicht. Es beginnt beim Erwachen, und ich weiß nie, wie es sein wird – werde ich glücklich sein? Werde ich unglücklich sein? Ich gebe zu, ich behalte ständig irgendeine mechanische Betätigung mit den Händen bei, indem ich Bleisatz mache; oder ich bestelle das Abendessen. Ohne das würde ich unaufhörlich grübeln. Und Du hältst alles für festgelegt und geklärt. Kennen wir denn also keinen Menschen? – nur unsere eigenen Lesarten von ihm, die sehr wahrscheinlich alle Emanationen unserer selbst sind?«[45]

Kurz darauf erhielt Virginia einen Brief von Vitas Mutter, in dem sie ihr Vitas glückliche Ankunft in Teheran meldete und sie einlud, sie doch in Brighton zu besuchen und mit ihr über Vita zu sprechen. – »›Ich weiß, daß Sie Vita sehr gern haben.‹«[46] – So, wie Lady Sackville alle Geliebten Vitas mit ihr ›teilte‹, indem sie sie an sich zog und eingehende Gespräche mit ihnen führte, versuchte sie es auch bei Virginia. Die aber war eine kluge Frau und entzog sich solchen Aufforderungen stets ganz konsequent. Das verzieh Lady

S. ihr niemals; sie haßte Virginia, und später sagte sie oft, Virginia habe ihr ›ihre Vita weggenommen‹.

Nachdem Virginia quälend lange nichts von Vita gehört hatte, fand sie an ein und demselben Tag plötzlich vier Briefe von ihr vor: von Bord des Schiffes im Indischen Ozean, aus Delhi und aus dem Persischen Golf. Diese Briefe waren voller Reise-Impressionen und Fakten, und gelegentlich schimmerte Vitas Scheu vor Virginia durch, die auch ihre Verliebtheit überschattete. Sie empfand stark, daß Virginia die Überlegene war, eine wunderbare Briefschreiberin und eine Schriftstellerin, mit der sie sich nicht messen konnte.

Vita berichtete ihr, daß sie ein Buch über ihre Erlebnisse schreiben werde, und hoffte, daß es sie von ihrer ›Reisestauung purgieren‹ könnte. »Hast Du mich arme Pilgerin ganz vergessen? Ich habe nicht vergessen, daß ich Dir sagen soll, daß ich an Dich denke, aber ich glaube, das wird eine hübsche Beschäftigung für den Persischen Golf sein. Inzwischen denke ich ganz schrecklich viel an Dich. Du gibst einen wundervollen, zynisch-freundlich lächelnden Hintergrund für die Turbulenz in meinem Hirn ab. [...] Es macht mir nichts aus, wenn Du über mich lachst –.«[47]

Aber darauf schrieb ihr Virginia: »Bitte, Liebste, einen schönen langen Brief: alles was Du willst. Ich lache *nicht* über Dich. Du bist es, die über Rüsselkäfer lacht. [...] Nein, ich vergesse Dich nicht –.«[48]

Vita hoffte sehr, nach der langen Seereise in Bombay endlich einen Brief von Virginia vorzufinden, wurde aber zunächst enttäuscht, bis ein schwarzer Diener erschien und die Post brachte, die, wie sich herausstellte, auf demselben Schiff wie Vita gereist war, in den versiegelten Postsäcken des General Post Office. »... Dein Brief, der im dunklen Norden geschrieben worden war – zu Tode erschreckt im Bauch des Schiffes. Armes, kleines Ding; wenn ich gewußt hätte, daß es dort zusammengekauert lag, hätte ich es geborgen. Aber nein, die Siegel des G[eneral] P[ost] O[ffice] sind unantastbar (wie Virginia).«[49] Dieser Satz wird oft als Beweis für Virginias sexuelle Kälte *auch* gegenüber Vita herangezogen, aber er ist nicht mehr als eine Andeutung über Virginias Scheu und eine durchaus vorläufige Feststellung, denn schließlich hatten sie erst eine einzige Nacht miteinander verbracht.

Vita hatte eine ganz eigene Art, Virginia zu sagen, wie sie sie vermißte: »Die Baumratten sind sehr niedlich. Wie winzige grüne Eichhörnchen. Ich versuchte eins zu fangen, und es biß mich. Nicht wie Virginia, die wißbegierige Gewohnheiten hat und ein liebes Geschöpf ist, und nach der ich ein schreckliches und chronisches Heimweh habe. Es ist ein hartnäckiges Leiden – sortes virginiana.«[50]

Auf dem Schiff im Persischen Golf ging es Vita schlecht. Sie war jetzt allein, weil Dottie von Neu Delhi aus nach England zurückgefahren war. Zudem hatte sie sich den Knöchel verstaucht und humpelte auf zwei Krücken an Bord herum; dann bekam sie Halsweh und hohes Fieber und glaubte, sie müsse sterben. Und Virginias Genie deprimierte sie zusätzlich: »Ich weiß nicht, ob ich niedergeschlagen sein soll oder ermutigt, wenn ich die Werke von Virginia Woolf lese. Niedergeschlagen, weil ich nie imstande sein werde, so zu schreiben, oder ermutigt, weil jemand es kann?«[51] Drei Tage später ging es ihr besser. Sie hatte ihr Grammophon an Deck geholt, weil die Atmosphäre gar zu trübsinnig war, und jetzt tanzten ihre Mitreisenden Charleston zu den Klängen von ›If yee-ou knee-ou See-ousie, as I know Seeousie ...‹, während sie Virginia schrieb, wie unbegabt sie sich verglichen mit ihr vorkam: »Ich bin jetzt wieder ganz munter und habe sogar sechs Seiten meines neuen Buches geschrieben. Es ist eine planlose und weitschweifige Angelegenheit. Und ich denke an Deine schönen Bücher und verzweifle. [...] Du nun hast das *mot juste* mehr als jeder andere moderne Schriftsteller, den ich kenne. [...] Ich frage mich, ob Dich das viel Mühe kostet, oder in voller Rüstung hervorspringt wie Athene aus der Stirn des Zeus? Ich glaube nicht, daß es Dich Mühe kostet, (zur Hölle mit Dir!), weil Du es in Deinen Briefen auch hast, für die Du bestimmt keinen Entwurf machst. [...] Das Komische ist, daß Du die einzige Person bist, die ich je gut gekannt habe, die ganz abseits der eher vulgär-lustigen Seiten des Lebens steht. Und ich frage mich, ob Du dadurch gewinnst oder verlierst? Ich nehme an, Du gewinnst, – *Du*, Virginia, – weil Du so geartet bist und einen ausreichenden Fundus von Anregungen in Dir selbst hast, obwohl ich denke, daß das niemand anderem zum Vorteil gereichen würde. [...] Du wirst denken, daß ich ständig versuche, Dich von Deinem Piedestal herunterzuziehen, aber in Wahrheit mag ich Dich da oben am liebsten. Doch es würde Spaß machen, Dich zu verpflanzen, samt Piedestal und allem, wenigstens einmal ... Nein, ich meine das nicht ganz ernst. Was ich wirklich gerne tun würde, wäre, Dich an irgend einen ganz absurd romantischen Ort mitzunehmen, – vergeblicher Traum, ach leider! in Anbetracht von Leonard und Verlag. [...] Gute Nacht, geliebte und so ferne Virginia.«[52] – Man muß schon genau hinsehen, um Vitas ambivalente Gefühle für Virginia mitzubekommen: das einschüchternde Genie, die Kränkliche, die immer Vornehme, die Unbewegliche, die erotisch Scheue – sie alle tauchen zwischen den Zeilen ihrer Briefe ebenso auf wie die Angebetete, von der sie weiß, daß sie ihrer nicht ganz habhaft werden kann, daß sie in einer eigenen Welt lebt.

Als Virginia diese vier Briefe Vitas erhielt, ›buchstabierte‹ sie jeden einzelnen mindestens viermal hintereinander und teilte mit, sie lerne langsam, unter der ›stummen‹ Oberfläche vieles zu erahnen. Sie pflichtete Vita bei, daß es ihr an fröhlicher Vulgarität fehle, gab aber zu bedenken, wie sie aufgewachsen sei. »Keine Schule; nur zwischen den Büchern meines Vaters herumgegeistert, nie eine Chance, all das aufzuschnappen, was in Schulen vor sich geht – Ballspiele, Streiche, Gewöhnlichkeit, Szenen, Eifersüchteleien – nur Wutausbrüche mit meinen Halbbrüdern, und von meinem Vater rund um die Serpentine [Gewässer im Hyde Park; eine Umrundung ca. 3.5 km] spazierengeführt bis zum Umfallen.«[53]

Dann berichtet sie ihr von der Party bei Ethel Sands, für die sie sich den Hut hatte kaufen sollen. – Es war eine Katastrophe! Sie war bei Sturm und Regen durch halb London nach Chelsea gefahren. »Nun ja, bis ich dort ankam, war mein armer alter Hut (ich habe überhaupt keinen neuen gekauft) [durchweicht] wie ein Kutschercape: und ein Stück Pelz, hastig mit einer Sicherheitsnadel daran befestigt, baumelte herunter. Und diese verdammten Leute, die da geschniegelt um ihre Teemaschine, ihr Kaminfeuer, ihren Teetisch herumsaßen, dachten ›Oh, Herr im Himmel, warum kann Virginia bloß nicht etwas mehr wie eine Dame aussehen?‹, was mich so erboste, aus Eitelkeit, zugegeben, und aus dem Bewußtsein, besser zu sein als sie, mit all ihren Perlenketten und orangefarbenen Kleidern, daß ich nur einen Buckel machen konnte wie ein wütender Kater. [...] Hör mal, *wann* kommst Du zurück? *Wann* soll ich aufhören, Dir zu schreiben? [...] Ja, liebste Vita: Ich vermisse Dich sehr; ich denke an Dich: ich muß Dir eine Million Dinge nicht so sehr sagen, als vielmehr sie in Dich einsenken.«[54]

Vitas Brief aus Bagdad kam an. »In meinem Herzen glüht es wie eine kleine warme Kohle, daß Du sagst, Du vermißt mich. Ich vermisse Dich, oh so sehr. Wie sehr, wirst Du niemals glauben oder wissen. Jeden Augenblick des Tages. Es ist schmerzhaft, aber auch ziemlich angenehm, wenn Du weißt, was ich meine. Ich meine, daß es gut ist, ein so heftiges und beharrliches Gefühl zu haben. Es ist ein Zeichen von Vitalität. (Kein Wortspiel beabsichtigt.)«[55] Und doch wäre ein solches Wortspiel zutreffend gewesen; Vita *war* vital, auch in ihrer Genußfähigkeit. Und Virginia war es oft nicht. Sie fühlte sich jetzt manchmal ›alt und häßlich‹. Wie immer arbeitete sie zuviel, schwankte beim Schreiben zwischen Euphorie und Verzweiflung. Und dann waren da die ›gesellschaftlichen Ereignisse‹, die gelegentlich ausgesprochen deprimierend sein konnten.

Sie beschrieb Vita einen solchen Abend, der scheußlich für sie gewesen sein muß, aber in ihrer brieflichen Wiedergabe schon wieder zwerchfellerschütternd komisch klingt: Sie war mit Leonard von der Schriftstellerkollegin Rose Macaulay eingeladen, an einem Dinner teilzunehmen, bei dem noch zehn weitere Literaten zugegen sein würden. Virginia glaubte, es handelte sich um ein schlichtes Künstler-Abendessen in einem einfachen Eßlokal. Da sie und Leonard an diesem Tag im Verlag viel zu packen, zu setzen und zu drucken gehabt hatten und es schon spät war, zogen sie sich nicht um und eilten in ihren Alltagssachen – Virginia in Rock und Jacke, Leonard in braunem Tweed, und beide von Druckerschwärze in Mitleidenschaft gezogen – zur angegebenen Adresse. Hinter der verbarg sich, wie sich zu ihrem Schrecken herausstellte, ein Restaurant von äußerst gehobenem Rang. Die anderen Gäste, ›zehn zweitklassige Autoren in zweitklassiger Abendkleidung‹, warteten bereits mißmutig, weil hungrig, auf das Ehepaar Woolf. – Ein schlechter Auftakt. Endlich setzte man sich zur Suppe. – Leonard litt an einem chronischen Händezittern, das sich bei Anspannung sehr verstärkte. Jetzt *war* er angespannt; sein Suppenlöffel klapperte so laut auf dem Teller, daß eine Unterhaltung kaum möglich war, und trotzdem versuchten alle so zu tun, als wäre nichts. Nach der Suppe war das Gespräch langweilig für Virginia: man sprach über Literaturpreise und darüber, wer wen protegierte, und ihre Gedanken schweiften ab zu Vita. Plötzlich jedoch erregte eine Bemerkung ihres Tischnachbarn ihre Aufmerksamkeit, der, wie sie glaubte, über ›The Holy Ghost‹ [den Heiligen Geist] gesprochen hatte, und sie fragte ihn, »Where is the Holy Ghost, Mr. O'Riordan?« Er antwortete, »Überall, wo das Meer ist.« »Bin ich verrückt«, dachte sie, »oder ist das witzig?« und wiederholte zaghaft »The Holy Ghost?«, worauf ihr Nachbar brüllte »The Whole Coast!« [Die ganze Küste]. – Es war alles sehr peinlich, aber Leonard übertrumpfte Virginia noch: Da er die Situation durch ausgesuchte Höflichkeit retten wollte, bückte er sich, um seiner Tischdame das aufzuheben, was er für ihre heruntergefallene Serviette hielt, nur um festzustellen, daß es ihre Monatsbinde war. – Virginia schwankte zwischen Verzweiflung und Lachkrampf, dachte die ganze Zeit an ihre Freundin und sagte zu sich selbst, ›Vita würde das ungeheuer gefallen!‹[56]

Im Verlag übernahm sie wieder einmal eine zeitraubende Aufgabe: »Wenn Du gestern hereingekommen wärest, hättest Du gesehen, wie mein Fußboden gänzlich mit kleinen viereckigen Papierstücken übersät war, und ich dazwischen, wie das gelehrte Schwein, bei dem Versuch, einen Index für Viola [Trees Buch *Castle in the Air*] zu machen.«[57]

Vita hatte sich unterdessen in Teheran eingelebt und verliebte sich unsterblich in Persien, in das Land, das Licht, die Pflanzen, die Kargheit der Gebirge, die sie auf langen Ausflügen mit Harold erkundete. Ihre Pflichten als Diplomatengattin hingegen waren ihr so zuwider wie eh und je.

An ihrem vierunddreißigsten Geburtstag schrieb sie an Virginia, »Ich wünschte, ich hätte eine Photographie von Dir. [...] Es ist eine Tortur, sich etwas nicht vor Augen führen zu können, wenn man es möchte. Ich kann Dich mir in Wahrheit überraschend gut vor Augen führen – aber immer nur, wie Du an jenem letzten Abend auf der Türschwelle standest, als die Laternen brannten und die Bäume dunstig waren und ich wegfuhr.«[58]

Sie schilderte Virginia auch, welche Aufregung es jedesmal verursachte, wenn das von Sand und Schlamm verkrustete Postauto der *Trans Desert Mail* die Auffahrt zur Botschaft heraufkam. »So mußt Du Dir vorstellen, daß Deine Briefe ankommen, und wie ich sie wegtrage, um sie ungestört zu lesen, und dann sage, ›oh, *süße* Virginia‹ und vor mich hinlächele und sie noch einmal von vorn lese. [...] Denke freundlich an Deine im Exil Lebende, die weit fort ist, aber voller Liebe. Und sehr beständig.«[59]

Vita, die ihre belletristischen Arbeiten immer als zweitrangig betrachtete und sich primär als Dichterin sah, versuchte jetzt, sich so oft wie möglich zurückzuziehen und an *The Land* zu arbeiten, das ihr wichtiger war als alles, was sie bisher geschrieben hatte. Und gerade da traf Virginias Brief mit seinen kritischen Anmerkungen zu diesem Gedicht ein. »Du hast mich schrecklich traurig gemacht mit der zentralen Transparenz. Weil es das ist, was ich selbst immer empfunden habe. Nur, wie es erreichen?«[60]

Virginia machte Vita mit ihrer Kritik oft unglücklich und lähmte sie, ohne es zu wollen. Vita war bescheiden und uneitel, was ihr Schreiben anging. In ihrer antrainierten Gewohnheit, nicht über ihre Gefühle zu sprechen, ließ sie sich nicht anmerken, daß sie dennoch durchaus genauso empfindlich und kränkbar war wie die meisten AutorInnen. Und Virginia verstand lange Zeit nicht, daß sie Vitas Liebe mit ihren Beanstandungen über Gebühr auf die Probe stellte.

Vita half während der letzten Wochen ihres Aufenthalts in Teheran, in Schürze und mit Farbeimer, den verkommenen Palast für die Krönung des Schahs herzurichten, das letzte öffentliche Ereignis, an dem sie teilnehmen würde, bevor sie Persien verließ. Und sie sah ihre Heimkehr schon voraus: »Welchen Spaß wird es machen, wieder auf Deinem Fußboden zu sitzen und Briefmarken aufzukleben. Und Dich in dem kleinen blauen Auto zu entführen. Wenn Du wüßtest, was Du mir bedeutest, würdest Du Dich vielleicht freuen.«[61]

Wenig später gestand sie Virginia eine innere Tendenz, die sie an sich beobachtete und die auch mit ihrem am Ende vergeblichen Kampf um dichterischen Ausdruck zu tun hatte: »... während ich älter werde, [...] finde ich, daß ich immer unangenehmer einzelgängerisch werde; wirklich sehe ich den Tag kommen, an dem ich so weit in mich selbst hineingegangen bin, daß man überhaupt nichts mehr von mir sieht. Willst Du bitte daran denken, die Hülle von Zeit zu Zeit wegzunehmen? Oder ich werde ganz verschwinden.«[62] Vita zog sich in den folgenden Jahren wirklich zunehmend in sich selbst zurück und mied die Menschen schließlich, wo immer sie konnte.

Virginia hatte Anfang April ein Schlüsselerlebnis, das sie eine Zeitlang sehr verstörte. Das auslösende Element war ein Nachmittag gewesen, den sie inmitten einer glücklichen Familie verbrachte, in der der großgewachsene Sohn den Vater hochhob, umherschwenkte, ihn auf den Kopf küßte und dann auf das Sofa plumpsen ließ, und der Vater, ganz das Gegenstück der Patriarchen, die Virginia kannte, kicherte und strahlte dazu. Da empfand sie plötzlich mit Grauen, daß dies etwas war, an dem sie niemals Teil gehabt hatte oder haben würde. »Nur ich bin ausgestoßen aus diesem tiefgegründeten, natürlichen Glück. Das ist es, was ich immer fühle, oder jetzt oft fühle – natürliches Glück, im Überfluß, das ist es, was mir fehlt. Ich besitze intensives Glück — nicht jenes.

Darum ist es das, was ich am meisten beneide. Herzlichkeit und familiäre Liebe.«[63]

In dem letzten Brief, der Vita erreichen konnte, bevor sie Teheran verließ, schrieb sie Vita von ihrem Erlebnis, in jener Familie ›natürliches Glück‹ zu sehen, das sie »fast zu Tränen rührte vor Selbstmitleid und Staunen. Nichts dergleichen kennt irgend jemand von uns – tiefe Gefühle, die dennoch natürlich und selbstverständlich sind, so daß nichts einschränkt oder hindert.«[64] Sie beschrieb ihr das, weil es etwas war, das sie sich auch von Vita erhoffte. Wo Bloomsbury ihr angestrengteste Intellektualität, Ironie und Witz bot, Leonard eherne Verläßlichkeit und unbeugsame Rationalität darstellte, bedeutete Vita ihr Leichtsinn, Überfluß, Genuß, Lachen, große Zärtlichkeit, Erotik und vor allem ›Trost‹. Das ›Tröstliche‹, das Vita für sie hatte, benannte sie immer wieder. Es war etwas, das sie aus der Folter ihrer ständig vorhandenen Unterströmung von Grauen und Depression rettete.

Sie mahnte Vita zu äußerster Vorsicht auf der Heimreise: »Denke an Deine Hündin Grizzle und Deine Virginia, die Dich erwarten, beide ziemlich räudig, aber was macht das schon. Diese schäbigen Bastarde sind immer die liebevollsten, warmherzigsten Geschöpfe. Grizzle und Virginia werden hinuntereilen, um Dich zu begrüßen, – sie werden Dich von oben bis unten ablecken. Denke also daran, wenn Du in Versuchung bist, eine Torheit zu begehen, am Rande eines Abgrunds schwebst, draußen in der Steppe schläfst, und so weiter, [...] denke daran, wie untröstlich wir beide wären, solltest Du ein Haar von Deinem Kopfe verlieren oder einen Kratzer an diese schönen, säulengleichen Beine kratzen. [...] Ich bin ziemlich reumütig, weil ich Dein Gedicht kritisiert habe, ohne es richtig durchzulesen. [...] Ich vermute, ich meinte nur etwas in der Art, daß beschreibende Dichtung einen menschlichen Brennpunkt in der Mitte braucht. Vegetabilien werden auf die Dauer ziemlich niederdrückend. [...] Wie sonderbar ist doch die Wirkung, die die Geographie auf den Geist hat! Ich schreibe Dir anders, jetzt, wo Du zurückkehrst. Das Herzzerreißende vergeht. Ich empfand es als herzzerreißend, als Du fortgingst, als ob Du unter den Rand der Welt sänkest. Jetzt, wo Du aufsteigst, bin ich wieder fröhlich. Ich habe mit Angus [Davidson, Helfer im Verlag] Pakete gepackt, stand mit Kordel und Schere an einem Tisch. [...] Mein Kopf ist ganz überschwemmt von vielerlei Gedanken; mein Roman; Du; wirst Du mich auf eine Fahrt ans Meer mitnehmen?

ins Kino; und so weiter, [...] und ich muß aufpassen, was ich tue und darf bei Paketen für den Kontinent die Kordel nicht verknoten – vielleicht meine größte Sünde als Packerin.«[65]

Vitas letzter Brief aus Persien war voller Vorfreude: »Das hier ist ein alberner Brief, aber ich werde eine Woche nach seiner Ankunft da sein. Bis dahin bin ich (wie wir hier sagen) Dein Opfer. Ich werde Dir Hafis rezitieren, Dir Seiden und Wohlgerüche bringen und mich Dir überhaupt angenehm machen. Ich werde den Index [von Viola Trees Buch] für Dich machen, wenn Du willst. Oder irgend etwas anderes, und ich werde versuchen, Dich auf jede nur mögliche Art zu korrumpieren. Ich habe ein Faß von dem spanischen Wein bestellt, den Du mochtest, also wirst Du kommen müssen und ihn trinken. [...] Und Du wirst bitte sehr nett zu mir sein? Denn Du weißt, was für einen todunglücklichen Brief [ihr ›Schmerzensschrei‹ nach dem Abschied] ich Dir aus Triest geschrieben habe, und ich werde ganz entsprechend froh sein, Dich wiederzusehen.«[66]

Kurz vor ihrer Heimreise nahm Vita in großer Abendrobe, zu der sie ihren wundervollen Smaragdschmuck trug, an der Krönung des Schahs teil und erregte ehrfürchtige Bewunderung. Als sie nach den Feierlichkeiten mit Harold in die Botschaft zurückfuhr, stellte sie fest, daß der größte Smaragd, der als Solitär an der Kette hing, fehlte. Sie kehrten sofort um und fuhren zum Palast zurück. Im Thronsaal fanden sie den Premierminister vor, der Vitas Smaragd in der Hand hielt und auf Knien um den juwelenübersäten Pfauenthron herumrutschte, um die Stelle zu finden, wo, wie er glaubte, der Stein herausgefallen sein mußte, und Harold rief, »Exzellenz, dieser Smaragd gehört an meine Frau!«[67] – Es war eine der Geschichten, mit denen sie Virginia bezauberte, der sie nach ihrer Rückkehr alles haarklein erzählen mußte.

Vitas Rückreise war abenteuerlich. Sie fuhr über Rußland und das stalinistische Moskau nach Polen. In Warschau war eine Revolution ausgebrochen, und Vita erreichte mit einer Gruppe Mitreisender nur unter Schwierigkeiten einen Zug, der zur polnisch-deutschen Grenze fuhr. Dort mußte sie nachts vier Stunden auf einen Anschlußzug warten, der sie nach Berlin brachte. Sie telegraphierte an Dottie, übernachtete im *Hotel Kaiserhof* und erreichte am 16. Mai abends London. Dottie holte sie mit ihrem Rolls Royce vom Bahnhof Victoria ab und nahm sie mit in ihre Wohnung in der Mount Street. Vita stürzte eine ganze Flasche Champagner hinunter und fiel in einen animalischen Schlaf der Erschöpfung. Die nächsten beiden Tage verbrachte sie allem Anschein nach bei Dottie.[68]

»Und ist da nicht etwas Dunkles in Dir?«

Zwei Tage nach ihrer Rückkunft erst meldete sie sich bei Virginia an, die postwendend antwortete, »Ja, ja, ja. Komm sofort. Alle sehnen sich danach, Dich zu sehen. Grizzle in Freudenkrämpfen. Lunch *hier* um eins. Freitag. Besser noch, komm ins Souterrain um 12.30 zu einem vorausgehenden Gespräch mit mir in meinem Studio – dann 6 oder 7 Stunden oben.«[1]

Im Tagebuch überlegte sie, »Vita kommt morgen zum Lunch, was ein großer Spaß sein wird, und eine große Freude. Meine Beziehung mit ihr amüsiert mich: im Januar so glühend – und jetzt was? Auch gefällt mir ihre Präsenz und ihre Schönheit. Bin ich in sie verliebt? Aber was ist Liebe? Ihr ›Verliebtsein‹ (man muß es so in Anführungszeichen setzen) in mich erregt und schmeichelt und interessiert. Was ist diese ›Liebe‹?«[2]

Endlich kam Vita, und natürlich ging bei diesem so lange erwarteten Wiedersehen alles schief: Es begann damit, daß Virginia Vita die Tür aufmachen wollte und Leonard ihr zuvorkam. Nach dem Lunch saßen sie dann allein in Virginias Wohnzimmer, und Virginia redete vor lauter Aufregung viel zuviel. Am Tag danach entschuldigte sie sich dafür, »Ich fürchte, ich habe zuviel geplappert gestern. [...] Ich habe mich sehr gefreut, Dich zu sehen und trage Deine Halskette, und mein Überschwang rührt schließlich nicht von meiner Ichbezogenheit her, sondern von Deiner Verführungskraft.«[3] In demselben Brief bat sie Vita, der Hogarth Press ihr Reisebuch über Persien zu überlassen, und Vita versprach es ihr.

Im Tagebuch reflektiert sie, »Vita kam also, und ich registriere den Schock des Wiedersehens nach Abwesenheit; wie schüchtern man ist, wie desillusioniert vom wirklichen Körper, wie empfindsam für neue Nuancen des Tons – etwas ›Frauliches‹ entdeckte ich, Reiferes, und sie war schäbiger – da sie gleich in ihren Reisekleidern gekommen war – und nicht so schön wie manchmal, vielleicht; und so saßen wir auf dem Sofa am Fenster und redeten, sie ziemlich schweigsam, ich plappernd, teilweise, um ihre Aufmerksamkeit von mir abzulenken und sie daran zu hindern zu denken, ›Ach, ist das alles?‹, wie sie es ja zwangsläufig denken mußte, nachdem sie sich in den Briefen so offen erklärt hatte. So daß wir beide einige Desillusionierung registrierten und vielleicht auch ein paar zusätzliche Körnchen Solidität erwarben. – Dies mag sehr wohl dauerhafter sein als die erste Schwärmerei.«[4] Virginia sah, daß Vita noch gar nicht richtig ›gelandet‹ war, und in diesem Zustand fiel ihr auf, wie scheu und unbeholfen ihre Aristokratin sein konnte: als sie unvermittelt mit der Verlagsangestellten Mrs. Cartwright und später mit der Haushälterin Nelly Boxall konfrontiert war, stand sie da wie ein schüchternes Mädchen und wußte nicht, was sie mit ihnen reden sollte.

Vita zog sich erst einmal nach Long Barn zurück, um wieder zu sich zu kommen. Bei ihrem einsamen Abendessen las sie, ihre Weitsichtigkeitsbrille auf der Nase und die Buchseite von einer Gabel fixiert, in Virginias *Common Reader*, als bei ihrer Spanielhündin Pippin, die unter ihrem Stuhl lag, die Wehen begannen. Vitas Zofe Louise war entsetzt über Vitas Herzlosigkeit, mit der sie das Tier sofort in den Schuppen verbannte, und fand es auch grausam, daß sie den Welpen zwei Tage später die Schwänze mit einem Tranchiermesser kupierte. Aber Vita war in solchen Dingen ausgesprochen nüchtern.

Während sie ihr ländliches Alleinsein genoß und sich tagelang in ihrem Garten beschäftigte, bewegte sich Virginia in der aufregenden Londoner Gesellschaft und lernte auf einer Party bei Edith Sitwell Gertrude Stein kennen, die ›massiv, in blaugesprenkeltem Brokat auf einer kaputten Polsterbank thronte‹ und sehr furchteinflößend war, wie Virginia fand.

Vita und Virginia wollten sich sehen, aber vorerst kam immer etwas dazwischen. Erst war Vita erkältet, dann wurde Virginia krank. Sie bemerkte die ersten Anzeichen, als sie, die in ihrer Kindheit eine begeisterte Cricketspielerin gewesen war, mit Leonard im riesigen Stadion *Lords* saß, dem Spiel ›England gegen den Rest der Welt‹ zusah und plötzlich trotz der Sommerhitze vor Kälte zitterte. Ihre Ärztin diagnostizierte ›nervöse Erschöpfung‹, – kein Wunder bei der Arbeitslast, die auf Virginia lag. Dazu kam aber wohl auch eine Enttäuschung, die sie sich nicht eingestehen mochte: Vita war zurück, und nichts geschah. Diese Liebe, die jetzt hätte aufblühen sollen, stagnierte.

Vielleicht war in dieser Phase wirklich, wie die Herausgeber des Vita-Virginia-Briefwechsels und Nigel Nicolson annehmen, Dorothy Wellesley Vitas engste Freundin. Sie mochten sich auf der Reise einander wieder angenähert haben. Und Dotties Einfluß ging immer dahin, Vita vor Bloomsbury zu warnen, das ihr Selbstgefühl untergrabe und ihre Arbeit geringschätze. Damit verstärkte sie Vitas Unbehagen an den hohen Anforderungen, die Virginia an sie stellte.

Jedenfalls verhielt sich Vita ausweichend. Sie schlug zwar vor, daß Virginia nach Long Barn kommen sollte, jedoch nur als ein Gast unter mehreren, auf einer Wochenendgesellschaft, was Virginia verständlicherweise kränkte: sie lehnte ab. Endlich schien sich ein Wochenende Mitte Juni anzubieten, an dem sie sich allein sehen konnten, und Virginia schrieb in dem Brief, der diese Verabredung bestätigte, traurig, weil alles noch so lange hin war, »Nicht viele Neuigkeiten. Ziemlich mürrisch – möchte einen Brief. Möchte einen Garten. Möchte Vita.«[5] An diesem Tag wollte Virginia eigentlich in die Oper gehen: Bruno Walter dirigierte *Don Giovanni* in Covent Garden, aber sie war noch zu krank.

Als das verabredete Wochenende in Rodmell heranrückte, mußte Vita sich geradezu überwinden, ihre liebgewordene Einsamkeit in Long Barn zu verlassen. Harold gestand sie, »Dein Kohlkopf hat nicht viel Lust, hinzufahren. [...] daß ich nicht einmal Virginia sehen will, ist ein furchtbares Symptom, denn ich habe sie nicht nur sehr gern, sondern sie ist auch die beste Gesellschaft der Welt, und die anregendste.«[6]

Virginia dagegen war vor Vitas Ankunft in freudiger Aufregung und schrieb an ihre Schwester, »Vita kommt gleich, um zwei Nächte mit mir allein zu verbringen – L[eonard] fährt zurück. Mehr sage ich nicht, weil Vita Dich langweilt, die Liebe Dich langweilt, ich, und alles was mit mir zu tun hat [...] Dich langweilt; aber das ist schon lange mein Schicksal gewesen, und es ist besser, dem mit offenen Augen zu begegnen. Dennoch: die Juninächte sind lang und warm, die Rosen in Blüte, und der Garten voller Lust und Bienen, die sich in den Spargelbeeten vermengen. Ich muß hineingehen und aufräumen.«[7] Vita kam; sie tranken Tee mit Leonard, der sich dann verabschiedete und nach London fuhr.

Diese lange und warme Juninacht verbrachten sie zusammen. Am nächsten Morgen saßen sie sich gegenüber, und während Virginia an einem Stuhlkissen stickte, das Vanessa für sie entworfen hatte – eine Rose, einen schwarzen Spitzenfächer, eine Schachtel Streichhölzer und vier Spielkarten auf malvenfarbigem Untergrund –, schrieb Vita an Harold: »Von Zeit zu Zeit sagt sie, ›Du hast genug geschrieben, laß uns jetzt über Beischlaf reden‹. Wenn dieser Brief also unzusammenhängend ist, so ist es ihre Schuld und nicht meine. Ich bin gestern angekommen. Sie haben von den Einnahmen aus *Mrs. Dalloway* ein Badezimmer und ein b.s. [Toilette] eingebaut. Beide laufen sie immer wieder einmal nach oben und ziehen nur so zum Spaß die Spülung und kommen herunter und sagen, ›Diesmal hat es gut funktioniert – hast Du's gehört?‹ [...] Leonard mußte gestern abend nach London zurück, also bin ich jetzt allein mit Virginia. Eine Frau aus dem Dorf kommt und kümmert sich um den Abwasch; ansonsten kochen wir ein Ei und machen Kaffee, und ich habe zwei Flaschen Alella mitgebracht und eine Schachtel Cognac-Kirschen, das ist alles.«[8]

Am Nachmittag fuhren sie mit Grizzle im Auto nach Rottingdean, wo Vita Enid Bagnold, eine alte (platonische) Freundin, besuchte. Virginia wartete derweil in einer Teestube auf sie und aß ›Sally Lunns‹, kleine Biskuitkuchen, die sie gern mochte. Danach fuhren sie weiter nach Brighton, und Vita zeigte ihr das riesige Haus ihrer Mutter, die gerade abwesend war. »Virginia war gefesselt und belustigt. Sie ›erfaßte‹ B.M. natürlich im Handumdrehen und machte eine Vielzahl erhellender Beobachtungen, die mir noch nie aufgefallen waren. Ich kann diesen Brief nicht richtig schreiben, weil Virginia, die eine abscheuliche Person ist, dauernd aufsteht und ihn über meine Schulter hinweg liest.«[9] Virginia ließ Harold ausrichten, er solle endlich den diplomatischen Dienst aufgeben und sich eine Position in England suchen. Das war vollkommen eigennützig gemeint, denn sie fand die Vorstellung schrecklich, Vita immer wieder entbehren zu sollen, weil sie Harold auf irgendeinen Auslandsposten begleiten mußte.

Virginia und Vita waren sich plötzlich wieder ganz nah und redeten endlos, auch über das Schreiben, über den Unterschied zwischen Prosa und Dichtung – ein Thema, das Virginia gerade stark beschäftigte. Vita brachte Virginia am Dienstag nach London, fuhr dann nach Long Barn und schrieb ihr, »Liebe Mrs. Woolf, ich muß Ihnen sagen, wie sehr mir mein Wochenende bei Ihnen gefallen hat ... Liebste Virginia, Du weißt gar nicht, wie glücklich ich war. [...] Ich wünschte, ich wäre wieder in Rodmell. Ich wünschte, Du kämst hierher. [...] Auf jeden Fall aber sehe ich Dich am Freitag? Noch so verdammt lange hin.«[10] Am selben Tag schreibt sie ihr einen zweiten Brief, in dem sie mitteilt, sie werde es aufgeben müssen, ihre Bücher beim Abendessen zu lesen. »Sie sind zu beunruhigend. *Wie gut Du schreibst*, zur Hölle mit Dir. Wenn ich Dich lese, habe ich das Gefühl, daß vor Dir noch nie jemand englische

Prosa geschrieben – sie zurechtgeprügelt, ihr ihren Platz zugewiesen, sie dienstbar gemacht hat. Ich frage mich die ganze Zeit, wie Du es machst, wie wenn man einen Zauberer immer wieder denselben Trick vorführen sieht und trotzdem nicht dahinter kommt. [...] Ich bin ein schrecklicher Snob, was Dich betrifft. Dein Schreiben, meine ich.«[11]

Vita fuhr kurz darauf zu einem Wochenende nach Sherfield Court, zu Dottie. Der neugierige Clive Bell war auch unter den Gästen, und Vita hatte mit Virginia ausgemacht, daß sie beide absolutes Stillschweigen über den Stand ihrer Beziehung wahren wollten, aber es gelang Vita nicht ganz. »Mein erster Blick auf Clive war irgendwie ganz passend: ich begegnete ihm zufällig, als er gerade aus der Toilette kam und seine Hose zuknöpfte. Er war spröde deswegen, [...] freute sich überhaupt nicht, mich zu sehen. [...] Nach 24 Stunden hatte er sich erholt und war wieder nett; so nett, daß wir nach dem Dinner, an einem warmen, dunstigen Abend, um den Wassergraben herumgingen und uns unterhielten, und er schlug einige Breschen in meine kleine Festung der Diskretion. Weißt Du, er war so geschickt, mich mit Bemerkungen über Deine generelle Gleichgültigkeit, Deinen Mangel an Reaktion etc. aufzustacheln, und ich habe nach dem Köder geschnappt wie eine Forelle.«[12] An Harold schrieb sie darüber, deutlicher, »Clive lief mir überallhin nach und brüllte, daß jeder es hörte: Bin ich schon mit Virginia im Bett gewesen? Falls nicht, werde ich es in naher Zukunft sein? Falls nicht, werde ich dem meine Aufmerksamkeit zuwenden, da es höchste Zeit ist, daß Virginia sich verliebt? (armer Clive, wenn er wüßte!).«[13]

Virginia wollte Vita eigentlich in Long Barn besuchen, überlegte es sich aber anders, weil *Zum Leuchtturm* ihr auf den Nägeln brannte. »Ich glaube, ich komme am Donnerstag nicht, [...] ich muß mit dem Schreiben vorankommen; Du würdest mich vollständig verführen.«[14]

Drei Tage später trafen sie sich in London, gingen mit Leonard in ein kleines Restaurant zum Dinner und danach allein ins Ballett. »Sie hatte ein neues Kleid an. Es war wirklich sehr sonderbar, orange und schwarz, mit einem dazugehörigen Hut – einer Art Zylinder aus Stroh mit zwei orangefarbenen Federn wie die Flügel des Merkur – aber obwohl sonderbar, war er doch sehr kleidsam und erfreute Virginia, weil absolut kein Zweifel daran bestehen konnte, wo vorne und hinten war. [...] Wir traten auf den dunstigen Haymarket hinaus. Virginia zitterte; ich dachte, ihr wäre kalt, aber nein, es war Erregung. Ich konnte sie überhaupt nicht vom Theater wegbekommen, und wir schlenderten auf und ab, mit dem dunkelblauen Himmel über uns, und Gruppen gutgekleideter Leute, die sich unterhielten, und es war alles sehr wie *Mrs. Dalloway*; und dann, um die Ähnlichkeit vollständig zu machen, sahen wir einen Zwerg an Krücken unter einer Straßenlaterne, mit Zukkungen. Das machte Virginia Angst, also gingen wir ins [Restaurant] *Eiffelturm* und tranken Kaffee.«[15] Dort kamen die Schauspielerin und Schriftstellerin Viola Tree und Dorothy Todd, die Herausgeberin von *Vogue*, an ihren Tisch.

Harold erkundigte sich besorgt, ob sie auch nicht in einem ›Wirrwarr‹ stecke, wie er ihre Liebesbeziehungen nannte, wenn sie zu Aufregungen führten und skandalträchtig waren. Sie antwortete ihm besänftigend, »Nein, ich bin in keinem Wirrwarr. Pat [Dansey] schreibt, gelegentlich, aber ich antworte nicht. Geoffrey schreibt, aber ich habe es abgelehnt, mich mit ihm zu treffen, und er hat das akzeptiert. [...] Virginia – nicht eigentlich ein Wirrwarr; sie ist eine fleißige und vernünftige Frau. Aber sie liebt mich wirklich, und ich *habe* in Rodmell mit ihr geschlafen. Das bildet jedoch keinen Wirrwarr.«[16] Harold war sich da nicht so sicher. »Oh meine Liebe, ich hoffe nur, daß Virginia kein Wirrwarr wird. Es ist, wie wenn man über einem Benzintank raucht.«[17]

Virginia und Vita trafen sich jetzt häufiger als zuvor, tranken Tee zusammen oder besuchten Veranstaltungen. Ende Juni gingen sie zu einer Aufführung von *Façade*, einer sehr avantgardistischen Präsentation der Gedichte Edith Sitwells und ihrer Brüder Osbert und Sacheverell, bei der die Texte hinter einem Vorhang durch ein Megaphon verlesen wurden. Davor waren sie im *Eiffelturm* zum Dinner und sprachen so angeregt über Literatur, daß sie die Zeit vergaßen und ziemlich verspätet am Veranstaltungsort in Chelsea eintrafen. Virginia trug wieder ihr neues Kleid mit Hut, das übrigens Dorothy Todd, die *Vogue*-Herausgeberin, ausgesucht hatte. »Wir hatten zusammen nur eine Ehrenkarte und das Versprechen von Edith, daß man uns hereinlassen würde, wenn wir unsere Namen nennten. Wir nannten unsere Namen und wurden hastig zu Plätzen in der hintersten Reihe geschoben, wo uns nicht einmal das Megaphon erreichte. Virginia war damit unzufrieden, und ich auch. Wir fingen an zu drängeln. Es gab ein paar freie Plätze, und zu denen schoben wir uns in der Pause durch. Virginia ließ mich vorangehen, wie die deutschen Truppen im Krieg die belgische Zivilbevölkerung vor sich herschoben. Also bekam ich die volle Wucht ab und erntete alle Vorwürfe; ich ging auf Sachie [Sacheverell Sitwell] zu: ›Oh, Sachie, Sie kennen doch Mrs. Woolf, nicht wahr?‹ [...] Endlich machten wir es uns, unter Sachies Fittichen, auf guten, vorderen Plätzen bequem.«[18] Vita hatte für die Sitwells und deren, im Gegensatz zu ihrer eigenen, sehr moderne Dichtung nichts übrig und fand die Vorstellung ebenso absurd wie das Publikum: »Langhaarige junge Männer, kurzhaarige junge Frauen; so eine Kollektion hast Du noch nie gesehen. Und eine Ausstellung von Augustus Johns Bildern an den Wänden. Eine Art embryonische Ottoline [Morrell] war da, in einem Kleid von 1840, mit Schleppe, und ein junger Mann mit Haaren wie Struwwelpeter und einer obszönen roten Calla im Knopfloch: ein roter Teller mit einem rosa Penis, der daraus hervorragte. [...] Als ich Virginia dann endlich weggezerrt hatte – sie wird von Menschenansammlungen betrunken wie Du und ich von Champagner – fuhren wir nach Bloomsbury zurück.«[19] Auf dem Weg dorthin begegnete ihnen in der Dunkelheit Virginias Schwester. Sie hielten an, und Virginia jubelte, »Nessa! Nessa!« Vanessa blickte auf und sagte, »Duncan ist im Wirtshaus.« Sie fuhren weiter und überholten wenig später Duncan, der sehr vorsichtig ein hartgekochtes Ei in der Hand trug. Schließlich trafen sich alle bei Clive, der Wermut und weitere hartgekochte Eier kredenzte. Die Unterhaltung wurde nach Vitas Bekunden ziemlich persönlich und schmutzig, aber sie amüsierte sich köstlich. Um halb eins fuhr sie mit Clive weiter zu einer Gesellschaft, die die ehrgeizige Gastgeberin Sybil Colefax in Argyll House in Chelsea gab, und lernte dort die Filmstars Mary Pickford und Douglas Fairbanks kennen.

Vita fand den gesamten Abend außerordentlich unterhaltsam, und es fiel ihr nicht auf, daß ihre Freundin bei Clive Höllenqualen litt. Es konnte ihr nicht auffallen, weil Virginia – man ist versucht zu sagen, leider – die hohe Kunst der Selbstbeherrschung in einem solchen Maß besaß, daß niemand merkte, wie sie sich wirklich fühlte. Sie hat jenen selben Abend in ihrem Tagebuch beschrieben, und dieser Text läßt einen in Abgründe blicken. »Dies ist der letzte Tag des Juni, und er findet mich in schwärzester Verzweiflung, weil Clive über meinen neuen Hut gelacht hat, Vita mich bemitleidete und ich in die Tiefen der Düsternis sank. Das geschah bei Clive gestern abend, nachdem ich mit Vita bei den Sitwells war.

Ach Gott, ich trug den Hut, ohne darüber nachzudenken, ob er gut oder schlecht war, und es war alles so übersprudelnd und unbeschwert; und ich sah dort einen Mann mit Mittelscheitel, und noch einen mit langen roten Zungen in den Knopflöchern und saß dicht neben Vita und lachte, und wir waren ein Herz und eine Seele. Als wir hinauskamen, war es erst 10 Uhr 30 – eine milde Sternennacht. Ich hatte mich geweigert, zu [der Party bei Sybil] Colefax zu gehen; für [Vita] war es noch zu früh, hinzugehen. Also sagte sie, ›Sollen wir zu Clive fahren und ihn abholen?‹ und ich war dann wiederum so unbeschwert, als wir durch den Park fuhren und Leute vor uns dahineilen sahen. Und wir sahen auch die Häuser von Mayfair [vornehmer Stadtteil zwischen Hyde Park und Regent Street] und kamen schließlich zum Gordon Square, und da war Nessa, die im Dunklen einhertrippelte in ihrem zurückhaltenden schwarzen Hut. [...] [Bei Clive] saßen wir alle herum und redeten, als Clive plötzlich sagte, oder eher grölte, ›Was für einen erstaunlichen Hut Du da trägst!‹. Dann fragte er, wo ich ihn her hätte. Ich tat so, als wäre es ein Geheimnis, versuchte das Thema zu wechseln, sie ließen mich nicht, und sie rissen mich zwischen sich nieder, wie einen Hasen; nie habe ich mich so gedemütigt gefühlt. Clive sagte, hat Mary ihn ausgesucht? Nein, Todd, sagte Vita. Und das Kleid? Todd natürlich; danach war ich genötigt, weiterzumachen als wäre nichts Schreckliches geschehen; aber es war sehr gezwungen und demütigend. Also redete und lachte ich zuviel [...] und schließlich ging ich, tief gekränkt und so unglücklich, wie ich es in den letzten zehn Jahren nicht gewesen bin, und kreiste im Schlaf und in Träumen die ganze Nacht darum herum, und der heutige Tag war ruiniert.«[20] Mitten aus dem Glück gerissen war sie; nicht zuletzt deswegen, weil Vita sich nicht eindeutig auf ihre Seite gestellt hatte.

Am nächsten Tag aber ging sie mit tollkühnem Trotz – und auch, weil es die einzigen eleganteren Kleidungsstücke waren, die sie besaß – in demselben Kleid und demselben Hut mit einem Freund zum Lunch, begegnete auf der Straße zufällig Clive und Mary und war ihren kritischen Blicken ausgesetzt. Mary jedoch verstand etwas von Mode und gab ihr ihre Selbstachtung wieder: »Kleid über den grünen Klee gelobt, Hut annehmbar gefunden. Das ist also vorbei.«[21]

Man kann es kaum fassen, daß sie so verletzlich war, was ihre äußere Erscheinung betraf, aber da sie sich selbst als ›körperlos‹

empfand, als nicht real, eigentlich gar nicht vorhanden, wird verständlich, warum sie bei diesem Anlaß innerlich so vollständig zusammenbrach, zumal sie mit äußerster Selbstüberwindung – und ganz sicher auch, um der Liebsten zu gefallen – den Versuch gemacht hatte, sich um ihr Äußeres zu kümmern und damit ›jemand zu sein‹, sich ›herzuzeigen‹.

Am 7. Juli ging sie mit Vita ins Kino, bevor diese für vierzehn Tage in Long Barn festgehalten sein würde, weil sie ihre kranke und überaus anspruchsvolle Mutter bei sich zu Gast hatte. Sie sahen einen der ersten abendfüllenden Dokumentarfilme, *Grass*[22], der Vita besonders interessierte, weil er das Leben der Nomadenvölker in den Bakhtiari-Bergen Persiens schilderte. Auf ihrer zweiten Persienreise machte sie, angeregt durch diesen Film, eine Expedition dorthin.

Zwei Wochen nach diesem vorerst letzten Zusammentreffen schrieb Virginia an Vita, »Clive hat mir gerade ein fabelhaftes Mittagessen spendiert und war lieb [...] und ich liebe ihn und werde ihn immer lieben, aber nicht auf die Ins-Bett-geh- oder Sofa-Art«.[23] – Vita wußte, welches Sofa sie meinte. – »Im Augenblick sitze ich hier in einem alten Seidenunterrock mit einem Loch drin und dem Oberteil eines anderen Kleidungsstücks mit einem Loch drin, und der Wind bläst durch mich hindurch, und ich lese de Quincey. [...] Warum sollte ich nicht kommen und Montag nacht allein mit Dir verbringen? [...] und wenn es für Dich machbar ist, und Du keine Geliebten, Freundinnen, kranke Mütter, vergifteten Hunde oder jungen Männer, die Dir Anträge machen (obwohl Du doch, wie Du so oft und so überraschend versicherst, eine verheiratete Frau bist) im Haus hast, dann wäre ich göttlich glücklich und würde auf einem Stuhl sitzen und schwatzen.«[24]

Es scheint ihr sehr bewußt gewesen zu sein, wie umschwärmt Vita war und wie empfänglich für die Liebe, die Menschen ihr antrugen. Virginia sprach darüber meist leichthin, aber dahinter steckten vermutlich mehr Schmerz und Kränkung, als sie ahnen ließ. Sie war unendlich tapfer. – »Komm am Montag und laß uns zum Dinner zusammen in ein neues Restaurant gehen, wo sie eine große Auswahl an Speisen und Getränken haben; und sie schenken einem Rosen, und es gibt dort Spiegel, die die erstaunlich gewöhnlichsten Szenen – eine fette Frau, die schlingt – so reflektieren, daß man das Gefühl hat, zwischen Tintenfischen auf dem

Grunde des Meeres zu baumeln, in Grotten zu lugen und Händevoll Perlen von den Felsen zu pflücken.«[25]

Wenig später fuhr sie mit Leonard zu dem großen alten Romancier Thomas Hardy, der sie sehr beeindruckte, und dann, bevor sie sich für den Rest des Sommers im Monk's House einrichtete, wo sie *Zum Leuchtturm* beenden wollte, am 26. Juli, endlich, für eine Nacht nach Long Barn zu Vita. Am nächsten Tag suchte Vita einen ihrer Spanielwelpen aus, um ihn Leonard zu schenken, setzte ihn in den Wagen und fuhr mit Virginia nach Rodmell.

Als sie in Monk's House ankamen, brach Virginia zusammen. Sie sank auf einen Stuhl und konnte kaum mehr aufstehen. Alles schien ihr schal, ohne Geschmack, farblos. Danach erlebte sie tagelang etwas, das sie selbst als ›Nervenzusammenbruch *en miniature*‹ beschrieb. Sie hatte ein ungeheures Verlangen nach Ruhe, wollte nicht sprechen, nur auf dem Liegestuhl in der frischen Luft liegen, konnte nicht lesen, schlief viel und empfand nicht die geringste Freude am Leben. »Charakter und Eigenart als Virginia Woolf vollständig abgesunken. Demütig und bescheiden.«[26] Erst fünf Tage später registrierte sie eine gewisse Erholung: »Neugier auf Literatur kehrt zurück: will Dante lesen, Havelock Ellis und Berlioz' Autobiographie; will außerdem einen Spiegel mit Muschelrahmen machen.«[27]

Sie selbst versuchte in ihrer minutiösen Beschreibung der Zustände, die sie während dieses Zusammenbruchs an sich beobachtete, nirgends eine Erklärung für deren Ursache zu finden, und man könnte folgern, daß sie einfach überarbeitet war und bei ihrer empfindlichen Konstitution irgendwann zwangsläufig zusammenbrechen mußte.

Man kann aber auch versuchsweise eine Art Puzzle zusammensetzen und ahnt dann, daß das auslösende Moment ihrer Depression, des Verlusts ihres Selbstgefühls, möglicherweise in ihrem Zusammensein mit Vita in Long Barn zu suchen ist. Verschiedene versteckte Bemerkungen weisen darauf hin: Zunächst ist da Vitas Brief an Harold, den sie ihm nach Virginias Besuch schrieb: »Virginia war sehr charmant und amüsant. Sie hatte den alten Hardy besucht und kam beeindruckt [...] zurück. ›Ich fühlte, das hier ist ein großer Mann, und ich bin bloß so verdammt klug.‹ [...] jetzt bin ich alles andere als wach. [Ich sprach] letzte Nacht furchtbar lange mit Virginia. Ich gab Leonard einen von Pippins Welpen. Er hat sich *sehr* gefreut, er liebt Hunde. Gute Nacht, mein süßer Liebling. Ich erzählte V., wie sehr wir einander lieben. Oh ja, und ich gab ihr Trays Aufsatz über Keuschheit. Er gefällt ihr. [...] Oh Liebling, sie ist so komisch, sie bringt mich so zum Lachen! Und geistig so gesund, wenn sie nicht verrückt ist. Und *so* herzzerreißend [wenn sie] über das Wieder-verrückt-werden [spricht]. Was für ein Alptraum das sein muß.«[28]

Man kann hieraus zum Teil ermitteln, worüber Virginia und Vita in jener langen Nacht gesprochen hatten: ›Trays Aufsatz‹ war eine Arbeit von Harolds Geliebtem Raymond Mortimer, in der er – Harolds und Vitas Ehe als Idealfall vor Augen – den Schluß zog, die beste aller möglichen Lösungen sei die Ehe plus Liaisons. Wenn Ehepartner sich gegenseitig die Freiheit einräumten, andere sexuelle Partner zu haben, so würden sie in einer ›Liebe‹ miteinander verbunden sein, die weit über das ›Verliebtsein‹ und die ›Leidenschaft‹, die sie mit anderen teilten, hinausginge.

Vita hatte diese Vorstellungen Harold gegenüber bereits früher kommentiert: »Trays Theorie ist ganz gut und schön. [...] Aber wenn Du in eine andere Frau verliebt wärst oder ich in einen anderen Mann, würden wir beide oder einer von uns eine natürliche [!] sexuelle Erfüllung finden, die unsere eigene Beziehung unausweichlich um etwas berauben würde. So wie es jetzt ist, sind die Liaisons, die Du und ich eingehen, etwas von der natürlicheren und normaleren Einstellung, die wir füreinander haben, vollkommen Getrenntes und beeinträchtigen uns deshalb nicht.«[29]

Das also war eines von Virginias und Vitas Gesprächsthemen gewesen. Virginias Hauptaugenmerk wird sich dabei auf Vitas konstante Unterscheidung von ›Liebe‹, die groß, wesentlich und platonisch ist, und ›Verliebtsein‹, das nebensächlich, leidenschaftlich und sexuell ist, gerichtet haben. Und natürlich mußte sie dann darüber rätseln, wo sie selbst denn wohl in Vitas Gefühlswelt angesiedelt war. Mit ihrer eigenen, sehr körperlichen, begehrlichen Verliebtheit befand sie sich, wenn sie Vitas Argumentation folgte, auf der Ebene der ›Liaisons‹. Vitas Liebeserklärungen an sie aber hoben sie auf das Niveau ›Liebe‹ (groß, wesentlich, platonisch), und das hieß: Vita begehrte sie nicht. Sie sprach das vielleicht nicht aus, aber es schwang mit. Und Virginia, die sich ihrer körperlichen Attraktivität so wenig sicher war (sie fand sich oft alt und kränklich, hatte endlose Probleme mit ihren Zähnen, trug im Oberkiefer eine Brücke und haßte es auch deswegen, fotografiert zu werden) und dabei so in Vita verliebt war, muß unter dieser sich atmosphärisch mitteilenden Erkenntnis sehr gelitten haben.

Von Vitas Liebesdefinitionen ausgehend, könnte sich beider Gespräch dann auf Homosexualität konzentriert haben, da Vita ja der Ansicht war, daß beide Ehepartner nur homosexuelle Liaisons haben durften, wenn sie ihre Ehe nicht gefährden wollten. Und sie muß in diesem Gespräch auch formuliert haben, daß sie ihre lesbischen Neigungen nicht als ›natürlich‹, sondern, wie sie es schon in ihren Einlassungen zu ihrer Liebesgeschichte mit Violet Trefusis betont hatte, als ›pervers‹, ja als ›verderbt‹ empfand.

Virginias Wunsch, ›Havelock Ellis zu lesen‹, könnte diesem Gespräch unmittelbar entsprungen sein, denn Vita besaß Havelock Ellis' Werk, *The Psychology of Sex*, das zwischen 1897 und 1924 in sieben Bänden erschienen war, in denen er auch der weiblichen Homosexualität große Aufmerksamkeit widmete. Vita las diese Bücher seit langem, schon seit ihrer Zeit mit Violet, mit gebanntem Interesse und versah sie mit Anstreichungen und Kommentaren.[30]

Für Virginia muß das alles verstörend gewesen sein. Bisher hatte sie keinen Anlaß gesehen, sich mit dem Lesbianismus als solchem zu beschäftigen. Sie liebte Vita, und das bereitete ihr keine Probleme. Jetzt aber erfuhr sie, daß ihre Geliebte zwar zweifellos verführbar und promiskuös war, ihren Leidenschaften aber keineswegs ohne Skrupel nachging und sie auf einen angeborenen ›männlichen‹ Anteil ihrer Psyche zurückführte.

Virginia ihrerseits gestand Vita ihr Grauen vor der Möglichkeit, wieder in Geisteskrankheit zu verfallen. Das war ein großer Vertrauensbeweis und auch der Versuch einer Entlastung, denn im Umkreis von Bloomsbury wurde Virginias Geisteskrankheit, wie alle wirklich beunruhigenden und tiefgehenden Probleme, niemals thematisiert. Man kommentierte sie, wenn überhaupt, in einem scherzhaften *en passant*: »Man hatte auch in der Familie die Gewohnheit, sich auf Virginias ›Wahnsinn‹ in einer Weise zu beziehen, die ihn ganz unwirklich machte.«[31] Dadurch war Virginia ebenfalls gezwungen, sich stets nur oberflächlich über das zu äußern, was sie als permanente, grauenhafte Bedrohung erlebte.

Schließlich hörte Virginia bei ihrem kurzen Aufenthalt in Long Barn, daß Vita in Kürze auf vierzehn Tage zu Dottie gehen würde. Damit bekundete Vita, wie eng sie mit Dottie verbunden war. In Sherfield Court war sie für Virginia nicht erreichbar, und Virginia konnte, durfte nicht sagen, ›Geh nicht. Bleib bei mir.‹

Wenn man all das als Möglichkeiten in Betracht zieht, wird es verständlicher, warum sie sagte: ›Charakter und Eigenart als Virginia Woolf vollkommen abgesunken. Demütig und bescheiden.‹

Und noch etwas trat hinzu, was eine solche Deutung stützt. Ihre Gespräche mit Vita hatten offenbar ihren Blick geschärft und ihm eine neue Richtung gegeben: fünf Tage nach ihrem Zusammenbruch machte sie mit Leonard eine kleine Radtour nach Ripe und beschrieb unter der – im Original deutschen und für das deutsche Auge belustigenden – Überschrift ›Wandervögeln‹ eine kurze, unspektakuläre Begegnung, von der sie sich augenblicklich zu distanzieren versuchte, weil das, was sie sah, genau das illustrierte, was ihr gegenwärtig so heftige Irritationen verursachte: zwei muntere, derbe, unbekümmerte junge Lesbierinnen. Das sagt sie freilich nicht. Sie sagt lediglich: »Wandervögeln – vom Stamme der Sperlinge. Zwei resolute, sonnenverbrannte, staubige Mädchen, in Jersey und kurzen Röcken, mit Rucksäcken, städtische Angestellte oder Sekretärinnen, wanderten in Ripe die Straße entlang. Mein Instinkt errichtete sofort hastig einen Wandschirm, der sie verurteilt: Ich finde sie in jeder Weise eckig, ungelenk und anmaßend. Aber das ist alles ein großer Fehler. Diese Wandschirme schließen mich aus. Habe keine Wandschirme, denn Wandschirme sind aus unserer eigenen Außenhaut gemacht; und dringe zu der Sache selbst vor, die überhaupt nichts mit einem Wandschirm gemein hat.«[32] Aber was sie ihren ›Wandschirm‹ so hastig errichten läßt, ist das Gefühl, daß sie so nicht sein, mit derartigen Frauen nicht im entferntesten verglichen werden will. – Ihre späteren, sehr negativen Reaktionen auf manche Freundinnen Vitas, die (wie etwa Hilda Matheson) diesem Wandervogel-Image nahekamen, bestätigen eine solche Interpretation.

Auch nachdem Virginia diese Krise überwunden hatte, blieb sie den ganzen Sommer und Herbst des Jahres 1926 über bedroht von Melancholie und Schwäche. Anfang August jedoch fühlte sie sich vorerst wieder sehr wohl, saß oft am Fluß in der Sonne und wurde braun. Auch mit dem Schreiben kam sie nun voran.

Vita war indessen mit ihren Kindern bei Dottie und beklagte sich, daß sie den herrlichen Sommer nicht genießen konnte und den Jungen immer abschlagen mußte, mit ihnen Tennis zu spielen, Boot zu fahren oder zu schwimmen, weil sie versprochen hatte, ihr Reisebuch *Passenger to Teheran* so schnell wie möglich ›für Mrs. Woolf‹ fertigzustellen. Sie schrieb sieben Stunden am Tag. »Tyrannin, Sklaventreiberin!« nannte sie Virginia und teilte ihr mit, »Was die Kinder betrifft: ihre Leidenschaft für Mrs. Woolf ist rapide im Abnehmen. Meine leider nicht.«[33]

Virginia gab ihr völlig recht, »aber denke an Deinen Ruhm und unseren Profit, der jetzt eine Notwendigkeit wird, wo Dein Hündchen [die kleine Spanielhündin] meinen Rock kaputt gemacht hat, indem es Löcher hineinbiß, Leonards Druckfahnen gefressen und dem Teppich jeden nur erdenklichen Schaden zugefügt hat. – Aber sie ist ein Lichtengel. Leonard sagt in vollem Ernst, sie bringt ihn dazu, an Gott zu glauben, und das, nachdem sie an einem Tag achtmal seinen Fußboden naßgemacht hat. [...] Aber wann kommst Du hier vorbei, um in Deinem kleinen Schrankzimmer zu übernachten? Ich fahre gerade nach Lewes, um Dir das zu kaufen, was man Toilettenartikel nennt. Dabei fällt mir ein: wie heißt der spanische Wein, was kostet er, und wo kann ich ihn bekommen? [...] Unser Cider hier im Dorf ist nicht trinkbar, und ich möchte [den Wein] kaufen, ehe Leonards Begeisterung für starke Getränke sich abkühlt.«[34]

Inzwischen war Harold immer tiefer beunruhigt und eifersüchtig auf Vitas Beziehung zu Virginia, die, wie er glaubte, der Grund war, warum sie ihr Versprechen zurückgenommen hatte, im Oktober wieder zu ihm nach Teheran zu kommen. Daraufhin schrieb ihm Vita am 17. August einen langen Brief, in dem sie viel Widersprüchliches und Irritierendes über sich und Virginia äußerte: »Liebling, es gibt überhaupt keinen Wirrwarr, nirgends! Ich sage es Dir doch immer wieder. PADLOCK! [›Vorhängeschloß‹; beider Privatausdruck sowohl für ›Ehrenwort‹ als auch für ›unter dem Siegel der Verschwiegenheit‹.] Und padlock, daß ich es Dir sagen würde, wenn es einen gäbe. Du erwähnst Virginia: es ist einfach lachhaft. Ich liebe Virginia, und wer täte das nicht? Aber wirklich, mein Liebster, die Liebe, die man für Virginia empfindet, ist etwas sehr anderes: etwas Geistiges, etwas Vergeistigtes, wenn Du willst, etwas Intellektuelles, und sie ruft ein Gefühl der Zärtlichkeit wach; ich glaube, wegen ihrer komischen Mischung aus Härte und Weichheit – der Härte ihres Verstandes und ihrem Grauen davor, wieder geisteskrank zu werden. Ich fühle mich ihr gegenüber als Beschützerin. Außerdem liebt sie mich, was mir schmeichelt und mich freut. Außerdem – weil ich nun schon einmal dabei bin, Dir von Virginia zu erzählen, aber das ist alles absolut padlock, habe ich eine Todesangst davor, körperliche Gefühle in ihr zu wecken, wegen der Geisteskrankheit. Ich weiß nicht, welche Wirkung es haben würde, verstehst Du; und das ist ein Feuer, mit dem ich nicht spielen möchte. Nein, vielen Dank. Ich habe zuviel echte Zuneigung und Respekt. Außerdem war sie nie mit jemand zusammen außer mit Leonard, was ein schrecklicher Fehlschlag war und sehr bald aufgegeben wurde. Also bleibt das alles eine unbekannte Größe, und ich habe zu viele Hunde, um sie zu wecken, *wenn* sie schlafen. Überdies, *ça ne me dit rien* [mir bedeutet das nichts]; und *ça lui dit trop* [ihr bedeutet das zuviel], was mich betrifft; und ich will nicht in eine Affäre hineingeraten, die mir außer Kontrolle geraten könnte, ehe ich's mich versehe. Du siehst also, ich bin auf der Hut — obwohl ich wahrscheinlich weniger auf der Hut wäre, wenn ich stärker in Versuchung wäre, was immerhin ehrlich ist! Aber, Liebling, Virginia ist nicht der Mensch, an den man auf diese Art denkt; es ist etwas Unangemessenes, fast Unanständiges in der Vorstellung … ich *bin* mit ihr ins Bett gegangen (zweimal), aber das ist alles; und ich glaube, ich habe Dir das schon gesagt. Jetzt weißt Du alles darüber, und ich hoffe, ich habe Dich nicht schokkiert.«[35]

Es ist nicht ganz leicht, Vitas Einlassungen zu folgen, denn sie sind, neben der deutlichen Bemühung, Harolds Eifersucht den Boden zu entziehen, ein wahres Paradebeispiel ›gemischter Gefühle‹. Wenn sie Virginia ›rein geistig‹ liebte, wäre sie nicht mit ihr ins Bett gegangen. Vielleicht ging sie mit ihr ins Bett, um danach festzustellen, daß sie sie doch lieber rein geistig lieben wollte. Grausam deutlich sagt sie, daß Virginia wenig erotische Attraktivität für sie besaß.* Aber da es ihr schmeichelte und sie freute, von Virginia geliebt zu werden, entzog sie sich deren Wünschen nicht ganz. In der Folgezeit versuchte sie allerdings, mehr Abstand von ihr zu halten, sie seltener zu sehen und damit der Gefahr zu entgehen, ›in eine Affäre hineinzugeraten, die ihr außer Kontrolle geraten könnte‹.

Vita meldete sich erst für Mittwoch, den 25. August, wieder zu einem Besuch an, und Virginia freute sich besonders darauf, weil sie an diesem Tag allein sein würden. Das Zusammentreffen war

* Der bezeichnende Satz, »Du siehst also, ich bin auf der Hut – obwohl ich wahrscheinlich weniger auf der Hut wäre, wenn ich stärker in Versuchung wäre, was immerhin ehrlich ist!«, wurde von Nigel Nicolson erst jetzt, bei der Herausgabe des Briefwechsels seiner Eltern, aufgenommen, während er ihn in *Portrait einer Ehe* ausließ. – Eine Editionspraxis, die dem Verständnis hinderlich ist. Wie viele entsprechende ›schonungsvolle‹ Auslassungen auch der erwähnte Briefwechsel noch enthält, ist vorerst nicht auszumachen.

jedoch kein großer Erfolg, weil Vita sich nicht wohl fühlte und sich in der Nacht erbrechen mußte. Und zwei Tage später fuhr sie mit Dottie, deren Kindern, ihren eigenen und ihrer Zofe in die Normandie. Was mochte Virginia dabei empfinden? Sie hat dazu nirgendwo schriftliche Äußerungen hinterlassen, aber es bedeutet wohl keine unzulässige Interpretation ihrer Gefühle, wenn man vermutet, daß es ihr schmerzlich war, Vita im doppelten Sinn fern zu wissen.

Virginias Arbeit an der ersten Fassung von *Zum Leuchtturm* näherte sich im September 1926 dem Ende. »Wie gewöhnlich sprossen Nebengeschichten in großer Fülle hervor.«[36] Man kann an einer dieser ›Nebengeschichten‹ erkennen, daß ihre Gedanken nicht nur im *Leuchtturm* selbst, wo sie Lily Briscoes Liebe zu Mrs. Ramsey beschreibt, um Liebe unter Frauen kreisten: »Die ganze Schnur [der Geschichte] wird von einem einzigen Satz heraufgezogen, wie Clara Paters ›Finden Sie nicht auch, daß Barker's Nadeln keine Spitzen haben?‹.«[37] – Clara Pater war die Griechischlehrerin der neunzehnjährigen Virginia gewesen. – Sie schrieb diese Erzählung, deren autobiographische Wurzeln sie hier andeutete, im Sommer 1927 fertig und bezeichnete sie Vita gegenüber als ›meine kleine sapphische Geschichte‹.[38]

Virginia fuhr in diesem schönsten Sommer seit vielen Jahren Fahrrad, wanderte auf den Downs und in den Sumpfwiesen und fühlte sich körperlich ungewöhnlich wohl. Doch dann, urplötzlich, fiel sie in eine tiefe Ich-Krise, die gewöhnlich als ein leichterer Anfall ihrer Geisteskrankheit gedeutet wird. Vielleicht war es so; aber dahinter mochte auch das Gefühl des Zurückgewiesenseins stehen. Am 15. September beschrieb sie im Tagebuch »Einen Geisteszustand«, und dieser Text läßt sehen, wie entsetzlich ihr Leben manchmal war und, was noch schlimmer ist, wie wenig sie davon mitteilen konnte: »Wachte vielleicht gegen 3 auf. Oh, es fängt an, es kommt – das Grauen – physisch wie eine schmerzhafte Welle, die um das Herz herum anschwillt – mich hochwirft. Ich bin unglücklich, unglücklich! Nieder – Gott, ich wünschte, ich wäre tot. Pause. Aber warum fühle ich das? Laß mich beobachten, wie die Welle ansteigt. Ich beobachte. Vanessa. Kinder. Versagen. Ja; das entdecke ich. Versagen Versagen. (Die Welle steigt an.) Oh, sie haben über meine Vorliebe für grüne Farbe gelacht! Welle überschlägt sich. Ich wünschte, ich wäre tot. [...] Das setzt sich fort, mehrere Male [...]. Schließlich sage ich, indem ich so unbeteiligt beobachte, wie ich kann: Jetzt reiß Dich zusammen. Nichts mehr davon. [...] Ich sage, es ist nicht wichtig. Nichts ist wichtig. Ich werde starr und steif, und schlafe wieder, und erwache halb und fühle, wie die Welle wieder anfängt, und sehe, wie das Licht weißer wird und frage mich, wie Frühstück und Tageslicht das diesmal überwinden werden, und dann höre ich Leonard auf dem Flur und simuliere, um meinetwillen und um seinetwillen, große Heiterkeit, und gewöhnlich bin ich heiter, wenn das Frühstück vorüber ist. [...] Warum habe ich so wenig Kontrolle? Es ist nicht rühmlich, noch liebenswert. Es ist die Ursache für viel Verschwendung und Schmerz in meinem Leben.«[39]

Am Abend dieses selben Tages war Virginia imstande, an Vita zu schreiben, deren Fahnenabdruck ihres Buches *Passenger to Teheran* sie gerade gelesen hatte, »Ja, ich finde, es ist unheimlich gut. Ich sagte immerzu, ›Wie gern würde ich diese Frau kennen‹ und dachte dann, ›Aber ich kenne sie ja‹, und dann, ›Nein, ich kenne sie nicht – nicht die Frau, die das schreibt‹. Ich kannte das Ausmaß Deiner Subtilitäten nicht.«[40] Was Vita über Ereignisse schreibe, Reiseanekdoten, Menschen, das sei ihr vertraut, nicht aber die ›verstohlene, grübelnde, nachdenkliche, ausweichende‹ Haltung. »Das ganze Buch ist voller Ecken und Winkel, die ich mit Freuden erforsche. Manchmal wünscht man sich allerdings eine Kerze dazu – das ist meine einzige Kritik – Du hast (in der Eile, nehme ich an) ein oder zwei lose herabhängende, unklare Stellen übriggelassen.«[41] Insgesamt aber zollte sie Vita höchstes Lob. Sie hatte das Buch fast auf einen Sitz gelesen und war gebannt, auch von ihren Entdeckungen über Vitas Charakter: »Wie ich schon sagte, ich kannte Towsers Resourcen nicht vollständig. Es ist wirklich sonderbar, daß ich jetzt, wo ich das gelesen habe, eine ganze Menge Dinge aufgelesen habe, die mir im Privatleben entgangen waren.«[42]

Vita war sehr glücklich über diesen Brief. Virginias ungeteilte Zustimmung war etwas, nach dem sie immer verlangte und das sie so selten erhielt. Die Kritik an *The Land* war ihr noch unvergessen. Hier nun war zudem eine neue Wertschätzung ihrer Person enthalten, und sie strahlte: »Ich bin *so froh*, daß Dir das Buch gefällt. Und ich bin auch froh, daß Du mich kennenlernen möchtest: Wir müssen eine gemeinsame Freundin dazu bewegen, ein Zusammentreffen zu arrangieren, liebe Mrs. Woolf, wenn ich demnächst wieder in London bin.«[43]

Trotzdem entzog sich Vita. Am 22. September wollten sie sich treffen, doch Vita sagte ab, weil sie zu ihrer Mutter nach Brighton fahren mußte. Virginia, die normalerweise extrem zurückhaltend war, drängte sie: wann sie denn nun kommen könne. »Diese Woche? Ich bin am Donnerstag, dem 23., allein. Nächste Woche? Nur Mrs. Bartholomew als Köchin. Bett stets zu Deinen Diensten.«[44] Aber Vita hielt sich zurück, wich aus, erklärte sich nicht.

Virginias Depression setzte sich fort. Einen Tag später schrieb sie an Vitas Vetter Eddy Sackville-West, »Es gefällt mir, wenn Menschen unglücklich sind, weil es mir gefällt, wenn sie Seelen haben. Die haben wir alle, zweifellos, aber mir gefällt die leidende Seele, die sich bekennt. Ich mißtraue dieser harten, glänzenden, dieser emaillierten Zufriedenheit. Wir alten Geschöpfe sind ganz davon überkrustet. Unglücklichsein hingegen bedeutet Dunst, Atmosphäre, Anteilnahme. Ich bin oft unglücklich. Heute morgen um zwei verfluchte ich mein Schicksal, aufrecht im Bett sitzend, mit dem Wunsch, augenblicklich getötet zu werden. Du wirst nie erraten, warum.«[45] Es war vielleicht kein Zufall, daß sie dieses Bekenntnis an einen engen Verwandten Vitas richtete.

Zwei Tage später kam Vita mit dem Illustrator George Plank nachmittags nach Rodmell. Plank hatte viele Titelseiten der *Vogue* entworfen und für Vitas Gedicht *The Land*, das jetzt kurz vor der Veröffentlichung stand, den Umschlag gestaltet. Sie sprachen über Dorothy Todd, die Chefredakteurin der *Vogue*, die sich mit Condé Nast, dem Eigentümer des Blattes, wegen ihrer ehrgeizigen und kulturell hochgesteckten Publikationsziele überworfen hatte und nun entlassen worden war. Sie hatte die Absicht gehabt, gegen ihren Arbeitgeber zu klagen. In diesem Fall, so drohte Condé Nast, würde man ihre lesbischen Neigungen publik machen; daraufhin nahm Dorothy Todd die ihr angebotene Abfindung von £1.000 und ging. Mehrere andere Mitarbeiter kündigten aus Protest ebenfalls.

Virginia notierte dazu, wie sich dieses Zusammentreffen, und unzweifelhaft auch dieses Thema, in der anhaltenden Depression, die sie seit der vorläufigen Fertigstellung ihres Romans Anfang September gefangenhielt, auf sie ausgewirkt hatte: »... und eines Abends hatten wir [sie und Leonard] einen langen, langen Streit. Vita löste ihn aus, indem sie mit Plank herüberkam, und L[eonard] (sage ich) verdarb den Besuch, indem er finster war, weil ich sagte, er sei ärgerlich gewesen. Er verschloß sich und war sarkastisch. Er bestritt das, gab aber zu, daß meine Art, ihn und andere zu beschreiben, oft diesen Effekt hätte. Ich sah mich selbst, meine Brillanz, mein Genie, Charme, Schönheit (etc., etc., – die Gehilfen, die mich seit so vielen Jahren über Wasser halten) schrumpfen und verschwinden. Man ist in Wahrheit eine ziemlich ältliche, schlampige, kleinliche, häßliche, unfähige Frau, eitel, schwatzhaft und wertlos. Ich sah das lebhaft, eindrucksvoll.«[46] Das geschah, nachdem die Liebste eben dagewesen war, Virginia sich freute, übersprudelte, flirtete. Was Leonard ganz ohne Zweifel sah – mißbilligte, eifersüchtig betrachtete und ihr zerschlug. Und dann mußte sie glauben, auch Vita sähe sie so, ›ältlich, schlampig etc.‹.

Ihr Streit mit Leonard rührte außerdem daher, daß er einen Gärtner für Monk's House fest anstellen wollte und Virginia ganz dagegen war. Sie hatten kürzlich eine Abmachung getroffen, daß Virginias inzwischen beträchtlich gestiegenes Einkommen aus ihren Büchern zwischen ihnen geteilt werden würde, sobald es die Summe überstieg, die sie pro Jahr für ihren Lebensunterhalt brauchten. Und jetzt sollte ihr Geld auf den Garten verwendet werden, »während wir keine Teppiche, Betten oder guten Sessel kaufen können. L. war deswegen, glaube ich, verletzt, und ich war ärgerlich, daß ich es sagte, und tat es dennoch, nicht im Zorn, sondern im Interesse der Freiheit. Zu viele Frauen geben in diesem Punkt nach und grollen sich insgeheim wegen ihrer Selbstlosigkeit.«[47] Sie gab in diesem Punkt nicht nach, und ihre Festigkeit markierte den Beginn ihres Auftauchens aus der melancholischen Lähmung.

Über zwei Jahre später erinnerte sie sich noch an diese Auseinandersetzung, beschrieb, wie ein Teil ihres Unglücks auch darin bestanden habe, nur die ihr von Leonard zugeteilten 13 Shilling Taschengeld in der Woche zu haben, nie freizügig Geld ausgeben oder verreisen zu können. »Und dann kam [ich], nach einigem Streit, sogar Tränen eines Abends (und wie selten habe ich je geweint!) zu einer Übereinkunft mit Leonard.«[48]

In jenem Frühherbst 1926 entschloß sie sich plötzlich, Geld zu verdienen und Monk's House nicht zum Mittelpunkt ihrer Welt werden zu lassen. Sie wollte, auch um künftig solche Phasen der Verzweiflung zu vermeiden, wie sie sie gerade erlebt hatte, reisen. – Nächstes Jahr, schwor sie sich, würde sie das durchführen, was sie dieses Jahr, aus Geldmangel und vor allem wegen Leonards Abneigung, sie allein verreisen zu lassen, nicht getan hatte: Sie würde Ethel Sands' Einladung auf ihr Schlößchen in der Normandie folgen. Und sie würde sich ein Auto kaufen! »Mit meinem Wagen werde ich mobiler sein.«[49]

Virginia wußte, daß sie es verdient hatte, endlich die Früchte ihrer unablässigen Arbeit zu ernten. Wenn sie nicht krank oder auf Reisen war, verwendete sie jeden Tag ihres Lebens – auch die Samstage und Sonntage – auf das Schreiben. Sie hat ihren Tageslauf selbst einmal skizziert, und man erkennt daran, wie ungeheuer diszipliniert sie war: Leonard brachte ihr um 8 Uhr 15 Kaffee ans Bett; um 8 Uhr 30 stand sie auf, wusch sich, ging zum Frühstück und las ihre Post. Dann badete sie und zog sich an, saß stets um 10 Uhr am Schreibtisch und schrieb bis 13 Uhr. Nach dem Lunch las sie eine Stunde; gegen 14 Uhr 30 ging sie aus – in London durch die Straßen und in Rodmell auf weite Spaziergänge, mit dem Hund. Den Tee gab es um 16 Uhr; danach tippte sie ihre Morgenarbeit ab, schrieb Briefe und Tagebuch, bekam die Nachmittagspost und las. Dinner wurde um 20 Uhr serviert, gefolgt von Musikhören und Lesen, und um 23 Uhr ging sie zu Bett. – Die meisten Besucher wurden zu einer der Mahlzeiten eingeladen und schmälerten dadurch Virginias Arbeitszeit nur unerheblich.[50]

Leonard hat in seiner Autobiographie geäußert, wie erstaunlich die Quantität ihrer literarischen Produktion sei, wenn man bedenke, daß sie nur drei Stunden am Tag schrieb. Aber in Wahrheit arbeitete sie immer, auch wenn sie nicht am Schreibtisch saß: auf ihren Spaziergängen durchdachte und formulierte sie Texte, mit denen sie gerade beschäftigt war. Die Schulkinder, die in Rodmell nachmittags auf dem Schulhof spielten, erlebten oft, daß sie vor sich hin sprach und sie gar nicht wahrnahm, wenn sie auf dem Rückweg zum Monk's House an ihnen vorbeiging.[51] Eine ihrer Haushälterinnen erschrak beim Dienstantritt, weil sie Virginia, die im über der Küche gelegenen Bad in der Wanne lag, laut mit sich selbst sprechen hörte, bis Leonard ihr erklärte, Mrs. Woolf probiere Sätze für ihre Bücher aus, um zu hören, ob sie ›richtig‹ klangen. Virginia arbeitete auch nachts, wenn sie nicht schlafen konnte; Tisch und Stühle in ihrem Schlafzimmer waren jeden Morgen übersät von Notizzetteln und Textstücken.[52]

1926 war sie nach ihrer wochenlangen Versunkenheit im Unglück schließlich fähig, ihr ›Sinken in tiefe Wasser‹ auch als etwas Positives zu beschreiben, als einen nahezu mystischen Prozeß. »Man geht in den Quell hinunter, und nichts schützt einen vor dem Überfall der Wahrheit. Dort unten kann ich nicht schreiben oder lesen; ich existiere jedoch. Ich bin. Dann frage ich mich, was bin ich? [...] man wird im Alter mit diesem sonderbaren Wesen allein sein.«[53]

Zwei Tage später ergänzte sie ihre Wahrnehmungen »über die mystische Seite dieser Einsamkeit; wie man es nicht selbst ist, sondern etwas im Universum, mit dem man allein ist. Das ist es, was inmitten meiner tiefen Düsternis, Depression, Langeweile, was auch immer, furchterregend und aufregend ist: Man sieht eine Rückenflosse weit draußen vorbeiziehen.«[54] Dieses Bild sollte sie noch oft wiederholen: die Rückenflosse eines riesigen Fisches, der ›in den Korallenwäldern wohnt‹ und sich weit entfernt auf dem offenen Meer zeigt, ist ihr das Symbol für die ewig verfolgte Vollkommenheit ihrer Kunst ebenso wie der Widerpart ihres irdischen Seins im Universum, beängstigend und ersehnt. – Dieser Fisch würde später auch in *Orlando* an die Oberfläche steigen.

Vita war für Virginia in dieser Zeit selten ansprechbar oder präsent. »Heute war ich wieder deprimiert, weil Vita nicht kam (doch gleichzeitig erleichtert), mußte Leonard im Garten die Leiter halten, als ich schreiben oder Nessas Kleid anprobieren wollte.«[55]

Vita hatte sich mehrmals zu einem Besuch angemeldet und dann wieder abgesagt, weil ihr immer etwas dazwischengekommen war, und in Virginia muß diese Vernachlässigung das Gefühl, ›ältlich, schlampig, schwatzhaft und wertlos‹ zu sein, erheblich verstärkt haben. In einem Brief, den sie in jener Phase an den jungen Autor Gerald Brenan schrieb, machte sie eine Bemerkung, die für den Empfänger nur scherzhaft klingen konnte, im obigen Zusammenhang aber Wichtiges über ihr Selbstgefühl aussagt. Sie sprach dort über Ralph Partridge, einen kraftstrotzenden jungen Mann, der ein Geliebter Lytton Stracheys, mit dessen ergebener Freundin Carrington verheiratet und zugleich der Geliebte von Frances Marshall war. »Ralph sagte, er habe genug von Deinem Roman gelesen, um zu erkennen, daß er ein Meisterwerk sei. Warum darf ich ihn dann nicht lesen? Bin ich weniger wert als Ralph? In mancher Hinsicht sicher. Zum Beispiel glaube ich nicht, daß ich jemals seine sexuellen Kräfte besitzen werde, die ihm Ursache unendlichen Vergnügens sein müssen. [...] Unterscheiden sich die Geschlechter hier sehr wesentlich? Ich wollte, Du würdest mir erklären, welchen Einfluß diese Schenkelvene auf das Bild von der Welt hat. Wirft sie einen purpurnen Schleier darüber, oder was?«[56]

Vitas *The Land* war inzwischen erschienen und erhielt fast ungeteilte Zustimmung der Kritik. Virginia riet ihr, sofort ihr geplantes neues Gedicht über ein Dorf in Kent zu beginnen. »... das ganze Gedicht wird in Deinem Kopf zu schäumen und zu sprudeln anfangen, und Mahlzeiten werden nur als vorübergehende Einrichtung erscheinen, die den Weg versperren — (Wein nicht; auf spanischen Wein trifft das nicht zu).«[57] Und sie sah sie vor sich, in Reithosen, hohen Stiefeln, Jacke, Seidenbluse und Perlenkette, Vitas seit einigen Jahren bevorzugter Kleidung, die sie nur auf dem Land tragen konnte: »Wie ich Dich beneide, süße Lobesstürme aus London – und das in Deinem Kopf, und Du in Deinen Gamaschen am Kaminfeuer.«[58]

Am 14. Oktober kehrten die Woolfs nach zehnwöchigem Aufenthalt in Rodmell nach London zurück. Virginia begann, *Zum Leuchtturm* mit der Maschine abzuschreiben und dabei zu überarbeiten. Schon jetzt hielt sie es für ihr bisher bestes Buch. Am 19. sollte sie eigentlich zu Vita nach Long Barn fahren, verschob es aber, wegen Vitas Erkältung, wie sie sagte. – Es mochte auch ihre eigene Erkältung des Herzens gewesen sein, die sie dazu bewog, denn Dottie Wellesley war vier Tage allein bei Vita in Long Barn gewesen, und beide hatten Virginia von dort aus angerufen, aus einer Laune heraus, die vielleicht dem zu reichlichen Genuß von Alella entsprang. Wenn Vita mit Dottie zusammen war, trank sie mehr als gewöhnlich, denn Dottie, die später eine unrettbare Trinkerin wurde, litt vermutlich schon damals an Alkoholismus. Virginia hatte an diesem überraschenden Telefonat kein Vergnügen gefunden. »Gott weiß, was von beidem: das Telefon oder Lady Gerald haben mich völlig entnervt. [...] Können wir alle Verabredungen bis Montag aufschieben? Ich würde gern kommen, wenn Du allein bist, irgendwann.«[59]

Zwei Tage später kam Vita mit Eddy abends in den Tavistock Square. Virginia erfuhr bei dieser Gelegenheit, daß Eddy gerade eine Affäre mit Duncan Grant hatte. Vanessa war darüber sehr unglücklich; obwohl sie wußte, daß Duncan homosexuell und sie für ihn eigentlich nie begehrenswert war, fiel sie doch jedesmal in stumme Verzweiflung, wenn er, wie so oft, einen neuen Liebhaber hatte, und Virginia kommentierte die Angelegenheit in ihrem Tagebuch, ohne Namen zu nennen, mit dem Satz, »Ich finde Sodomiten [– im Englischen ausschließlich in der Bedeutung ›Homosexuelle‹ gebraucht –] langweilig, wie den normalen Mann auch.«[60]

Am Sonntag ging sie mit Vita in die Premiere von Tschechows *Drei Schwestern*. Und danach tat Vita etwas sehr Eigenartiges: Sie nahm Virginia mit in Dotties Wohnung, zu der sie offenbar einen Schlüssel besaß. »[Dottie] lag schlafend in Mount Street, in einer Wohnung im obersten Stockwerk: große, fahle Möbel, nur schwach zu sehen – ein Hund auf ihrem Bett. Sie erwachte, plappernd und hysterisch. Virginia Woolf Virginia Woolf Mein Gott! Virginia Woolf ist im Zimmer. Um Himmels willen, Vita, mach das Licht nicht an. Kein Licht, Du Närrin! ›Aber ich sehe nicht genug, um den Alella zu holen‹, murmelte Vita. Sie fand ihn doch. Wir saßen und tranken. Dunkle Umrisse von Gläsern und Gegenständen; ein Raum, den ich nie gesehen hatte; eine Frau, die ich kaum kannte; Vita dort zwischen uns, intim mit beiden; Schmeichelei, Überspanntheit, meinerseits vollkommene innere Gelassenheit, und dann nach Hause.«[61]

Niemand kann sagen, was Vita mit dieser Konfrontation bezweckte. Aber es ist deutlich, daß sie unter anderem eine Demonstration der Macht war, die sie über beide Frauen besaß.

Vita bereitete sich zu dieser Zeit auf einen Vortrag über Dichtung vor und las zu diesem Zweck unter anderem über das Leben der Geschwister Brontë. Charlotte Brontës Briefe an Ellen Nussey ließen, so folgerte sie nach der Lektüre, »sehr wenig Zweifel daran, in welche Richtung Charlottes Neigungen wirklich gingen. Es ist etwas anderes, ob sie es wußte oder nicht. Aber es sind schlicht und einfach Liebesbriefe.«[62]

Virginia dachte an ein neues Buch. Und es sollte sie selbst zum Thema haben, »eine einsame Frau, die nachsinnt, ein Buch über Gedanken zum Leben. [...] eine Dramatisierung meiner Stimmung in Rodmell. Es soll ein Versuch über etwas Mystisches, Spirituelles sein; über das, was existiert, wenn wir nicht da sind.«[63]

Bald begegnete sie Dottie wieder. Zwei Tage nach dem Theaterabend hielt Vita vor der Royal Society of Literature einen Vortrag über *Einige Tendenzen in der modernen englischen Dichtung*, und Virginia und Dottie saßen im Publikum. Vita war schrecklich aufgeregt: »... ich stand verängstigt und mit zitternder Stimme dem Publikum gegenüber. [...] Und in der letzten Reihe, mich angrinsend, *émue* [gerührt] Virginia.«[64]

Virginia war wirklich gerührt, aber auch, wie immer, erbarmungslos in der Wiedergabe ihrer Wahrnehmungen: »[Vita] hielt ihre Ansprache in traurigem, schmollendem Ton wie ein Schuljunge; ihr da schwebendes, prachtvolles Gesellschaftsgesicht, das am Ende des verräucherten, trüben Raums unter einem schwarzen Hut hervorleuchtete, sah sehr nach Ahnen aus und wie ein Bild unter Glas in einer Gemäldegalerie.«[65] Diese Beschreibung Vitas klingt nicht unbedingt liebevoll, aber man kann an dieser Stelle einmal nachweisen, daß Virginia eben oft maliziöser schrieb, als sie fühlte: einige Monate später, als Vita wieder in Persien war und Virginia sich vor Sehnsucht nach ihr verzehrte, würde sie ihr schreiben, wie sehr sie sie vermißte und wie ebendieses Bild von Vita, das sich ihr während ihres Vortrags aufgedrängt hatte, ihr ständig vor Augen stehe, während sie doch eigentlich lesen müsse und eine solche Ablenkung gar nicht brauchen könne. – Virginia fand sowohl das Publikum wie auch den ›Hohepriester des literarischen Establishments‹ Sir Edmund Gosse, den Präsidenten der Royal Society, der um Vita herumschwänzelte und ihr Komplimente machte, geradezu abstoßend, während Vita, wie sie feststellte, zu harmlos war, um das alles zu bemerken. »Dann nach Hause, und Dottie wütend, weil sie mit [George] Plank abgeschoben wurde. Am Ende hat sie es aber doch fertiggebracht, hierher zu kommen.«[66]

Wenn Dottie wirklich, wie die Herausgeber des Vita-Virginia-Briefwechsels und Nigel Nicolson sagen, zu jener Zeit – wieder einmal – Vitas Geliebte war, mit der sie viel Zeit verbrachte, und Vita das sowohl vor Virginia wie vor Harold verbarg, so verbarg sie es gut. Es scheint aus späteren Äußerungen Virginias hervorzugehen, daß sie den Grad der Intimität zwischen Vita und Dottie nicht kannte und erst allmählich dahinterkam, wie es sich wirklich verhielt.

Vita muß ihr, trotz des seltsamen nächtlichen Zusammentreffens, dem sie Virginia aussetzte, vermittelt haben, Dottie sei ›nur eine Freundin‹. Vita war – und auch das hatte sie von ihrer Mutter gelernt, die ihr früh beibrachte, daß es nicht immer angebracht sei, die ›ganze Wahrheit‹ zu sagen – ohne Gewissensbisse, wenn sie verschiedene Liebesbeziehungen zur gleichen Zeit hatte. Einige Monate zuvor hatte sie, zu Unrecht, über Virginia gemutmaßt, »Du hast einen ordentlicher aufgeräumten Geist. Du hast eine kleine Abteilung für den Verlag, und eine weitere kleine Abteilung für Mary Hutchinson, und eine für Vita, und eine für Hündin Grizzle, und eine für die Downs, und eine für den Prinzen von Wales, und eine für den *Leuchtturm*.«[67] Das galt aber allem Anschein nach weit eher für Vitas Herz: dort war wirklich alles sehr wohlgeordnet, und sie hatte für ihre Beziehungen eine je eigene Schublade, innerhalb derer jede ihrer Freundinnen, ebenso wie Harold, zweifellos zu ihrem Recht kamen.

Virginia lud Vita in den Tavistock Square ein und berichtete ihr bei dieser Gelegenheit, wie sie einen ganzen Abend lang mit Ozzie Dickinson [Violets Bruder], der die Nicolsons gut kannte, nur von ihr geschwärmt habe. »... komm, liebstes Wesen, – ich werde Dir — einen keuschen Kuß geben.«[68] Und sie wettete mit ihr, daß sie mit *The Land* den angesehenen Hawthornden-Literaturpreis gewinnen werde.

Vita kam am 5. November abends zum Dinner und nahm anderntags die Woolfs mit nach Long Barn. Der Tag war so schön und warm, daß die drei den ganzen Vormittag vor dem Haus im Freien sitzen konnten. Leonard spielte mit den Hunden und war glücklich dabei. Er hatte Fanny (später umgetauft in ›Pinker‹) mitgebracht, die mit ihrer Wurfschwester wie wild über den Rasen jagte. Die arme, räudige und eifersüchtige Grizzle war in London gelassen worden. Vita schrieb an Harold, »Leonard ist ein komisches, grimmiges, einsames Wesen. Virginia ist ein Engel an Witz und Intelligenz. Leonard fährt heute abend nach London zurück, und sie bleibt bis morgen bei mir, was mich ungeheuer freut, denn sie hört dann nie auf zu reden, und ich habe das Gefühl, als würde die Kante meines Verstands an einen Schleifstein gehalten. Hadji sich aber keine Sorgen machen. Es ist in Ordnung. *Später.* Wir fuhren zum Tee zu Eddy nach Knole und brachten Leonard dann zum Bahnhof. [...] Ich glaube, heute war einer der schönsten Tage, die ich je erlebt habe; unser Weald [Kent] sah wundervoll aus, und ein unvergleichlicher Sonnenuntergang warf bronzenes Licht auf die braunen Bäume. Davon bekam ich solche Sehnsucht nach Dir.«[69]

In der folgenden Nacht sprach sie mit Virginia bis vier Uhr früh, in ihrem Schlafzimmer. Ihr Kalender vermerkt, »Virginia blieb. (!)« Es war eine neue Phase in ihrer Liebe.

Am Tag darauf erklärte sie Harold wieder einmal, wie er die Sache zu verstehen habe. »Oh je ... Virginia. Weißt Du, Hadji, sie hat mich sehr gern, und sie sagt, sie war so unglücklich, als ich nach Persien ging, daß es sie verwirrte und erschreckte. Ich glaube nicht, daß sie an Gefühlsstürme gewöhnt ist; sie lebt zu sehr im Intellekt und in der Phantasie. Die meisten menschlichen Wesen nehmen Gefühlsstürme als gegeben hin. Glücklicherweise ist sie die vernünftige Art Mensch, die sich zusammennimmt und sagt, ›Das ist absurd‹. Also mache ich mir eigentlich keine Sorgen. (Ziemlich stolz, in Wahrheit, einen so großen silbernen Fisch gefangen zu haben.) Ich betrachte meine Freundschaft mit ihr als einen Schatz und ein Privileg. Ich werde mich niemals in sie verlieben, padlock, aber ich bin ihr absolut ergeben, und wenn sie stürbe, wäre mir das ganz, ganz furchtbar. Oder wieder geisteskrank würde.«[70]

Es ist deutlich, daß Vita Harold gegenüber die Wichtigkeit ihrer Beziehung zu Virginia herabmindern mußte, um ihm seine Bedenken möglichst auszureden. Aber es ist auch auffällig, wie sehr sie betont, daß Virginia sie sehr liebe, in sie verliebt sei, während sie selbst eher in einem Bewunderungs- und Anbetungsverhältnis zu ihr stehe. Letzteres allerdings war gerade im Begriff, sich zu verändern. Als Vita bemerkte, daß Virginia weder so ›unantastbar‹ noch so gefährdet war, wie sie gefürchtet hatte, sondern mit Lust und Freuden mit ihr ins Bett ging, gefiel ihr das außerordentlich.

Virginia schrieb ihr am selben Tag, um eine neuerliche Verabredung zu treffen. »Ich glaube, das 4. Wochenende (Samstag, der 4.) [Dezember] wäre am besten. Leonard sagt, er würde zu seinem Bruder fahren, und in Anbetracht der anderen Umstände [Grizzle sollte demnächst eingeschläfert werden] glaube ich, daß man dann freier, gescheiter, fröhlicher, wahrscheinlich verflucht melancholischer wäre als jetzt. Außerdem hat man etwas, worauf man sich freuen kann.«[71] Und über die vergangenen zwei Tage und Nächte in Long Barn schreibt sie nicht mehr als die winzige rhetorische Frage und Antwort: »War es schön? Ja, es war schön.«[72]

In der nun folgenden Woche sahen sie sich fast jeden Tag, und wenn Vita ihr schrieb, steckte sie zwei Briefe in denselben Umschlag, einen ›privaten‹ und einen, den Virginia auch Leonard vorlesen konnte. Virginia staunte über soviel Raffinement.

Aber es ging ihr nicht sehr gut. Sie hatte Kopfweh und gab an, ein Besuch der kalten Weltdame Sybil Colefax habe es ausgelöst, doch es war noch etwas anderes dahinter. »Wie öde, daß ich nicht schreiben kann, außer an Dich. Ich liege in einem Sessel. Es ist nicht schlimm: aber ich sage es Dir, um Dein Mitgefühl zu erwekken, [...] um Dich anzuflehen, irgendein Mittel zu finden, durch das ich dieses unaufhörliche Abknabbern des Lebens durch Menschen beenden kann. [...] Warum halse ich *Dir* das auf? Irgendeine psychologische Notwendigkeit, vermute ich; eins von diesen intimen Dingen in einer Beziehung, die man instinktiv tut.«[73]

Vita hatte in ihrem ›privaten‹ Brief, der leider nicht erhalten ist, offenbar ihren alten Vorwurf wiederholt, Virginia liebe eher mit dem Verstand als mit dem Herzen, und hatte sich über einen Mangel an offener Zärtlichkeit beklagt. Virginia antwortete, »Aber verstehst Du denn nicht, Eselin West, daß Du meiner bald überdrüssig sein wirst (ich bin soviel älter), und folglich muß ich meine kleinen Vorsichtsmaßnahmen treffen. Deshalb lege ich die Betonung eher auf ›Registrieren‹ als auf ›Fühlen‹. Aber Eselin West weiß, daß sie mehr Schutzmauern niedergerissen hat als irgend jemand sonst.«[74]

Dann, wie plötzlich überfallen von der Angst vor dem Ausmaß ihrer Liebe zu Vita, der Angst vor dem Verlassenwerden und vor ihrer Abhängigkeit von ihr, stieß Virginia die Geliebte mit einer Kraftanstrengung von sich weg und sagte ihr, warum sie sich gewaltsam zurückhalten mußte, sich ihr bedingungslos auszuliefern: »Und ist da nicht etwas Dunkles in Dir? In Dir ist etwas, das nicht mitschwingt: vielleicht ist es Absicht – Du läßt es nicht zu; aber ich sehe es [in Deinem Umgang] mit anderen Menschen ebenso wie mit mir: etwas Zurückhaltendes, Stummgemachtes — Gott weiß was. Trotzdem, trotzdem, vergleiche diesen 19. November mit dem vergangenen, und Du wirst zugeben, da ist ein Unterschied. Es ist auch in Deinem Schreiben, nebenbei bemerkt. Die Sache, die ich zentrale Transparenz nenne, läßt Dich auch dort manchmal im Stich. Ich werde Dir in Long Barn darüber eine Standpauke halten. [...] Liebste Eselin West – Du kommst um halb drei – in den Verlag, denke ich: und dann, wie schön, ich werde auf dem Sofa liegen und verwöhnt werden. Aber mein Schmerz läßt schon nach. [...] Ich ertappte mich dabei, wie ich mit angespannter Neugierde über den Tod nachdachte. Und doch, wenn ich von irgend etwas überzeugt bin, so von der Sterblichkeit – Warum dann dieses Gefühl, daß der Tod eine große Erregung sein wird? – etwas Positives, Aktives? [...] P.S. Die Blumen sind gekommen und sind anbetungswürdig, dunkel, gequält, leidenschaftlich wie Du – und ich habe zu Mittag gegessen, und es geht mir so viel besser, und ich habe meinen Brief durchgelesen und schäme mich seiner Egozentrik und bin in Versuchung, ihn zu zerreißen, habe aber keine Zeit, einen neuen zu schreiben. Und halte ich Dir nicht eine nette Standpauke? Das kommt davon, wenn Du die arme Virginia und Hündin Grizzle attackierst. Sie beißen augenblicklich. Aber gleichzeitig beten sie an, und wenn Du nicht die Augen eines Wassermolchs und das Blut einer Kröte hättest, würdest Du das sehen, und man brauchte es Dir nicht zu sagen.«[75]

Mit diesem Brief gewann sie Vita ganz – und verlor sie zugleich. Vita war am Boden zerstört, als sie ihn las. Virginia hatte sie erkannt, durchschaut, und das war entsetzlich. Sie schrieb sofort an Harold. »Ich bekam einen Brief von Virginia, in welchem sie auf ihre teuflische, scharfsinnige, psychologische Art niederstößt – so wahr, daß ich es Dir abschreiben werde.«[76] Das tat sie, unter Auslassung der intimeren Sätze, und fuhr fort, »Verdammt sei die Frau, sie hat den Finger in die Wunde gelegt. Da *ist* etwas Stummgemachtes. Was ist es, Hadji? Etwas, das nicht mitschwingt, etwas, das nicht lebendig wird. Ich grübele und grübele; habe das Gefühl, daß ich in einem dunklen Tunnel herumtappe und weiß, daß irgendwo Licht ist, kann aber den Weg nach draußen nicht finden. Es macht alles was ich tue (d. h. schreibe) ein wenig unwirklich, läßt es als von außen her gemacht erscheinen. Das ist es, was mich als Schriftstellerin verdirbt, als Dichterin zerstört. Aber wie hat V[irginia] es entdeckt? Ich habe es niemals jemand eingestanden, kaum mir selbst. Es ist auch das, was meine menschlichen Beziehungen verdirbt, doch das stört mich weniger.«[77]

Vermutlich wäre hier der Augenblick gewesen, in dem sie darüber hätte nachdenken müssen, daß beides innig zusammenhing, aber genau das konnte sie nicht. Ihre Liebesgeschichten waren ›von außen her gemacht‹, weil nicht so sehr die Person und Eigenart der jeweiligen Geliebten wichtig waren, sondern vielmehr das Maß an Verheißung und Leidenschaft, das sie in Vita hervorriefen. – Auch das ein immer wiederholter Versuch, das ›Dunkle‹, ihr selbst Unzugängliche, in sich aufzulösen. Ihre Frauenbeziehungen lebten von der Eroberung und von der Pose, die sie gegenüber der Geliebten einnehmen konnte, von ›Inszenierungen‹. Das ist nicht abwertend gemeint, sondern beschreibend. Es beschreibt jeden Don Juan, weiblich oder männlich, der ohne Erfolg immer dasselbe wiederholt, um die unbefriedigte Sehnsucht zu stillen, eine Leere in sich auszufüllen, und dem es dabei ziemlich gleichgültig ist, mit wem er das jeweils tut.

Vitas schriftstellerische Arbeit hatte einen ähnlichen Hintergrund: wenn sie Personen erfand, hatte sie das Gefühl von Macht; wenn sie sie in Situationen hineinbrachte, hatte sie das Gefühl, sie zu beherrschen. Ihr Schreiben hatte in der Tat etwas ›von außen her Gemachtes‹. Sie ließ sich nicht, wie Virginia, fast schutzlos auf eine Erkundung menschlicher Regungen und unlösbarer Rätsel des Lebens ein, sondern war immer allwissende Erzählerin in einer von ihr selbst erschaffenen Welt, deren Grenzen damit notwendig die ihren waren.

Vita verbrachte den Tag, an dem sie Virginias Brief erhielt, im Bett; sie hatte Menstruationskrämpfe, war wütend, aufgewühlt und in finsterster Stimmung. Abends schrieb sie ein todunglückliches Gedicht[78], das sie Virginia schickte, da es durch ihren Brief ausgelöst worden sei. Unter dem Titel *Jahresende* vergleicht sie sich darin mit einem alten Kaufmann, der am Ende seiner Tage aufrechnet, was er im Leben erworben hat, dabei feststellt, daß er bankrott ist und ihm all seine Mühen nichts eingebracht haben. – Vita war tief verstört und wandte sich in ihrer Verzweiflung an die, die ihr diese Wunde geschlagen hatte. »Ich glaube, Du bist eine Hexe, oder eine Wünschelrutengängerin in der Psychologie. Bestimmt bist Du das. Mein Respekt für Dich nimmt zu. [...] Ich habe Sehnsucht danach, Dich zu sehen. [...] Ich komme gegen 2 Uhr 30 ins Souterrain, dem Himmel sei Dank.«[79]

Sie kam und saß wie immer neben Virginia auf dem Fußboden – eine Jüngerin zu Füßen der Meisterin. Virginia tröstete sie, sagte ihr, daß sie sie liebte, und sprach mit ihr über den Tod. »›Die einzige Erfahrung, die ich niemals beschreiben werde‹ sagte ich gestern zu Vita. Sie saß auf dem Fußboden, in ihrer Samtjacke und ihrem rotgestreiften Seidenhemd, und ich knäulte ihre Perlen zu Haufen großer, schimmernder Eier zusammen. Sie war [nach London] gekommen, um mich zu sehen – so fahren wir fort – eine feurige, glaubwürdige Liebesbeziehung, glaube ich, unschuldig (geistig) und ein einziger Gewinn, denke ich; ziemlich langweilig für Leonard,* aber nicht so sehr, daß er sich Sorgen machte. Die

* Frederic Spotts hat sich zu Leonard Woolfs Haltung gegenüber seiner Ehe geäußert: »Es gibt keine Antwort auf die Frage, wie ›der arme Leonard‹ in einer Ehe ohne Sexualität zurechtkam, wenn man voraussetzt, daß er grundsätzlich von leidenschaftlichem Naturell war.« Spotts zitiert Gerald Brenan, zu dem Leonard einmal gesagt habe, er verzichte auf diesen Teil der Ehe, weil Virginia ›ein Genie‹ sei. »›Jahre später, so erzählte man mir [Brenan], hatte er eine Affäre mit dem Dienstmädchen, aber ich bezweifle, daß Virginia davon wußte, weil es immer nur stattfand, wenn er allein in London war, und sie in Rodmell.‹ [...] Zusätzlich zu dem Gerede über eine Affäre mit der Haushälterin der Woolf, Nellie Boxall – für die es weder Beweise noch Wahrscheinlichkeit gibt – machte eine weitere Geschichte die Runde«, nach der Leonard in den zwanziger Jahren eine Affäre mit Molly Hamilton, einer Freundin des Ehepaares Woolf, gehabt haben soll. Seiner langjährigen Lebensgefährtin

Wahrheit ist, daß man für eine ganze Menge Beziehungen Raum hat. Dann geht sie wieder nach Persien ...«[80]

Davor fürchtete sie sich sehr, und sie sagte es Vita, die darüber erschrak und an Harold schrieb, »Ich mache mir ein wenig Sorgen wegen Virginia, aber glücklicherweise ist sie eine vernünftige und vielbeschäftigte Person, die sich keinem sinnlosen Murren hingibt. Sie ist wie ein Engel zu mir, und der Wert ihrer Freundschaft kann nicht in Gold aufgewogen werden. Gott, *welche* Intelligenz! es ist erstaunlich – welches Wahrnehmungsvermögen, Empfindsamkeit im besten Sinn, Phantasie, Poesie, Kultur; alles so unkitschig und echt. [...] Ich bete zum Himmel, daß sie nicht zu unglücklich ist, wenn ich wegfahre; sie sagte mir, daß sie letztes Jahr über ihr Unglücklichsein entsetzt war, und ich fürchte, dieses Jahr wird es noch schlimmer. Liebling, das klingt alles sehr eingebildet, aber so meine ich es nicht, und es ist sowieso *padlock*. Sie ist gegenwärtig in aller Munde, was ihrer Eitelkeit gut tut, aber immer so *herzzerreißend*: ›Ich möchte, daß Du stolz auf mich bist.‹ Ich glaube, sie kommt am Wochenende hierher, weil Leonard verreisen muß – oder vielleicht das Wochenende danach.«[81]

Wenige Tage, bevor Virginia dann am 6. Dezember kam, schrieb Vita Harold noch einmal, und in ihren Briefen war jetzt ein neuer Ton, wenn sie von Virginia sprach; ohne Pose, nachdenklich und sehr ahnungsvoll. »Ich bin allein. Es ist sehr kalt und naß. Virginia kommt am Wochenende. Liebling, ich weiß, daß Virginia sterben wird, und das wird furchtbar sein. (Ich meine nicht *hier*, übers Wochenende, sondern jung sterben.) Gestern ging ich in den Tavistock Square, und sie saß im Dunkeln beim Licht des Kaminfeuers, und ich saß auf dem Fußboden, wie ich es immer tue, und sie zerzauste mir die Haare, wie sie es immer tut, und sie sprach über Literatur [...] und sagte, Du würdest ärgerlich auf sie sein im Sommer [wenn Harold wieder in England sein würde]. Aber ich sagte nein, das würdest Du nicht. Oh Hadji, sie *ist* ein Engel; ich bete sie wirklich an. Nicht ›verliebt‹, nur Liebe – Verehrung. Ich weiß nicht, ob es Dich stört, daß ich so oft über sie schreibe? Man muß so vorsichtig sein auf die Entfernung; aber Hadji sollte wirklich nicht ärgerlich sein, weil ihre Freundschaft mich so bereichert,

nach Virginias Tod, Trekkie Parsons, sagte Leonard, er habe niemals eine Affäre mit einer anderen Frau gehabt. »Er sagte, daß er, selbst wenn er eine Neigung dazu verspürt hätte, das Risiko niemals auf sich genommen hätte, weil es Virginia, hätte sie davon erfahren, ›in den Wahnsinn getrieben‹ haben würde.« (Letters LW, S. 162f.)

und sie ist so vollkommen un-albern. Du mußt sie unbedingt besser kennenlernen. Ich glaube nicht, daß ich jemals jemanden so sehr geliebt habe, in Freundschaft.«[82]

Harold war Virginias und Leonards wegen beunruhigt, antwortete aber sehr verständnisvoll. »Nein, mein Herz – es macht mich nicht ärgerlich, daß Du so viel über Virginia sprichst. Von Deinem Standpunkt aus weiß ich, daß die Freundschaft nur bereichernd sein kann. Ich bin natürlich etwas ängstlich von ihrem Standpunkt aus, weil ich nicht anders kann als zu fühlen, daß ihre Stabilität und ihr Gleichgewicht auf einer ziemlich prekären Basis ruhen. Ich meine, es wäre furchtbar, wenn sie krank würde, weil Du hierher kommst. [...] Ich *weiß*, daß es Dir moralisch und geistig wohltut, mit ihr zusammen zu sein und von ihr geliebt zu werden, und das allein zählt. Ich glaube, daß ihr beide einander sehr verwandt seid – die Vermählung treuer Geister[83], der Hindernisse in den Weg zu stellen [...] ich mir nicht erlauben werde. Und was *meine* Beziehung zu Virginia betrifft – ich werde nie vergessen, wie sie freundlich zu mir war, als ich unter Lyttons Unverschämtheiten litt. Es gab gar keinen Grund dafür, nett zu mir zu sein, außer daß sie sah, daß ich völlig durcheinander und wirklich verletzt war. Auf dem Grunde meiner Furcht vor ihr schimmert also ein kleiner weißer Stein der Dankbarkeit. Der durch die Tatsache, daß sie Dich liebt, nur größer werden kann.«[84]

»*Aber es ist Vita, die ich anbete*«

Vita schrieb Virginia, sie gehe umher und sage immer vor sich hin, ›Virginia kommt am Samstag. Virginia kommt am Samstag.‹ »Aber sie wird nicht kommen, sie wird nicht! Irgend etwas wird passieren. Natürlich wird etwas passieren. Es passiert immer etwas, wenn man sich etwas zu leidenschaftlich wünscht. Du wirst die Windpocken kriegen, oder ich Mumps, oder das Haus wird am Samstagmorgen einstürzen. [...] Wenn Du noch nie versucht hast, keine Windpocken zu kriegen, versuche es jetzt. [...] Bring Deine Arbeit mit. Ich werde Dich nicht stören. Ich möchte so gern, daß Du hier glücklich bist.«[1]

Die ungezogene Virginia antwortete: »Nein – ich kann nicht kommen. Ich habe mich bei Grizzle mit Ekzem angesteckt. Mein Haar fällt in Büscheln aus. Ich kratze mich unablässig. Es wäre gefährlich für Dich, oder, was noch wichtiger ist, für die Welpen. Ich werde an Dich denken. Laß uns das ein Trost sein. Diesen Scherz beiseite – ja, ich komme; erreiche Sevenoaks um 5 Uhr 22. [...] Bedaure die arme Virginia, die heute nachmittag von Sybil weggeschleppt wird, um Arnold Bennett zu treffen [...]. Oh, ich habe das Teetrinken, Dinieren, Lesen, Schreiben und alles so satt, außer wen zu sehen? Ja, ich gebe es zu – *Dich*. Ja, es wird schön sein – ja, das wird es: Und wirst Du sehr freundlich zu mir sein?«[2]

Sie brachte Pinker mit; Leonard ließ derweil Grizzle einschläfern und fuhr dann aus London weg.

Virginia und Vita waren besonders glücklich an diesem Wochenende. Sie sprachen über Katherine Mansfield, den Dichter Rupert Brooke, den Virginia gekannt hatte, über das frühe Bloomsbury und über Violet Dickinson. Vitas Butler ›Moody‹ kam immer wieder einmal unter irgendeinem Vorwand ins Zimmer, um Bruchstücke ihrer Unterhaltung aufzuschnappen, die er dann, wie Vita wußte, in der Küche unter dem Gelächter des übrigen Personals zum besten gab.

Vita sagte über Virginia, sie habe niemals jemanden mit soviel Phantasie gekannt oder jemanden, der ihr so stark den Eindruck von Genie vermittelte. Und Virginia war endlich so zu Hause bei und mit Vita, daß sie ihr gestand, sie würde gern in Long Barn leben. Für diesmal gab sie all ihre sexuelle Scheu auf, und Vita hatte offenbar keine Furcht mehr davor, durch Liebe einen neuen Anfall von Geisteskrankheit auszulösen: sie ließen sich gehen, ließen los und genossen sich. Virginia erlebte, vielleicht zum ersten Mal überhaupt, einen Orgasmus, und er war so leidenschaftlich und überwältigend schön, daß sie aufschrie.

Vita brachte Virginia am nächsten Tag mit dem Wagen nach London und fuhr gleich wieder nach Long Barn zurück, wo die als Pensionsgast zurückgelassene Pinker sie erwartete. Vita schrieb voller Heimweh: »Pinker und ich versuchen einander zu trösten. Sie schläft auf meinem Bett und klammert sich an mich als an das einzige vergleichsweise bekannte Objekt in einer fremden und wahrscheinlich feindseligen Welt. Sie freute sich, mich zu sehen, als ich aus London zurückkam, rannte aber schnuppernd umher und suchte Mrs. Woolf. Ich mußte ihr erklären, daß Mrs. Woolf in London lebt, eine Tatsache, die für mich ebenso unerfreulich ist wie für jede kleine Spanielhündin. Ich erklärte ihr, daß einen alle Menschen früher oder später verraten und einen gewöhnlich an jemand anders weggeben und daß man nur das Beste daraus machen könne. [...] Oh, aber es war so schön, Dich hier zu haben. So schön, daß ich noch gar nicht darüber hinwegkomme. Ich wünschte, ich dürfte denken, daß Du wenigstens halb so glücklich gewesen bist, wie ich es war. Nicht etwa, daß ich nicht dächte, daß ich *sehr* nett bin, und sehr gut für Dich; Du siehst hieraus, daß es keine falsche Bescheidenheit meinerseits ist.«[3] Und Virginia müsse unbedingt mit ihr nach Knole kommen.

Virginia antwortete ihr zärtlich, »Liebste Vita, (also, warum habe ich das nun gesagt?). Ja, Montag, früher Nachmittag, 2 Uhr 30. Bitte komm und bade mich wieder in heiterer Gelassenheit. Ja, ich war ganz und vollkommen glücklich. Wenn Du mein Innerstes nach außen hättest wenden können, hättest Du gesehen, wie jeder Nerv von Feuer durchströmt war, ungestüm und doch ruhig. [...] Aber warum, liebste Mrs. N., ehrenwerte Mrs. N., unbedingt auf Knole bestehen? Um mich lächerlich zu sehen, mit rieselndem Puder, herabfallenden Haarnadeln, und zwischen uns kein privates Wort möglich? Ist das eine von Deinen Mondlicht-, romantischen, Hirsche-bellen-, alter-Mann-füttert-sie-aus-einem-Eimer-Ideen? Sie wird jedoch erwogen werden. [...] Logan war zum Tee hier, sehr amerikanisch. Raymond [...] sehr charmant, sehr fröhlich, sehr einfach, sehr das, was man nett nennt. Aber es ist Vita, die ich anbete.«[4]

In ihrer Tagebucheintragung vom selben Tag hielt sie fest, sie habe ›eine Passage in *Zum Leuchtturm*‹ eingefügt, »über Menschen, die fortgehen und die Wirkung, die das auf unsere Gefühle für sie hat«.[5] Dieser Text war gleich nach ihrer Rückkehr aus Long Barn entstanden, auch aus einer Vorwegnahme ihres Verlassenheitsgefühls bei Vitas baldiger Abreise. Virginia gab keinen weiteren Hinweis darauf, wo in ihrem Roman sie diese Passage plazierte, aber man darf vermuten, daß es sich um den im folgenden wiedergegebenen Abschnitt handelte: Die Malerin Lily Briscoe kommt nach Jahren in das Haus zurück, in dem sie so viele Sommer als Gast der Familie Ramsay verbracht hatte. Mrs. Ramsay, für die sie immer eine unausgesprochene Leidenschaft empfunden hatte, ist lange tot, und jetzt, an dem alten Ort, überfällt Lily der Schmerz des vergeblichen Verlangens: »... nein, sie fand, man konnte zu keinem etwas sagen. Die Dringlichkeit des Augenblicks verfehlte stets ihr Ziel. Worte flatterten zur Seite und trafen die Gegenstände um etliche Zoll zu tief. Dann gab man es auf; dann verlor die Idee an Kraft; dann wurde man wie die meisten Menschen mittleren Alters, vorsichtig, heimlichtuerisch, mit Falten zwischen den Augen und dem Ausdruck unablässiger Wachsamkeit. Denn wie vermochte man diese Regungen des Körpers in Worte zu fassen? jene leere Stelle dort auszudrücken? [...] Es war der Körper, der fühlte, nicht das Gemüt. Die körperlichen Empfindungen, die sich mit dem nackten Anblick der Stufen [– auf denen Mrs. Ramsay früher immer gesessen hatte –] einstellten, waren auf einmal äußerst unangenehm geworden. Haben zu wollen und nicht zu haben, das erfüllte ihren ganzen Körper mit einem Gefühl der Härte, der Hohlheit, der Anspannung. Und außerdem, haben zu wollen und nicht zu haben – zu wollen und zu wollen –, wie einem das das Herz abdrückte, und wieder und wieder abdrückte!«[6]

Hier, in der literarischen Verfremdung, ist Virginia so sinnlich, deutlich und so leibhaftig, wie sie es weder in ihren Tagebüchern noch in ihren Briefen an Vita jemals war. Es ist *ihr* ungestillter Hunger nach Liebe, nach Lust, über den sie Lily Briscoe sprechen läßt; der Hunger, der sie überfiel, sobald sie von Vita getrennt war, mit der allein sie ihn stillen konnte – und die so bald nicht mehr da sein würde.

Vita schlug ihr wenig später vor, sie sollten es Agatha Christie gleichtun, die gerade zwei Wochen lang vermißt gemeldet gewesen war und dann, in Gesellschaft eines Liebhabers, in einem Badeort aufgespürt wurde: »Laß uns verschwinden, sollen wir? und unsere Bücher werden einen riesigen Aufschwung erleben. Aber nicht in ein Badehotel in Harrogate. Nicht einmal mit Dir. (Ja, mit Dir doch.)«[7]

Virginia fuhr mit Leonard über Weihnachten zu Freunden nach Zennor in Cornwall, aber es war kein angenehmer Aufenthalt; ihr Gastgeber zeigte sich ungehalten über Virginias Zigarettenstummel, die sie zwischen seine Pflanzen geworfen hatte, und außerdem war es in diesem Haus bitter kalt, ein wahres Kontrastprogramm zu der Wärme von Long Barn und ihrem Gefühl des Heimischseins dort: in Zennor schlief Virginia in Strümpfen, Unterhemd und einem Paar langer wollener Unterhosen, die sie sich in Penzance eigens kaufen mußte. An Vita schrieb sie, »Das Bett wird rechts kalt, wenn man auf der linken Seite schläft. Sie sind freundlich gut und edel gesinnt und freimütig und in Tweed gekleidet und voller Gemeinsinn – die Menschen hier. Sie schenken den Dorfkindern Weihnachtsbäume. Ich finde jedoch nicht viel von dem festlichen Licht, das in der Tür des Fischhändlers von Sevenoaks steht. Immer wieder sage ich zu mir selbst, ›Aber Vita hat mich für alles verdorben – verdorben – verdorben!‹ Warum hast Du mich diesen durchdringenden Schrei gelehrt? und dann nach Persien zu gehen? und mich zu verlassen? [...] Aber was wollte ich noch sagen? Magst Du mich? Ja, nein, sagt Vita, etwas geistesabwesend, doch schließlich muß sie ja den Dienstmädchen Broschen schenken, nach Brighton fahren.«[8]

Vita verbrachte Weihnachten in Knole, mit Grippe und hohem Fieber. »Mein Bett ist mindestens neun Fuß breit. [...] Es ist ein Himmelbett, das mir sehr gefällt. Komm und sieh selbst.«[9] Virginia neckte sie und schrieb, sie könne unmöglich nach Knole kommen; sie habe alle ihre Kleidungsstücke am Ginster von Cornwall zerrissen, »und ich könnte Euren Butler nicht bitten, mich zu bedienen, noch gereichte es der Literatur zur Ehre, wenn ich hinter einem Wandschirm äße, ohne Haarnadeln im Haar oder Strumpf am Fuß. Du würdest Dich meiner schämen; Du würdest Dinge sagen, die Du hinterher bereuen müßtest.«[10] Aber sie nahm das gleich wieder zurück, »Es macht mir nichts aus, schlampig, schmutzig, schäbig, rotnasig, mittelschichtig und alles das zu sein – es ist nur die Frage, wann und wie – ich *will* Dich sehen, ich *will* – ich *will*.«[11]

Nach Weihnachten war Vita sehr gehetzt; der bevorstehende

Besuch bei ihrer Mutter in Brighton, die immer bösartiger wurde und Vita beschuldigte, ihr Betragen sei die Ursache all ihrer Krankheiten, bedrückte sie. Ihre Reisevorbereitungen begannen; sie mußte ihre Kinder dazu bewegen, Dankesbriefe für ihre Weihnachtsgeschenke zu schreiben, und über Silvester ging sie wie jedes Jahr zu Dottie nach Sherfield Court. Darüber schien Virginia traurig gewesen zu sein, denn Vita schrieb ihr, »Sag nie wieder, daß ich Dich nicht liebe. Ich möchte Dich schrecklich gern sehen. Mehr ist dazu nicht zu sagen. [...] Es ist höchste Zeit, daß ich entweder mit Virginia zusammenlebe oder wieder nach Asien gehe, und da ich das erstere nicht tun kann, tue ich das letztere. Weißt Du, ich fühle mich wie jemand, der zu viele Süßigkeiten gegessen hat.«[12]

Virginia erhielt Anfang Januar, sicher von Vita initiiert, einen Brief von Harold, der ihr versicherte, er sei sehr froh, Vita unter ihrem anregenden Einfluß zu wissen, und sie brauche sich niemals Sorgen seinetwegen zu machen. »Eifersucht ist mir ebenso zuwider wie jede Form von Krankheit.«[13] Virginia war dennoch ernsthaft beunruhigt wegen Harold und fragte Vita, ob er das auch wirklich ernst meine. Die bestätigte es: »Natürlich ist er nicht eifersüchtig, aber wie komisch er ist, daß er Dir das eigens schreibt. [...] Bitte sag ihm, wie gern Du mich hast – denn Du hast mich doch gern, nicht?«[14]

Virginias Besuch in Knole rückte jetzt in greifbare Nähe. Sie hatte einen Besuch bei ihrem Bruder unter fadenscheinigen Gründen und ›skrupellos‹, wie sie selbst fand, abgesagt, um zu Vita fahren zu können, und schlug den 20. Januar vor. Vita war selig, daß sie ihre Bedenken überwunden hatte, aber: »... es ist ein schlechtes Datum, aus gewissen Gründen [Menstruation] – verflucht – könntest Du nicht vielleicht das Wochenende vom 16. erwägen?«[15]

Sie einigten sich auf den 17.; Vita war bereits Tage vorher aufgeregt und setzte mit Schmeicheleien und Erpressungen durch, daß Virginia genau das Zimmer im Schloß bekam, das sie für sie haben wollte. Es war ihr sehr wichtig, daß Virginia dieses Knole sah, mit dem sie sich so verwachsen fühlte. Indem sie ihr das Haus zeigte, das sie als ihre ›mütterliche Geliebte‹ empfand, wollte sie ihr etwas über sich mitteilen, das schwer in Worte zu fassen war. – Und natürlich war es auch eine Inszenierung: »[Komm] so früh wie möglich, bitte. Ich betrachte es als Schwanengesang. (Nicht als endgültigen Schwanengesang, nur als vorübergehenden.) [...] Ich habe einen schönen Vollmond (oder fast) für Dich – ich bin gerade draußen gewesen und habe die Innenhöfe betrachtet – ich mag die Zinnen im Mondlicht und Frost. Du *bleibst* doch Dienstagnacht, nicht? Und ich fahre Dich am Mittwochmorgen nach London. Bitte bedenke, wie schrecklich lang die Zeit sein wird, ehe ich Dich wiedersehe. [...] Ich hoffe, ich halte es bis Montag aus, aber ich bin mir nicht sicher.«[16]

Am 14. Januar beendete Virginia *Zum Leuchtturm* und gab Leonard das Manuskript, damit er es lesen konnte, während sie fort war. Sie verbrachte zwei Tage in Knole, zusammen mit Vita, Lord Sackville, dessen langjähriger Geliebten Olive Rubens und Vitas Kindern, die Virginia sehr gern hatten, weil sie sich ihnen ganz und gar zuwandte, wenn sie mit ihnen sprach, und wenn Vita dazukam, sogar imstande war zu sagen, »Vita, geh weg. Siehst Du denn nicht, daß ich mit Ben und Nigel rede?«[17] »Wir wanderten durch das ganze Haus, zogen die Jalousien hoch. Sie war entzückt. Sie und Dada [Vitas Vater] vertrugen sich blendend. Sie fragte ihn nach der Schenkung von Pfründen, dem Zehnten, dem Holzfällen [...]. Ich saß nur da und grinste.«[18]

Virginia beschrieb, was sie gesehen hatte: »Vita zeigte mir das vier Acres [ca. 16.200 Quadratmeter] große Haus, das sie liebt: zu wenig bewußte Schönheit für meinen Geschmack; ziemlich kleine Räume, von denen aus man auf Gebäude sieht, keine Ausblicke. Doch ein oder zwei Dinge bleiben haften: Vita in ihrem türkischen Kleid, die Galerie entlangschreitend, begleitet von ihren kleinen Jungen, sie vor sich herwehend wie ein großes Segelschiff – eine Art Schwarm adligen englischen Lebens: riesige Hunde, sich drängende Kinder, alles sehr frei und imposant; ein Karren bringt Holz heran, das von der großen Kreissäge zersägt werden soll. Wie siehst Du das? fragte ich Vita. Sie sagte, sie sähe es als etwas, das seit Hunderten von Jahren immer so vor sich gegangen sei. Sie hatten auf diese Weise seit Hunderten von Jahren Holz aus dem Park hereingebracht, um auf den großen Kaminfeuern nachzulegen; und ihre Vorfahrinnen waren so über den Schnee gegangen, mit ihren großen Hunden, die neben ihnen hersprangen. All diese Jahrhunderte schienen erleuchtet, die Vergangenheit ausdrucksvoll, beredt, gar nicht stumm und vergessen, sondern eine Menge von Menschen stand dahinter, gar nicht tot, nicht bemerkenswert; mit schönen Gesichtern, langgliedrig, umgänglich, und so gelangen wir ganz leicht bis zu den Tagen der Elisabethaner. Nach dem Tee, als sie nach Briefen Drydens suchte, die sie mir zeigen wollte, kramte sie einen Liebesbrief von Lord Dorset (17. Jahrhundert) heraus, mit einer Locke seines weichen, goldgetönten Haars, das ich einen Augenblick in der Hand hielt. Man hat die Empfindung von Zusammenhängen, die ans Licht gezogen werden, während sie gewöhnlich versenkt sind. Ansonsten keine besondere Ehrfurcht oder großes Gefühl von Unterschied oder Vornehmheit. Sie sind keine brillante Rasse. Die Weiträumigkeit und Anmut des Ganzen beeindruckte mich.«[19] – Es sollte nur noch wenige Monate dauern, bis Virginia wirklich zu den Tagen der Elisabethaner zurückging: Der Keim zu *Orlando* wurde bei diesem Besuch gelegt.

Als sie von Knole zurückkam, wartete eine weitere Freude auf sie: Leonard erklärte unaufgefordert *Zum Leuchtturm* für ihr bestes Buch, für ein Meisterwerk, und seine Zustimmung bedeutete ihr unendlich viel.

In den letzten Tagen vor Vitas Abreise waren sie jeden Tag zusammen. Am 24. Januar gingen sie zu einem großen Dinner bei Sybil Colefax; Sybils Mann sprach endlos über die Entwicklung der Gewerkschaftsbewegung, und Virginia langweilte sich. Dann gab die Schauspielerin Viola Tree eine Privatvorstellung, und Virginia ergriff die Gelegenheit, sich abzusetzen. Den Rest des Abends verbrachte sie »heimlich und verstohlen in einer lauschigen Sapphistinnen-Ecke«[20] mit Viola, Dottie, Mary [Hutchinson] und Vita.

Am nächsten Tag tauchte Vita plötzlich in Dotties Wohnung auf und fragte sie, »Kommst Du mit nach Persien?« Dottie sagte zu und hastete in den nächsten achtundvierzig Stunden durch London, um sich die nötige Reiseausstattung zu besorgen. – Dottie tat immer alles, was Vita wollte. Virginia hörte von Vitas spontanem Entschluß, Dottie mitzunehmen, und mag sich gewundert haben, aber sie war sich Vitas Liebe so sicher, daß sie sich nicht dazu äußerte.

Am Morgen des Abreisetags war Vita mit Virginia allein. Sie saßen im Souterrain, bis Vita gehen mußte. Virginia trug ihren blauen Overall; am Gaskamin stand ein Glas Milch, das warm werden sollte, aber nur immer grauer wurde. Und dann brachte Virginia Vita zur Tür.

Noch aus Ebury Street, dem Londoner Haus ihrer Mutter, schrieb Vita, »Innig geliebte Virginia, ein letztes Lebewohl, bevor ich fahre. Ich fühle mich in tausend Stücke gerissen – es ist *mörderisch – ich kann Dir nicht sagen*, wie ich es hasse, Dich zu verlassen. Ich weiß nicht, wie ich ohne Dich auskommen soll. [...] Du bist mir so unentbehrlich geworden. [...] Bitte schreibe bald – eher sofort – ich kann es nicht ertragen, lange auf ein Wort von Dir zu warten. Bitte, bitte.«[21] Es war ein anderer Abschied, diesmal. Vita litt, und sie sagte es ohne Rückhalt. In Bleistift fügte sie ihrem Brief hinzu: »Benutze ›Honey‹, wenn Du schreibst – Liebling, bitte liebe mich weiterhin – ich bin so unglücklich – Vergiß mich nicht –.«[22]

›Honey‹ war, wie es scheint, Virginias neuer Kosename für Vita. Normalerweise wäre er mit ›Schatz‹ oder ›Süße‹ zu übersetzen, wird aber künftig im Original stehenbleiben, weil zu vermuten ist, daß Virginia nicht so sehr den ziemlich gewöhnlichen und in ihren Kreisen nicht gebräuchlichen Kosenamen meinte, sondern in einem Wortspiel Vitas Titel ›the Hon.‹ zu ›Honey‹ gemacht hatte, in dem nun sowohl die ›Süße‹ wie die ›kleine Ehrenwerte‹ enthalten waren, und dieser Name gefiel Vita sehr. Außerdem liebte Virginia Honig. Sie war, wie man sagte, »ein regelrechter Bär, was Honig angeht«.[23]

Vita war untröstlich. Sie schrieb Virginia aus dem Zug von London nach Dover, »– ich werde mich an Dich erinnern, wie Du in Deinem blauen Kittel dastandest und winktest. Oh verdammt, Virginia, ich wünschte, ich liebte Dich nicht so sehr. Nein, das ist nicht wahr.«[24] Und anderntags, in der Nähe von Hannover, »Warum bist Du nicht bei mir? Ich will Dich so schrecklich sehr. [...] Mehr denn je will ich mit Dir reisen; es scheint mir jetzt das absolute Ziel meiner Wünsche, und ich gerate in Verzweiflung beim Grübeln darüber, wie es je verwirklicht werden kann. [...] Ist Dir klar, daß ich mehr als zwei Wochen warten muß, ehe ich von Dir hören kann? ich Arme. [...] Was kann Dir im Lauf von zwei Wochen nicht alles begegnen? Vielleicht wirst Du krank, vielleicht verliebst Du Dich, oder der Himmel weiß was noch. Ich werde sehr hart arbeiten, zum Teil, um Dir Freude zu machen, zum Teil, um mir selber Freude zu machen [...]. Ich schätze Deinen plötzlichen Diskurs über Literatur gestern hoch. [...] Es ist absolut wahr, daß Du intellektuell unendlich viel mehr Einfluß auf mich gehabt hast als irgend jemand sonst, und allein dafür schon liebe ich Dich. Ja, meine liebe Virginia, ich stand, als ich Dir zum ersten Mal begegnete, gerade an einem Scheideweg. [Hier zeichnete sie einen Wegweiser, auf dessen einem Arm *Schlechte Romane* steht; der in die entgegengesetzte Richtung weisende trägt die Inschrift *Gute Dichtung*.] Es gefällt Dir doch, wenn ich gut schreibe, nicht wahr?«[25] Mit diesem Bekenntnis unterwarf sich Vita ihrer strengsten Kritikerin, machte ihre Geliebte zu ihrer Mentorin, und man fragt sich ängstlich, ob das ein gutes Ende nehmen konnte.

Der Zug nach Moskau war völlig überheizt, und die Fenster ließen sich nicht öffnen. Folglich waren Vita und ihre Reisegenossen – außer Dottie fuhren noch Leigh Ashton und zwei jüngere Frauen mit – bald ziemlich entnervt. Sie stritten sich, und Vita schlug schließlich mit der Spitze ihres Korkenziehers heimlich ein Loch in den oberen Rand der Fensterscheibe, um nicht zu erstikken. In der Moskauer Botschaft, wo sie zwei Nächte verbrachten, teilten Vita und Dottie ein diskret durch Wandschirme abgeteiltes riesiges Zimmer mit zwei Betten. Es war sehr kalt, und das Umkleiden zu dem Galadiner, an dem sie teilnehmen mußten, war kein Vergnügen. Den Auftakt des Diners bildeten Unmengen Kaviar und Wodka.

Am anderen Tag besichtigten sie Moskau und reihten sich auch in die Schlange wartender Menschen ein, die Lenins einbalsamierten Leichnam sehen wollten. »Eine Frau hinter mir bekam einen hysterischen Anfall; schrie wie ein Tier, schluchzte, schrie wieder; niemand nahm Notiz von ihr. [...] Hier ist es sieben Uhr abends, und in London erst fünf – also hast Du jetzt Sybil zum Tee, statt meiner, und *sie* wird *nicht* auf dem Fußboden sitzen oder sagen ›meine süße Virginia‹, und *ihr* Haar wirst Du *nicht* zerzausen – und es wird nicht annähernd so nett sein. Ich hoffe, Du vermißt mich ...«[26]

Das tat Virginia, – so sehr, daß sie fast froh war, plötzlich in die tumultuarischen Aufregungen um Mary und Clive hineingezogen zu werden, die nach einer langjährigen Liebesbeziehung dabei waren, sich zu trennen, und sich in ihrem Unglück beide an sie wandten. Dann aber geriet, wie es in solchen Fällen so oft geschieht, Virginia selbst in die Schußlinie: Mary beschuldigte sie, Clive in seinen Trennungsabsichten bestärkt zu haben. Es war so ärgerlich, schrieb sie Vita, »daß ich an Dich nur als sehr weit fort und schön und ruhig denken konnte. Ein Leuchtturm in klaren Gewässern. Ich kann keine Details erzählen, die Dich langweilen würden, (da Du doch glücklich bist, alter Satan, mit Harold in Persien); [...] Herrgott, wenn Du hier gewesen wärst, was hätten wir für einen Spaß gehabt. [...] Ich versuche mein Bestes, das Denken an Dich aufzuschieben. [...] wie traumähnlich die Dinge sind, wie von Fleisch und Blut entkleidet, wenn man an Vita denkt, die weiter und weiter wegfährt. [...] Mittwoch, 2. Februar. Kein Brief von Dir heute und gestern: vermutlich bist Du in Moskau. [...] Gestern wieder eine lange Unterredung mit Mary. Wir waren eben drauf und dran, uns an die Gurgel zu gehen, als Eddy hereinspazierte.«[27]

Hier nun folgt eine Textstelle, die regelmäßig herangezogen wird, wenn Virginias Frigidität betont werden soll, die dazu jedoch wenig geeignet ist, wenn man sie genau betrachtet: »Weißt Du, es ist eine fabelhafte Sache, ein Eunuche zu sein wie ich es bin: das heißt, nicht zu wissen, welches die richtige Seite des Rockes ist: Frauen vertrauen sich einem an. Man zieht einen Blendschirm über die Wut der Geschlechtlichkeit, und dann werden all die Adern und Marmorierungen, die zwischen Frauen so faszinierend sind, sichtbar. Hier in meiner Höhle sehe ich viele Dinge, die ihr strahlenden Schönheiten durch das Licht Eurer eigenen Glorie unsichtbar macht.«[28] Sie sagte da nichts anderes als früher auch schon, nämlich, daß sie sich nicht als ›richtige Frau‹ empfand, und das heißt: nicht als heterosexuelle Frau. Da ihre Ausstrahlung vermittelte, daß sie nicht im Geschlechterkampf, in heterosexuellen Tragödien und weiblichen Rivalitäten befangen war, vertrauten Frauen sich ihr an, weil sie fühlten, daß sie über diesen Dingen stand und sie von einer objektiven Warte aus beurteilte. Virginia mochte zwar hie und da bedauern, ein ›Eunuche‹, keine ›richtige Frau‹ und vor allem keine Mutter zu sein, aber sie war herzlich froh, nicht in die heterosexuellen Kämpfe und Selbstzerfleischungen verstrickt zu sein, deren Zeugin sie häufig wurde und die ihr so öde erschienen.

Sie fuhr mit Geständnissen an Vita fort, die auch nicht eben auf Frigidität schließen lassen: »Ich *habe* keinen Schnupfen, aber es ist wie Schnupfen, hier zu sitzen und Dir zu schreiben, und alles ist durcheinander. Irgendwie fühle ich mich zerstreut und ziellos. [...] Und dann liegt es daran, daß Du fort bist – ich bin Leuten ausgeliefert, Stimmungen, fühle mich einsam, wie ein bedauernswertes Wesen, das seine Bedürfnisse nicht mitteilen kann. Wie hast Du mich doch demoralisiert. Ich war einst eine handfeste, tüchtige Frau.«[29]

Und dann ging sie, sehr ernsthaft und sehr liebevoll und ausnahmsweise fast ohne Bosheiten, auf Vitas Kummer wegen des Schreibens ein: »Ja, es gefällt mir, wenn Du gute Gedichte schreibst. Meine Abschiedsrede war nicht sehr kohärent. Ich wollte auf irgend etwas hinaus über die Sache an sich, bevor sie zu etwas gemacht wird: auf die Empfindung, die Idee. Die Gefahr für Dich mit Deinem Sinn für Tradition und alle diese Wörter – obwohl ein Gottesgeschenk – ist, daß Du dem zu leicht zum Dasein verhilfst. Ich meine damit nicht, daß man übertreiben sollte, oder auffällig schreiben, oder ausdrucksstark oder dergleichen: nur, daß man mit gefalteten Händen außerhalb stehen sollte, bis die Sache sich gezeigt hat: wir geborenen Schriftstellerinnen neigen dazu, unsere silbernen Löffel zu früh bereit zu halten: Ich meine damit, ich glaube, daß es in Deinem Geist merkwürdigere, tiefere, eckigere Gedanken gibt, als Du bisher herausgelassen hast. Trotzdem, Du wirst den Hawthornden [Literaturpreis] bekommen, Oh ja, und ich werde vage eifersüchtig sein, stolz, und empört. Ich werde *The Land* ganz durchlesen, sobald ich Zeit finde. [...] Liebste Honey, geht es Dir gut, und bist Du glücklich, und verlief die Reise glatt, und ist Harold sehr glücklich, und denkst Du jemals an das Souterrain und — und — ein Kuß von Pinker; einen von mir für das Insekt. Ich schreibe Dir jede Woche.«[30]

Vita war unterdessen in Teheran angekommen. Das Land, die Landschaften und die Eindrücke von einer jahrtausendealten Kultur, die jetzt im Elend darniederlag, die Atmosphäre interessierten und bewegten sie immer wieder: »Mittag. Die Kanone; die Muezzins lassen ihren Ruf durch die Straßen schallen; die Sonne; eine kleine Flöte, von einem Orangenverkäufer.«[31] Aber ihre Pflichten waren ihr eine Plage. Die Menschen, die sie in der Botschaft traf oder denen sie Höflichkeitsbesuche machen mußte, waren konventionell und langweilig und interessierten sich ausschließlich für das englische Kino am Ort oder für das nächste Diner in der Botschaft, wobei sie eifersüchtig darüber wachten, daß nur ja jedermann seinem Rang entsprechend an der Tafel plaziert wurde. Vita nahm sich zwar sehr zusammen, und Dottie sagte, sie habe gar nicht gewußt, was Vita für angenehme Manieren an den Tag legen könne, aber es fiel ihr schwer. Schreiben konnte sie auch nicht, »und deshalb bin ich unglücklich. – Anstelle der merkwürdigeren, eckigeren Gedanken produziere ich exquisite Platitüden, die nur fürs Feuer taugen.«[32]

Sie bat Virginia, ihre Sommerreise doch so einzurichten, daß sie sich am 28. Mai in Athen treffen und auf demselben Schiff nach England zurückkehren könnten. »Ich überlasse es Deiner Phantasie, Dir vorzustellen, wieviel es mir bedeuten würde, wenn ich Dich diese Gangway heraufkommen sähe; ich hoffe, daß es auch

Dir etwas bedeuten würde – obwohl man da bei einem kalten Fisch nie so ganz sicher sein kann.«[33] – Vita nannte Virginia manchmal einen ›kalten Fisch‹ und beschrieb damit Virginias Herz, das sie für kaltblütig hielt.

Als Virginia ihren nächsten wöchentlichen Brief begann, war die Aufregung um die Clive-Mary-Affäre zunächst abgeflaut, und sie hatte nichts mehr, das sie von ihrem Kummer ablenken konnte. Der ›kalte Fisch‹ schrieb an Vita: »Es wird stetig schlimmer – Dein Fortsein [...] und ich richte mich darin ein, nach Dir zu verlangen, hartnäckig, trübsinnig, treu – ich hoffe, das gefällt Dir. Für mich ist es verdammt unangenehm, kann ich Dir versichern. Ich hatte so eine Vorstellung, daß ich dem Teufel ein Schnippchen schlagen und den Kopf unter den Flügel stecken und an nichts denken würde. Aber es funktioniert nicht – überhaupt nicht. Ich verlange diesen Samstag mehr nach Dir als am vergangenen, und so wird es immer weitergehen.«[34] Sie hatte sich völlig zurückgezogen und las fünf Stunden am Tag, weil sie ein Buch über das Lesen von Romanen plante, aber auch bei der Lektüre war es nicht leicht für sie, sich gänzlich zu konzentrieren: »Dann kommt mir Dein verdammtes, leuchtendes Gesicht dazwischen, wie das Porträt einer Ahnin von einem großen Maler an der Wand einer Gemäldegalerie, mit einem gleißenden Licht darauf. Du hängst da so fruchtig, so köstlich.«[35]

Sie war mit der Straßenbahn nach Hampstead gefahren, hatte das Haus des romantischen Dichters John Keats besichtigt und überlegte, »Könntest Du [...] an einem regnerischen Samstagnachmittag mit der Straßenbahn nach Hampstead fahren? Ich habe die ganze Zeit versucht, es mir vorzustellen. Sofort gingen alle Lichter an, und die ganze Straßenbahn wurde gold- und rosenfarben. Ist es nicht seltsam, wie meine Vision von Dir im Fischladen von Sevenoaks meine Vorstellung von Dir durchdrungen hat?«[36] Im Mai würde sie mit Vita nach Hampstead fahren. Und überhaupt werde dieser Monat ganz und gar festlich werden, hoffte sie – und war noch immer etwas beunruhigt bei dem Gedanken, Harold, der ja im Mai mit Vita aus Persien zurückkehren würde, könnte dann auf sie eifersüchtig sein. – So zentral sah sie die Rolle, die sie in Vitas Leben spielte.

Vita steckte indessen in einer tiefen Krise. Dottie ging ihr auf die Nerven, weil sie sich mit den primitiven Lebensbedingungen in Persien nicht abfinden konnte, das Land gar nicht richtig wahrnahm und ›sich herumschleppen ließ wie ein Paket‹. Und Vita hatte noch immer kein Wort geschrieben. »Ich glaube, ich bin überhaupt keine Schriftstellerin, – nein, nicht einmal eine Journalistin. [...] Und bestimmt keine Dichterin. Diese furchtbare Stagnation des Gehirns. [...] Teilweise ist das sicher eine Folge meiner verstärkten Selbstkritik; wenn ich die nicht hätte, würde ich jetzt zweifellos wieder einen von diesen beklagenswerten Romanen produzieren. Oh, warum hatte ich Dich früher nicht, damit Du mir sagtest, ›Also, das hier ist bei weitem nicht gut genug‹?«[37]

Hier noch erkannte sie Virginia als Lehrmeisterin an, aber im Hintergrund lauerte bereits das Umschlagen in Groll und Aufbegehren gegen sie, die ihr Selbstvertrauen als Schriftstellerin untergrub. Vita war von Virginias Ansprüchen einfach überfordert; sie dachte und empfand und schrieb anders und aus anderen Gründen als Virginia, und diese hätte vielleicht gut daran getan, es dabei zu belassen, – so wie sie es zum Beispiel bei Leonard tat, über dessen zahlreiche Bücher sie fast nie ein Wort verlor.

Andererseits hatte sie natürlich recht damit, Vita herauszufordern, ihren ›Ressourcen‹ auf den Grund zu gehen, es sich ein wenig schwerer zu machen und origineller zu werden. Sie sah, daß Vita mehr Talent besaß, als sie bis jetzt auf ihr Schreiben verwendet hatte, und sie war ehrgeizig für ihre Freundin. Was sie vermutlich in seiner Tragweite nicht richtig einschätzte, war der Umstand, daß Vita sich mit dem ›Dunklen‹ in sich, dem seelisch Verdrängten, hätte konfrontieren müssen, um zum Inneren des Schreibens vorzudringen, und es ist sehr begreiflich, daß Vita davor zurückschreckte, daß ihr dieser ›Gang zu den Müttern‹ Grauen verursachte – und daß sie sich am Ende gegen jene wenden würde, die diesen schweren Weg von ihr forderte, – gegen Virginia, die sie doch liebte.

Inzwischen erhielt Virginia aufatmend die Nachricht, daß Vita heil in Teheran eingetroffen war, und schrieb ihr, wie sehr sich ihre Welt in den letzten Tagen gewandelt hatte: nichts mehr von Zurückgezogenheit und Kontemplation; eine Party jagte die andere, und als Bobo Mayor, eine befreundete Bühnenautorin, bei den Woolfs zu Gast war, geschah Sensationelles: »... ist Dir klar, wie zärtlich ich Dir ergeben bin? Es gibt nichts, was ich nicht für Dich tun würde, liebste Honey. Zwar ist es wahr, daß ich neulich abends ein Glas zuviel getrunken habe. Das ist aber Deine Schuld – dieser spanische Wein. Ich wurde etwas beschwipst. Und dann ist ja

Bobo Mayor auf ihre Art eine große Verführerin. Sie hat Zigeunerblut in sich: sie ist ziemlich ungestüm und von lebhafter Gesichtsfarbe, dazu geschmeidig, mit einem knochenlosen Körper und mit schmalen Händen; alles, was ich so mag. Und darum, weil ich gegen Mitternacht ein wenig beschwipst war, ließ ich sie es tun. —— Sie schnitt mir die Haare ab. [...] Es ist ab, es ist im Mülleimer; meine Haarnadeln sind auf dem Hochaltar von St. Andrews in Holborn geopfert worden wie Krücken. Liebste Honey, wenn mich irgend etwas dazu bringen könnte zu sagen, Vita ist eine Schurkin, dann der Umstand, daß Du mir nicht erzählt hast, daß man geschoren tausendmal glücklicher, weiser, heiterer und gescheiter ist als behaart. Was die Schönheit angeht: ich habe vor einer Woche in den Spiegel gesehen und versichere Dir, sie ist eine Illusion, ein Trugbild: ich bin eine unscheinbare Frau.«[38] [Ihr Kurzhaarschnitt, meinte sie, sehe aus wie die rückwärtige Ansicht eines verängstigten Rebhuhns.] »Bitte, Vita, vergiß Deine ergebenen Geschöpfe nicht – Pinker und Virginia. Hier sitzen wir am Gasfeuer, allein. Jeden Morgen springt sie auf mein Bett und küßt mich, und ich sage, das ist Vita. [Leonard sagte,] ›Ist es nicht bemerkenswert, daß Du dieses Jahr noch keine Grippe gehabt hast?‹ Ich sage, das ist Vita. [...] Im Mai wirst Du *meine* Haare zerzausen, Honey!«[39]

Ihre Sehnsucht nach Vita nahm noch immer stetig zu. Sie berichtete von einem Abend mit ihren Bloomsbury-Freunden, an dem von der Liebe gesprochen wurde und von der Zeit, die sie im Leben des Menschen einnehme. »Morgan [E. M. Forster] sagt, er hat es ausgerechnet, und man verbringt 3 Stunden mit Essen, 6 mit Schlafen, 4 mit Arbeit, 2 mit Liebe. Lytton sagt, 10 mit Liebe. Ich sage, den ganzen Tag mit Liebe. Ich sage, es bedeutet, die Dinge durch einen purpurnen Schleier zu sehen. Sie sagen: Aber Du bist doch noch nie verliebt gewesen.«[40] – Es tat ihr sehr gut, innerlich über die Ahnungslosigkeit ihrer ach-so-gescheiten alten Bloomsbury-Freunde grinsen zu können!

Auf einer anderen Party erhielt Virginia zweifelhafte Komplimente, die sie dennoch sehr erfreuten, wie sie Vita mitteilte: »Philip Ritchie sagte mir, ich sei die Erz-Kokette von London.«[41] Aber gleich darauf passierte ihr ein Malheur, das die geschmeichelte ›Erz-Kokette von London‹ augenblicklich in die Niederungen der Realität zurückschleuderte: »Dann rutschte mein Strumpfhalter herunter und zerrte einen alten Fetzen von Hemd mit sich. Warum hast Du mir nicht gesagt, daß man seinen Strumpfhalter richtig festmachen muß?«[42]

Über ihre Reisepläne teilte sie Vita anzüglich mit, sie werde von März bis April nach Griechenland fahren, im Mai mit ›Dadie‹ Rylands, einem äußerst attraktiven jungen Mann, der im Verlag arbeitete und mit dem sie sich sehr gut verstand, nach Spanien, im Juni mit Nancy Cunard nach Italien, im Juli mit Pinker nach Rodmell, im August mit Ramsay MacDonald nach Genf. »Aber eine Nacht mit Dir in Long Barn wird es geben. Schnarch – schnarch – schnarch.«[43] Das war so eine ihrer sehr privaten Anspielungen, die sie immer wieder einmal aufnahmen: Eines Nachts waren sie beide mitten im Liebemachen eingeschlafen.

Ende Februar fuhr Virginia übers Wochenende nach Rodmell; die Schneeglöckchen blühten, aber es war noch sehr kalt, und sie mußte sich an ihrem Kaminfeuer aus Kohlen und Apfelbaumholz zusammenkauern, »mir gegenüber ein leerer Sessel. Oh Vita – wenn die Diplomatie nicht wäre, könntest Du jetzt dort sitzen! [...] Hör zu, Vita, Du mußt Harold den Hals umdrehen, wenn alle Stricke reißen. Du hast meine Billigung. Ein toter Diplomat auf einem Kehrrichthaufen. Du sollst nicht Dein gesamtes Leben [...] damit verbringen, in den Provinzen höflich zu sein, Tee einzuschenken und Smaragde zu tragen. Nein, nein, Du sollst nicht. [...] Liebste Honey, ich bin ein einziges Elend ohne Dich. Sei also, ich bitte, nicht leichtsinnig, wenn Du über Berge wanderst. Wenn Du Dir ein Bein brichst, breche ich mir das Herz, denke dran.«[44]

Sie hatte inzwischen die Druckfahnen von *Zum Leuchtturm* ›in versteinerter Verzweiflung‹ korrigiert und fürchtete, daß das Buch Vita nicht gefallen werde. Im Augenblick schrieb sie journalistische Arbeiten, um Geld zu verdienen, und sehnte die Zeit herbei, in der sie ihre hundert Pfund zusammengeschrieben haben würde, um dann endlich frei zu sein für ein neues Buch, »... wenn der alte Fisch, von dem ich Dir erzählt habe, [...] an die Oberfläche steigt und mir ins Netz geht«.[45] Und zu Vitas Einlassungen über ihr unbewegtes Herz hatte sie zu sagen: »Ja, Du bist fest verankert in meinem Herzen – so wie es nun einmal ist: dem kalten Herz eines Fischs; (übrigens: Pinker frißt auf dem Square einen Kabeljaukopf, erbricht sich unter meinem Bett, und ich sage, strahlend, ›Liebste Vita!‹).«[46]

Vita gelang es noch immer nicht, sich auf ihre Gedichte zu konzentrieren – »Das ist die Hölle«[47] –, aber sie schrieb Virginia einen langen, märchenhaften Brief über ihren Besuch im Palast des Schah, bei dem sie sich ein Spiel ausgedacht hatte, nämlich Virginias Welt, die irgendwann einmal in tausend Splitter zersprungen sei, wieder zusammenzufügen. Mehrere dieser Splitter, die ganz aus Spiegelglas bestanden, habe sie im Palast wiedergefunden. Einer davon hätte sich an der Decke befestigt und spiegelte nun alle Würdenträger und den König der Könige von oben, verkürzt und komisch anzusehen. Ein anderes Stück an der Wand reflektierte die ganze Tiefe des Saales bis hin zum Pfauenthron »und um die Ecke bis zum Bett der Frau von Fath' Ali Schah, das über und über mit Juwelen besetzt ist und in seinem Kopfteil eine uhrenähnliche Apparatur hat, mit juwelenbesetzten Zeigern und dem lautesten Ticken, das Du je gehört hast – einem echten Witz von einem Tikken – die dazu dient, die Darinliegenden vom Einschlafen in unangebrachten Momenten abzuhalten. Eine vorzügliche Einrichtung, fand ich, und eine, die die Herren der Firma Heal [i. e. die Hersteller ihres Bettes in Long Barn] nutzbringend übernehmen könnten.«[48]

Virginia aber erreichten zwei Wochen lang keine Briefe von Vita. »Obwohl ärgerlich [deswegen], sentimental ärgerlich und teilweise aus Eitelkeit – muß ich doch die Konzeption eines neuen Buches festhalten, letzte Nacht zwischen 12 und eins. Ich sagte, ich würde nach Symptomen dieses außerordentlich mysteriösen Prozesses Ausschau halten. Einige Wochen lang, seit ich *Zum Leuchtturm* beendet habe, hielt ich mich für jungfräulich, passiv, ideenleer. Ich spielte vage mit einigen Gedanken über eine Blume, deren Blumenblätter fallen; über Zeit, die ganz zusammengeschoben ist in einen lichten Tunnel, durch den meine Heldin nach Belieben hindurchgehen sollte. Die Blütenblätter derweil fallend. Aber nichts wurde daraus. Ich scheute die Anstrengung –.«[49]

Die ›Blume, deren Blumenblätter fallen‹, steht hier sehr unvermittelt und wenig aussageträchtig. Ihre wahre Bedeutung erschließt sich nur aus vielen anderswo versteckten Hinweisen: Virginia erinnerte sich hier an ihre Lehrerin Clara Pater[50], die ihr um 1900 Griechischunterricht gegeben hatte, und später bearbeitete sie das Thema, das hier angedeutet ist, in ihrer ›netten kleinen Geschichte über Sapphismus‹, *Slaters Nadeln haben keine Spitzen*. Das Ganze geht auf eine winzige Begebenheit zurück: Die Nadel, mit der Virginia eine Blume ans Kleid gesteckt hatte, war aus dem Stoff des Kleides gerutscht, und Clara hatte zu Virginia gesagt,

»Finden Sie nicht auch, daß Barkers Nadeln keine Spitzen haben?«[51] In Virginias Erzählung erscheint Clara als Julia Craye, die Klavierlehrerin des jungen Mädchens Fanny Wilmot, und hier offenbart sie die autobiographische Liebesbegegnung mit Miss Pater, die ihr beim Nachdenken über ein neues Buch wieder eingefallen war: »Sie sah, wie Julia ihre Arme ausbreitete, sah sie aufflammen, sah sie lodern. Aus der Nacht heraus brannte sie wie ein toter weißer Stern. Julia küßte sie. Julia besaß sie. ›Slaters Nadeln haben keine Spitzen‹, sagte Miss Craye mit einem sonderbaren Lachen und löste ihre Arme. Fanny Wilmot befestigte die Blume mit zitternden Fingern an ihrer Brust.«[52]

Diese Erzählung schrieb sie jedoch erst Monate später nieder. Jetzt schoß ihr gleich eine andere Idee für ein Buch durch den Kopf: »Ich skizzierte die Möglichkeiten, die eine unattraktive Frau, ohne Geld, allein, dennoch verwirklichen könnte. Ich begann, mir die Situation vorzustellen – wie sie auf der Straße nach Dover einen Wagen anhielte und so nach Dover käme, den Kanal überquerte, etc. Es kam mir vage in den Sinn, daß ich zum Spaß eine Defoe'sche Erzählung [eine Art Robinsonade] schreiben könnte.«[53] Aber auch diesen Plan verwarf sie gleich wieder.

»Plötzlich, zwischen zwölf und eins entwarf ich eine ganze, phantastische Geschichte, die ›Die Jessamy-Bräute‹ heißen sollte – Warum, frage ich mich? Ich habe strahlenförmig darum herum einige Szenen angelegt. Zwei Frauen, mittellos, einsam unter dem Dach eines Hauses. Man kann sehen, was man möchte (weil alles eine Phantasievorstellung ist), die Tower Bridge, Wolken, Flugzeuge. Auch alte Männer gegenüber, die lauschen. Alles soll in Pall Mall zusammengewürfelt werden. Es soll geschrieben werden, wie ich mit Höchstgeschwindigkeit meine Briefe schreibe: über die Ladies von Llangollen*[54], Mrs. Fladgate**, über Menschen, die vorübergehen. Es soll kein Versuch gemacht werden, den Charakter zu erfassen. Sapphismus soll angedeutet werden. Satire soll die Hauptnote sein – Satire und wilde Romantik. Die Damen sollen Konstantinopel im Auge haben. Träume von goldenen Kuppeln. Meine eigene lyrische Ader soll satirisch behandelt werden. Alles verspottet. Und es soll mit drei Punkten enden ... so. Denn die

* Lady Eleanor Butler (1739-1829) und The Hon. Sarah Ponsonby (1755-1831) gingen als junge Frauen miteinander auf und davon und lebten bis zu ihrem Tod bei Llangollen in Wales zusammen.

** ›Mrs. Fladgate‹ konnte nicht identifiziert werden.

Wahrheit ist, daß ich nach diesen ernsten, poetischen, experimentellen Büchern, deren Form immer so eingehend bedacht wird, die Notwendigkeit einer Eskapade fühle.«[55]

In diese phantastische Erzählung über ein Frauenpaar wären sicher nicht nur Züge Vitas, sondern auch ihrer selbst eingeflossen; es wäre eine Phantasie darüber geworden, wie es sein könnte, mit Vita zusammenzuleben, mit ihr allein zu sein, von allen anderen getrennt. Im März 1927, als sie die liebevollsten Briefe von Vita aus Persien erhielt und sehnsüchtig auf ihre Rückkehr hinlebte, war es ihr noch vorstellbar, einen solchen Roman über sie *beide* zu schreiben. In dem Roman, den sie schließlich wirklich schrieb, in *Orlando*, erschien sie selbst nicht mehr, oder doch nur noch ganz versteckt.

Kaum hatte sie ihre Buchpläne entwickelt, während sie ungeduldig und grollend auf Post von Vita wartete, erfüllten sich ihre Wünsche: »Den gestrigen Tag habe ich – Du wirst erfreut sein, das zu hören, denn Du bist das größte Scheusal, das je gelebt hat – in den Tiefen der Düsternis verbracht.«[56] Dann kamen zwei Briefe auf einmal an, »... reichhaltig wie Nüsse, köstlich, milchig, fleischig, jeden Wunsch meiner Seele befriedigend, außer, Liebling, daß sie einen völligen Mangel an Kosenamen aufweisen. Sieh doch nur, wie natürlich mein ›Liebling‹ fällt. Um Dich zu bestrafen, werde ich Dich in diesem Brief nicht ein einziges Mal Honey nennen. Da hast Du's.«[57]

Sie bat Vita, sich ihre gegenwärtige Schreibunfähigkeit nicht so sehr zu Herzen zu nehmen und sich eine schöpferische Pause zu gönnen. »Unser Geist will unter dem Laub liegen und es obendrauf verrotten lassen.«[58] Sie schrieb ihr, daß sie von Ende März bis Ende April nach Cassis, Sizilien und Rom fahren werde. Und am nachsten Tag: »Der Himmel sei gepriesen! Noch ein Brief von Dir [...]! Ein sehr, sehr schöner: ganz über die Splitter meines Geistes. Liebste Honey, (verdammt, jetzt ist es doch heraus), gräme Dich nicht, weil Du keine Gedichte schreibst. Mir gefällt Deine Prosa.«[59]

Vita war jetzt mit Harold und drei weiteren männlichen Gefährten unterwegs in die Bakhtiari-Berge, über die sie im Vorjahr mit Virginia einen Film gesehen hatte. Dottie wurde in Teheran zurückgelassen, weil man wußte, daß sie sich mit den primitiven Reisebedingungen nicht würde abfinden können. Der Ausflug war kein großer Erfolg; alles war anstrengend, die Lagerplätze oft schlammig, und Vita fühlte sich in der Gesellschaft ihrer vier männlichen Mitreisenden nicht wohl. Ihr nächster Brief an Virginia war deshalb etwas melancholisch. »Dieser Brief wird dauernd unterbrochen, aber ich liebe Dich, Virginia – da hast Du's – und Deine Briefe machen es noch schlimmer –. Freut Dich das? Ich will nach Hause zu Dir. – Bitte, wenn Du im Süden bist, denk an mich und an den Spaß, den wir hätten, haben *werden*, wenn Du an Deinem Plan festhältst, im Oktober mit mir auf den Kontinent zu fahren – den ganzen Tag Sonne und Cafés, und? die ganze Nacht. Mein Liebling ... bitte mach, daß dieser Plan Wirklichkeit wird. Ich lebe darauf hin. [...] Ach Gott, ich liebe Dich sehr. Du sagst, ich verwendete keine Kosenamen. Das kommt mir so drollig vor. Wo ich doch im persischen Sonnenaufgang erwache und vor mich hinsage, ›Virginia ... Virginia ...‹. Hör mal ... Du wirst doch nach Long Barn kommen? Sehr bald nachdem ich zurück bin? Wenn ich verspreche, heil zurückzukommen? Und ich werde so lieb zu Dir sein wie noch nie in meinem Leben –.«[60]

Virginia hätte es gerade gut brauchen können, daß jemand besonders lieb zu ihr war. Sie hatte sich wegen ihrer Reise in den Süden gegen Typhus impfen lassen, bekam hohes Fieber und fühlte sich schrecklich. Jetzt bereute sie, Vita seinerzeit so leichten Herzens zu ihren Impfungen angehalten zu haben: »– wie wenig ich Dich bedauerte – und jetzt kannst Du über mich lachen. Wie wünschte ich, Du kämst in diesem Augenblick ins Zimmer und würdest lachen soviel Du willst. Warum denke ich so unablässig an Dich, sehe Dich so deutlich vor mir, sobald ich das leiseste Unbehagen habe? Ein sonderbares Element in unserer Freundschaft. Wie ein Kind denke ich, wenn Du da wärst, wäre ich glücklich.«[61]

Und sofort hieran anschließend, schrieb sie sechs Sätze, in denen ihr ganzes Lebensdrama enthalten ist: »Als ich neulich abend mit Lytton sprach, bat er mich plötzlich um einen Rat in Liebesdingen – ob er weitergehen solle, über den Rand des steilen Absturzes hinaus, oder auf dem höchsten Punkt jäh stehenbleiben. Bleib stehen, bleib stehen! rief ich und dachte augenblicklich an Dich. Was würde wohl geschehen, wenn ich mich darüber hinausgehen ließe? Beantworte mir das. Über was? wirst Du sagen. Über einen steilen Absturz mit der Aufschrift V[ita].«[62]

An Lytton, der in den jungen Roger Senhouse verliebt war, hatte Virginia am Tag nach dem Gespräch mit ihm geschrieben, »Ich fürchte, ich muß Dir gestern abend ziemlich brüsk erschienen sein – ohne Mitgefühl – [...]. Ich empfinde wirklich, daß die Liebe ein solches Grauen ist, daß ich jedem raten würde, abzubrechen.«[63]

Was sagt sie damit nicht alles! – Virginia Woolf, fünfundvierzig Jahre alt, hatte in Vita ihre ›Mutter‹ gefunden, die erfüllende, tröstliche, alles heilende Gestalt. Nichts lag in dieser Situation näher, als sich fallenzulassen in kindliche Geborgenheit – und Abhängigkeit. Und: Virginia Woolf, fünfundvierzig Jahre alt, hatte die Liebe entdeckt, das sexuelle Verlangen, Lust, Vergessenheit und den verzehrenden Hunger des Mangels, wenn sie von der Geliebten getrennt war. All das drohte sie ihrer Mitte zu entreißen, die sie sich durch unsäglich viel asketische, einsame Arbeit so mühsam erworben hatte. Das anhaltende Verlangen vielerlei Art, das sie bei Vitas Abwesenheit empfand wie körperliche Schmerzen, machte ihr Angst. Nicht die Liebe war der Absturz, nicht die Sinnlichkeit, die Lust, – sie selbst war es, die sich verlieren würde, wenn sie über die Grenze ihres Ichs, den Höhepunkt, hinausginge, sich Vita und der Selbst-Vergessenheit auslieferte. (Vita schrieb leider nie eine Antwort auf diesen Brief, weil er in Teheran ankam, als sie schon auf dem Heimweg war, und ihr nach Long Barn nachgeschickt wurde.)

Auf diese angstvollen Überlegungen folgte Virginias Versuch einer Distanzierung: Sie hatte eben die Dichterin Edith Sitwell näher kennengelernt, war hingerissen von ihr und schrieb es Vita, obwohl sie wußte, daß Edith Vita mehr als einmal durch ihre harsche Kritik an deren konventioneller Dichtung tief gekränkt hatte: »Edith Sitwell, die ich mag, hat mich besucht. Mir gefällt ihre Erscheinung – in roter Baumwolle, mit vielen Volants, obwohl es stürmte. Sie hat Hände, die sich in meiner Hand zusammenfalten wie ein Fächer – viel schöner als meine. Sie ist wie ein sauberer Hasenknochen, den man auf einem Moor findet, mit Smaragden besteckt. Sie ist unendlich spitz zulaufend und vornehm und altjüngferlich und hysterisch und empfindsam. [...] Ich spreche gern mit ihr über ihre Dichtung – sie flattert umher wie ein Seevogel, schreit so trostlos. Aber, Honey, kann man eine neue Freundin gewinnen? Kann man neue, intime Beziehungen beginnen? Mißversteh mich nicht. Kein steiler Absturz in diesem Fall – Ich habe nur mit Morgan Forster über Freundschaften diskutiert. Man kann keinen menschlichen Beziehungen mehr nachgehen, sagte er. Man hat Dante zu lesen. Einsamkeit – die eigene Seele.«[64] Sie dachte nicht genug darüber nach, was sie Vita mit solchen Überlegungen zumutete.

Aber sie lud Vita ein, mit ihr allein zu verreisen: »Hör mal, kommst Du am 18. Mai mit nach Oxford [...]?«[65] Dort würde sie vor Studenten einen Vortrag über Dichtung und Romane halten.

Vor ihrer Italienreise hatte sie noch viel zu erledigen und zu besorgen. »Ich mußte Röcke, Hüte, Schuhe, Schachteln, Regenmäntel kaufen. Ich finde mich in der falschen Abteilung. Ich träume. Ich bummele. Leute treten mir auf die Füße – [...]. Es ist demütigend, in der Babysockenabteilung zu sein, wenn man Damenhandtaschen sucht.«[66]

Wie immer, wenn sie sich etwas zum Anziehen kaufen mußte, litt diese schöne Frau vor den Spiegeln der Geschäfte und sah sich falsch und verzerrt: »[Ich] war betroffen von meiner Häßlichkeit. Wie Edith Sitwell kann ich nie aussehen wie andere Leute – zu breit, groß, flach, mit hängendem Haar. Und mein Hals ist jetzt so häßlich ...«[67] Sie fühlte sich altern.

An Edith schrieb sie über deren Arbeiten, so ganz anders als an Vita, »Meine liebe Edith, ich werde nicht über Ihre Gedichte schreiben – ich werde mit Ihnen darüber sprechen. Sie interessieren mich außerordentlich: ich werfe einen Blick hinein und greife etwas auf, das mich dazu bringt, 20 Minuten lang ins Feuer zu starren und Theorien über Sie zu erfinden. [...] Ihr Besuch hat mich sehr erfreut. Ich hoffe, Sie werden oft wiederkommen. Es wäre eine große Freude. Natürlich sind Sie eine gute Dichterin: aber ich kann nicht sagen, warum. Vielleicht fällt mir der Grund in Sizilien ein.«[68]

Als sie vor ihrer Abreise am 30. März keinen Brief von Vita erhielt, obwohl sie fest mit einem gerechnet hatte, war Virginia wütend und verzweifelt. Dann bekam sie in Cassis, wo sie inzwischen bei Vanessa, Duncan und den Kindern war, zwei auf einmal nachgeschickt und schrieb ihr eine lange, lange Antwort. Sie fand es herrlich in Cassis, frei und sonnig. Leonard war entschlossen, ein Farmhaus zu kaufen und die Hälfte des Jahres dort zu leben. »Aber was wird dann aus Freundschaft, Liebe, Intimität?«[69]

Virginia fühlte sich wunderbar unbeschwert und blühte auf; sie lernte interessante, unkonventionelle Leute kennen, unter anderen einen Colonel Teed und seine Geliebte, die Wein anbauten und in einem Schlößchen aus dem 17. Jahrhundert wohnten, »und der Colonel drängte uns, hereinzukommen und mehrere verschiedene

Weinsorten zu trinken, in seinem großen, leeren Zimmer, und wir bekamen Sträuße wilder Tulpen geschenkt, Vita, und warum leben wir nicht alle so, Vita? – und gehen nie wieder nach Bloomsbury zurück? [...] In ihrem letzten Brief sagt Deine Mutter, Du dächtest daran, in Bloomsbury in meiner Nähe zu wohnen. Ich vermute, das sind nur die ausgesucht guten Manieren Deiner Mutter – Lebe in meiner Nähe in der Provence: wir werden unter den Zypressen sitzen und Wein trinken, und Du sollst Gedichte schreiben – [...] Jetzt schließe ich, ziemlich beschwipst im Kopf nach dem Lunch im Hotel. [...] Bitte, liebste Honey, komm heil zurück. Wir werden einen fidelen Sommer miteinander haben: eine Nacht vielleicht in Long Barn: eine in Rodmell: wir werden ein paar hübsche Stücke Prosa und Dichtung schreiben: wir werden den Haymarket hinunterschlendern. Wir werden *nicht* in Argyll House [bei Sybil Colefax] dinieren. Wir werden schnarchen.«[70]

Vita schrieb ziemlich genau zur selben Zeit aus den Bakhtiari-Bergen von derselben Sehnsucht: »Im Garten in Isfahan hing ein Neumond über den Pappeln, die schmalste Sichel des Neumonds, [...] wie die, die wir sahen, als wir in Long Barn spazierengingen (an dem Abend, als Du Dich so ungeheuerlich benahmst). [...] Und ist Dir klar, Licht meiner Augen, daß wir *auf dem Heimweg* sind? Ein komischer Weg, aber doch ein Weg. Ich kann doch kommen und Dich am Morgen des 6. Mai sehen, nicht? im Souterrain? und die graue Milch vor dem Gasfeuer – weil ich nach dem Lunch nach Brighton muß, nur, ich *muß* Dich vorher sehen.«[71]

Virginia und Leonard reisten von Cassis nach Syrakus weiter, und sie war überglücklich. »Reisen übten eine merkwürdig tiefe Wirkung auf sie aus. Im Ausland verfiel sie in einen eigenartigen Zustand passiver Wachsamkeit; alles Fremdartige, was sie sah und hörte, ließ sie in sich einströmen. Ich sagte immer, sie sei wie ein Wal, der das Meerwasser durch sein Maul strömen läßt, um die eßbare Flora und Fauna des Meeres herauszufiltern. Virginia filterte die Geräusche und Eindrücke, Echos und Visionen heraus und bewahrte sie, bis sie Monate später Nahrung für ihre schöpferische Phantasie und ihre Kunst wurden. Das und die bloße Abwechslung des Reisens machten ihr große Freude, eine Mischung aus Begeisterung und Entspannung.«[72]

Virginia wollte nie wieder nach Hause, sondern am liebsten im-

Abbildungen

Virginia Woolf in einem viktorianischen Kleid ihrer Mutter.
Aufgenommen im Mai 1926, während Vita in Persien war und Virginia *Zum Leuchtturm* schrieb

Vita um 1924, ihr ›offizielles‹ Portrait

Vitas Eltern, Lady und Lord Sackville, 1913

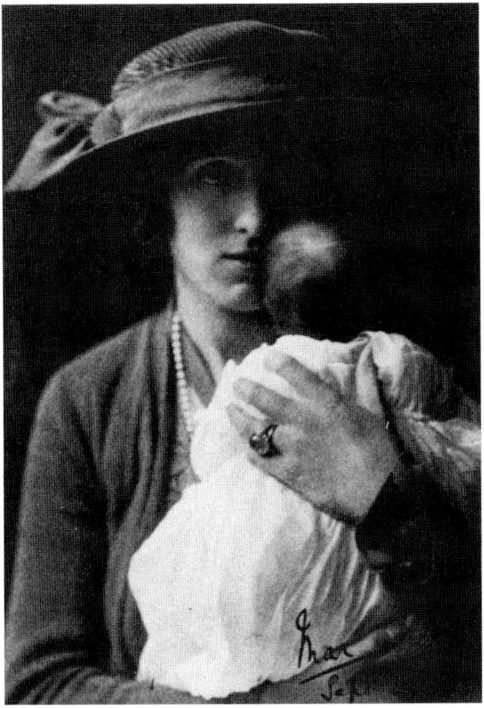

Vita mit dem Täufling Ben, 1914. Eine Dame
bemerkte zu dem Foto, »Diese Frau weiß,
wie man ein Baby halten muß.«
Harold war sich dessen nicht so sicher. – Seine Version
ihrer Art, ein Baby zu halten, eine Zeichnung aus
einem Brief an Vita

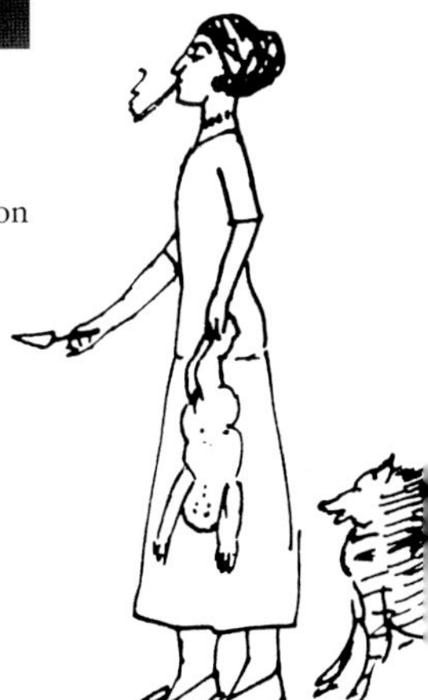

Vita, Harold und Harolds Mutter 1920 beim Verlassen des Buckingham-Palasts, wo man Harold einen Orden verliehen hatte

Jugendbildnis von Vita im Kostüm eines jungen Adligen des
17. Jahrhunderts

Violet Keppel (Trefusis), in den frühen zwanziger Jahren

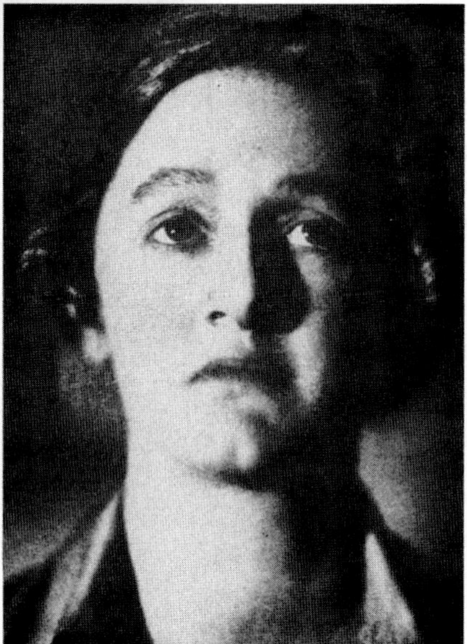

Dorothy (›Dottie‹) Wellesley in späteren Jahren

Virginias Schwester Vanessa malt Lady Robert Cecil, 1905

Madge Symonds
(Vaughan)

Violet Dickinson

Katherine Mansfield 1921, eineinhalb Jahre vor ihrem Tod

Sissinghurst. Luftaufnahme aus dem Jahr 1932, vor der Renovierung

Monk's House, Rodmell

Vitas Wohnzimmer in Long Barn, mit dem Sofa und den leicht durchgebogenen Deckenbalken

Die Familie Nicolson 1927: Ben, Nigel, Harold und Vita

Virginia in zierlicher Pose auf einem Gartenweg in Long Barn, Sommer 1928, aufgenommen von Vita

Potto

Virginia und Vita mit
Pinker und Pippin im
Garten von Monk's
House, aufgenommen
von Leonard

Mary Campbell

Vitas Lieblingsfoto, aufgenommen von Lenare 1929. Virginia schickte es ihr nach Berlin

Das Hotel de la Poste in Saulieu, wie Virginia und Vita es 1928 vorfanden

Der Speisesaal des Hotel de la Poste, in dem ihnen die köstlichen, aber stets gleichen Mahlzeiten serviert wurden

Ethel Smyth

Hilda Matheson,
aufgenommen von Vita
während ihrer Berg-
wanderung in Savoyen
1929

Das Ehepaar Woolf Anfang der dreißiger Jahre in Cassis. Virginias Hand liegt auf Leonards Schulter

Das Ehepaar Nicolson 1938 auf den Stufen des Turms in Sissinghurst ▶

Virginia geschminkt (!), etwa 1930, fotografiert von Man Ray

Blick aus dem Fenster von Virginias Wohnzimmer in Monk's House auf das Tal der Ouse. Am Ende des Gartens die Dorfkirche von Rodmell. Links davon Virginias Schreibhütte

Vita Ende der fünfziger Jahre an ihrem Schreibtisch im Turm von Sissinghurst. Virginias Portrait von Lenare steht vor ihr

mer weiter reisen.* Überall fand sie Trödelläden und Antiquitätengeschäfte, die sie liebte, und sie ließ keinen aus. Alte Dinge mochte sie; sie trugen, wie die Aristokraten, Geschichte und Geschichten an sich, und es gefiel ihr, denen nachzusinnen. In Italien entdeckte sie auch ihren Geschmack an den langen, dünnen Brissagozigarren, die sie von jetzt an meist abends nach dem Dinner rauchte. Freunde, die künftig nach Italien oder Frankreich fuhren, wurden stets beauftragt, ihr welche von diesen ›Cheroots‹ mitzubringen.

Am 28. April waren sie und Leonard wieder in London, am 5. Mai erschien *Zum Leuchtturm*, und Vita kam am selben Tag in Ebury Street an, von wo sie Virginia sofort schrieb, »Es ist *herrlich*, wirklich wieder in England zu sein. [...] Liebste, liebste Virginia, es ist ganz unglaublich, daß ich Dich morgen sehen werde ...«[73]

* Nur auf der Überfahrt nach Sizilien, als sie die Kabine mit einer Schwedin teilen mußte, die abends schrecklich ausdauernd gurgelte, war sie indigniert: »So sehr ich mein eigenes Geschlecht auch liebe, beim reisenden weiblichen Wesen hebt sich mir der Magen.« Und aus Syrakus meldete sie, »Es ist vollkommen schön. Wenn Gott nur vergessen hätte, männliche und weibliche Deutsche zu erschaffen, hätte ich über gar nichts zu klagen.«

»Vita zurück; unverändert, obwohl ich doch denke, daß sich Beziehungen von Tag zu Tag verändern.«[1] Vita mußte sich erst einmal wieder zurechtfinden. »Was ich in den letzten drei Tagen für Gemütsbewegungen durchgemacht habe: England, Virginia, Long Barn ... ich komme mir vor wie eine kleine Tasse, die man unter die Niagarafälle hält. Aber hör mal, verdammt, wann kommst Du her?«[2]

Virginia schickte ihr ein Exemplar von *Zum Leuchtturm* und schrieb hinein, ›Nach meiner Meinung das beste Buch, das ich je geschrieben habe.‹ Das war nicht Hochmut, sondern ein Witz, denn nur der Umschlag des Buches war echt, aber der Buchblock bestand aus lauter leeren Seiten. Einen Tag später bekam Vita ein echtes Exemplar und las wie gebannt. »Ich kann nur sagen, daß ich geblendet und verhext bin. Wie hast Du das gemacht? wie bist Du auf diesem rasiermesserscharfen Grat entlanggegangen, ohne zu fallen? wie konntest Du etwas so Albernes sagen wie ›daß es mir nicht gefallen würde‹? Aber das kann niemals Dein Ernst gewesen sein. Liebling, es macht mir Angst vor Dir. Angst vor Deinem Durchdringungsvermögen, Deiner Schönheit und Deinem Genie. [...] Ich liebe Dich deswegen noch mehr. Du hast immer gesagt, ich sei ein Snob, und vielleicht ist das eine Form von Snobismus. Aber es ist so. Nur, wenn ich es gelesen hätte, ohne Dich zu kennen, würde ich mich vor Dir fürchten. So macht es Dich noch kostbarer, noch mehr zu einer Magierin.«[3]

Virginia antwortete ihr mit der sehr richtigen Feststellung, »Was für eine großzügige Frau Du bist!«[4] Vita selbst befand sich noch immer in ihrer Schreib- und Selbstwertkrise, und ihr bewundernder Brief an Virginia bewies unter diesen Umständen wirkliche Seelengröße.

Sie freuten sich darauf, miteinander nach Oxford zu fahren, wo Virginia am St Hugh's College sprechen würde. Virginia schrieb an Vanessa, »Vita fährt mit mir – Wir wohnen im Hotel. Hoffen wir auf Nachtigallen, Monde und Liebe –«[5], und Vita bat Virginia, nur ja darauf zu achten, daß man sie nicht in zwei verschiedenen Hotels einquartierte. Sie wurde beruhigt: Das College hatte ihnen Zimmer im *Clarendon* bestellt, und Virginia verabredete sich mit

Vita für den Nachmittag des 18. Mai auf dem Bahnhof. »Ich werde am Mittwoch um 4 Uhr 35 vor der Stelle stehen, wo man die Fahrkarten kauft; werde eine adrette Tasche tragen, ansonsten etwas schäbig, aber vornehm.«[6]

Die jungen Leute gaben vor dem Vortrag ein Essen für sie beide, und Vita benahm sich dabei ganz erstaunlich. Virginia berichtete an Vanessa: »Vita, sehr eindrucksvoll, wie ein Weidenbaum; so fesch, auf ihren langen weißen Beinen, mit einer scharlachroten Schleife [um den Hals], aber ziemlich tapsig; sah sich doch tatsächlich gezwungen, sich beim Dinner die Strümpfe herunterzurollen und sich die Beine mit Salbe einzureiben, wegen der Mücken[stiche] – das gefällt mir an der Aristokratie. Ich mag die Beine, ich mag die Stiche, ich mag die vollkommene Arroganz und Irrealität ihres Denkens – zum Beispiel ganz nebenbei seidene Morgenmäntel zu kaufen, für 5 Pfund, und dann Vanillepudding zu Mittag zu essen (einen gelben Matsch), den sie mit einer Gabel aus einem Törtchen holte, und den Teig wieder auf die Platte zu werfen; und dann Portiers für nichts einen Shilling Trinkgeld zu geben; und dann — die ganze Sache (ich kann nicht ins Detail gehen) ist sehr prächtig und sinnlich und absurd. Außerdem hat sie ein goldenes Herz und einen Verstand, der, wenn auch langsam, so doch hartnäckig arbeitet und seine erleuchteten Momente hat. – Doch genug – Du wirst niemals dem Zauber einer Deines eigenen Geschlechts erliegen – was für ein verdorrter Garten muß die Welt für Dich sein! Was für Avenuen von gepflasterten Trottoirs und Eisenzäunen! So sehr ich den männlichen Verstand respektiere und Duncan liebe, (aber er ist, Gott sei Dank, hermaphroditisch, androgyn, wie alle großen Künstler), kann ich doch nicht erkennen, daß sie auch nur einen Glühwurmsfunken Charme an sich hätten – die Szenerie der Welt erhält keinen Glanz durch ihre Gegenwart. Natürlich steigern sie deren Würde und Sicherheit ungeheuer: aber wenn es um ein bißchen Erregung geht –!«[7]

Am selben Tag, an dem Virginia das schrieb, begegnete Vita der achtundzwanzigjährigen Mary Campbell zum ersten Mal. Sie war vor kurzem mit ihrem Mann, dem südafrikanischen Dichter Roy Campbell, und zwei kleinen Töchtern nach England gekommen. Die Familie bewohnte ein bescheidenes Cottage in der Nähe von Long Barn und mußte von 20 Pfund im Monat leben. Vita kannte und schätzte Roys Gedichte und lud das Ehepaar ein, sie in Long

Barn zu besuchen, als sie sich zufällig auf dem Postamt trafen. Am nächsten Abend kamen sie zum Dinner.

Virginia hatte mit *Zum Leuchtturm* einen großen Erfolg, den größten bisher. Es war ihr Durchbruch. »Sie lachen nicht mehr über mich.«[8] Aber die daraus sich ergebenden tausenderlei Einladungen und Verpflichtungen waren zu anstrengend für sie. Sie erkältete sich, bekam Kopfweh und lag, mit einem goldfarbenen Mantel zugedeckt, auf zwei Stühlen hingestreckt, weil sie kein Sofa hatte. Eigentlich wollte sie Ende Mai endlich auf ein Wochenende zu Vita fahren und hatte, um Leonards und Harolds Gefühle zu schonen, überlegt, »Ich glaube, es wäre wahrscheinlich taktvoller, diesmal nur eine Nacht zu bleiben. Vielleicht lädst Du mich später für zwei ein«[9], aber sie mußte ganz absagen.

Vita schrieb ihr einen bedauernden Brief, in dem gleichzeitig auch eine leise Gereiztheit mitschwingt. »Mein armer Liebling – wirklich, ich *hasse* diese verdammten Kopfwehs, die Du bekommst. Ich wünschte, Du wärst ROBUST.«[10] Aber sie war lieb zu Virginia, schickte ihr Blumen, besuchte sie, sobald Leonard es erlaubte, und brachte ihr einen riesigen Strauß Blumen aus ihrem Garten. »Ich liege in einem blau und violetten Wald, den Lupinen, die Du mitgebracht hast. Sie sehen aus wie riesige Bäume, und ich bin ein kleines Kaninchen, das zwischen den Wurzeln herumläuft.«[11]

Vita schrieb nach dem kurzen Besuch an Clive, »Ich habe Virginia heute gesehen; unglaublich schön und zerbrechlich auf zwei Stühlen unter einem goldenen Umhang, mit schwacher Stimme und schmal zulaufenden Händen; sagt, sie ›fühlt sich dumm‹ und stößt dann erderschütternde Bemerkungen hervor. Ist aber auf dem Wege der Besserung, glaube ich – nur *solch* eine Lügnerin, was ihre Gesundheit betrifft, daß man nicht weiß, was man glauben soll; Leonard jedoch (ein vernünftigeres und ehrlicheres Barometer) schien optimistisch. Meine Hingabe nahm zu. Virginia glänzend witzig, daran ist man gewöhnt, aber Virginia niedergeworfen ist auf neue und überraschende Art anrührend. Lieber Clive, für Deine Schwägerin würde ich bis ans Ende der Welt gehen.«[12]

Sie amüsierte Virginia mit einem brieflichen Bericht über den Besuch ›dieser alten Lesbierin‹ Ethel Smyth, einer Komponistin, die sie vor kurzem kennengelernt und nach Long Barn eingeladen hatte, damit sie die Nachtigallen singen hörte. Das gestaltete sich allerdings schwierig, weil Ethel fast taub war. »Wir saßen drei Stunden lang im Wald. Mindestens ein halbes Dutzend Nachtigallen waren da [...]. Ich war ganz stolz und entzückt. Aber ... *sie konnte sie nicht hören.*! Das arme alte Ding war tauber als ich wußte. Ich war verzweifelt. Ich sagte immer, ›Schsch! Horchen Sie!‹, und sie [...] neigte den Kopf zur Seite, doch sie konnte keinen einzigen Ton hören. Dann brach plötzlich eine in einem Dornbusch, keine zehn Yards entfernt, in Gesang aus. Die hörte sie gut; und sie sang, Virginia, dieser gesegnete kleine Vogel sang eine volle Stunde lang, und sie war hingerissen.«[13] Ethel Smyth sollte später noch eine wichtige Rolle in Virginias Leben spielen.

Virginia schrieb ihr, »[*Meine*] *Gesundheit*: Besser, aber noch nicht ganz in Ordnung – ich meine, ich bekomme einen stolpernden Herzschlag und Schmerzen, wenn ich irgend etwas tue. Kann nichts Sinnvolles schreiben. Wirst Du bitte einige Zeit lang ziemlich streng mit mir sein? [...] Alles worum ich bitte ist, daß Du mich nicht zu aufregenden Dingen animierst, [...] und Du wirst doch nicht sagen, ich sei ein Schwächling, nicht? [...] *Long Barn*: Nichts wäre mir lieber, als in Long Barn drei Tage lang nur zu essen und zu schlafen. Ein gelegentlicher Kuß beim Erwachen und zwischen den Mahlzeiten. [...] Du kommst doch am Freitag, nicht?«[14] Vita antwortete, »Aber wann bin ich je etwas anderes gewesen als ›ziemlich streng‹? (außer vielleicht um Mitternacht. Das zählt jedoch nicht.)«[15]

Virginia fuhr nach Rodmell, um sich auszuruhen; Vita kam, und sie machten einen Spaziergang über die Sumpfwiesen. Vita brachte ihr *Challenge* [*Die Herausforderung*] mit, das Buch, das sie 1918/19 über ihre Leidenschaft für Violet Trefusis geschrieben hatte und das 1923 nur in den USA veröffentlicht worden war, weil Vitas Mutter und Harold seinerzeit gefürchtet hatten, es werde in England einen Skandal auslösen. Die Sache war zu bekannt gewesen, und zu viele Leute hätten in der Heldin *Eve* Violet Trefusis und in ihrem Liebhaber *Julian* Vita erkannt.

Am nächsten Tag fuhr Vita zu Dottie; es war eine größere Gesellschaft anwesend. Plötzlich verspürte Vita Sehnsucht nach Virginia und schrieb ihr, »Weißt Du, was ich tun würde, wenn Du nicht ein Mensch wärst, mit dem man ziemlich streng sein muß? Ich würde morgen abend [in Long Barn] um 10 Uhr meinen eigenen Wagen aus der Garage stehlen, um 11 Uhr 15 in Rodmell sein [...], Kieselsteine an Dein Fenster werfen; dann würdest Du herunterkommen und mich hereinlassen; ich würde bis 5 Uhr bei Dir bleiben und um halb sieben wieder zu Hause sein. Aber da Du bist, wie Du bist, kann ich es nicht tun; jammerschade. Hast Du mein Buch gelesen? *Challenge*, meine ich? Vielleicht habe ich mir damals die Hörner abgestoßen. Trotzdem habe ich nicht das Gefühl, daß mich der Impuls verlassen hat; nein, bei Gott; und für eine andere Virginia würde ich in der Nacht nach Sussex eilen. Nur, mit dem Alter, der Nüchternheit und steigender Rücksichtnahme sehe ich davon ab. Doch die Versuchung ist groß.«[16]

Eben noch hatte Virginia sie gebeten, sie nicht zu aufregenden Dingen zu animieren und sie trotzdem nicht für einen Schwächling zu halten. – Es gab in der Tat ›etwas in Vita, das nicht mitschwang, etwas, das nicht lebendig wurde; das ihre Dichtung verdarb. Es war auch das, was ihre menschlichen Beziehungen verdarb, aber da störte es sie weniger.‹ – Vita wurde in dieser Zeit zunehmend unruhig und rastlos. Das, was sie selbst mit dem deutschen Wort ›Wanderlust‹ zu bezeichnen pflegte, hatte sie wieder einmal überkommen.

Ihre Ungeduld mit Virginias Zurückhaltung und ihre eigenen, zwischen Anbetung und mangelnder physischer Attraktion schwankenden Gefühle suchten einen Ausweg. Indem sie Virginia *Challenge* lesen ließ und ihr fast unverblümt sagte: ›Du bist zu nichts zu gebrauchen‹, kündigte sie ihr, vielleicht noch ziemlich unbewußt, an, daß sie sie betrügen und sich von ihr entfernen würde.

Als Virginia Vitas herzlosen Brief erhielt, tat sie etwas völlig Unerwartetes: Sie ging eigens zum Dorfpostamt und schickte Vita ein Telegramm mit dem Text, »Dann komm.« Sie adressierte es nach Long Barn, weil Vita am Vormittag von Sherfield Court zurücksein wollte; es erreichte sie aber nicht rechtzeitig, weil sie doch bis in den Abend geblieben war und Tennis gespielt hatte. Vita schrieb, »›Chance verpaßt‹, — VERDAMMT. [...] Aber ich sehe Dich ja am Donnerstag.«[17]

Virginia war inzwischen nach London zurückgekehrt und schrieb als Nachbemerkung zu der ›verpaßten Chance‹: »Weißt Du, ich las *Challenge* und fand, Dein Brief war auch eine Herausforderung; ›wenn Du doch bloß nicht so ältlich und kränklich wärst‹, sagtest Du ja eigentlich, ›dann würden wir den Tag zusammen verbringen‹, woraufhin ich telegraphierte ›Dann komm‹; darauf erhielt ich natürlich keine Antwort, und das ist auch gut so, möchte ich meinen, da ich ältlich und kränklich bin – es hat keinen Zweck, diese Tatsache zu verschleiern. Nicht einmal die Lektüre von *Challenge* wird das ändern. Sie ist sehr begehrenswert, das finde ich auch: sehr. (Eve.) [...] Du wirst aus all dem nicht entnehmen, daß ich meine, daß ich Dich ernsthaft erwartete: es war alles eine Art beschwipster Vision davon, mit Dir im Morgengrauen über die Downs zu fahren. Ich war den ganzen Tag sehr aufgeregt.«[18]

Zwei Tage später, am 16. Juni 1927, wurde Vita der Hawthornden-Preis für ihr Gedicht *The Land* überreicht. Virginia war bei der Verleihung anwesend und fand die Prozedur ebenso abstoßend wie die literaturschaffenden Gäste, die ihr beiwohnten, sich selbst eingeschlossen. Nach der Zeremonie gingen sie alle zu *Gunter's* und aßen Eis; später kam Vita mit in den Tavistock Square, und Virginia scheint mit ihrer Kritik nicht hinterm Berg gehalten zu haben, denn: »Vita weinte nachts.«[19]

Das war der Schlußpunkt einer langen Entwicklung, die Vitas Selbstgefühl untergraben hatte, und obwohl sie wußte, daß Virginia etwas aus ihr hätte machen können, brach sie aus. Sie war überfordert und tief verunsichert; zumal Virginia weiterhin ihre Sympathie für Edith Sitwell betonte, die Vitas preisgekröntes Gedicht in mehreren Blättern heruntermachte. »Deine Freundin Edith Sitwell scheint einen regelrechten Feldzug begonnen zu haben; wohin ich mich auch wende, erhebt sich dieses Gorgonenhaupt vor mir. Ich wünschte, Du würdest sie darüber aushorchen, wenn Du sie das nächste Mal siehst. Ich bin nicht ärgerlich, nur ungeheuer belustigt, und ziemlich verdutzt; sie sagt, [*The Land*] sei ›das schlechteste Gedicht in englischer Sprache‹; also, ich bin ja *nicht* eitel, wie Du weißt, aber ich will mich hängen lassen, wenn es *so* schlecht ist!«[20] Vita hatte viel Stolz und englischen Sinn für *fair play*, aber so ganz ungekränkt konnte sie in dieser Sache nicht sein: Virginia bewunderte ausgerechnet jene Frau, die ihre Arbeit in Grund und Boden verdammte.

Bloomsbury tat Vita nicht gut, und ihre Freundinnen, vor allem Dottie, bestärkten sie darin, daß es sie als Dichterin zerstörte. Vita war ihrer ganzen Natur nach keine Intellektuelle, und so kehrte sie schließlich zu dem zurück, was ihr gemäß war. Vielleicht fühlte sie, daß diese Umkehr sie nicht dazu befähigen würde, das ›Stummgemachte‹ in sich zum Sprechen zu bringen, den Weg aus ihrem ›Tunnel‹ zu finden. Aber die Rückwendung war ihr angemessener als das ständige geistige Gefordertsein und die schonungslose Kritik im Umfeld von Bloomsbury. Sie wollte endlich wieder schreiben, wie sie es konnte, und nicht, wie sie sollte. Sie begann ein Buch über die Dramatikerin und Romanschriftstellerin Aphra Behn (1640-1689), die erste Frau, die das Schreiben als alleinigen Broterwerb betrieben hatte.

Vita hörte nicht auf, Virginia anzubeten, aber sie sagte sich los von der anstrengenden Ausschließlichkeit, die diese Liebe eigentlich von ihr forderte und die ihrer anders gearteten, direkteren Sinnlichkeit ebensowenig genügte wie ihrem ständigen Verlangen nach Eroberung. Sie brauchte den Reiz neuer Lieben, und sie fand ihn: Ende Juni verbrachte sie mit Mary Hutchinson, Clive Bells Freundin, eine Nacht in Ebury Street. Mary schrieb ihr am 28. Juni 1927, »Ich habe einen Perlenohrring auf dem Tisch neben Deinem Bett liegengelassen. Ich erinnere mich genau, wo ich ihn hingelegt habe – auf die Ecke neben Dir. Willst Du ganz lieb sein und ihn mir bald schicken?«[21]

Am Abend desselben Tages fuhren Virginia und Vita mit Harold, Leonard, Eddy und Quentin Bell im reservierten Abteil eines Sonderzuges nach Yorkshire, um die seit zweihundert Jahren erste in England sichtbare Sonnenfinsternis zu erleben.* Virginia betrachtete auf der nächtlichen Fahrt die schlafende Vita, die ihr gegenübersaß, und verglich sie mit einem Gemälde der ›schlafenden Sappho‹. Nach dem Erlebnis der Sonnenfinsternis fuhren alle nach London zurück, – außer Vita, die sich in Yorkshire mit Dottie traf und mit ihr nach Haworth fuhr. Sie besichtigten dort das Pfarrhaus, in dem die Geschwister Brontë gelebt hatten, und kehrten erst drei Tage später nach London zurück.

Am Wochenende des 2. Juli endlich sahen sich Virginia und Vita in Long Barn. Leonard kam mit; Virginia lernte Harold erst jetzt näher kennen und fand ihn nett, ›spontan und kindlich und großzügig‹. Sein Freund Raymond Mortimer war auch da, und Virginia erlebte das Wochenende als sehr angenehm. Sie mußte sich, zu ihrer Erleichterung, kein einziges Mal zum Essen umziehen und erfreute sich an dem Luxus und der Freiheit, den Blumen überall, »Butler, Silber, Hunde, Kekse, Wein, heißes Wasser, Kaminfeuer, italienische Kabinettschränke, persische Teppiche, Bücher – das war der Eindruck, den es machte: als ob man in ein brausendes

* Die Beschreibung dieses Ereignisses in Virginias Tagebuch ist ein wunderbarer Text, der sie als Naturbeobachterin in die Nähe von Dorothy Wordsworth rückt.

fröhliches Meer stiege, mit hübschen schaumgekrönten Wellen: als ob das angstvolle, erschöpfte Leben plötzlich auf Sprungfedern gesetzt worden wäre und das ganze Wochenende über hüpfte und spränge. [...] Vita sehr opulent, in ihrem braunen Samtmantel mit den ausgebeulten Taschen, Perlenkette und zart pelzigen Wangen. (Sie fühlen sich wie Hasenöhrchen* an, von denen sie mir einen großen Strauß gepflückt hat.)«[22] Leonard fuhr am Sonntag nach London zurück, und Virginia blieb.

Vitas Vater und seine Geliebte Olive Rubens kamen von Knole herüber, um Tennis zu spielen. Virginia saß mit Vita unter einem riesigen persischen Ziegenfellmantel und sah zu. »Vita sehr frei und ungezwungen; es macht mir immer große Freude, sie zu beobachten, und sie erinnert mich an ein Bild eines großen Schiffes, das erhaben und prachtvoll gegen ein Meer ankämpft, alle Segel gesetzt, und darauf das goldene Sonnenlicht. Was ihre Dichtung betrifft oder ihre Intelligenz, so kann ich, außer wenn sie in den traditionellen Kanälen fließt, nichts sehr Entschiedenes sagen. Sie erobert nie Neuland. Sie hebt auf, was ihr die Flut vor die Füße spült. Zum Beispiel folgt sie, mit schlichtem Instinkt, in der Möblierung all den überkommenen Traditionen, so daß ihr Haus geschmackvoll, leuchtend, prächtig ist, aber ohne Neuheit oder Abenteuer. Und ebenso ist es mit ihrer Dichtung, denke ich.«[23]

Als sie in der zweiten Nacht allein waren, gestand ihr Vita den Seitensprung mit Mary Hutchinson und vermerkte in ihrem Tagebuch zu dieser Nacht »Inauguration«.[24] Ob diese ›Inauguration‹, die ›Einweihung‹ und ›feierliche Eröffnung‹ bedeuten kann, sich auf Vitas Geständnis bezieht oder eine erotische Neuerung zwischen Vita und Virginia betrifft, ist nicht auszumachen.

Vita schrieb ihr, gleich nachdem sie Long Barn verlassen hatte: »Sieh nur, wie prompt ich Dir schreibe. Die Wahrheit ist, ich habe Dich furchtbar vermißt heute abend. Plötzlich wurde es sommerlich; wir haben zum ersten Mal in diesem Jahr auf der Terrasse zu abend gegessen; warme Windböen fielen ein; ich wünschte mir glühend, diese Nacht möge die letzte Nacht sein; ich saß allein auf den Stufen und sah zu, wie eine Mondsichel hinter den Pappeln heraufkroch; alles war still und voller Duft und weich und romantisch; ein Falter schoß dicht vor meinen Augen vorbei. Es ist ja alles

* Wollziest (botanisch *stachys lanata*), eine Pflanze mit samtigen, silbrigen Blättern. Virginia nennt sie ›Saviour's Flannels‹; sie ist auch bekannt unter den Namen ›Rabbit's Ears‹, ›Lamb's Ears‹ und – was zu Vitas Kosenamen gut paßt – ›Donkey's Ears‹.

gut und schön, weißt Du, aber diese Bruchstücke von Glück sind äußerst ärgerlich. – Und warum bist Du so kunstfertig darin, soviel von Dir selbst in der Rückhand zu behalten? so daß ich den Verdacht habe, daß es noch nach zwanzig Jahren etwas gäbe, das nicht aufgedeckt ist – irgendeine letzte Umhüllung, die nicht aufgewickelt ist. Ich mache Dich gern eifersüchtig, mein Liebling (und werde es weiterhin tun), aber es wäre lächerlich, wenn Du es wärst. Ich komme am Dienstag nächster Woche, dem zwölften, nach London. Sollen wir nach dem Lunch irgendwo hingehen, wo es schön ist?«[25] Auf die Rückseite dieses Briefes klebte Vita die Abbildung eines Delphins. (Virginia nannte sie in Erinnerung an den Fischladen in Sevenoaks manchmal ›Delphin‹.) Der Begleittext zu dem Bild hieß: »Der Delphin (Delphinus delphis) ist ein behendes Tier, das amüsante Luftsprünge vollführt.«[26]

Virginias Antwort hierauf schwankte gefährlich zwischen Scherz, Spott und Drohung: »Ja, Du bist ein behendes Tier – kein Zweifel, aber was Deine Luftsprünge betrifft, die immer unterhaltsam seien, in Ebury Street zum Beispiel, um 4 Uhr morgens, bin ich da nicht so sicher. Böse, schlechte Kreatur! Sich vorzustellen, daß Du mit Austern [Virginia nannte Mary Hutchinson ›die Auster‹] Kurzweil treibst — lethargischen, glukoselippigen Austern, lüsternen, lasziven Austern, festsitzenden, kalten Austern — sich das vorzustellen, sage ich. Deine Auster brach am Telefon in Tränen aus ... [7 Wörter ausgelassen, von den Herausgebern der Briefe!] — so wenig Treue gibt es in Austern. Aber was erwartete mich hier? Eine Nachricht von Dadie, und er kommt jeden Augenblick herein, und ich bin allein, und Leonard fährt gerade Auto, und wir verbringen zwei oder drei Stunden tête à tête – ich und Dadie. Hah! Hah! Böse, schlechte Kreatur. Dann aber waren da die Pilze, der Krebs, das Bett, das Holzfeuer: All das soll Dir zugute gehalten werden. Ich bin eine gerecht denkende Frau. Sei Du aber ein vorsichtiger Delphin in Deinen Luftsprüngen, sonst wirst Du Virginias weiche Spalten mit Angelhaken bestückt finden. Du wirst zugeben, daß ich rätselhaft bin – noch ergründest Du mich nicht ganz – wer weiß, was – aber hier ist Dadie. Honey, würdest Du bitte daran denken, meinen Regenmantel (rosenrot) und meine Handschuhe (scharlachrot) mitzubringen? Ich habe sie, glaube ich, im Vorplatz irgendwo hingeworfen. Ich werde den Dienstag wundersamerweise frei halten, für jeden von Dir gewünschten Zweck.«[27]

Das ist eine sonderbare Melange von Eifersucht, Frivolität und – Erleichterung: Solange Virginia überzeugt sein konnte, daß sie in Wahrheit eine Vorrangstellung in Vitas Herzen innehatte, nahm sie es mit – manchmal forcierter – ironischer Belustigung auf, wenn sie mit anderen Frauen schlief. Die gewisse Distanz, die sich dadurch ergab, war ihr, obwohl sie eifersüchtig war, nicht unlieb. Sie entkam dadurch der Bedrohung des ›Absturzes‹, den sie so sehr fürchtete.

Außerdem wußte sie sehr genau, was Vita unter anderem zu ihren Amouren anreizte: sie boten ihr Gelegenheit, der ›Männlichkeit‹, die sie in sich fühlte und für den angeborenen Grund ihrer Liebe zu Frauen hielt, in durchweg ›literarischen‹ Posen psychischen und physischen Ausdruck zu geben. Vita zog diese ihre Grundüberzeugung aus den Schriften von Havelock Ellis, der eine genetisch bedingte weibliche ›Maskulinität‹ für die Ursache des Lesbianismus erklärte und dessen Theorien Vita leider unkritisch anhing. Mit Virginia war ein solches Rollenspiel jedoch ganz unmöglich.[28] Sie liebte Vita als Frau – und brachte sie dadurch manchmal außer Fassung; möglicherweise schon bei ihrem ersten innigen Zusammensein in Long Barn, bei dessen Erwähnung Vita immer wieder betonte, wie ›ungeheuerlich‹ und ›skandalös‹ Virginia sich damals betragen habe.

Ungefähr um dieselbe Zeit schrieb Virginia ihr einen herrlich übermütigen Brief: »Paß mal auf, Vita — laß Dein Mannsbild sausen, und wir fahren nach Hampton Court und dinieren zusammen auf dem Fluß und gehen im Mondschein im Park spazieren und kommen spät nach Hause und trinken eine Flasche Wein und werden beschwipst, und ich erzähle Dir all die Dinge, die ich im Kopf habe, Millionen, Myriaden — Sie wollen sich bei Tage nicht regen, nur in der Dunkelheit, auf dem Fluß. Stelle Dir das vor. Laß Dein Mannsbild sausen, sage ich, und komm.«[29] Aber sie hatte vergessen, daß sie am Dienstag abend bereits mit Vanessa, Clive und Duncan verabredet war, also müsse Vita mitkommen. »Wir wollen über die Terrasse geistern. Was mich betrifft, so würde ich das Alleinsein vorziehen. Was Dich betrifft: Du würdest Austern vorziehen. Böse Vita, böse, schlimme Vita. Was ist aus Deiner großen Geste, die Promiskuität betreffend, geworden? Dadie sah gestern abend göttlich aus in seinem neuen pflaumenblauen Anzug.«[30]

Vita wollte jedoch Vanessa und Duncan nicht sehen und lieber mit ihr allein sein; sie trafen sich mittags, gingen in den Zoo, und danach erhielt Virginia im Regent's Park von Vita Unterricht im Autofahren! Autofahren war gegenwärtig das, was halb Bloomsbury völlig faszinierte. Vanessa lernte es gerade, Leonard lernte es, und Virginia lernte es, mit heiligem Eifer. Fred Pape, Chauffeur und Ehemann von Angelica Bells Nurse, gab ihnen allen Fahrstunden, und Virginia war ungeheuer stolz auf ihre Fortschritte: »... ich habe genug gelernt, um auf dem Land einen Wagen allein zu fahren. Auf den Rückseiten von Manuskripten schreibe ich Anweisungen zum Anlassen von Autos auf.«[31]

Fred besorgte ihnen auch ihren ersten Wagen, einen gebrauchten Singer, den sie wegen seines von Speichen durchzogenen Faltdachs den ›Regenschirm‹ nannten. »Wir haben einen hübschen, kleinen, geschlossenen Wagen, in dem wir Tausende von Meilen fahren können. Er ist ganz dunkelblau, mit einer helleren Linie drumherum. Die Welt hat ihn mir dafür gegeben, daß ich *Zum Leuchtturm* geschrieben habe, fällt mir dabei ein, ein Buch, von dem jetzt 3.160 Exemplare verkauft sind.«[32]

Virginia und Leonard hatten vor, mit Fred am Wochenende nach Long Barn zu fahren, und Virginia machte darüber hinausgehende Pläne: »... der Himmel weiß, was für eine Ausrede ich finden kann, um über Nacht zu bleiben. Kannst Du Dir eine ausdenken? Vielleicht könnte ich auf dem Rasen ohnmächtig werden. [...] Gute Nacht, liebste Honey, meine Stimme wird sich bald mit den Nachtigallen in Long Barn mischen.«[33] Die Ohnmacht auf dem Rasen erwies sich als überflüssig; Virginia blieb einfach, und Leonard fuhr mit Fred nach London zurück.

Nach diesem Besuch schrieb Virginia an Vita, die ihr einen Tümmler aus Glas [?] ins Bad gestellt hatte und demnächst verreisen wollte: »Was, glaube ich, nächstes Mal so hübsch sein wird, ist der Tümmler in meinem Badezimmer – stahlblau, eiskalt und mit einem liebenden Herzen. Manche ziehen Delphine vor – ich nicht. Ich habe erlebt, wie ein gewisser Delphin, von der mittelmeerischen Art, eine ganze Austernbank geschändet hat. Eine lüsterne Sorte Untier das. Ich bin den ganzen Abend Auto gefahren. Kann die Gänge jetzt ziemlich gut. [...] Honey, Liebste, fahre nicht nach Ägypten, bitte. Bleibe in England. Liebe Virginia. Nimm sie in Deine Arme.«[34]

Kurz darauf erlebte sie einen ihrer glücklichsten Tage mit Vita, die an Harold schrieb, »... ich traf mich mit Virginia, die mit Leonard in den Richmond Park gekommen war, wo Virginia eine

Fahrstunde erhalten sollte. Leonard und ich sahen ihr zu, wie sie losfuhr. Der Wagen machte kleine Sprünge und blieb dann abrupt stehen. Endlich rauschte sie davon, und Leonard und ich und Pinker machten einen Spaziergang in einem Tempo von 5 Meilen die Stunde. Regelmäßig alle fünf Minuten sagte Leonard, ›Ich denke doch, daß mit Virginia alles in Ordnung ist.‹ [...] Ja, und dann kamen wir zum Treffpunkt zurück, und da war Virginia und zeigte verständiges Interesse am Getriebe des Wagens. Leonard fuhr darauf nach London zurück, und V. und ich fuhren nach Kew [Gardens, Botanischer Garten], (in *meinem* Wagen) und liefen herum und saßen dort bis 6.30 – und dann zurück nach London, wo wir versuchten, Ruth Draper [eine berühmte Schauspielerin] zu sehen; es waren aber keine Plätze mehr zu haben, also gingen wir zum Dinner ins *Petit Riche* und tranken viel Chianti und fuhren zum Tavistock Square und saßen im Souterrain und redeten weiter.«[35]

Virginia bemerkte dazu im Tagebuch, wie sehr sie es genossen hatte, mit Vita drei oder vier Stunden bei bewölktem Himmel und gewittrigem Wind in Kew Gardens zu sitzen; »sie erfrischt mich, und tröstet mich«.[36] Dieser Nachmittag blieb Virginia unvergeßlich; sie beschrieb ihn später in *Orlando*.

Anfang August fuhren die Woolfs für den Sommer nach Rodmell. Virginia war etwas nervös, weil sie Ethel und Nan bald auf ein paar Tage in ihrem Schlößchen in Frankreich besuchen sollte, und machte sich Sorgen um ihre Erscheinung. Vita wurde um Hilfe angegangen, nachdem sie ihr erst einmal den Kopf zurechtrückte: »Liebstes Wesen, (übrigens, wieso kommst Du in Briefen immer einfach so daher – nicht einmal ›Meine liebe Virginia‹, wohingegen ich immer einen schönen, schönen Ausdruck erfinde?), wie nett es doch von mir ist, Dir zu schreiben, wenn Du mir nicht schreibst. Nein, Du schreibst mir nicht. Du sprichst mit Dottie. Bei Gott, um 3 morgen früh werde ich Dich anrufen. Noodles [der Butler], oder wie immer er heißt, wird Euch auf frischer Tat ertappen. Alles Blut aller Sackvilles wird auf Dein Haupt kommen. –«[37] Sie dankte Vita für den Hinweis auf Seidenstrümpfe mit verstärkter Ferse. »Aber höre: was mache ich wegen Puder? Ethel wird es übel aufnehmen, wenn ich mir nicht die Nase pudere. Du hast mir einmal einen geschenkt, der geruchlos war, aber ich weiß nicht, was das für welcher war. Ich habe einen gekauft, der alle Poren durchdringt, und ich wage es nicht, so zu stinken: ich finde Parfüms widerlich, außer an Dir, wenn sie nur die Reife der Aprikose sind.* Sag mir schnell, was ich kaufen soll, und wo. Zu Puder werde ich mich aufschwingen, aber nicht zu Rouge. Damit wäre das erledigt. Ich weiß nicht mehr, was geschehen ist, seit ich Dich im Mondschein zur Tür brachte, damit Du zum Herumhuren nach Mayfair [dem Stadtteil, in dem u.a. Dottie wohnte] fahren konntest. Ich war sehr glücklich in Kew. Sehr, sehr. [...] Du bist am Dienstag nicht zufällig in London? *Liebe Grüße an Dottie.*«[38]

Vita äußerte sich zu diesen Schmähungen nicht, sondern war lieb und besorgte ihr den Puder: »Ich habe also den Drogisten angerufen und gesagt, daß er sofort geschickt werden muß. Fast hätte ich ihm aufgetragen, auch eine Schachtel Rouge, eine Flasche Flüssigweiß, einen Wimperntuschstein und einen scharlachroten Lippenstift dazuzulegen. Hör mal, darf ich Dich irgendwann einmal schminken? Das würde mir Spaß machen. Ach Gott, ich wünschte, ich käme mit Dir, statt eine Horde Jungen [ihre zwei Söhne, die für die Sommerferien nach Hause kamen] in Paddington abzuholen und zu versuchen, zuviel Gepäck im Auto zu verstauen. [Virginia hatte ihr gesagt, sie werde in Rodmell donnerstags auf freitags immer allein sein, weil Leonard dann regelmäßig nach London fuhr:] Aber das ist hervorragend mit den Donnerstagen. Bleibst Du auch dabei?«[39]

In den drei Tagen vor ihrer Abreise sah sich Virginia plötzlich mit einem glühenden Verehrer konfrontiert: Philipp Morrell, Lady Ottolines Mann, hatte sich unsterblich in sie verliebt. »Einmal mehr spürte ich, wie die unbehagliche Erregung der ›Liebe‹, das heißt des physischen Begehrens, jemand ruhelos machte, zu ruhelos und emotional, um über einfache Dinge zu sprechen.«[40]

Virginia blieb bei ihrer Donnerstagsverabredung mit Vita und schrieb ihr gleich nach ihrer Rückkehr aus Frankreich, wo sie sich gut amüsiert und viel und köstlich gegessen hatte: »Leonard fährt am Donnerstag, dem 11. und kommt am Freitag wieder. Donnerstag nacht bin ich allein. Könntest Du zwei Nächte bleiben? Ich will nicht, daß es so aussieht, als wollte ich Dich heimlich hierhaben, obwohl das bei weitem mehr nach meinem Geschmack ist, die versteckten Winkel insgeheim auszuforschen. Schreib mir einen taktvollen Brief und liefere eine gute Begründung.«[41] Vita schickte den taktvollen Brief und legte einen zweiten dazu: »NICHT ZUR VERÖFFENTLICHUNG BESTIMMT. Roshan-i-chasm-iman [pers., ›Du bist das Licht meiner Augen‹[42]], (Was das heißt, wirst Du nicht

* Vita benutzte, nach Auskunft von Nigel Nicolson, wahrscheinlich Chanel No. 5.

wissen, aber da Du sagst, ich führte meine Briefe nie ein, versuche ich, Deinem Wunsch nachzukommen). [...] Geht es Dir gut? bist Du niedergeschlagen? überfüttert? Magst Du mich nicht mehr? Irgend etwas stimmt nicht, fühlte ich, als ich Deinen Brief las; aber trotzdem vertraue ich darauf, daß um diese Zeit (d.h. Mitternacht) in einer Woche alles wieder gut sein wird. [...] Ein Kursus bei Mrs. A.B. [Aphra Behn] hat mich in einen anmaßenden Wüstling verwandelt. So wenig wie Mrs. A.B. finde ich Gefallen an der Keuschheit, oder heiße sie gut.«[43]

Nur zu wahr: Vitas Interesse an Mary Campbell steigerte sich während dieser Zeit heftig, und sie lud sie immer häufiger zu sich ein.

Virginia meinte, nichts in ihrem Brief hätte Vita Anlaß geben können zu denken, es sei irgend etwas im argen, »oder hast Du, mit der wunderbaren Intuition der Dichterin, entdeckt, was ich vor Dir geheimzuhalten versuchte? daß ich geliebt werde, von einem Mann; einem Mann mit einer Adlernase, einem netten Vermögen, einer Frau von Familie, und passendem Mobiliar? Der Antrag wurde mir am Tag vor meiner Abreise gemacht, und jetzt habe ich hier einen Brief, der ihn bestätigt. Was wünschst Du, daß ich tue? Ich war so überwältigt, daß ich errötete wie ein 15jähriges Mädchen. Mich in meinem schwarzen Hut und Umhang zu sehen war es, sagte er; und dann kam Colefax herein und wir wurden erwischt. Also, Du siehst, Nächte und Tage müssen mir aus ganzem Herzen geweiht werden, nicht bloß wie Du vielleicht eine Forelle mit der Fingerspitze kitzeln würdest, um mich unterwürfig zu halten. Du mußt Dich jede Sekunde mächtig anstrengen, um mich zu bezaubern.«[44] Und sie erkundigte sich, ob Vita ihr geplantes Gedicht *Solitude* denn wohl ihr widmen werde, »Oder Dottie? Oder einer gewissen lüsternen Auster?«[45]

Vita traf am nächsten Tag in Sevenoaks zufällig den Postboten, ließ sich ihre Post aushändigen und war schockiert von Virginias Brief. »Ich merkte, wie ich vor Wut ganz rot wurde, als ich ihn las, — ich übertreibe nicht. Ich wußte nicht, daß ich so eifersüchtig auf Dich bin. *Wer* ist Dein verdammter Mann mit der Adlernase? Hör zu, es macht mir wirklich etwas aus. Aber wenn es so ist: ich habe auf meinem Tisch einen Brief von derselben Art — den ich noch nicht beantwortet habe. Welche Antwort ich schicke, hängt von Dir ab. Ich scherze wirklich nicht. Wenn Du nicht vorsichtig bist, wirst Du mich in eine Affäre hineindrängen, die mich furchtbar langweilen wird. Wenn Du nett bist, andererseits, jage ich meine Korrespondentin zum Teufel. Aber ich lasse keinen Spaß mit mir treiben. Das ist mein Ernst.«[46] – Es ist schwer zu sagen, wie echt ihre Eifersucht war; Vita gehörte jedoch bestimmt zu den Menschen, die es nicht ertragen können, wenn jemand sich aus eigenen Stücken von ihnen entfernt. Jedenfalls bot ihr Virginias Brief einen guten Anlaß, sie quasi dafür verantwortlich zu machen, daß sie selbst sich mit Mary Campbell einlassen würde. Doch sie schrieb auch: »Ich will mich ganz bestimmt mächtig anstrengen, um Dir zu gefallen. – Ich werde so *wütend* auf Dich.«[47]

Vita kam am Donnerstag, dem 11. August 1927. Leonard fuhr nach London. Einige Tage später war Vita bei Dottie. Ihr Buch *Aphra Behn* war fertig; sie erholte sich in Sherfield Court, bei Tennis und viel Alella und Streitgesprächen über Feminismus, Männer und Frauen. Vita schrieb, Raymond Mortimer habe Virginia ›die beste lebende Schriftstellerin englischer Prosa‹ genannt. Und: »... bisher kein Lebenszeichen von Dir – ist es nicht sonderbar, diese jähen, sprunghaften und heftigen Vereinigungen zwischen uns, und dann die Tage völligen Schweigens, die darauf folgen? Trotzdem bete ich Dich an und komme ja am Donnerstag in einer Woche, nicht?«[48]

Virginia hatte sie schon am Vortag erwartet und war melancholisch. »Ja, es ist sonderbar, wie die übervolle Nacht vom leeren Tag gefolgt wird. Der einzige Trost ist, daß Leonard diese Woche nur tagsüber hinaufgefahren ist, nicht über Nacht, so daß unser Umgang eingeschränkt gewesen wäre. Dennoch, hier bin ich, allein, fröstelnd, kauere mich am Feuer zusammen; und wir hätten über englische Prosa reden können. Ich habe zu viele Leute gesehen und zuviel geredet. [...] Du darfst nicht denken, Liebste, daß Du mir Komplimente machen mußt. Ich habe im Augenblick eine sehr mindere Meinung von meinem Schreiben. [...] Clive deutete gestern an, daß er und ich von einer Nacht auf der Austernbank wüßten, aber wir waren beide sehr diskret. [...] Ich habe [die eben erschienenen Tagebücher von] Katherine Mansfield gelesen, mit einer Mischung aus Innigkeit und Grauen. Was für sonderbare Freundinnen ich doch hatte – Dich und sie.«[49] ›Hatte‹, schrieb sie. Sie war sehr ahnungsvoll.

Ein paar Tage später saß sie in Rodmell in ihrer Schreibhütte, in der Leonard gegenwärtig seine Kartoffelernte lagerte, und schrieb an Vita, wie gern sie doch, neben dem edlen, offiziellen Porträt Vitas, das sie besaß, ein kleines Privatfoto von ihr hätte, einen anspruchslosen Schnappschuß, »Oder bist Du zu eitel? Ja, das bist Du. Da fällt mir eine andere Szene ein – in Knole diesmal – und Vita zerriß einen Schnappschuß [...], weil sie darauf aussähe wie Bill Sykes, sagte sie. Aber Du *bist* doch wie Bill Sykes, sagte ich. Bin ich nicht, sagte Vita, wurde feuerrot im Gesicht und stampfte mit dem Fuß auf.«[50] – Sehr wahrscheinlich war hier Bill Sikes gemeint, der Anführer der Diebesbande in Dickens' *Oliver Twist*, und man kann verstehen, daß Vita sich über diesen Vergleich ärgerte (und ihn gleichzeitig bestätigte), denn dieser Bill Sikes ist ein schreckenerregender Wüterich! – Virginia schrieb auch: »Ich mag Deine Energie. Ich liebe Deine Beine. Ich habe Sehnsucht danach, Dich zu sehen.«[51] Sie sahen sich am 25. August. Am nächsten Tag fuhren sie nach Long Barn. Vita wünschte sich, Virginia immer im Haus zu haben.

Wenig später, am 2. September 1927, schrieb ihr Virginia über einen Vertrag, den die Hogarth Press gerade mit Dottie Wellesley abgeschlossen hatte – Dottie würde eine Publikationsreihe moderner Dichtung finanzieren und ein gewisses Mitspracherecht bei der Auswahl haben –: »Liebste Mrs. N.: Nun gut, es ist alles abgesprochen. Lady G. Wellesley hat mich gekauft. Sie bezahlte £ 25tausend auf die Hand und den Rest auf Hypothekenbasis, also gehöre ich ihr auf Lebenszeit. Ich darf den Rolls Royce benutzen und soviel Wein trinken, wie ich mag. Um jedoch nüchterne Prosa zu reden, ich werde nicht Euch beiden gehören, oder einer von Euch, wenn wir beide der einen gehören. Kurz, wenn Dottie die Deine ist, bin ich es nicht. Hierin ist eine tiefgründige Wahrheit enthalten, die zu entdecken ich Dir überlasse. Es ist zu heiß zum Streiten, und ich bin zu deprimiert.«[52] Jetzt war sie wachsam und schien zum ersten Mal wirklich wahrzunehmen, daß Vita ihr entglitt. Ihr Verdacht traf die falsche Person, aber den richtigen Umstand. Und deprimiert war sie auch deswegen, weil sie fünf Rezensionen für die *New York Herald* Tribune schreiben mußte, um Geld zu verdienen, unter anderem eine über Hemingway.

An diesem selben Tag begann Vitas Liebesbeziehung zu Mary Campbell. Mary waren Frauenlieben nicht unbekannt: Sie hatte vor ihrer Ehe bereits eine Geliebte gehabt. Von jetzt an traf sie sich fast jeden Tag mit Vita. Sie liebten sich in Vitas Wohnzimmer, auf dem Sofa, das Virginia so gut kannte; sie gingen in den Wäldern und auf den Feldwegen um Long Barn spazieren; Vita nahm Mary mit nach Knole, und so fort.

Zwei Tage später notierte Virginia in ihrem Tagebuch Gedanken und bildhafte Phantasien zu einem Ereignis, das gerade Schlagzeilen gemacht hatte: Die Prinzessin Löwenstein-Wertheim und zwei Piloten waren bei dem Versuch der ersten Atlantiküberquerung mit dem Flugzeug von Westen her, von Salisbury in England nach Kanada, verschollen. Die Vorstellung vom Ende der Prinzessin verfolgte Virginia einige Tage lang. »Die Fliegende Prinzessin, ich habe ihren Namen vergessen, ist in ihren purpurroten Reithosen aus Leder ertrunken. [...] Die Piloten, denke ich, sahen sich einen Augenblick nach der vulgären Prinzessin mit den breiten Wangen und verzweifelten Augen um, [...] dann kam eine große Woge und die Prinzessin warf die Arme in die Luft und ging unter.«[53] Und am nächsten Tag: »Indem ich die Vision von der fliegenden Prinzessin in Worte verdichtet habe, habe ich, seltsam genug, ein Phantom zur Ruhe gebettet, das mir sehr markant vor Augen stand. Warum das? Irgendeine Unzufriedenheit scheint zur Ruhe gebettet.«[54]

Wie sonderbar das Unbewußte doch arbeitet und wie folgerichtig, wenn es einem aggressiven Gelüst Ausdruck geben will! Eine kühne Aristokratin (wie Vita), in Reithosen (wie Vita), mit einer Vorliebe für Rot (wie Vita) geht bei einem Abenteuer zugrunde. Ein paar Tage später träumte Virginia, daß Vita mit dem Flugzeug nach Teheran zurückkehrte. –

Während Vitas Beziehung zu Mary Campbell sich leidenschaftlich steigerte, traf sie doch Virginia häufig an den Donnerstagen, an denen sie in Rodmell allein war. Anfang September fuhren sie über Land und besichtigten Laughton Place, ein leerstehendes Landhaus aus dem 16. Jahrhundert, in das sich Virginia verliebte und das sie auf der Stelle kaufen wollte. »Himmel! — da gäbe es eine ganze Scheune, die man Vita überlassen würde. Und den Garten. [...] Ich habe die ganze Nacht geträumt, daß Du nach Teheran zurückgingest, mit dem Flugzeug. Wie ich vor Wut tobte, und erwachte und den Regen hörte.«[55]

Es wurde am Ende nichts aus dem Kauf von Laughton Place, weil den Woolfs die Renovierungskosten zu hoch erschienen. Vielleicht aber auch aus einem anderen Grund: Als Vita sich etwas später nach ihren Hauskaufplänen erkundigte, schrieb Virginia, »Wegen Laughton: Wie traurig Du mich gemacht hast! Aber der

Ort ist verhext. Mit Dir zusammen angeschaut anbetungswürdig; mit Leonard ausgesprochen scheußlich, so daß schon der Gedanke daran mich deprimiert.«[56]

Vita indessen war berauscht von Mary. Am 14. September schlief sie mit ihr, obwohl der zehnjährige Nigel, der Grippe und hohes Fieber hatte, in einem kleinen Nebengelaß ihres Schlafzimmers lag. Zwei Tage später schrieb sie an Virginia, »Geh nicht ganz von mir fort. Ich brauche Dich mehr als Du weißt.«[57]

Virginia faßte plötzlich den Plan, eines Tages, in Form von historischen Skizzen, die Biographien all ihrer Freunde zu schreiben, zu deren Lebzeiten. »Vita würde Orlando sein, ein junger Edelmann.« Vita gestand sie, sie sei ›ziemlich melancholisch‹, »Aber ich gebe zu, ich würde Dich gern sehen. Dann würde ich Dir von meiner Melancholie erzählen und tausend anderen Dingen. Es ist die letzte Gelegenheit für eine Nacht, ehe die Londoner Keuschheit beginnt.«[58] – Sie nutzten diese letzte Gelegenheit.

›Orlando‹
oder
Die Rache der Schöpfung

Anfang Oktober überließ Vita den Campbells mietfrei ein Cottage, das zu Long Barn gehörte. Zur selben Zeit kam häufig Valerie Taylor zu Besuch, eine junge Schauspielerin und Freundin Clives, die in Vita verliebt war.

Virginia kehrte indessen nach London zurück, und am 5. Oktober hielt sie im Tagebuch fest, daß sie ihren letzten Artikel für die *Tribune* beendet habe und nun frei sei. »Und sofort kommen mir die üblichen aufregenden Einfälle in den Kopf: eine Biographie, die im Jahr 1500 beginnt und bis zum heutigen Tag fortgeht, genannt Orlando: Vita, nur mit einer Verwandlung von einem Geschlecht in das andere. Ich glaube, zum Vergnügen stürze ich mich da einmal eine Woche hinein.«[1]

Am nächsten Tag schrieb sie an Vita, »Wenn Du Lust hast, mich zu sehen – ich sage WENN – kann ich zu Hause sein, allein, morgen. [...] Ich bin furchtbar aufgeregt: ich werde Dir erzählen, warum.«[2] Sie konnte es ihr nicht erzählen, weil Vita Harold zum Tee mitbrachte, aber sie schrieb es ihr. Aus ihrem Brief geht auch hervor, daß Vita bei dieser Begegnung doch irgendeinen Augenblick des Alleinseins genutzt und Virginia etwas von ihrem Verhältnis zu Mary gestanden haben mußte. »Schau, Liebste, was für ein schönes Blatt das ist, und stelle Dir vor, wie es, wären da nicht der Wandschirm und Campbell, ganz bis zum Rand mit unglaublicher Liebeskunst angefüllt sein könnte, mit unerhörten Indiskretionen: statt dessen wird nichts gesagt werden, was eine Campbell hinter dem Wandschirm nicht auch hören darf. [...] Hier nun tut sich eine schreckliche Kluft auf. Millionen Dinge, die ich sagen möchte, können nicht gesagt werden. Du weißt warum. Du weißt, um welchen Preis – mit Campbell auf den Feldwegen wandernd – Du meine Liebesbriefe verkauft hast. Nun gut. Wir überspringen das also. [...] Gestern morgen war ich verzweifelt. Du weißt doch von diesem verdammten Buch, das Dadie und Leonard Tropfen für Tropfen meiner Brust entreißen [*Phases of Fiction*]? [...] Ich konnte mir nicht ein einziges Wort abringen und stützte schließlich den Kopf in die Hand, tauchte die Feder in die Tinte und schrieb die folgenden Worte, wie automatisch, auf ein sauberes Blatt: Orlando: Eine Biographie. Kaum hatte ich das getan, war mein Körper überflutet von Entzücken und mein Kopf von Ideen. Ich schrieb sehr rasch, bis 12. [...] Aber hör mal: angenommen, es stellt sich heraus, daß Orlando Vita ist und nur von Dir handelt und den Lüsten Deines Fleisches und den Verlockungen Deines Geistes (Herz hast Du keins, die Du Dich mit Campbell auf den Feldwegen herumtreibst –) angenommen, es gibt da den Schimmer von Realität, der sich meinen Figuren manchmal anheftet wie der Lüster an eine Austernschale (und das ruft eine andere Mary ins Gedächtnis), angenommen, sage ich, daß Sybil nächsten Oktober sagt, ›Ist doch Virginia hingegangen und hat ein Buch über Vita geschrieben‹, und Ozzie [Dickinson] hechelt das mit seinen tollen Kumpanen durch, und Byard [aus Vitas Verlagshaus Heinemann] lacht schallend. Wird Dir das etwas ausmachen? Sag ja oder nein. Deine Vortrefflichkeit als Sujet beruht hauptsächlich auf Deiner adligen Geburt (Trotzdem, was sind denn schließlich schon 400 Jahre Adel?) und der sich daraus ergebenden Gelegenheit für Unmengen blumiger Textpassagen. Außerdem möchte ich, wie ich zugebe, einige sehr sonderbare und widersinnige Strähnen in Dir entwirren: ausführlich auf die Frage Campbell eingehen; und außerdem, wie ich Dir erzählte, überfiel es mich, wie ich die Biographie über Nacht revolutionieren könnte: wenn es Dir also recht ist, würde ich dies gern in die Luft werfen und sehen, was geschieht. [...] Und Du kommst doch am Mittwoch, früher Nachmittag? Und Du schreibst mir doch, jetzt, augenblicklich, einen netten, ergebenen Brief voller Ehrerbietung und inniger Zuneigung? Ich lese [Vitas Buch] *Knole und die Sackvilles.*[3] Bei Gott, Du weißt viel, Du hast ein reichhaltiges, dämmriges Dachgeschoß von einem Verstand. Oh ja, ich will Dich sehr gern sehen.«[4]

Schon hier ist sehr deutlich, daß Virginia die Freundin mit *Orlando* in einem doppelten Sinn ›veröffentlichen‹ wollte: Vita sollte vor aller Welt erkennbar gemacht und ausgestellt werden – als reale Person und als Virginias Schöpfung.

Vita hatte nicht die leisesten Bedenken und war begeistert. Es war ihr bereits jetzt vollkommen klar, daß Virginia sich unter anderem an ihr rächen würde, und das gestand sie ihr schuldbewußt aus vollem Herzen zu: »Großer Gott, Virginia, wenn ich jemals entzückt und entsetzt war, so von der Aussicht, in die Gestalt des Orlando hineinversetzt zu werden. Welcher Spaß für Dich; welcher Spaß für mich. Weißt Du, jede Rache, die Du je nehmen willst, wird Dir verfügbar sein. Ja, vorwärts, wirf Deinen Pfannkuchen in die Luft, bräune ihn schön auf beiden Seiten, gieße Brandy darüber und serviere ihn heiß. Du hast meine uneingeschränkte Erlaubnis. Nur denke ich, daß Du, nachdem Du mich auf die Streckbank gelegt und gevierteilt, mich aufgerollt und wieder verflochten hast, oder was immer Du zu tun beabsichtigst, es Deinem Opfer widmen solltest. Und was für einen schönen Brief Du mir geschrieben hast, Campbell hin oder her. (Wie geschmeichelt sie wäre, wenn sie es wüßte. Aber sie weiß es nicht und wird es nicht erfahren.) Wie recht ich hatte, – nicht, daß ich viel Scharfblick gebraucht hätte – als mir bei Clive klar wurde, daß hier das äußerste ... was soll ich sagen? Du verlangst Ehrerbietung und innige Zuneigung, aber wenn ich schriebe, was ich wirklich denke, würdest Du bloß sagen, daß Vita ja wohl etwas dick aufträgt. Also setze ich mich besser nicht Deinem Spott aus. Aber wie recht ich hatte, trotz alledem, mich Dir in Richmond aufzudrängen und damit das in Gang zu setzen, was zu der Explosion führte, die hier auf dem Sofa hier in meinem Zimmer stattfand, als Du Dich so schändlich benahmst und mich auf immer erworben hast. Mich erworben, das hast Du, wie wenn man in einem Laden ein Hündchen kauft und es an einer Schnur wegführt. Trotte immer noch hinter Dir drein, und immer noch an einer Schnur. Vor aller Welt wie Pinker. [...] Ich wünschte, Du wärst hier. Die Tage und Nächte sind schön, wie nur der Herbst sein kann. [...] Mein Entzücken ist rein ästhetischer Natur, und ich bin eine Landpomeranze, brav, fleißig und liebevoll. Wie lange aber wird es dauern, bis ich ausbreche? Ich würde niemals ausbrechen, wenn ich Dich hier hätte, aber Du läßt mich unbewacht. Nun, nichts von alle dem hat irgendeine Bedeutung, also denke nicht, es hätte eine. Ich bin Virginias gutes Hündchen, klopfe mit dem Schwanz auf den Fußboden und bin empfänglich für einen freundlichen Klaps.«[5]

Virginia also sollte die Schuld daran tragen, wenn sie sich anderen Frauen zuwandte, – in Wahrheit längst zugewandt hatte. Dieser Vorwurf war weder fair noch taktvoll, aber er enthielt vielleicht ein Körnchen Wahrheit: Vita sprach manchmal davon, daß sie Menschen leicht vergesse, wenn sie von ihnen getrennt sei, auch wenn sie sich in den wildesten Gefühlsstürmen und mit Trauer von ihnen verabschiedet habe. Die Objekte ihrer Leidenschaft verloren ihre Realität, sobald sie ihr aus den Armen und den Augen gerieten. In der Phantasie, mit Virginia zusammenzuleben, sie ständig bei sich zu haben, steckte das Wissen, daß Virginia die Leere, die Vita in sich fühlte, das ›Stummgemachte‹, vielleicht hätte auflösen und Vita ›zu sich‹ hätte bringen können, aber Virginia war zu oft nicht erreichbar.

Vita wußte, daß Virginia ihr, obwohl sie ganz anders handelte, auf eine sonderbar verborgene Weise so ähnlich war wie niemand sonst, sie bis ins Innerste kannte und längst verstanden hatte, daß in dieser überlegenen Aristokratin noch eine andere Frau steckte, die ›anbetungswürdig und leidenschaftlich‹, aber auch ›dunkel und gequält‹ war. Harold sagte einmal über Vita, »Sie möchte gern, daß das Leben als eine Serie von *grandes passions* verliefe. Oder mindestens glaubt sie das.«[6] Und Virginia wußte, daß Vita sich mit diesen Leidenschaften unter anderem auch betäubte wie mit einem Suchtmittel. Ihre klugen Einsichten verhalfen ihr dazu, Vita weiterhin zu lieben, obwohl sie von Zeit zu Zeit von bitterer Eifersucht geschüttelt wurde.

Jetzt jedoch reagierte Virginia auf Vitas Anwürfe, sie ließe sie unbewacht und zwinge sie geradezu, ihr untreu zu werden, mit einem Brief, der zum Niederknien ist: vollkommen ehrlich, tieftraurig, monströs tapfer und voller Liebe. (Vita hatte eine Verabredung kurzfristig abgesagt): »›Ach, Gott sei Dank, Vita kommt nicht‹, sagte ich und legte das Telegramm mit einem Schnauben hin. ›Warum sagst Du das denn nun?‹ fragte Leonard und sah aus seinem Taschentuch auf. Worauf ich keine Antwort parat hatte; aber die wahre Antwort war: Weil meine Nase rot ist. Die armen Wolves [Wölfe] haben beide den Schnupfen. Meinen habe ich mir im Wartezimmer des Zahnarzts geholt: aber das ist unerheblich. Der springende Punkt ist, daß der Vorfall unsere Freundschaft symbolisiert. Nun denke sorgfältig darüber nach, was ich damit meine. Es liegt ein sterbender Farbton darüber: sie zeigt die hektischen Delphin-Farben des Zerfalls. Nie verlasse ich Dich, ohne zu denken, es ist das letzte Mal. Und die Wahrheit ist: wir gewinnen dadurch ebensoviel, wie wir verlieren. Da ich immer gewiß bin, daß Du am Donnerstag nächster Woche mit einer anderen auf und davon sein wirst, (Du sagst es ja selbst, schlechtes Geschöpf, am Ende Deines letzten Briefes, welches die Stelle ist, wo die Viper ihren Stachel trägt), da all unser Umgang von meiner Seite aus gesehen diesen Anflug von Melancholie hat und den Wunsch, weißnasig zu sein und Dich so einen halben Augenblick länger zu behalten, gewinnen wir vielleicht, wie ich sage, an Intensität, was uns an den nüchternen, behaglichen Tugenden einer anhaltenden und sicheren und respektablen und keuschen und kaltblütigen Freundschaft fehlt.«[7]

Ihre Prophezeiung, Vita werde sie über kurz oder lang zu alt finden und sie wegen einer jüngeren, feurigeren Geliebten verlassen, war eingetroffen, und ihr Heilmittel gegen den Schmerz dieses Verlusts war, wie immer, das Schreiben.

Orlando war von dem ›Spaß‹, der nebensächlichen Beschäftigung für eine Woche, die sie sich als Erholung gönnen wollte, zur Besessenheit geworden. »Seit zwei Wochen habe ich nichts, nichts, nichts anderes getan und mich etwas verstohlen, aber um so leidenschaftlicher auf ›Orlando: Eine Biographie‹ geworfen. [...] Ich erfinde beim Spazierengehen Sätze, sitze da und denke mir Szenen aus; kurz, ich bin mitten in dem größten Entzücken, das ich kenne.«[8]

Und in ihrem Brief an Vita begann sie das Spiel, das sie beide von nun an viele Monate lang beschäftigen würde: Sie fragte sie aus, entriß ihr Geheimnisse als Material für ihr Buch, hielt Vita in Atem, ohne ihr je zu sagen, wovon genau diese ›Biographie‹ handeln sollte: »Orlando wird ein kleines Buch, mit Bildern und ein oder zwei Landkarten. Ich erfinde es nachts im Bett, wenn ich durch die Straßen gehe, überall. Ich will Dich bei Lampenlicht sehen, in Deinen Smaragden. Wirklich wollte ich Dich noch nie so sehr sehen wie gerade jetzt – einfach dasitzen und Dich ansehen und Dich zum Reden bringen, und dann rasch und heimlich bestimmte zweifelhafte Punkte korrigieren. Über Deine Zähne zum Beispiel, und Deinen Charakter. Ist es wahr, daß Du nachts mit den Zähnen knirschst? Ist es wahr, daß Du es liebst, Schmerzen zuzufügen? Und was und wann war Dein Augenblick der größten Desillusionierung? [...] Bitte sag mir im voraus, wann Du kommen willst, und für wie lange: es sei denn, der Delphin ist inzwischen gestorben und seine Farben sind jene des Todes und der Verwesung. Wenn Du Campbell verfallen bist, will ich nichts mehr mit Dir zu tun haben, und so soll es aufgeschrieben werden, klar und deutlich, für alle Welt zu lesen, in Orlando. [...] Liebste Mrs. Nicolson, gute Nacht. V[irginia] (für Vita) – W[oolf] (für Campbell).«[9] Die wie beiläufig klingende Frage, »Ist es wahr, daß Du es liebst, Schmerzen zuzufügen?« zeigt, wie genau sie Vitas heimliche Neigung zum Sadismus erkannt hatte.

Einen Tag darauf erfuhr sie von Vita, daß Harold für die nächsten drei Jahre an die britische Botschaft in Berlin versetzt worden war. Vita war niedergeschmettert von dieser Entscheidung und zudem von der Entwicklung ihrer verschiedenen Liebesbeziehungen überanstrengt: Neben Mary war da nun auch noch die junge Schauspielerin Valerie Taylor, die sehr in sie verliebt war und sie manchmal bis spät in die Nacht besuchte. Auf einer Autofahrt mit ihr wurde Vita plötzlich von einer Halbblindheit und einer Gesichtsneuralgie befallen, die zwar nicht lange anhielten, aber ihren seelischen Zustand deutlich ausdrückten.

Die Nachricht von Harolds Versetzung machte auch Virginia unglücklich, und sie hoffte sehr, Vita würde nicht zu lange in Berlin sein müssen. Am Wochenende wollte sie mit Leonard nach Long Barn wandern und dann allein über Nacht bleiben, fürchtete aber, nachdem sie mit Vita deswegen telefoniert hatte, an Vitas Stimme wahrgenommen zu haben, daß dieser Besuch unpassend sein könnte und bat Vita inständig, niemals und unter keinen Umständen ›höflich‹ zu ihr zu sein. »Es wäre mir ganz entsetzlich, wenn ich Dir auch nur einen Augenblick lang zur Last fiele. Und Du würdest Deinen zärtlichen, armen Maulwurf [i.e. Virginia] durch nichts kränken, was Du sagtest oder tätest, außer wenn Du es zuließest, daß sie Dich langweilt.«[10]

Sie verbrachten das darauffolgende Wochenende zusammen, fuhren am Sonntag morgen nach Knole und hatten viel Spaß dabei, Bilder für *Orlando* auszusuchen. Es machte Virginia glücklich, dieses Buch zu schreiben, und es rettete sie aus den Finsternissen des Kummers. Indem sie Vita beschrieb, wurde sie ihrer habhaft. Indem sie ihr literarische Gestalt verlieh, machte sie sich Vita in einem tieferen und wirksameren Sinn zu eigen, als sie es ›im Leben‹ jemals hätte tun können:

Orlando beginnt sein Dasein als junger Hochadliger zur Zeit der Königin Elisabeth I., deren Günstling er wird. Der Jüngling hat starke literarische Neigungen, die ihn niemals verlassen werden. Er begegnet der russischen Prinzessin Sascha (Violet Trefusis), die er leidenschaftlich liebt. Sascha jedoch ist treulos, betrügt ihn und entschwindet an dem Tag, den Orlando zu ihrer gemeinsamen Flucht ausersehen hatte. Danach hat Orlando nur mehr leichtherzige Liebschaften mit leichtfertigen Damen, die ›Polly‹ und ›Prue‹,

›Kitty‹ und ›Rose‹ heißen. Er lebt durch die Jahrhunderte hindurch weiter, wird Botschafter in Konstantinopel, heiratet Rosina Pepita, eine Zigeunertänzerin (wie Vitas Großmutter), fällt während einer Revolution in eine tiefe, langanhaltende Bewußtlosigkeit und erwacht schließlich als junge Frau, die in das England des 18. Jahrhunderts zurückkehrt. Sie heiratet später den Seefahrer Marmaduke Bonthrop Shelmerdine, in dem sie soviel Weibliches entdeckt wie er in ihr Männliches, und bekommt einen Sohn. Ihre Ehe wird in ihrem Leben nicht weiter merklich, weil sich ihr Gatte fast nie zu Hause befindet, sondern gewöhnlich damit beschäftigt ist, das Kap Horn zu umsegeln.

Die ganze Zeit über hat Orlando das ihr wichtigste Werk bei sich getragen, *Die Eiche* (entsprechend Vitas *The Land*), mit dem sie im frühen zwanzigsten Jahrhundert einen Literaturpreis gewinnt und berühmt wird. Am Schluß des Romans ist sie eine moderne junge Frau und anerkannte Dichterin, die ›am heutigen Tag‹, dem 11. Oktober 1928, dem Erscheinungstag des Romans also, mit dem Auto von London nach Kent unterwegs ist, zu ihrem Schloß Knole, das ihr Virginia literarisch als ewigen, unanfechtbaren Besitz übereignet.

Virginia machte sich mit *Orlando* ein Abbild von Vita, das an deren Stelle treten konnte. Orlando wurde so teilweise zum kultisch verehrten Fetisch, teilweise zu einer Wachspuppe, wie Zauberinnen sie verwenden, um magischen Einfluß auf lebende Personen auszuüben. Virginia bildete Vita aus Worten neu, ›rekonstruierte‹ sie, betete sie an, decouvrierte sie, wie es ihr gefiel, und fügte ihrem Abbild auch, nach Art aller Zauberinnen, nicht wenige Nadelstiche zu, die die reale Person fühlen sollte.

Sie bekleidete Vita mit 400 Jahren Geschichte, ließ sie das Geschlecht wechseln, gleichnishafte Gestalt für die englische Aristokratie sein, und sie füllte das Buch mit einer Unzahl kleiner Anspielungen auf Dinge, die sie mit Vita gemeinsam erlebt hatte und die nur sie beide verstehen konnten, bis hin zu der kleinen Szene, in der sie Orlando am Kaminfeuer Rosinenbrötchen rösten läßt – ein Vergnügen, dem sie und Vita sich am Gaskamin in ihrem Schlafzimmer oft hingaben.

Orlando ist in diesem Sinn ein Schlüsselroman, dessen Schlüssel Virginia in Form von Fotos ihrer Geliebten und Abbildungen von Gemälden ihrer Ahnen aus Knole gleich mit beigab. – Leider wurden in den bisherigen deutschen Ausgaben alle Illustrationen weggelassen. Vom ästhetischen Standpunkt aus ist das begreiflich, denn besonders die Fotografien lebender Personen sind nicht alle gelungen. Doch gerade sie sind nach Virginias Absicht integrale Bestandteile des Buches und sollten daher künftig übernommen werden.

Sie verlieh Vita, indem sie sie so deutlich erkennbar machte und unwiderruflich mit Orlando verknüpfte, tatsächlich eine neue Identität, die ihr für den Rest ihres Lebens anhing: Vita berichtete später mehrfach darüber, daß die Damen, wo immer sie sich befand, stets darauf brannten, mit ›Orlando‹ sprechen zu können (wenn sie nicht sogar weitergehende Wünsche äußerten), und sie empfand ihre völlige Gleichsetzung mit Virginias Romanfigur nicht immer als problemlos.

Dieser Herbst, in dem sie *Orlando* schrieb, war, wie Virginia selbst sagte, der bisher glücklichste ihres Lebens: Sie war als Schriftstellerin etabliert; sie hatte endlich – mit 45 Jahren – soviel Geld, daß sie nicht ständig sparen und vorsichtig sein mußte. »... zum ersten Mal habe ich Geld ausgegeben, für ein Bett, einen Mantel, [...] und hatte neulich das köstliche Gefühl von Wohlstand, als ich [dem Butler] in Long Barn für eine Übernachtung 5 Shilling Trinkgeld gab.«[11]

Vita war in diesem Herbst weniger glücklich. Zwar erlebte sie mit Mary Campbell eine große Leidenschaft, aber die Situation in Long Barn wurde schwierig. Roy Campbell kränkelte zu jener Zeit häufig, war deprimiert, konnte nicht arbeiten und trank zuviel, vor allem wenn er mit Freunden wie dem Maler Augustus John nach London fuhr und nächtelang durch die Kneipen zog.

Roy Campbell selbst sagt in seiner Autobiographie sinngemäß, er sei zu jener Zeit ein Adonis und unbesiegbarer Athlet gewesen, und gibt in derselben Schrift auch Proben des mannhaften Verhaltens, das er Mary gegenüber zu Beginn ihrer Ehe bewiesen hatte: »Obwohl wir sehr glücklich waren, hatten meine Frau und ich öfter Streit, weil meine Vorstellungen von der Ehe altmodisch sind, was den weiblichen Gehorsam betrifft. [...] Jede Ehe, in der die Frau die Hosen anhat, ist eine ungehörige Farce. Um ihre Illusionen zu erschüttern, hing ich sie aus dem Fenster unseres Zimmers im vierten Stock, damit sie etwas Respekt vor mir bekam.«[12] Er vergißt zu erwähnen, daß er bei dieser Gelegenheit deshalb so in Wut geriet, weil Mary ihm von der körperlichen Schönheit ihrer früheren Geliebten vorgeschwärmt hatte.

Über das Zusammentreffen mit Vita und Harold schreibt er, »Wir kamen fast ohne einen Pfennig mit unseren beiden Kindern an, mieteten ein kleines Cottage und brachten es irgendwie fertig, zu viert von £ 15 im Monat zu leben. Damals traten wir dann in die komisch-schmutzigste und albernste Periode unseres Lebens ein. Wir waren sehr dumm, unsere unsichere Freiheit in dem winzigen Cottage gegen die vorgebliche Gastfreundschaft eines der großen Häuser Englands aufzugeben, das sich als ein Mittelding zwischen einer psychiatrischen Klinik und einem vornehmen Bordell erwies. ›Bewunderung‹ für meine Dichtung war der Vorwand für den Versuch, unsere Armut auszubeuten. Nachdem man uns unsere Havelock-Ellis-Bände ausgehändigt hatte, die Bibel unserer Gastgeber, einen Führer zu den verrücktesten und wirrsten Perversionen, hatte ich bald keinen Zweifel mehr daran, auf welchen Bedingungen diese ›Gastfreundschaft‹ beruhte. [...] Dieser kurze Aufenthalt auf dem Lande in England versah uns mit einer Schutzimpfung, die uns für den Rest unseres Lebens gereicht hat. [...] Ich denke, daß ich während dieser ganzen farcenhaften Komödie mit der größten Ritterlichkeit handelte.«[13]

Es muß sich ihm da in der Erinnerung einiges verklärt haben: Am 6. November eröffnete er Vita und Mary, er wisse Bescheid über ihre Beziehung; am nächsten Tag betrank er sich bis zur Besinnungslosigkeit und ging mit einem Messer auf Mary los. Vita versuchte ihn zu beruhigen und traf ›gewisse Abmachungen‹ mit ihm, die ihren Umgang mit Mary beschränkten, worüber diese todunglücklich war. Der Streit und die Gewalttätigkeiten – Mord- und Selbstmorddrohungen – setzten sich tagelang fort und müssen vor allem für die kleinen Töchter der Campbells schrecklich gewesen sein. Vita litt ebenfalls. »Rief in völligem Elend bei [Dottie] an.«[14]

Wenige Tage später fuhr Vita zu Virginia und beichtete ihr die ganze fürchterliche Geschichte. Virginia sprach sehr ruhig mit ihr, aber rückhaltlos. »›Ich hasse es, wenn man mich langweilt‹ sagte ich über ihre Campbells und Valerie Taylors, und das bedeutete, so glaubte sie, daß ich ihrer überdrüssig sei.«[15]

Vita weinte bitterlich. Sie war noch lange danach niedergeschlagen von diesem Gespräch und schrieb ihr, »Ich bin so tief unglücklich gewesen seit gestern abend. Plötzlich hatte ich das Gefühl, daß mein ganzes Leben ein Fehlschlag war, weil ich unfähig scheine, auch nur eine einzige vollkommene Beziehung zu gestalten. – Was soll ich diesbezüglich tun, Virginia? Willensstärker sein, nehme ich an. Nun gut, jedenfalls werde ich keine weiteren Fehler begehen! Mein Liebling, ich bin Dir dankbar; Du hattest vollkommen recht mit dem, was Du sagtest; es hat mir einen Ruck gegeben; ich lasse mich zu leicht treiben. Aber schau: denke daran und glaube mir, daß Du mir etwas absolut Lebenswichtiges bedeutest. Ich übertreibe nicht, wenn ich sage, daß ich nicht weiß, was ich täte, wenn Du mich nicht mehr gern hättest, – ärgerlich wärst, – gelangweilt. [...] Liebling, verzeih mir meine Fehler. Ich hasse sie selbst an mir, und ich weiß, daß Du recht hast. Aber sie sind alberne, oberflächliche Dinge. Meine Liebe zu Dir ist absolut wahr, lebendig und unabänderlich –«[16]

Virginia war fast reumütig in ihrer Antwort: »Liebstes Wesen, Du gibst mir das Gefühl, ein rechtes Scheusal zu sein – und das wollte ich nicht. Man kann den Klang seiner Stimme nicht regulieren, nehme ich an, denn nichts von dem, was ich sagte, konnte Dich eigentlich auch nur eine halbe Sekunde lang unglücklich machen – außer, daß Du nicht anders kannst, als die hoffnungslosen Fälle an Dich zu ziehen – Und das kannst Du auch wirklich nicht, und es ist nicht Deine Schuld, oder nur teilweise. Und ich bin halb, oder zu einem Zehntel, eifersüchtig, wenn ich Dich mit den Valeries und den Marys sehe: also kannst Du das in Abzug bringen. Und mehr gibt es dazu nicht zu sagen, soweit es mich angeht. Es macht mich glücklich, zu denken, *daß* Du mich magst, denn oft komme ich mir selbst alt, reizbar, verdrossen, schwierig (wenn auch charmant) vor und beginne zu zweifeln. Doch genug von diesen Grillen. [...] Alles Liebe, meine liebe Honey, Deine Virginia.«[17]

Vita war nach dem Gespräch mit ihr so verstört, daß sie sich an Harold wandte, den sie erst jetzt über die wahre Natur ihres Verhältnisses zu Mary Campbell aufklärte. Harold versuchte sie zu trösten und meinte, sie habe doch durchaus die Gabe zu dauerhaften Beziehungen, zu ihm zum Beispiel oder zu Dottie. Aber hier mußte Vita ihn enttäuschen. »Du hast keine Ahnung, wie unglücklich ich Dotz gemacht habe. Nein, Liebling, Dein Mar ist der geborene Wirrkopf. Weder das eine noch das andere, nicht charakterstark genug, um entweder enthaltsam oder ausschweifend zu sein. Das Resultat ist ein einziger Schlamassel, und niemand hat etwas davon.«[18]

Die Beziehung zu Mary Campbell war ein Kreuzweg in Vitas

Leben, und es ist traurig, mitanzusehen, wie wenige neue Handlungsmöglichkeiten sie aus ihren Einsichten gewann. Sie konnte nicht ›willensstärker‹ sein, und sie mußte ›weitere Fehler‹ begehen, weil sie nicht sah – oder sich der Einsicht verweigerte – daß sie einer Chimäre nachjagte.

Von jetzt an bis zum Ende ihres Lebens hatte sie immer neue Liebesbeziehungen, die fast alle nach einem sehr ähnlichen Schema von Verführung, leidenschaftlichem Rausch und Überdruß abliefen und sich aus der Distanz betrachtet ein wenig zwanghaft ausnehmen.

Vitas Untreue brachte Virginia keineswegs dazu, sich von ihr zu entfernen oder sie weniger zu begehren. In den kommenden Monaten war sie manchmal melancholisch, wenn sie an sie dachte und ihr schrieb, aber meist ebenso verliebt und verspielt erotisch in ihren Andeutungen wie immer. »Lunch ist zwar unromantisch: trotzdem besser als nichts; ich erwarte also, daß Du um 1/4 vor 1 am Montag hier erscheinst, und wir gehen zum Lunch aus oder essen hier und opfern den Nachmittag — der Liebe, nicht dem Verlag, falls Vita für Liebe steht, was ich bezweifle.«[19]

Und Vita schrieb ihr aus Oxford, wo sie diesmal einen Vortrag gehalten und das Ganze sehr anstrengend gefunden hatte, »Ich fragte mich, warum Du damals nicht müder warst? Ich kam mir vor wie ein ausgetrockneter Schwamm – aber ich erinnerte mich, daß Du so munter warst wie eine Grille ... wie ich wünschte, Du wärst da. Es stand mir alles wieder mit schmerzhafter Lebendigkeit vor Augen. Warum haben wir nicht mehr Dinge, auf die wir zurückblicken können? Die ganz wenigen Tage, die wir außerhalb Londons zusammen erlebt haben, heben sich für mich mit genau dem Unterschied hervor, der zwischen der stereoskopischen Photographie, die ich Dir zeigte und einer normalen Photographie besteht. [...] Und am allerwichtigsten: wann kommst Du? Das ist nicht nur wichtig, sondern lebenswichtig. [...] Erwäge das, weil ich wirklich das Gefühl habe, daß es *dringend* ist. Du vielleicht nicht, aber ich. Ich will unbedingt, daß Du kommst.«[20] Und sie war mitten in ihrer tumultuarischen Leidenschaft für Mary Campbell fähig, an Virginia zu schreiben, »... liebste, liebste Virginia – Du weißt nicht, wie sehr ich Dich liebe – wie tief – und wie dauerhaft.«[21]

Anfang Dezember dichtete sie an einem einzigen Tag elf leidenschaftliche Sonette an Mary und schrieb darüber an Harold, »Unglücklicherweise sind sie so b. s. [homosexuell], daß man sie unmöglich drucken kann. Aber ich spüre, daß sie als eine Art Katharsis für eine Menge angestauter Gefühle gedient haben.«[22]

Virginia glaubte an Vitas unwandelbare Liebe zu ihr und zog sich nicht zurück: »Soll ich am Samstag kommen und über Nacht bleiben? – scheint die einzige Gelegenheit zu sein. [...] Denke an Virginia. Vergiß alle anderen. Würdest Du, wenn ich Dich anriefe, sagen, daß Du mich gern hast? Wenn ich Dich sähe, würdest Du mich küssen? Wenn ich im Bett läge, würdest Du —? Ich bin heute abend ganz aufgeregt wegen Orlando: habe am Kaminfeuer gelegen und mir das letzte Kapitel ausgedacht.«[23]

Mitte Dezember besuchte Vita Harold auf ein paar Tage in Berlin und mußte sich vor ihrer Abreise mit Mary Hutchinsons glühendem Wunsch auseinandersetzen, ihre letzte Nacht in London mit ihr zu verbringen. »Ich werde Dich um Mitternacht treffen, wo immer Du willst.«[24]

Wenig später schickte Virginia Vita einen Scheck, um eine kleine Schuld zu begleichen: Sie besaß, mit fast sechsundvierzig Jahren, seit einigen Wochen das erste eigene Konto und das erste Scheckbuch ihres Lebens. »Hier hast Du 12/6. Ich schreibe gern Schecks aus; es gibt mir das Gefühl, mehr wie andere Frauen auch zu sein.«[25] Und Vita verstand sie: »Ich habe Deinen Scheck eingelöst, nicht weil ich die 12/6 haben wollte, sondern weil ich mir dachte, Du würdest Dir dann noch mehr wie eine wirklich erwachsene Person vorkommen. [...] Du kommst doch nach Long Barn, ja? Und nicht in puritanischer Gemütsverfassung?«[26]

Der Beginn des neuen Jahres 1928 brachte Vita viel Kummer; ihr Vater erkrankte schwer und starb unter großen Schmerzen am 28. Januar, erst dreiundsechzig Jahre alt. Virginia schrieb an Vanessa, »Meine arme, liebe Vita ist jetzt sehr unglücklich: Lord Sackville ist gerade gestorben. Die große Leidenschaft ihres Lebens ist Knole, glaube ich, das jetzt einem Onkel mit einer abscheulichen amerikanischen Frau gehören wird, und ich denke mir, Vita wird sich ausgestoßen vorkommen – Und sie hat ihren Vater sehr geliebt.«[27]

Virginia verstand, was Vita durchmachte; sie hatte nicht nur ihren Vater verloren, sondern auch das Recht, sich in Knole aufzuhalten. Ihr Vetter Eddy würde der künftige Erbe sein, was sie als besonders perfide Ungerechtigkeit des Schicksals empfinden mochte, denn Eddy war so ausschließlich homosexuell, daß er niemals heiraten und für den geforderten Leiberben sorgen würde, während Vita immerhin zwei Söhne hatte. Vita verschickte die Todesanzeigen, bereitete die Beerdigung ihres Vaters vor, tröstete seine Geliebte, Olive Rubens, und verließ das nun für sie verlorene Knole hinter dem traditionell von Karrenpferden gezogenen Wagen, der den Sarg Lord Sackvilles in die Familiengruft in Withyham brachte.

Virginia verschwieg ihr, daß sie mit schwerem Kopfweh im Bett lag, und schrieb, »Mein Liebling, Du weißt, wann immer Du jetzt kommst, werde ich überglücklich sein, Dich zu sehen. Ich habe keine Verabredungen, und wenn ich welche hätte, würde ich sie absagen. Aber erwäge doch, Honey – willst Du mich nicht stattdessen lieber zu Dir kommen lassen, und Du bleibst ruhig im Bett und läßt mich Dir etwas vorschwatzen über das Leben in den Tropen oder ein ähnliches Thema, und Du könntest mir die Haare schneiden [...]. Du mußt jetzt so müde sein – so schrecklich müde nach dieser Anspannung. Und ich gehorche Deinem leisesten Wink, wie Du weißt. Oder vielleicht weißt Du es nicht, in Deiner unüberwindlichen Bescheidenheit. Aber ich bete Dich wirklich an – alles an Dir von Kopf bis Fuß. Niemals wirst Du mich abschütteln, wie sehr Du es auch versuchst. Gott – wie sehr ich wünschte, wir wären so beschaffen, daß wir einander helfen könnten. Aber dort bist Du nun, ganz allein, und ich kann nichts tun. Wenn es jedoch hilft, von Virginia geliebt zu werden: das tut sie wirklich; und wird es immer tun, und bitte glaube es – Und ruh Dich aus, und sei vorsichtig, und schreibe keine Briefe.«[28]

Vita war bewegt von diesen unverhüllten Liebesworten, die bei Virginia so selten waren. »Ich glaube, ich fahre am Montag [nach London]; soll ich dann zu Dir kommen? am Abend. Ich verspreche, nicht düster zu sein – und wenn Du irgendwann nächste Woche über Nacht herkommen würdest, fände ich das am allerschönsten. Das brauche ich Dir aber nicht erst zu sagen. [...] Liebling, ich liebe Dich so sehr, und Du bist so lieb zu mir. Ich möchte Dich so gern sehen —«[29]

Vita kam am Montag; Virginia tröstete sie und heiterte sie auf, indem sie sich einen neuen Namen gab: sie war jetzt neben allem anderen auch noch ›Potto‹, nach einer afrikanischen Lemurenart, – ein kleiner Halbaffe mit rundem Kopf und großen Augen.*

* Potto (*perodicticus potto*), auch Buschbär, Baumbär oder Softly-Softly [Sachte-Sachte] genannt. Der Potto ist ein sich sehr langsam bewegender, nachtaktiver Baumbewohner.

Virginias zoologische Begrifflichkeit war jedoch so elastisch, daß ›Potto‹ auch Züge eines kleinen Hündchens annehmen konnte, das mit dem Schwanz wedelte, wenn es fröhlich war und an Räude oder Staupe erkrankte, wenn es trauerte.

Virginia sah Vita in der nächsten Zeit sehr oft; sie nahm sich sogar die Zeit, auf einige Stunden nach Long Barn zu fahren, um Vita beizustehen, die mehr als dreihundert Kondolenzbriefe beantworten mußte. »Ich komme morgen um 1.12 in Sevenoaks an – das scheint der einzige Zug zu sein – und bleibe bis 6.30, also fürchte ich, Du mußt mir nicht nur ein Hefebrötchen zum Tee, sondern auch einen Knochen zum Lunch geben. Ruf an, wenn es aus irgendeinem Grund nicht paßt. Aber ich habe Sehnsucht nach Dir, und wir könnten draußen in der Sonne sitzen; jedenfalls reden, reden, reden, und übrigens heiße ich jetzt Bosman's Potto, *nicht* V. W., nach allgemeiner Übereinkunft – ein vornehmerer Name, findest Du nicht? Volltönender. Hast Du geschlafen? Hast Du geträumt? Wie geht es Dir?«[30]

Mary verschwand während Virginias Besuch von der Bildfläche. Vita war unendlich dankbar, daß Virginia kam. »Mein Liebling, ich glaube, Du bist nicht nur die intelligenteste, sondern auch die netteste Person, die ich kenne. Ich werde nie vergessen, wie lieb Du zu mir gewesen bist. Du hast nur einen ernsthaften Rivalen in meinen Gefühlen, und das ist Bosman's Potto. Ich muß sagen, er ist unwiderstehlich, und das bist Du auch, – nicht, daß ich je groß versucht hätte, Dir zu widerstehen, von jenem Abend an, als Du Dich so skandalös benahmst, bis zum heutigen Tag. [...] Ich liebe Dich *wirklich.*«[31] Das tat sie, obwohl ihre Liebesgeschichte mit Mary Campbell gleichzeitig immer noch sehr feurig war und sie sich Tag und Nacht trafen.

Vitas Mutter hatte sich nach dem Tod ihres Mannes, von dem sie zwar seit langem getrennt lebte, aber nicht geschieden war, geweigert, zur Beerdigung zu kommen und Vita und Harold zu sehen. Sie machte jetzt die widerwärtigsten Szenen, und Virginia hoffte von Herzen, sie werde ›diesem Verhalten, das nur in einem elisabethanischen Drama erträglich wäre, ein Ende setzen, indem sie sich den Hals mit einem Dolch durchbohrt oder zermahlenes Glas trinkt‹.

Virginia war noch einmal in Long Barn zu Gast, und dann fuhr Vita für einen Monat zu Harold nach Berlin. Sie wechselte täglich Briefe mit Mary Campbell, besuchte das Planetarium, Sanssouci, das Sechstagerennen, begann Rilke zu übersetzen, traf sich mit amerikanischen JournalistInnen in der Bar des *Hotel Adlon*, würde bald mit Harold nach Dänemark fahren und dort Vorträge über Dichtung halten und lernte Else Lasker-Schüler kennen: »Sehr groß und dunkel, mit Massen von unordentlichem, lockigem schwarzem Haar, schmückt sie ihre Person offenbar mit allen Kleidungsstücken ihrer Garderobe gleichzeitig. [...] Gewöhnlich spricht sie ein geläufiges und scheußliches Französisch und nährt eine posthume und ganz und gar sapphische Leidenschaft für die Lady of Shalott.[32] Sie ist meine einzige Unterhaltung und Erholung in dieser tristen Stadt, zusammen mit einer anderen Dame, deren Moral ich stark mißtraue.«[33] Die Dame mit der zweifelhaften Moral war Margaret Goldsmith-Voigt, Schriftstellerin, Literaturagentin und binnen kürzester Zeit Vitas neueste Geliebte.

Ihre Tage hätten mit alldem eigentlich ausgefüllt sein müssen. Aber sie fand Berlin öde, wirr und schrecklich. – Es *war* öde, wirr und schrecklich; Dix, Beckmann und George Grosz haben gemalt und gezeichnet, was sich damals, zehn Jahre nach dem Ende des ersten Weltkriegs, nicht lange nach der schlimmsten Inflationszeit, dem Auge aufdrängte: grelles Protzentum neben entsetzlicher Armut, kreischende Lustbarkeiten, Drogentaumel und tiefste Depression.

Vita besuchte einige Homosexuellenbars, unter anderen auch das *Eldorado*, von dem ihr Harold schon geschrieben hatte: »An der Bar saßen viele billig aussehende Frauen in Abendkleidern. Man brauchte einige Zeit, um zu merken, daß sie Männer waren und keine Frauen. Es waren auch eine Menge rüstiger Burschen in Knickerbockern da, und man brauchte einige Zeit, um zu merken, daß sie Frauen waren und keine Männer. Wir saßen an einem Tisch und tranken Bier. Ich war ziemlich schockiert und angeekelt; diese Leute tanzten miteinander.«[34] Harold konnte dem Treiben ›dieser Leute‹ nie etwas abgewinnen, und es unterschied sich ja auch wirklich sehr von den Lebensformen der ihm gemäßen homosexuellen Kreise, die sich aus Angehörigen der Oberschicht zusammensetzten, welche ihre Ausbildung in den Privatschulen Eton oder Harrow und den Universitäten Cambridge oder Oxford genossen hatten.

Vita fühlte sich in Berlin unter anderem deshalb so unwohl, weil Harold beschlossen hatte, unbedingt irgendwo Botschafter zu werden, und ihr graute vor dem Schicksal einer Diplomatengattin.

An Virginia schrieb sie: »Ich habe das Gefühl, der nächste Mann, der mir die Hand küßt, kriegt eine Ohrfeige. [...] Das ist mein Leben. Nicht so aufregend wie Deins, zweifellos, aber ich denke viel an Virginia. [...] Orlando, so überlege ich mir mit Freuden, zwingt Dich, wohl oder übel einiges an Zeit mit mir zu verbringen. Liebling, ich liebe Dich sehr.«[35]

Virginia, die kurz vor der Beendigung der ersten Fassung von *Orlando* stand, war vom Schreiben so aufgeregt, daß sie abends ein Schlafmittel nehmen mußte. Vor kurzem hatte sie noch an Vita geschrieben, »Warum den Dänen eine Vorlesung über Dichtung halten, wenn Du Virginia (die ganz Kopenhagen wert ist) eine praktische Demonstration in der Kunst der Liebe geben könntest? [...] Ich vermisse Dich sehr. Es gibt keinen Fischhändler und Tümmler in meinem Leben ohne Dich. [...] Übrigens, glaubst Du, daß ich Dich kenne? Intim? Eine Frage, die ich mir morgen früh stellen werde — Du fährst [in *Orlando*] nach Knole hinunter, und während Du dahinfährst, enthüllst Du die tiefgründigste und geheimste Seite Deines Charakters. [...] Gute Nacht jetzt. Ich bin so schläfrig von dem Chloral, das in meinem Rückgrat simmert, daß ich weder schreiben noch aufhören kann – ich fühle mich wie ein Nachtfalter, mit schlaftrunkenen scharlachroten Augen und einem weichen, flaumigen Umhang — ein Nachtfalter, der eben dabei ist, sich in einem süßen Busch niederzulassen — ich wollte, es wäre — ah, aber das ist unschicklich.«[36]

Als sie Vitas Brief erhielt, wurde sie jedoch mehr als hellhörig. Sie wußte ganz genau, was die Erwähnung der ›Dame mit der zweifelhaften Moral‹ zu bedeuten hatte, die ihr Vita zu allem Überfluß auch noch als Agentin für die Vermittlung der deutschen Übersetzungsrechte ihrer Bücher empfahl. Virginia bat ziemlich unwirsch, Vita möge ›ihrer Busenfreundin Mrs. Voigt‹ sagen, daß sie bereits beim Insel-Verlag unter Kontrakt sei. Dann schrieb sie mit der Schreibmaschine ›ORLANDO IST FERTIG!!!‹ und fuhr handschriftlich fort, »Hast Du am letzten Samstag um 5 Minuten vor eins so einen kleinen Ruck gespürt, als ob Dein Genick gebrochen würde? Da starb er — oder eher: hörte auf zu reden, mit drei kleinen Punkten ... [...] Die Frage ist jetzt, werden sich meine Gefühle für Dich verändern? Ich habe all diese Monate in Dir gelebt — nun komme ich wieder heraus, und wie bist Du wirklich? Gibt es Dich? Habe ich Dich erfunden?«[37] – Orlando stirbt am Ende ihres Buches keineswegs, aber Virginia konnte es sich nicht verkneifen, der treulosen, flatterhaften Vita wenigstens brieflich den Kopf mit einem letalen Knacken zurechtzurücken.

Wenn Vita zurückkehrte, würde Virginia nicht in England sein. Sie befand sich bereits im Aufbruch nach Frankreich, und diesmal würden sie und Leonard die ganze Strecke in ihrem Wagen fahren. »Liebstes Wesen, schicke mir einen langen, schönen Brief nach Cassis. Ich bin ziemlich deprimiert. Orlando so schlecht. Kann nicht schreiben. Kann lieben, aber Vita ist ja fort. Werde sie so ewig lange nicht sehen. Aber bitte finde mich weiterhin charmant und schreibe mir.«[38]

Vita verabschiedete sich in Berlin von Margaret Voigt, die bald nach Long Barn kommen sollte, und fuhr nach Hause. Bei ihrer Ankunft in London traf sie sich sofort mit Mary Campbell, die sich vorübergehend von Roy getrennt hatte, und verbrachte die Nacht mit ihr in einem Hotel. Am 2. April fuhr Vita zu Dottie, die sich gerade den alten Landsitz Penns-in-the-Rocks in Sussex gekauft hatte. Dann kamen ihre Söhne in den Osterferien nach Hause, und sie empfand sie als schrecklich störend, weil sie sich nicht selbst beschäftigten und ›ständig Unterhaltung verlangten‹. Vita mochte nicht wahrnehmen, daß diese armen Jungen in ihren Ferien einfach etwas Zuwendung von ihrer Mutter haben wollten, die sie so selten sahen und die sich durch ihre Gegenwart in ihrer Bewegungs- und Liebesfreiheit eingeengt fühlte. Sie löste das Problem, indem sie die junge Audrey le Bosquet engagierte, die die Jungen während der Ferien betreute und in der übrigen Zeit als Vitas Sekretärin fungierte.

An Virginia in Cassis schrieb Vita, »Du hast mir einen großen Schrecken eingejagt mit Deinen Bemerkungen ›Gibt es mich, oder hast Du mich erfunden?‹. Ich habe das immer vorausgesehen, sobald Du Orlando niedergemacht haben würdest. Na gut, ich sage Dir eins: wenn Du mich jetzt, wo Orlando tot ist, auch nur eine Winzigkeit weniger gern hast, – nein, – *liebst*, wirst Du mich nie wieder zu Gesicht bekommen, höchstens ganz zufällig auf einer Party bei Sybil. Ich *will* nicht fiktiv sein. Ich will nicht nur als Astralleib geliebt werden, oder nur in Virginias Welt. Also schreib schnell und sage, daß ich noch real bin. Gerade jetzt fühle ich mich sehr real [...]. Kommst Du zu mir, wenn Du wieder hier bist? Wann wird das sein? Hast Du Potto mit nach Cassis genommen, oder ihn in Tavistock Square gelassen? Hat er sich im Auto gefürchtet?«[39]

Virginia schrieb ihr von unterwegs. Sie saß auf einem harten Stuhl in einem schlechten Hotel in Orange und hatte Angst, das Bett werde voller Ungeziefer sein. »Aber alle anderen Gasthäuser waren göttlich. Sogar hier habe ich eine Flasche Wein zum Dinner getrunken, und die Welt bewegt sich in meinem Kopf sachte auf und nieder. Angenommen, man tränke jeden Tag Wein, zu jeder Mahlzeit – was für eine verzauberte Welt! Jetzt vergesse ich das Ungeziefer und den Regen: Ich denke an Vita in Long Barn, ganz Feuer und Beine und schöne Bewegungen wie ein junges Pferd, das ausschlägt.«[40]

Virginia fühlte sich unendlich wohl auf der Reise, obwohl Leonard ihr nicht erlaubte, ihn am Steuer des ›Regenschirms‹ abzulösen. (Sie, die doch so stolz auf ihre Fortschritte im Autofahren gewesen war, hatte irgendwann den Wagen mitten durch eine Hecke gelenkt; dem Gefährt war nichts geschehen, doch ihr Selbstvertrauen hatte Schaden genommen, und wie es scheint, ermutigte sie niemand, trotzdem weiterzufahren. Ihre Hoffnung, ›Mit meinem Wagen werde ich mobiler sein‹, die sie eineinhalb Jahre zuvor gehegt hatte, war damit zunichte gemacht.) Virginia erholte sich und sog die Ausblicke und Landschaften in sich ein. »Aber eines Tages müssen wir das alles zusammen machen, Vita, meine Liebe, es sei denn, Du bist – und ich glaube, alle meine Freunde sind das – ein Mythos, etwas, das ich geträumt habe. In jeder Stadt kaufe ich ein Buch und lese es im Bett – es geht mir ausgezeichnet. Seit einer Woche habe ich keine Zeitung gelesen und keinen Brief bekommen. Es ist also ein hübscher Beweis meiner Zuneigung, wenn ich feststelle, wie meine Gedanken sich auf Dir niederlassen wie ein Schmetterling auf einem heißen Stein. [...] Ich schreibe Dir aus Cassis. Dies hier ist nur ein Aufwallen der Zuneigung, das dumm und unverständlich ist, jedoch aus Pottos Herzen emporgestiegen. Sag mir, ob Du mich gern hast.«[41]

Orlando zu schreiben hatte sie befreit, ihr Vita in die Hand gegeben und ihr erlaubt, sie aus einer gewissen Distanz zu betrachten, liebevoll, amüsiert und ziemlich melancholisch. Dennoch litt sie von jetzt an oft unter dem Gefühl, menschliche Beziehungen seien in Wahrheit irreal, ein Phantom, eine Einbildung, auf die man sich nicht verlassen dürfe.

Am 11. April war sie auf dem Heimweg, der sich abenteuerlich gestaltete: in den Bergen gerieten sie in einen Schneesturm, hatten zu allem Überfluß auch noch dreimal eine Reifenpanne, und Leonard mußte die Schläuche flicken. Aus Aurillac schrieb Virginia, »Ja — Du hast Orlandos Tod überlebt [...] Ja, ich möchte Dich sehr gern sehen — Ja, ich habe Dich sehr gern — Ja ja ja. Potto ist hier. [...] Es [i.e. die Reise] ist alles ein Riesenspaß — Wir müssen, müssen das zusammen machen.«[42]

Vorerst aber kam sie nach London zurück und wurde augenblicklich mit einer Unzahl von Pflichten und Einladungen konfrontiert – und mit einem traurigen Ereignis: Am Morgen nach ihrer Rückkunft ging sie mit Leonard in bitterkaltem Wind und Regen über einen Kirchhof in Bloomsbury, als ihnen zwei Frauen begegneten. »Wir sahen Hope [Mirrlees] und eine dunkle, kultivierte Frau. Aber sie gingen weiter, an uns vorbei, mit dem Aufflakkern eines Blicks. Im nächsten Augenblick hörte ich ›Virginia‹ und drehte mich um, und da kam Hope zurück — ›Jane ist gestern gestorben‹ murmelte sie, halb schlafend, aufgewühlt, außer sich. Wir küßten uns wegen Janes Tod, neben dem Grab von Cromwells Tochter, wo Shelley immer spazierenging. [...] Hope hatte die Farbe von schmutzigbraunem Papier.«[43] Hopes Freundin, die Altphilologin Jane Harrison, war im Alter von siebenundsiebzig Jahren gestorben, und die achtunddreißig Jahre jüngere Hope war tief verzweifelt. Virginia versprach ihr, zu Janes Beerdigung zu kommen.

Mit Vita, die zum ersten Mal im Rundfunk sprechen sollte, verabredete sie sich für den 18. April und trug ihr auf, verschiedene Fotografien und ihr Wappen für *Orlando* mitzubringen. »Darf ich zu der Rundfunkübertragung mitkommen? Und ist es nicht ein Elend, daß Du Dir nichts mehr aus mir machst? — ich habe ja immer gesagt, daß Du ein promiskuöses Scheusal bist — Ist es wieder eine Mary, oder diesmal eine Jenny, oder eine Polly? Hm? Die Wahrheit wird mit allen Mitteln aus Dir herausgeschaufelt werden. Soll ich vielleicht zulassen, daß ich mir wegen einer Frau das Herz zuschanden mache, die mit jedem Mädchen aus einem Wirtshaus geht?«[44]

Als Vita kam, wurde sie vorerst allerdings nicht über ihre gegenwärtigen Amouren ausgefragt, denn sie war in einem erbarmungswürdigen Zustand: Während Vita am Morgen in der Kanzlei der Familienanwälte gesessen und einige Erbschaftsangelegenheiten besprochen hatte, war ihre Mutter gekommen und hatte Vita herausrufen lassen. Sie beschuldigte sie, sie bestohlen zu haben, und verlangte zwölf Perlen aus ihrer Kette zurück, die Vita im Beisein der Rechtsanwälte an Ort und Stelle herausschnitt und ihr gab. Damit war B.M. jedoch keineswegs zufrieden. Sie schrie und tobte, schüttelte die Fäuste vor Vitas Gesicht, nannte sie ›Diebin‹ und ›Lügnerin‹ und führte sich fast zwei Stunden lang auf wie eine Irrsinnige. »Sie schrie, daß sie mich hasse und wünschte, daß ich stürbe — wünschte tatsächlich, daß ich noch am selben Tag überfahren und getötet würde.«[45] Lady Sackville beschimpfte ihren verstorbenen Mann, entzog Vita ihre jährliche Apanage von £ 2.400 [was sie nach dem Gesetz gar nicht konnte] und kreischte schließlich Verwünschungen gegen Harold, worauf Vita ein Taxi anhielt und davonfuhr.

Virginia versuchte sie zu trösten, ging mit ihr in den Zoo und kommentierte die Ereignisse mit dem ermutigenden Satz, immerhin sei doch das Leben nicht ereignislos, und Vita zeigte sich stolz und wild entschlossen, keinen Penny mehr von ihrer Mutter anzunehmen und künftig vom Schreiben zu leben. Abends begleitete Virginia sie zur BBC; danach tranken sie Kaffee, und schließlich fuhr Vita zurück nach Long Barn, zu Mary Campbell.

Inzwischen war Margaret Goldsmith-Voigt mit ihrem Mann auf dem Weg nach London. Da Vanessas Haus leer stand, konnten sie dort eine Wohnung mieten. Und ausgerechnet Virginia mußte das organisieren. »Gerade eben habe ich bei Dir angerufen und gehört, daß Du zum Liebäugeln in den Wald gegangen bist, mit Mary Campbell, oder Mary Carmichael, oder Mary Seton*, aber nicht mit mir – hol Dich der Teufel –, um Dir zu sagen: Ich habe den richtigen Namen und die Adresse von Mrs. Goldsmith vergessen. Sie rief an und sagte, sie würde möglicherweise bei Dir sein. Würdest Du ihr sagen, daß die Zimmer [in Vanessas Haus] am Montag fertig sind und die Schlüssel am Montagmorgen jederzeit hier abgeholt werden können? Sage ihr das, aber sag ihr nicht, wie ungeheuer widerwärtig ich es fand, als sie am Telephon von ›Vita‹ sprach: wie vulgär, zudringlich, grob, ungehobelt, amerikanisch ich ihre Stimme fand. — Das ist eine der Auswirkungen der Eifersucht. Ich kann Dir gar nicht sagen, wie ich es verabscheue, jemanden Dich auf Amerikanisch ›Vita‹ nennen zu hören, am Telephon, um 8 Uhr morgens. [...] Und ich will dieser Stimme nicht innerhalb einer Frau begegnen.«[46]

* Anspielung auf die Ballade der drei Marien in Sir Walter Scotts *Minstrelsy of the Scottish Border* »There was Marie Seton, and Marie Beaton, / And Marie Carmichael, and me.«

Mary Campbell hatte sich, obwohl sie Vita noch immer sehr liebte, inzwischen entschlossen, ihre Ehe aufrechtzuerhalten. Sie ließ ihre kleinen Töchter vorläufig in der Obhut einer Bäuerin in Kent zurück und reiste nach Südfrankreich, wo Roy sich bereits seit einiger Zeit befand. Vita brachte sie zum Zug und holte gleich anschließend Margaret Voigt ab, die auf einem anderen Bahnsteig aus Berlin eintraf.

Bereits eine Woche nach ihrer Ankunft schrieb Vita an Harold, daß Margaret ihr auf die Nerven gehe. Trotzdem lud sie sie öfter nach Long Barn ein und lebte dort mit ihr einen sonderbaren Roman, in dem Margaret eine Kleinbäuerin und Vita deren aristokratischen Liebhaber spielte, der als ›David‹ angeredet wurde – ein Name, den auch spätere Geliebte Vitas für sie verwandten. In dieser Zeit schrieb Vita eine Erzählung[47], die im ersten Teil detailgetreu die Ereignisse zwischen Vita, Mary und Roy wiedergibt. »In der Geschichte ist die Bindung zwischen dem Gatten und dem Liebhaber – dessen Name ›David‹ ist – beinahe ebenso stark wie die zwischen den Liebenden oder wie die zwischen Gatten und Ehefrau.«[48] Als Harold sagte, Vita habe nicht gerade *la main heureuse* mit Ehepaaren, hatte er zweifellos recht; aber Vita fühlte sich von Ehepaaren besonders angezogen, weil sie sich fast immer auch mit dem zugehörigen Mann identifizierte, mit ihm rivalisierte und sich mit ihm unbewußt, in der Übertragung über die Frau, vereinigt sah. – Leonard Woolf bildete allerdings mit hoher Wahrscheinlichkeit eine Ausnahme von dieser Regel.

Es dauerte nicht allzu lange, bis Vita der ländlichen Inszenierung mit Margaret Voigt überdrüssig wurde. Im Juli schrieb Margaret traurig an Vita, »Unsere Beziehung hat – äußerlich – eine ganz andere Form angenommen, als ich dachte. Ich habe mir nicht vorgestellt, daß wir so selten zusammensein würden, daß unsere äußeren Leben so wenig verschmelzen würden, sonst hätte ich mich nie im Leben zu der Haltung verführen lassen, so sehr auf Dich zu bauen, Dich so sehr zu brauchen.«[49] Aber sie war, wie Vita anerkennend feststellte, ›charakterlich ein prima Kerl‹, half Vita weiterhin bei ihrer Rilke-Übersetzung und blieb eine gute Freundin.

Virginia mußte sich indessen wieder einmal der furchtbaren Tatsache stellen, daß sie etwas zum Anziehen brauchte: Man hatte ihr in Frankreich den *Femina Vie Heureuse*-Preis verliehen, der ihr am 2. Mai im Institut Français in Kensington überreicht werden würde. Zu diesem Anlaß wollte sie präsentabel aussehen, und es gelang ihr: »Gerade zurück von dem Triumph, ein Kleid und einen Mantel für ungefähr 5 Shilling 10 Pence gekauft zu haben. Was man machen muß, ist: das Mädchen mit unbewaffnetem, freundlichem, forschendem Auge fixieren, mit fester Stimme sprechen, um einen Spiegel bitten und den Gesamteindruck studieren. Dann erschauern sie, unter Puder und Schminke.«[50]

Die Preisverleihung selbst, zu der Vita sie begleitete und bei der der populäre Romanschriftsteller Hugh Walpole die Laudatio hielt, fand sie eher peinlich. Eindrucksvoll war ihr nur die Begegnung mit Elizabeth Robins, einer amerikanischen Schauspielerin, Schriftstellerin und Feministin, die Virginias Mutter gekannt hatte und ihr von ihren Erinnerungen an sie erzählte. (Elizabeth Robins lebte in Brighton mit Octavia Wilberforce zusammen, die später Virginias Ärztin wurde.) Hugh Walpole schrieb einige Tage später an Virginia und entschuldigte sich für seine, wie er fand, miserable Rede bei der Preisverleihung. Virginia lud ihn zum Dinner ein, und er wurde einer ihrer besten Freunde.

Vita bat sie, doch nach Long Barn zu kommen; sie habe ihr »Vollmond, Nachtigallen und all diese Geschichten«[51] zu bieten, aber Virginia folgte dieser Einladung nicht.

Mitte Mai erhielt Virginia Fotos von Vanessa, die sie für *Orlando* verwenden wollte: Vanessas zehnjährige Tochter Angelica war darauf als ›Sascha‹, Orlandos große Liebe, abgebildet. »Die Photographien von Angelica sind wunderschön, und ich kann Dir nicht genug für die Mühe danken, die Du Dir damit gemacht hast [...], eine Spur zu jung, das ist alles, aber ich zeige sie Vita, die nicht der Vergewaltigung von Minderjährigen beschuldigt werden will. Herrgott — ich werde Angelica demnächst vergewaltigen: sie ist von all Deiner Brut der Jaspis der Fröhlichkeit.[52]«[53] Diese scherzhaft gemeinte, aber unangenehme und schockierende Phantasie wiederholte sie zwei Wochen später und schrieb, ebenfalls an Vanessa, »Ich werde versuchen, Angelica zu verführen.«[54] Es war Virginias Absicht, Vanessa zu erschrecken. Daß sie es mit solchen Vorstellungen tat, erklärt sich auch aus ihrer Herkunft aus einer Familie, in der der Mißbrauch an Kindern – an Vanessa ebenso wie an Virginia – stattgefunden hatte. Häufig setzen sich die Handlungsstrukturen inzestuöser Familien in den folgenden Generationen fort, wenn auch, wie hier, nur verbal.[55]

Vita hatte von ihrem Onkel, dem neuen Herrn auf Knole, einen

Generalschlüssel erhalten und ging eines Abends nach Einbruch der Dunkelheit in die Gärten des Schlosses. »Es war eine sonderbare und schmerzliche Erfahrung; so sonderbar und so schmerzlich, daß ich vermutlich in Ohnmacht gefallen wäre, wenn ich jemandem begegnet wäre. Ich will sagen, ich hatte die Empfindung, das Ganze so sehr für mich allein zu haben, daß ich der einzige Mensch auf der Welt hätte sein können – und nicht der Welt von heute, wohlgemerkt, sondern der Welt von vor mindestens dreihundert Jahren.«[56]

Sie konnte sich, trotz der nur kargen Andeutungen, die Virginia über den Inhalt ihres Romans machte, offenbar bereits in ›Orlando‹ hineinversetzen, als sie ihr verlorenes Schloß besuchte, das vielleicht die einzige wahre Liebe ihres Lebens war. Gut ein Jahr später schrieb sie an Harold, »Mein freiwilliges Exil von Knole ist sehr merkwürdig. Ich denke viel daran. Ich fühle mich genau so, als hätte ich über Jahre hinweg eine Liaison mit einer schönen Frau gehabt, die mir, wegen der Macht der Verhältnisse, niemals ganz gehörte, jedoch so etwas wie halb mütterliche Zärtlichkeit und Verständnis für mich hatte, in denen ich vollkommen glücklich sein konnte. *Jetzt* habe ich das Gefühl, daß wir getrennt wurden, (wiederum wegen der Macht der Verhältnisse, und nicht, weil sie es so wünschte), weil sie gezwungen wurde, jemand anders zu heiraten und für den Augenblick gänzlich unter seine Zuständigkeit gefallen war; nicht glücklich dabei, aber fügsam. Ich betrachte sie aus weiter Entfernung; und wenn ich zügelloser und skrupelloser gegen mich selbst wäre, würde ich eines Abends hineinstürmen und sie inmitten ihrer neuen Häuslichkeit überraschen. Doch das Leben hat mich gelehrt, solche Dinge nicht zu tun.«[57]

Am 2. Juni kam Mary Campbell auf einen kurzen Besuch und holte ihre Kinder ab. Zwei Tage später trafen sich Virginia und Vita und ließen sich bei einem Juwelier die Ohrläppchen durchstechen. *Orlando* war jetzt fast druckfertig, und sie hatten immer noch Spaß daran, die letzten Fotos von Vita machen zu lassen. Aber Virginia war der Arbeit und Orlandos müde. Ihre Briefe an Vita aus dieser Zeit waren durchweg etwas kurz angebunden.

Am 5. Juli 1928 aber besuchte sie sie endlich wieder einmal in Long Barn, und sie näherten sich einander urplötzlich an, wie oft, wenn sie sich lange nicht gesehen hatten. »Gestern in Long Barn. Ein guter, recht glücklicher Besuch. Ich finde es interessant, wie in der Freundschaft die Gesteinsschichten nach und nach zerbrökkeln; wie man unbewußt auf eine andere Ebene übergeht; Dinge leichter nimmt; sich kaum noch über Kleidung oder anderes Gedanken macht, die Atmosphäre kaum noch als erregend empfindet, was auch seine Nachteile hat, was das ›Prickelnde‹ angeht: und doch ist das geistig gesünder, vielleicht tiefer.«[58]

Sie lagen im Garten bei den Johannisbeerbüschen, und Virginia hielt Vita eine Standpauke »über ihre tollpatschige, verworrene Art, mit den Campbells zum Beispiel. Mrs. C. von ihrem Mann geschlagen, und alles nur, weil Vita, mit ihrem Silber und ihren Adelskronen und ihren Lakaien, unbedingt triumphierend in das Leben einer Heringsköchin einbrechen muß.«[59]

Vita war wieder einmal entzückt von Virginia. »Ich habe mich sehr gezüchtigt gefühlt, seit Du hier warst, aber zugleich seltsam glücklich. Ich bin nie gänzlich vernichtet, wenn Du mir eine Strafpredigt hältst, weil es zeigt, daß Du [mir gegenüber] nicht gleichgültig bist. Und eigentlich habe ich ein paar gute Eigenschaften. Frag Potto – den ich lieb zu grüßen bitte. [...] Und hör mal, wir müssen diese mißlungene Nacht bald wiedergutmachen. Aber trotzdem, sie hatte ihre hübsche und ungewöhnliche eigene Art. [...] Du warst wirklich sehr, sehr charmant, trotz der Standpauke. Und Du bist für mich endgültig — beim Himmel, das bist Du. Meine alberne Virginia. Meine Liebste, Liebste, mein Schatz Virginia.«[60] Und sie machte ihr den Vorschlag, Ende September endlich ihren alten Plan in die Tat umzusetzen und mit ihr zu verreisen, nach Frankreich.

Virginia jedoch war, bei all ihrem Charme und der neuen Gelassenheit, die sie Vita gegenüber zeigte, nicht ganz unverstört: Alte Bilder tauchten auf; die Erinnerung an Katherine Mansfield wurde wach. In der Nacht nach Long Barn träumte sie von ihr, sah sie leibhaftig vor sich, fühlte ihre Nähe, »obwohl ich jetzt fast vergessen habe, was in dem Traum geschah, außer, daß sie in einem hochgelegenen Zimmer auf einem Sofa lag, und sehr viele Frauen mit traurigen Gesichtern waren um sie herum.«[61]

Ende Juli lud Virginia Vita nach Rodmell ein, wo sie bei herrlichstem Wetter gerade angekommen war. Sie bedauerte nur, daß das neue Bett für das Gästezimmer noch nicht geliefert worden sei, aber der Garten sei so schön, fast schöner als Vitas, »und Du hast keine große gelbe Zinkbadewanne auf dem Rasen, und keine schöne Aussicht, noch ein liebevolles Herz – wenn ich so darüber nachdenke. Denn promiskuös bist Du, und mehr gibt es über Dich nicht zu sagen. Schau im Index von Orlando nach — nach Pippin [Vitas Spaniel] und sieh, was dort folgt — Promiskuität *passim.*«[62]

Sie machte sich Gedanken über Liebe und Freundschaften im allgemeinen: »... warum sind menschliche Beziehungen nicht definitiver, greifbarer: warum kann ich am Ende nicht eine kleine runde Substanz, etwas von der Größe einer Erbse in der Hand behalten; etwas, das ich in ein Kästchen legen und betrachten kann? Es bleibt so wenig übrig. [...] [Diese Vorstellung] geht mir, voller Traurigkeit, ständig wieder durch den Kopf: wie wenig unsere Beziehungen bedeuten; und doch sind sie so wichtig.«[63]

Vita war fast schon im Aufbruch nach Berlin, wo sie mit ihren Söhnen und Harold die Sommerferien verbringen würde, und Virginia bat sie um ihre dortige Adresse, »damit ich Dir lange, leidenschaftliche Briefe schreiben kann, denn der 11. Oktober [i.e. der Erscheinungstag von *Orlando*] erlebt das Ende unserer Liebesromanze«.[64]

Die öffentliche Moral und ein »verdienstvolles, langweiliges Buch«

Vorerst jedoch erregte eine ganz andere Liebesromanze die Gemüter: Anfang Juli erschien der – außerhalb des pornographischen Genres – erste eindeutig lesbische Roman, *Quell der Einsamkeit*. Die Autorin, Radclyffe Hall, war eine angesehene Schriftstellerin, die zwei Jahre zuvor mit *Adam's Breed* große Anerkennung gefunden und zwei bedeutende Literaturpreise gewonnen hatte, darunter auch den *Femina Vie Heureuse*, den nach ihr Virginia Woolf erhielt. Früher hatte sie bereits einen vorsichtig auf eine – unerfüllte – Frauenliebe anspielenden Roman, *The Unlit Lamp*, veröffentlicht, der vom Publikum ebenfalls günstig aufgenommen worden war.

Radclyffe Hall, allgemein ›John‹ genannt, lebte mit Lady Una Troubridge zusammen. Über einen Zeitraum von einigen Jahren hinweg hatte sie immer wieder unter Phasen der Depression gelitten, die ihrem Schuldgefühl wegen ihrer Homosexualität entsprangen. Dann stieß sie auf die Schriften von Havelock Ellis und empfand die Lektüre als eine Erleuchtung und Befreiung, weil ihr Ellis' Theorien vollkommen einleuchteten und ihr endlich eine Erklärung dafür boten, warum sie sich ausschließlich zu Frauen hingezogen fühlte.

Ellis war zu dem Schluß gekommen, daß weibliche Homosexualität angeboren sei und daher weder als ›Sünde‹ noch als ›Laster‹ verstanden werden dürfe. Er plädierte für gesellschaftliche Toleranz gegenüber dem ›dritten Geschlecht‹, den ›Invertierten‹, wie er die Homosexuellen in Abwandlung des negativen Ausdrucks ›Pervertierte‹ nannte. ›Inversion‹ war nach Ellis eine schlichte Umkehrung heterosexuellen Verhaltens und Begehrens: Die maskuline Lesbierin empfand wie ein Mann.

Es ist hier anzumerken, daß Ellis' wissenschaftliche Erkenntnisse auf einer überaus schmalen und überdies zweifelhaften Materialbasis beruhten: Er hatte ganze sechs ›Fälle‹ von Lesbianismus untersucht und seine übrigen Informationen aus der für Männer geschriebenen lesbischen Pornographie bezogen, die das Stereotyp von der männlich-dominanten Lesbierin und ihrer höchst weiblichen Geliebten immer schon pflegte. (Warum diese letztere sich ihrerseits von der maskulin geprägten Lesbierin angezogen fühlt, wird bei Ellis nicht recht deutlich.) Immerhin aber hatte er es als erster unternommen, die Homosexualität aus den Kategorien der ›Sünde‹, des ›Lasters‹ und der persönlichen Schuld herauszulösen.

Radclyffe Hall faßte nach der Lektüre von Ellis' Schriften den Entschluß, seine Erkenntnisse und ihr Erleben in belletristischer Form einem breiten Lesepublikum zu vermitteln, um auf diese Weise Mitgefühl und Verständnis für das Heer jener unglücklichen Invertierten zu wecken, die sich aus Angst vor sozialer Ächtung nicht zu erkennen geben durften. Nachdem mehrere Verleger das Buch abgelehnt hatten, erschien das Buch am 27. Juli im Verlag Jonathan Cape. Die Rezensionen waren unterschiedlich, was den künstlerischen Gehalt des Werks betraf, bescheinigten dem Roman jedoch durchweg Mut und Aufrichtigkeit.

Leonard Woolf besprach *Quell der Einsamkeit* am 4. August in der Zeitschrift *Nation*. Ihm gefielen die ersten 150 Seiten – die Jugend- und Entwicklungsgeschichte der Heldin. Der Rest, befand er, sei zu theoretisch und polemisch.

Vita hatte das Buch offenbar sofort gekauft und gelesen. Sie schrieb an Harold, »Las Leonards Rezension [...]. Ich stimme allem zu, was er sagt. Es ist ein absolut ernsthafter Versuch, ein aufrichtiges und vollkommen unpornographisches Buch über b. s. [Lesbianismus] zu schreiben. Schade ist nur, daß es, obwohl ernsthaft und nicht sentimental, kein Kunstwerk ist – sagt [Leonard]. [...] Mehr denn je empfinde ich, daß über dieses Thema ein wirklich großer Roman geschrieben werden muß. Dies hier ist kein großer Roman, aber es ist ein sehr ordentliches Stück Arbeit, und es ist ein Wunder, daß ein Verlag wie Cape es zu publizieren gewagt hat. Heinemann [Vitas Verleger] hat es abgelehnt! Das sieht ihnen ähnlich!«[1] »Natürlich reizt es mich sehr, dasselbe zu versuchen ... Weißt Du, wenn man über b. s. schreiben darf, verdoppelt sich der Bereich der Belletristik mit einem Schlag.«[2]

In Wahrheit hätte sich für Vita der Bereich der Belletristik nicht verdoppelt, sondern vereinfacht: Nahezu alle Liebesbeziehungen, die sie in ihren Romanen beschrieb, basierten in Wirklichkeit auf ihren lesbischen Liebeserfahrungen, die sie durch die literarische Präsentation der einen Protagonistin (die gewöhnlich sie selbst darstellte) als Mann zu heterosexuellen Liebesgeschichten hatte umdeuten und verschleiern müssen. Ihre positive Erregung bei der

Lektüre von *Quell der Einsamkeit* läßt retrospektiv wünschen, sie wäre ›dem Reiz, dasselbe zu versuchen‹, spontan gefolgt. Vielleicht hätte sie hier etwas schaffen können, das nicht mehr ›wie von außen gemacht‹ wirkte, weil sie sich in der Beschreibung ihrer wahren Empfindungen nicht mehr hätte verstellen und entstellen müssen.

Es ist sehr bemerkenswert, daß sie Harold nicht einmal in diesem Zusammenhang mitteilt, daß sie selbst bereits 1920, während der Endphase ihrer Beziehung zu Violet Trefusis, ›vollkommen aufrichtig über b..s. geschrieben‹ hatte. Dieses Manuskript, das sie immer streng geheimhielt, gab ihr Sohn über fünfzig Jahre später, um Kapitel von seiner Hand ergänzt, unter dem Titel *Portrait einer Ehe* heraus.

Man darf gegen Nigel Nicolsons Verfahren einwenden, daß Vita mit ihrem Text ganz andere Absichten verfolgte als ihr Sohn, der ihren Bericht lediglich als Anlaß benutzt, um ihre Ehe mit Harold zu schildern. Ihr Lesbischsein und ihre Liebe zu Violet, die Vitas eigentliche Anliegen waren, werden in der Kombination mit Nigel Nicolsons Texten nur mehr als bedrohliche Episoden und als Prüfsteine für Vitas und Harolds Bindung dargestellt. Ein amerikanischer Rezensent hat seine Besprechung von Nicolsons Buch denn auch zutreffend mit ›*Portrait einer – was?*‹[3] überschrieben.

›Dieses Bekenntnis, diese Autobiographie‹, wie Vita selbst ihren Text versuchsweise nannte, hatte ihr 1920 nicht nur zur seelischen Entlastung gedient, sondern sie verfolgte darin einen ganz ähnlichen Zweck wie Radclyffe Hall in ihrem Roman: »[Ich] schreibe dies ja nicht zum Spaß, sondern aus mehreren Gründen, die ich erklären will. (1) weil ich die ganze Wahrheit erzählen will. (2) weil ich von keiner wahrheitsgetreuen Aufzeichnung einer solchen Verbindung weiß, und damit meine ich eine Aufzeichnung, die ohne den geringsten Wunsch niedergeschrieben ist, lasterhaften Neigungen bei möglichen LeserInnen entgegenzukommen. (3): weil ich der Überzeugung bin, daß die Geschlechter im Lauf der Jahrhunderte infolge ihrer wachsenden Ähnlichkeit mehr und mehr ineinander übergehen, bin ich gewiß, daß man sehr weitgehend aufhören wird, solche Verbindungen als lediglich unnatürlich zu betrachten, und daß man zumindest ihre intellektuelle Seite, wenn auch nicht ihre physische, wesentlich besser verstehen wird. (In Rußland ist das bereits der Fall.) Ich glaube, daß dann die Psychologie von Menschen wie mir von Interesse sein und man erkennen wird, daß viel mehr Menschen meines Typs existieren, als unter dem heutigen System der Scheinheiligkeit allgemein zugegeben wird. Ich sage nicht, daß solche Persönlichkeiten und die Verbindungen, die sich bei ihnen ergeben, nicht ebenso mißbilligt werden, wie es heute der Fall ist; aber ich bin fest davon überzeugt, daß ihre größere Häufigkeit und der Geist des Freimuts und der Offenheit, der sich mit dem Fortschritt der Welt hoffentlich ausbreiten wird, zu ihrer Anerkennung führen wird, wenn auch nur als unvermeidliches Übel. Der erste Schritt in Richtung solcher freimütigen Unvoreingenommenheit muß durch die allgemeine Anerkenntnis solcher normalen, aber ungesetzlichen Beziehungen gemacht werden, und durch die Erleichterung der Ehescheidung, oder möglicherweise sogar durch eine Neuordnung des Systems der Ehe. Ein solcher Fortschritt muß notwendigerweise von den gebildeteren und liberaleren Gesellschaftsschichten kommen. Da ›unnatürlich‹ soviel bedeutet wie ›von der Natur entfernt‹, kann man nur von der zivilisiertesten, weil am wenigsten natürlichen Gesellschaftsschicht erwarten, daß sie ein solches Erzeugnis der Zivilisation toleriert. Ich vertrete mithin die bereits hinlänglich akzeptierte Theorie, daß Fälle von doppelter Persönlichkeit tatsächlich existieren, bei denen die weiblichen und männlichen Elemente abwechselnd Vorrang haben.«[4]

Vita hatte, wie ihre Formulierungen zur Doppelgeschlechtlichkeit deutlich erkennen lassen, bereits 1920 Havelock Ellis' *Sexual Inversion* (1897) gründlich studiert und seine Theorien verinnerlicht. Kein Wunder also, daß sie acht Jahre später Radclyffe Halls Roman fasziniert las und ihm inhaltlich ganz und gar zustimmen konnte: *Quell der Einsamkeit* ist die Geschichte einer Tochter aus dem Landadel. Ihr Vater, der sich sehnlichst einen Sohn gewünscht hatte und die Tochter auf den Namen ›Stephen‹ taufen läßt, bestärkt sie in ihrer ›angeborenen‹ Jungenhaftigkeit, läßt sie schon als Kind Jagden reiten und dergleichen mehr. Stephen fühlt sich seelisch und geistig als Mann, verliebt sich von Kindheit an stets in Frauen und wird von ihrer Mutter des Hauses verwiesen, als ihre Anbetung für eine verheiratete Nachbarin einen Skandal verursacht. Stephen lebt, von ihrer treuen Gouvernante begleitet, ein materiell luxuriöses, sexuell jedoch asketisches Leben und widmet sich mit Ernst und Erfolg der Schriftstellerei, bis sie als freiwillige Krankenwagenfahrerin im ersten Weltkrieg die junge Mary kennenlernt, die ihre Geliebte wird. Das Glück endet mit Stephens

Verzicht auf Mary. Sie selbst treibt die Gefährtin einem Mann in die Arme, der um sie wirbt, weil sie Mary das Leben in gesellschaftlicher Ächtung nicht länger zumuten will.

In den Schlußsätzen des Buches formuliert die konvertierte Katholikin Radclyffe Hall eine große Anklage, macht ihre Heldin Stephen zur Sprecherin des Heers der unglücklichen Invertierten und läßt sie sich an ihren Schöpfer wenden: »›Gott‹, keuchte sie, ›wir glauben an Dich; wir haben dir gesagt, daß wir an dich glauben. Wir haben dich nicht verleugnet. So erhebe dich denn und verteidige uns! Anerkenne uns vor der Welt! O Gott, gib auch uns ein Recht auf Leben!‹«[5]

Zunächst schienen sich Radclyffe Halls Hoffnungen auf göttliche, vor allem aber auf gesellschaftliche Anerkennung der Homosexuellen nicht zu erfüllen. Das Buch verkaufte sich recht gut, bewirkte jedoch keineswegs die Sensation und breite öffentliche Diskussion, die die Autorin hatte auslösen wollen. Das änderte sich dramatisch, nachdem am 19. August 1928 James Douglas, der Herausgeber des Boulevardblattes *Sunday Express*, unter dem Titel *Ein Buch, das verboten werden muß‹* einen wütenden Angriff auf den Roman veröffentlichte. Er nannte das Buch eine ›unerträgliche Freveltat‹, die nur geschrieben worden sei, ›um perverse Dekadenz als Martyrium darzustellen, das diesen Ausgestoßenen von einer grausamen Gesellschaft auferlegt worden sei‹. Den Lesbianismus nannte er ›eine Pest‹ und ›einen Aussatz‹, und das Buch erschien ihm als ›Propaganda‹, durch die diese Sünde und Krankheit an andere weitergegeben werden solle. Lieber wolle er »einem gesunden Jungen oder einem gesunden Mädchen eine Phiole Blausäure in die Hand geben, als diesen Roman«, schrieb er. Gerade weil das Buch recht gut geschrieben sei, werde es die Leser in Versuchung bringen, sich Radclyffe Halls Überzeugungen anzuschließen, und ebendeshalb forderte er, das Buch zu verbieten.

Andere reaktionäre Zeitungen schlossen sich Douglas' Attakken an, und schließlich wurde dem Verleger vom Innenminister William Joynson-Hicks [sein Spitzname war ›Jix‹] verboten, das Buch weiterhin zu verkaufen. Cape zog es aus dem Verkehr – allerdings nicht, ohne zuvor die Druckplatten zu kopieren und heimlich nach Paris zu bringen, wo das Buch von einem befreundeten Verlagshaus in Lizenz ungehindert gedruckt und nach England geliefert werden konnte.

Sylvia Beach, die seit 1919 den ersten englischsprachigen Buchladen mit Leihbibliothek in Paris leitete und mit der Autorin und Verlegerin Adrienne Monnier zusammenlebte, sah, wie das Buch sogar Straßenverkäufern aus den Händen gerissen wurde, die es zu überhöhten Preisen auf Bücherkarren anboten. In Paris wurde das Buch auch als Theaterstück gegeben. »Bei Sylvia standen die Entleiher bereits auf einer Warteliste, besonders nachdem die Bühnenversion in Paris bei der Premiere fast einen Aufruhr hervorrief. Sylvia war von diesem Buch fasziniert. Ihre Neugier verdrängte ihre Skepsis gegenüber dem literarischen Wert oder der psychologischen Genauigkeit. Natalie Barney, von der man wußte, daß sie das Modell für Valerie Seymour in dem Roman war, lud viele Leute zu Tee, Gurken-Sandwiches und einem Treffen mit Miss Hall ein. Vor der Party schickte sie zu Shakespeare & Co. um das Buch, aber Sylvia mußte ihr mitteilen, daß sie sich ein paar Tage gedulden müsse, da alle Exemplare sofort verkauft worden seien, ›als sie gerade ausgeliefert waren‹. Sylvia fügt hinzu, ›Ja, Sie sind die Heldin in allen herausragenden Büchern dieser Saison‹. Damit spielte Sylvia Beach ganz sicher auch auf Djuna Barnes' *Ladies Almanac* an«[6], in dem Barnes die amerikanische Kolonie von Paris und den lesbischen Salon Natalie Barneys witzig verschlüsselt darstellte.

Inzwischen war die Nachfrage nach *Quell der Einsamkeit* auch in England enorm. Vermutlich hauptsächlich wegen des Effekts der Gegenkampagne, in deren Verlauf die einschlägigen Blätter möglichst ›maskuline‹ Fotos der Autorin abgebildet hatten, und weil nicht wenige Käufer des Buches die – bei der Lektüre enttäuschte – Hoffnung hegten, ein ungeheuer schlüpfriges Werk zu erwerben. Radclyffe Hall jedoch fühlte sich in ihren Absichten bestätigt. Sie erhielt jeden Tag Hunderte von Briefen, die ihr für ihren mutigen Einsatz dankten. »Eine Frau fragte mich, ob die Tolerierung des dritten Geschlechts wohl je kommen werde, und ich antwortete, Havelock Ellis glaube, daß es einen schwachen Hoffnungsstrahl gebe, daß sie aber wahrscheinlich zu unseren Lebzeiten nicht mehr kommen werde. Sie schrieb zurück: ›Ich bin erst 23 – glauben Sie, daß es noch sehr lange dauern wird?‹«[7]

Schließlich jedoch wurden 250 aus Paris importierte Exemplare des Romans konfisziert, und man beraumte eine Gerichtsverhandlung mit dem Ziel des generellen Verbots des Romans wegen Obszönität an. Jetzt wurden die Intellektuellen hellhörig und aktiv. Virginia berichtete an Vita in Berlin, sie sei seit vielen Tagen nicht mehr zum Schreiben gekommen, »Was diesen Einbruch verursacht hat, weiß ich kaum – größtenteils Deine Freundin Radclyffe Hall (man hat sie inzwischen um ihr ›Miss‹ beschnitten, infolge ihrer Neigungen). Sie haben ihr Buch verboten, und daher begannen Leonard und Morgan [E.M.] Forster, einen Protest auf die Beine zu bringen, und bald darauf waren wir am Telephonieren und Besprechen und Sammeln von Unterschriften – Deine nicht, denn *Deine* Neigungen sind zu weitläufig bekannt. Mitten in all dem geht Morgan Radclyffe in ihrem Turm in Kensington besuchen, mit ihrer Liebsten: und Radclyffe zankt ihn aus wie ein Fischweib und sagt, sie wird es nicht zulassen, daß ein Brief über ihr Buch geschrieben wird, wenn er nicht die Tatsache erwähnt, daß es ein Werk von künstlerischem Verdienst ist – ja von Genie. [...] Unsere Inbrunst für die Freiheit des Worts kühlt sich demzufolge nach und nach ab, und statt anzubieten, das Meisterwerk in einer neuen Auflage zu drucken, wünschen wir es langsam bereits ungeschrieben.«[8]

E.M. Forster, selbst homosexuell, war eben in Rodmell zu Gast gewesen, und man hört aus Virginias Tagebuchnotizen heraus, daß das Verbot dieses Buches heftige Diskussionen und starke Gefühle ausgelöst hatte: »Morgan war über das Wochenende hier; zaghaft, empfindlich, unendlich charmant. Eines Abends waren wir betrunken und sprachen über Sodomie und Sapphismus, mit viel Emotion – so viel Emotion, daß er am nächsten Tag sagte, er sei betrunken gewesen. Das wurde von Radclyffe Hall und ihrem verdienstvollen, langweiligen Buch ausgelöst. [...] Morgan sagte, Dr. Head [ein bekannter Neurologe] könne die Sodomiten bekehren. ›Würden Sie sich gern bekehren lassen?‹ fragte Leonard. ›Nein‹, sagte Morgan, ganz entschieden. Er sagte, er finde Sapphismus widerlich: zum Teil aus Konvention, zum Teil, weil es ihm nicht gefalle, wenn Frauen von Männern unabhängig seien.«[9] – Ein interessanter Standpunkt für einen Mann, den Frauen nicht einmal als Geschlechtswesen interessierten.

Radclyffe Halls kühnes Wagnis der Veröffentlichung eines lesbischen Romans muß Forster zudem beunruhigt haben, weil er selbst seit 1914 einen Homosexuellenroman, *Maurice*, in der Schublade verbarg, über den er verfügte, daß er erst nach seinem Tod veröffentlicht werden dürfe.[10]

Vita erfüllte das Verbot des Buches mit Zorn, und sie war weit weniger distanziert als Virginia: »Meine Gefühle wegen *Quell der*

Einsamkeit sind sehr vehement. Nicht wegen dem, was Du meine Neigungen nennst; nicht, weil ich finde, daß es ein gutes Buch ist, sondern wirklich aus Prinzip. (Ich habe vor, an Jix zu schreiben und ihm vorzuschlagen, er möge Shakespeares Sonette verbieten.) Sondern weil selbst wenn der Qu. d. E. ein gutes Buch wäre, ein großartiges Buch, ein echtes Meisterwerk – das Ergebnis dasselbe gewesen wäre. Und das ist unerträglich. Ich habe keine Worte, um zu sagen, wie empört ich bin. Bleibt Leonard dabei, einen Protestbrief zusammenzubringen, oder verläuft das im Sand? [...] Laßt es *nicht* im Sand verlaufen. [...] Was mich betrifft: ich hätte Lust, meine Staatsangehörigkeit aufzukündigen, als Geste; aber ich will keine Deutsche werden, auch wenn ich gestern Abend in einer Revue war, in der zwei hinreißende junge Frauen ein sehr freimütiges lesbisches Lied singen.«[11]

Welche Wellen der Skandal um Radclyffe Halls Buch auch außerhalb der literarischen Öffentlichkeit schlug, merkte Virginia, als sie am 1. September einen ihrer gefürchteten Pflichtbesuche bei ihrer Schwiegermutter, Marie Woolf, machen mußte. Virginia schrieb einen viele Seiten langen Brief an Vanessa, um ihr einen Eindruck von der wortreichen und richtungslosen Konversation mit der alten Mrs. Woolf zu geben. Mitten in einer langen Einlassung über ihre aufopferungsvolle Erziehung ihrer neun Kinder kam Marie Woolf plötzlich auf *Quell der Einsamkeit* zu sprechen, und Virginia gab bewundernswert wörtlich wieder, was die alte Frau gesagt hatte. Es ist ›Volkes Stimme‹, die sich da hören läßt: »›Hast Du Radclyffe Halls Buch gelesen. Ich habe es bei Harrods gekauft. Sie war eine Freundin von Bella [Leonards Schwester]. Sie gingen zusammen in Miss Coles Schule, und sie kam manchmal in unser Haus – ein normales Mädchen aus der guten Gesellschaft. Bella mochte sie nie; aber Bella hatte auch nichts gegen sie. Und jetzt hat sie dieses Buch geschrieben. Natürlich kann ich nicht alles sagen, was ich gerne sagen würde, wenn wir beide allein wären. Vielleicht ist es albern, aber ich kann mit Dir und Len [Leonard] nicht sprechen, als wäre Len nicht da. Aber ich möchte sehr gern mit Dir allein darüber sprechen.‹ (Nach einiger Ermunterung fuhr sie jedoch fort) – ›Ich finde es furchtbar schade, daß ein solches Buch veröffentlicht werden mußte. Ich meine nicht aus den üblichen Gründen. Was ich meine, ist: es gibt viele unverheiratete Frauen, die alleine leben. Und jetzt ist es sehr hart für sie, daß ein solches Buch veröffentlicht wurde. Das denke ich. Und vielleicht haltet Ihr mich für sehr töricht – ich bin sechsundsiebzig – aber bevor ich dieses Buch gelesen hatte, wußte ich überhaupt nicht, daß es solche Dinge gab. Und ich glaube es auch nicht. Ich habe nie etwas Derartiges gehört. Als ich zur Schule ging, gab es so etwas nicht. Ich war zwei Jahre lang im Internat und habe nie von so einer Sache gehört. Einmal wurde ein Mädchen der Schule verwiesen; aber ich wußte nie, weshalb. Vielleicht wegen etwas Unerfreulichem, aber vielleicht auch nicht wegen so etwas. Und als ich meinen ersten Mann heiratete – er war ein so reizender Mann, ein Holländer – kann ich Euch versichern, daß ich über die Ehe nicht mehr wußte als Flo's Baby. Das zeigt also, daß wir solche Dinge in meinem Internat nicht getan haben.‹ *Leonard:* ›In meinem Internat schon. Es war die verdorbenste Umgebung, in der ich je gewesen bin. Und Du hast mich da hingehen lassen, als ich zwölf war, ohne daß ich irgend etwas wußte.‹ [...] [*Marie Woolf*:] ›Aber ich finde, vieles in Miss Halls Buch ist sehr schön. Das alte Pferd zum Beispiel – das ist wundervoll – als sie das alte Pferd erschießen muß, weil jeder Tierarzt es untersucht hat; aber es ist zu alt, so daß sie nichts tun können. Und da erschießt sie das Pferd selbst. Das ist schön. Und William ist ein großartiger Charakter. Das ist der alte Reitknecht. Alles das über das alte Pferd und den Reitknecht ist sehr schön. Aber den Rest des Buches mochte ich nicht.‹«[12]

Marie Woolf formulierte in ihrer naiven Redseligkeit durchaus richtige Einsichten: während männliche Homosexualität spätestens seit der Jahrhundertwende durch den Prozeß gegen Oscar Wilde in der Öffentlichkeit skandalisiert war und allein oder mit einem Freund zusammenlebende Männer mit Argwohn betrachtet wurden, hatten alleinlebende oder mit einer Freundin zusammenwohnende Frauen bisher wenig zu fürchten gehabt. Man gestand ihnen sogar den zärtlichen Umgang miteinander zu, weil die meisten Menschen sich sexuelle Beziehungen zwischen Frauen einfach nicht vorstellen konnten.

Radclyffe Halls Buch diente nun in doppelter Hinsicht der Aufklärung: homosexuelle Frauen wurden belehrt, daß ihre Neigungen weder sündig noch krankhaft seien, sondern einer angeborenen Zwienatur entsprängen; die breite Öffentlichkeit aber wurde erstmals zweifelsfrei darüber unterrichtet, daß es weibliche Homosexualität in der Tat gab: Das »hatte ganz und gar den Charakter eines Dammbruchs. Der Damm der Unwissenheit, der völligen Verdachtslosigkeit, wurde allein von einem Buch durchbrochen, das jedermann als lesbisches Buch erkennen mußte.«[13] Und: »Die Behandlung, die dieser Skandal in der Presse erfuhr, war wahrscheinlich der wichtigste Faktor in der Erschaffung eines öffentlichen Bildes des Lesbianismus, wie es von Psychiatern und Sexualwissenschaftlern formuliert worden war. Obwohl Radclyffe Halls Roman verboten wurde, gab es wohl im ganzen Land niemanden, der nicht wußte, wovon er handelte.«[14]

Das Fatale an Radclyffe Halls Buch war in der Tat, daß es *den* Lesbianismus und *die* männlich identifizierte Lesbierin, eng angelehnt an Ellis' Beschreibungen, definierte und festlegte, im öffentlichen Bewußtsein ausschließlich in dieser Form verankerte und anderen Liebesformen zwischen Frauen keinerlei Raum ließ. Die Zeitgenossin Vera Brittain, die später die Geschichte ihrer Beziehung zur frühverstorbenen Winifred Holtby, *Testament of Friendship*, schrieb, kritisierte Radclyffe Halls Konzeption bereits damals in ihrer Rezension von *Quell der Einsamkeit*: »Das Buch wirft eine Frage auf, die es nicht befriedigend beantwortet – die Frage nämlich, inwieweit die Charakteristika Stephen Gordons physiologisch und in wieweit sie psychologisch sind ... Miss Hall scheint es als erwiesen zu betrachten, daß die Überbetonung der Geschlechterrollen Bestandteile der korrekten Erziehung des normalen Menschen sind; daher macht sie ihre ›normale‹ Frau bis zur Erbitterung anschmiegsam und feminin und beschreibt sogar die Einstellung zur Liebe als ›Ziel in sich selbst‹ als notwendiges Attribut des wahren Frauseins.«[15]

Viele Frauen sahen sich jetzt veranlaßt, ihre Korrespondenz, ihre Tagebücher und andere Schriften zu vernichten oder sie zur Vernichtung nach ihrem Tod zu bestimmen. »Wenn Frauen alle persönlichen Lebenszeugnisse vernichten, sollte uns das sofort hellhörig machen. Die Tatsache, daß so viele Frauen in den dreißiger Jahren das taten, [...] legt nahe, daß die Hexenjagd auf lesbische Frauen, die 1928 nach dem Prozeß um Radclyffe Halls Roman *Quell der Einsamkeit* folgte, sie gezwungen haben mag, in den Untergrund zu gehen. In den dreißiger Jahren war es einfach zu gefährlich, als Lesbe verdächtigt zu werden, und alle unverheirateten Frauen, besonders jene, die enge Freundinnen hatten, gerieten in diesen Verdacht.«[16]

Bloomsbury und andere intellektuelle Zirkel taten ihr Möglichstes, um das Verbot des Buches rückgängig zu machen und den anstehenden Prozeß zu verhindern. Dahinter stand jedoch nicht primär eine Unterstützung der Theorien von Ellis und Hall über weibliche Homosexualität, sondern Sorge um die Einschränkung der Freiheit der Kunst und der Meinungsäußerung.

Virginia antwortete auf Vitas dringende Bitte »Laßt es *nicht* im Sand verlaufen!«: »Was Radclyffe Hall betrifft, bin ich Deiner Meinung: doch was soll man tun? Sie entwarf selbst einen Brief, in dem sie ihre Unschuld und Anständigkeit beteuert und den sie uns zu unterschreiben bat und wollte keinen anderen verschickt haben. Also konnte nichts unternommen werden, außer einem wirklich ziemlich komischen kleinen Brief, geschrieben von Morgan Forster, den er mich zu unterzeichnen bat.«[17] Dieser Brief erschien, mit Forsters Briefkopf, der die Adresse seines Londoner Herrenclubs angab, in der *Nation*. »Und jetzt sieht es so aus, als schriebe ich, das Sprachrohr des Sapphismus, Briefe aus dem Reform Club!«[18]

Der komische kleine Brief lautete u.a.: »Der Gegenstand des Buches existiert als eine Tatsache unter den vielen anderen Tatsachen des Lebens. Er wird von der Wissenschaft anerkannt und kann in der Geschichte vorgefunden werden. Er bildet natürlich einen extrem kleinen Anteil in der Gesamtsumme menschlicher Empfindungen, er berührt nur sehr wenige Leben persönlich, und er ist für die Mehrheit uninteressant oder abstoßend; dennoch existiert er, und den Romanschriftstellern in England ist nun durch Sir W. Joynson-Hicks verboten worden, ihn zu erwähnen. Dürfen sie ihn beiläufig erwähnen? Darf, auch wenn er als Hauptthema verboten ist, darauf angespielt werden, oder darf er untergeordneten Charakteren zugeordnet werden? Vielleicht will der Innenminister zu diesem Punkt weitere Anweisungen herausgeben. Und ist er das einzige Tabu, oder gibt es noch andere? Was ist mit den anderen Themen, von denen man weiß, daß sie in Whitehall mehr oder weniger unbeliebt sind, wie zum Beispiel Geburtenkontrolle, Selbstmord, oder Pazifismus? Dürfen wir diese erwähnen? Wir erwarten unsere Instruktionen!«[19]

Der Prozeß wurde für November anberaumt, und bis dahin konnte man in dieser Sache weiter nichts unternehmen.

Virginia betrachtete solche Lesbierinnen, wie Radclyffe Hall sie schilderte, schlichtweg als absurde Charaktere, mit denen sich zu identifizieren ihr nie in den Sinn kam. In Vitas Umkreis gab es einige Frauen – unter anderen das sogenannte ›Smallhythe Trio‹, eine *menage à trois*, in der Edith Craig, die Tochter der berühmten

Schauspielerin Ellen Terry, Christabel Marshall, die sich Christopher St John nannte, und Claire (›Tony‹) Atwood zusammenlebten –, die Halls Schilderungen entsprachen, und Virginia begegnete ihnen mit einigem Befremden.

Vita hingegen war mit dem Smallhythe-Trio gut befreundet und fand in Radclyffe Halls Heldin sehr wohl Parallelen zu ihrer eigenen Persönlichkeit, die sie als doppelte, säuberlich in weibliche und männliche Elemente gespaltene empfand. Doch damit stieß sie bei Virginia auf Unverständnis; sie interpretierte Vitas Wesen als reizvollen Ausdruck einer Gleichzeitigkeit der Gegensätze, als ein androgynes Changieren, und das gefiel ihr weit besser. Aber dies bedeutete, daß Vita über ihr Selbstverständnis, welches ihr durchaus Probleme bereitete, mit Virginia nicht sprechen konnte. – Virginia besaß eine entschiedene Neigung, sich Dingen zu verschließen, die sie nicht interessierten.

Ohnehin hatte Virginia inzwischen anderes im Kopf als den Aufruhr um Radclyffe Halls ›verdienstvolles, langweiliges Buch‹: Sie würde mit Vita verreisen, und das war eine nun wirklich aufregende Angelegenheit.

Die Reise nach Burgund

Vita schrieb – vermutlich erst nach der Rückkehr – ein kurzes, unvollständiges ›Tagebuch‹[1] ihrer Reise mit Virginia, von dem Victoria Glendinning sagt, es sei »unvollendet und ziemlich banal. Es vermittelt im wesentlichen den Eindruck, daß Virginia gereizt war, weil sie nichts von Leonard hörte, und Vita sich Sorgen machte, daß Virginia sich überanstrengen könnte.«[2]

Wenn man jedoch sämtliche, in Briefen, Tagebüchern und entlegenen Quellen weit verstreuten Äußerungen über diese Reise zusammensucht und den Spuren in Vitas wirklich recht nüchternem Bericht nachgeht, bekommt man einen lebhaften Eindruck von der Vertrautheit, von der Fülle an Alltagsbegebenheiten, Gesprächen und Empfindungen, die sie in dieser Zeitspanne teilten, in der sie zum ersten und letzten Mal mehr als zwei Tage miteinander allein waren. Es ergibt sich da eine detaillierte Oberflächenbetrachtung dieser einen gemeinsamen Woche Lebenszeit von Virginia und Vita, wie sie sich so genau nur selten zusammenfügen läßt und die überraschende Durchblicke auf den Hinter- und Untergrund ihrer Beziehung erlaubt.

Seit ihren ersten Begegnungen schon hatte Vita sie ja immer ›entführen‹, sie aus ihrem gewohnten Umkreis, diesem ›Gloomsbury‹, herausreißen wollen. Und jetzt endlich sollte es gelingen. Am 10. Juli 1928 schrieb Vita aus Berlin, »Virginia, willst Du Dir bitte sehr ernsthaft die Möglichkeit überlegen, Dich mit mir zwischen dem 26. September und Oktober ins Weinland [Frankreich] zu stürzen? Da ich diese Idee nun einmal im Kopf habe, wo sie nun schon seit mehreren Jahren simmert, will ich sie mehr als alles andere in die Tat umsetzen.«[3] Vielleicht hatte Vita unter anderem das Gefühl, daß sie bei all ihren Eskapaden Virginia einmal eine deutliche Zuwendung schuldig war.

Quentin Bell äußert zu dieser Reise, Virginia habe sich nach dem Prozeß »noch auf andere Weise mit der Sache der Homosexualität solidarisch erklärt, indem sie mit Vita allein eine Woche in Frankreich verbrachte«,[4] und resümiert suggestiv, es sei ein »vergnüglicher und vielleicht vollkommen unschuldiger Ausflug«[5] gewesen. Vielleicht war er das. Vielleicht auch nicht.

Leonard wurde taktvoll gefragt, ob er mitkommen wolle, lehnte aber ebenso taktvoll ab. Virginia schwankte; sie wollte Leonard nur ungern allein zurücklassen. Andererseits fühlte sie sich besonders wohl in diesem Sommer, war braungebrannt von ihren Wanderungen über die Downs, mähte den Rasen, paddelte in einem kleinen Schlauchboot auf der Ouse, hatte ihre gelbe Zinkbadewanne auf dem Rasen stehen, in der sie sich abkühlte, verspürte eigentlich Lust auf ein kleines Abenteuer und sagte zu. Kaum hatte sie das getan, bekam sie schon wieder Angst vor ihrer eigenen Courage, aber sie überwand sich.

Sie mußte die Reise allein vorbereiten, weil Vita gerade bei Harold in Deutschland war. Also schrieb sie an Ethel Sands, die ja stets die Hälfte des Jahres in Frankreich wohnte und das Land oft bereiste, »kannst Du mir raten, wo ich Ende September in Frankreich eine vollkommene Woche verbringen könnte? Nicht zu weit weg, sondern irgendwo auf halber Strecke im Land, warm, schön, mit einem guten Gasthof, schöner Landschaft, und vielleicht mit einer Ruine oder Kirche – es ist mir ziemlich einerlei. Aber ich möchte eine Woche lang vollkommen glücklich sein, trinken, bevor ich mich auf den Winter einrichte – und wenn Leonard nicht mitkommt, was er, soweit ich sehe, nicht tun wird, weil sein verdammter Hund Junge kriegt, werde ich Vita dazu bewegen, mitzufahren. Und vielleicht, wenn es Euch paßt, könnten wir auf dem Rückweg für eine Nacht vorbeikommen und ein bißchen klatschen?«[6]

Vita gestand sie, welch unverhältnismäßige Schwierigkeiten ihr die Aussicht auf eine einzige Woche fern von zu Hause und von Leonard machte. »Ich beobachte mit Interesse meine Gefühlsschwankungen Frankreich betreffend. Leonard sagt, er kann nicht mitkommen. Lieb wie er ist, sagt er, aber natürlich, fahre mit Vita. Dann vermittelt er irgendwie ohne ein Wort das Faktum seiner unerträglichen Einsamkeit ohne mich – woraufhin ich es alles aufgebe, und dann denke ich plötzlich, was ist das für ein ungesunder, sentimentaler Zustand! Ich werde fahren. Und dann stelle ich mir vor, wie ich ihm Lebewohl sage und kann es nicht ertragen; stelle mir dann einen Felsen in einem Tal vor und Vita in einem Gasthof: und *muß* fahren. So geht es immer weiter. Inzwischen rät uns Ethel Sands, nach Auxerre, Vézelay, Autun, Semur, Saulieu (Hotel de la Poste hat wunderbares Essen) zu fahren, und wir sollen mindestens zwei Tage bei ihr und Nan bleiben. Ich glaube, ich muß es fertigbringen, mitzukommen. Aber es wird der größte Liebesbeweis sein. Und Leonard macht es vielleicht unmöglich. Kannst Du Dich mit diesem Wankelmut abfinden?«[7]

Vita konnte. Aber vermutlich hat sie, die viel und gern unterwegs war, sich doch gewundert, welches Aufhebens Virginia um diesen kleinen Ausflug machte. Schließlich begannen die Vorbereitungen, – auf Virginias Seite von Gefühlen und Bedenken begleitet, als wollten sie sich auf eine gefahrenreiche Expedition mit ungewissem Ausgang begeben. Virginia fürchtete sich unter anderem davor, Französisch sprechen zu müssen, vor allem in Hörweite Vitas, die die Sprache, neben Italienisch und etwas Deutsch, seit ihrer Kindheit perfekt beherrschte. Virginia konnte Französisch zwar ohne Schwierigkeiten lesen, aber nicht gut aussprechen. Sie hatte immer wieder einmal Unterricht genommen, zuletzt im März des Jahres, und dann vor Vita geprahlt, »Habe ich Dir schon gesagt, daß ich sehr gut Französisch spreche? Das heißt, mit großer Geläufigkeit, einiger Ungenauigkeit und einer ganzen Menge Wörter, die seit Saint-Simon [1760-1825] nicht mehr in Gebrauch sind: [...] Ich will nur, daß Du diese Tatsache kennst, daß ich Französisch spreche, (denn hören wirst Du mich niemals;) und dann komme ich Dir ein bißchen gleicher an wirklicher Weiblichkeit – Alle wirklichen Frauen sprechen Französisch und pudern sich die Nasen.«[8] Jetzt kündigte sie Vita an, sie werde auf der ganzen Frankreichreise kein Wort in der Landessprache reden und ihr somit sämtliche Verhandlungen und Unterhaltungen mit den Einheimischen allein aufbürden.

Und dann wurde Virginia aktiv: »Richte Deinen Sinn auf Folgendes und antworte mir. Angenommen wir fahren (Du und ich und Potto) am Samstag, dem 22. Übernachten in Paris. Kommen am Montag in SAULIEU an. Verbringen dort zwei Nächte, wenn wir wollen, auch mehr. Fahren weiter nach Auxerre, Semur, Vézelay, alles nur einen Steinwurf weit voneinander entfernt, und kommen am Sonntag, dem 30. hierher zurück. Wäre Dir das recht? Brantôme scheint zu weit zu sein. Soll ich Dir eine Fahrkarte nach Saulieu besorgen? Willst Du Zweiter oder Erster fahren (Ich bestehe auf Erster auf der Fähre). Wenn Erster sehr viel bequemer ist, wäre sie ratsam. Sonst nicht, weil die Reisenden in der Ersten Klasse immer alt, dick, unwirsch sind und nach Eau de Cologne riechen, wovon mir übel wird. Als Garantie meines Vertrauens darauf, daß ich mitkommen werde, bin ich in ein Reisebüro gegangen und habe mich nach Zügen erkundigt, und sie besorgen uns

Fahrkarten, wenn ich sie benachrichtige – Also, wie ich oben sagte – und Gott weiß, wie ich es hasse, so präzise zu sein – laß es mich wissen. Ich gestehe, daß ich mich bereits jetzt in einem Zustand heftiger Aufregung befinde. Weißt Du, liebstes Wesen, da ich jetzt bei bester und rosigster Gesundheit bin, könnte ich die ganze Nacht aufbleiben: wir könnten mondbeschienene Ruinen besuchen, Cafés, Tanzereien, Theaterstücke, Feste, uns endlos unterhalten, nur dann schlafen, wenn die Mondscheibe sich für einen Augenblick mit ihrem Schleier verhüllt, und bei Tage durch die Weingärten schlendern.«[9] Sie war offensichtlich wild entschlossen, ihre von Leonard verordnete Schlafenszeit um 23 Uhr ruchlos zu überschreiten. »Aber bitte schreib, Liebste, und ermutige mich, mit Dir zu kommen, was ein Wagnis ist, denn stelle Dir vor, Du langweilst Dich?«[10]

Vita erklärte sich höchst einverstanden mit allem, und wenig später meldete Virginia Vollzug: »Liebe Mrs. N., ich habe zwei Fahrkarten erster Klasse und eine Kabine auf der Fähre für Montag, den 24. September bestellt. Fahrkarten nach Saulieu über Paris. Ich schreibe auch an das Hotel, das Ethel in Saulieu empfohlen hat, damit sie uns zwei Zimmer für zwei Nächte reservieren. Warum schläfst Du nicht Sonntag nacht hier und läßt Deinen Wagen in unserem Stall? Das wäre viel besser, denn wenn Du es nicht tust, komme ich hier vielleicht nicht weg. Wie auch immer: was für Kleider wünschst Du, daß ich mitnehme? Keine, hoffe ich. Einen Pelzmantel? [...] Ich bin abwechselnd melancholisch und aufgeregt. Weißt Du, ich hätte Leonard nicht geheiratet, wenn ich nicht lieber mit ihm zusammen wäre, als ihm Lebewohl zu sagen. Aber gleichzeitig erregen die Ruinen in Auxerre mein Interesse. [...] Wirst Du Dich mit mir langweilen? Als Experiment interessiert mich diese Reise ungeheuer.«[11]

Vita bestärkte sie darin, keinerlei Kleider mitzunehmen, riet jedoch unbedingt zum Pelzmantel. Außerdem zu einem Korb mit wasserdichter Decke und zu einem Lätzchen, – für Potto.

Zwei Tage vor der Abreise vermerkte Virginia in ihrem Tagebuch und ließ da viel von ihren irrationalen Ängsten sehen, als ›Hochstaplerin‹ und ›Betrügerin‹ entlarvt zu werden, die sie auch bei ihrer literarischen Arbeit hatte: »Ich schreibe dies kurz vor meiner beunruhigenden Fahrt nach Burgund. Ich bin beunruhigt von 7 Tagen allein mit Vita: interessiert, aufgeregt, aber ängstlich – vielleicht durchschaut sie mich, vielleicht ich sie. [...] Aber [...] ich sollte insgesamt zuversichtlich sein wegen dieser französischen Reise – daß sie gutgehen wird. Am meisten fürchte ich mich vor den Morgenden, und 3 Uhr nachmittags, und daß ich etwas möchte, was Vita nicht möchte. Und ich werde das Geld ausgeben, mit dem ich einen Tisch oder einen Spiegel hätte kaufen können. Was man sich durch Auslandsreisen kauft, ist eine Serie von Szenerien, die sich nach und nach auf eine oder zwei vermindern, so wie ich sie noch von Griechenland oder Venedig habe, wie ich sie sah, als ich 24 oder 25 war. Und es wird mir sehr gefallen, von meiner Tageseinteilung befreit zu sein und mich umzuschauen, und der Gedanke an die Heimkehr und zu sitzen und zu reden, und ich werde einiges lesen, und ein oder zwei Ausblicke, und –«[12]

Und dann, endlich, war es soweit. Vita kam früh am Morgen mit dem Zug von Sevenoaks nach Lewes, wo Virginia und Leonard sie mit dem Auto abholten. Sie fuhren nach Rodmell, um Vita Pinkers vor wenigen Tagen geborene Welpen zu zeigen. Dann brachte Leonard sie nach Newhaven zur Frankreichfähre, die um 11 Uhr 30 ablegte.

Virginia weinte fast, als die weißen Kreidefelsen der englischen Küste sich immer weiter entfernten. Es war recht kühl, aber die See war ruhig, so daß sie darauf verzichteten, in ihre Kabine erster Klasse zu gehen, die sie stickig und übelriechend fanden, und sich statt dessen in den Rauchsalon setzten, wo sie ihren mitgebrachten Lunch verzehrten.

Um 3 Uhr nachmittags landeten sie in Dieppe und passierten den Zoll, ohne ihre Koffer öffnen zu müssen, da Vita als Diplomatengattin von solchen Kontrollen ausgenommen war.

Virginia war jetzt aufgeregt wie ein Schulmädchen. Alles war ihr interessant, staunenswert, spannend und ein wenig unheimlich. Da sie bisher nur mit Leonard gereist war, hatte sie sich Sorgen gemacht, ob sie und Vita denn solchen Anforderungen wie der Anwerbung eines Gepäckträgers, seiner leistungsgerechten Entlohnung oder dem pünktlichen Erreichen des richtigen Bahnsteigs gewachsen sein würden, aber Vita erledigte das alles souverän, und Virginia fand sie ganz wundervoll.

Sie fuhren mit dem Zug nach Paris und stiegen dort im *Hotel de Londres* in der Rue Bonaparte ab. Zum Abendessen gingen sie in ein bescheidenes Restaurant am Boulevard Raspail. Auf dem Weg dorthin betraten sie gegen zwanzig Uhr einen Buchladen, der noch geöffnet hatte. (Leider war es nicht Sylvia Beachs *Shakespeare and*

Company, der zur selben Zeit am linken Seineufer florierte.) Virginia kauerte sich auf einen Schemel und hörte fasziniert zu, wie die Besitzerin und ein Kunde leidenschaftlich über Proust und Cocteau diskutierten – etwas, was man, wie sie sagte, in London nie erleben würde. Virginia kaufte Jean Desbordes' *J'adore* und Vita *L'Immoraliste* von André Gide, einen Roman über die Loslösung eines Mannes aus seiner Ehe und seine Hinwendung zur Homosexualität, der sie auch deswegen interessiert haben wird, weil er viele Parallelen zu ihrer eigenen Geschichte aufweist.

Nach dem Abendessen verliefen sie sich und irrten eine halbe Stunde im Kreis umher. Vita fragte erst einen Polizisten nach dem Weg, erkundigte sich dann zur Sicherheit noch einmal in einem Tabakladen, und Virginia bewunderte ihr fließendes Französisch ebenso wie ihre Art, mit solchen Situationen umzugehen. Als feststand, daß sie sich nun ganz in der Nähe ihres Hotels befanden, nahmen sie sich Zeit und gingen ins *Café Lutetia* in der Rue de Sèvres, um vor dem Zubettgehen noch einen Kaffee zu trinken. Drinnen spielte ein kleines Orchester. In Ermangelung von Briefpapier rissen Virginia und Vita die Vorsatzblätter aus ihren eben erworbenen Büchern und schrieben an ihre Ehemänner. Virginias Brief an Leonard ist voller Heimweh, kindlich und etwas kindisch. Er enthält alle die Kosenamen, die sie privat füreinander verwendeten und die einiges darüber aussagen, wie sie miteinander lebten. »Unsere Überfahrt war kalt, aber ruhig, außer daß die armen Murmeltiere den ganzen Weg nach Dadyka [Leonard] schluchzten, und Mandrill auch. [...] Ich muß sagen, der erste Tag ist durch die Trennung von Dir völlig ruiniert. Vita ist sehr freundlich und mitfühlend und sagt, sie versteht meine Zuneigung zu Dir.«[13] Virginia war auch deswegen aufgewühlt, weil sie, wie sie Vita erst jetzt beim Kaffee erzählte, früh am Morgen plötzlich einen kleinen, aber heftigen Streit mit Leonard gehabt hatte, der es offenbar doch nicht so gut ertragen konnte, daß sie mit Vita allein aufs Festland fuhr.

Unter Virginias Brief schrieb Vita die beruhigende Versicherung, »Lieber Leonard, es ist jetzt genau 1/4 vor 10 – und Virginia wird jetzt dazu bewogen, schlafen zu gehen.«[14] Es wurde also vorerst nichts mit dem kurzen Schlaf bei verschleierter Mondscheibe. Vita fühlte sich sehr für Virginia verantwortlich; aber sie gingen auch deshalb früh zu Bett, weil sie am nächsten Morgen bereits um 6 Uhr aufstehen mußten. Vita schlief besonders schlecht, weil unter ihrem Fenster in der Nacht mehrmals Feuerwehrautos mit Sirenengeheul vorbeirasten.

Am Dienstagmorgen fuhren sie durch die noch leeren Straßen von Paris zum Gare de Lyon und stiegen um 7 Uhr in ihren Zug nach Burgund. Unterwegs bemerkte Virginia mit Bedauern, daß sie ein seidenes Taschentuch, ein Geschenk ihrer Haushälterin Nelly, im *Hotel de Londres* liegengelassen hatte.

Während der Fahrt sprachen sie wenig, sondern lasen in ihren neuen Büchern. Um 12 Uhr 40 erreichten sie Saulieu, ein Landstädtchen, fast ein Dorf, umgeben von Hügeln, an deren Hängen wie überall in der Gegend die weißen Charolais-Rinder weideten. Sie kamen gerade recht zum Mittagessen, und die Küche war wirklich so exzellent, wie Ethel Sands es versprochen hatte. Leonard hat oft darüber berichtet, wie schwierig es war, Virginia zum Essen zu bewegen. Ein Symptom ihrer Geisteskrankheit war die völlige Nahrungsverweigerung gewesen, und er mußte ihr lebenslang zureden, genügend zu essen. Aber jetzt schrieb sie ihm aus Burgund enthusiastisch von dem Menü, das sie gerade verzehrt hatte: »Wir fingen mit Entenpastete an, dann aßen wir Forelle, Gnocchi, gefülltes Hühnchen und Spinat mit Sahne, und dann saure Sahne und köstlichen Kuchen und Birnen ad. lib. [nach Belieben].«[15] Dazu trank sie mit Vita *bourgogne mousseaux* und genoß ihr Mahl von Herzen.

Nach dem Lunch gingen sie aus. Es war warm und sonnig, und in Saulieu fand gerade ein Jahrmarkt statt. An einem Stand kauften sie Taschenmesser, an einem anderen erwarb Virginia für Leonard einen grünen Mantel aus Cordsamt, von dem man ihnen sagte, es sei ein Förstermantel, aber Virginia bestand darauf, es sei selbstverständlich ein Wilderermantel. Vita fand eine blaue Glasflasche mit Punkten und Kommas und Fragezeichen und Ausrufezeichen darauf. Danach schlenderten sie aus dem Ort hinaus in die Hügel, saßen an einem Hang im Gras – und schrieben wiederum an ihre Männer. Vita fühlte sich überaus wohl. »Liebling, es ist sehr hübsch: Ich empfinde Vergnügen und Leichtsinn. Ich kann nach Herzenslust über das Leben und die Literatur reden – und es belustigt mich, plötzlich mit Virginia mitten in Burgund zu sein. Ich mache gern Reisen mit Dir, aber in Ermangelung Deiner Person könnte ich mir keine bessere Gefährtin wünschen als Virginia.«[16] Virginia war nicht ganz so unbeschwert: »Vita und ich haben uns nicht gestritten, aber da wir ja ununterbrochen in Bewegung waren, haben wir nicht viel Gelegenheit dazu gehabt. [...] Ansonsten sind wir ziemlich sparsam gereist, obwohl man uns, da sie überhaupt nicht nach den Preisen für die Zimmer hier gefragt hat, bestimmt das Fell über die Ohren ziehen wird. [...] Ich glaube, ich könnte es nicht ertragen, länger als eine Woche von Dir getrennt zu sein, weil es so viele Dinge gibt, die ich Dir sagen kann, aber nicht Vita – obwohl sie äußerst einfühlsam ist, und intelligenter als Du glaubst. Immerhin können wir stundenlang über Literatur reden – vermutlich rede ich die meiste Zeit. [...] Gott! Ich hoffe bloß, daß Du vorsichtig bist beim Autofahren heute abend! – und daß Du ißt und schläfst und nicht Deine ganze Zuneigung den Puuhs [den Welpen] schenkst. Die arme Mandrill liebt jedes einzelne Haar auf Deinem [des ›Mungo‹] kleinen Körper und stellt hiermit die Forderung nach einer Stunde Antilopen-Küssen auf, sobald sie zurück ist. [...] Bitte schreibe sehr lange Briefe. Du könntest mir auch eine Zeitung schicken.«[17]

Es wirkt leicht komisch, daß sie von einer so kurzen Trennung derart irritiert war, und vermutlich hatte das mit der Szene zu tun, die Leonard ihr kurz vor der Abreise gemacht hatte, aber es zeigt auch die grundsätzliche Struktur ihrer Beziehung: Virginia war an Leonard gebunden wie mit einer Nabelschnur. Er war wirklich ›ihre Mutter‹, wie sie selbst sagte, und eine übermächtige dazu. Mißbilligung durch ihn konnte sie nicht ertragen.

Plötzlich wurde es zu kühl, um weiter im Gras zu sitzen, und sie kehrten ins Hotel zurück. Nach dem wiederum köstlichen Diner gingen sie noch einmal auf den Jahrmarkt, wo ein kleiner Zirkus seine Vorstellung gab. Ein sehr schönes Zigeunermädchen balancierte mit einer um den Kopf gewundenen Pythonschlange auf einer Leiter, und in einem winzigen Zelt sahen sie Löwinnen mit ihren Jungen, gingen jedoch wieder hinaus, bevor die Dressurnummer anfing, weil Virginia sich etwas fürchtete. Draußen überfiel sie die zitternde, entzückte Erregung über die tausendfältigen Eindrücke, die sich ihr in Menschenmengen immer aufdrängten, über die Lichter, das Konfetti, mit dem man sie bewarf, einen Schießstand mit Pappkaninchen – wenn man eins traf, konnte man zwischen einer Flasche Wein und einer lebenden Taube wählen – und das Feuerwerk, das den Jahrmarkt beschloß.

Am Mittwochmorgen war Virginia besorgt. Da die Post im Jahr 1928 noch funktionierte und viel schneller befördert wurde als heute (ein Brief von England auf den Kontinent und umgekehrt brauchte oft nur einen, höchstens zwei Tage!), konnte sie hoffen, bereits jetzt einen Brief von Leonard zu haben, und war leise beunruhigt, weil sie nichts von ihm hörte. (Er *hatte* ihr geschrieben, aber entweder funktionierte in diesem Einzelfall die Post doch nicht, oder er hatte seine Briefe falsch adressiert. Es war jedoch gut, daß Virginia sie nicht bekam: Sie waren so traurig und voller Verlassenheit, daß sie vielleicht umgehend nach Hause gefahren wäre; mindestens aber hätten sie ihr die Freude gründlich verdorben.[18])

Sie frühstückte mit Vita in deren Zimmer, und plötzlich gerieten sie in einen hitzigen Streit über Männer und Frauen. Man kann nicht mit Sicherheit sagen, woran sich dieser Streit entzündete, aber die Vermutung liegt nahe, daß Virginia, die fast immer gegen 3 oder 4 Uhr morgens aufwachte und dann oft in depressives Grübeln geriet, über Leonards Verhalten und über ihre Abhängigkeit von ihm nachgedacht hatte. Dieselbe Ambivalenz, ihr Schwanken zwischen symbiotischer Verbundenheit und Freiheitsdurst, die sich in ihren Briefen vor der Reise ausgedrückt hatte, wurde auch jetzt deutlich: Vita registrierte mit Verwunderung, Virginia sei ›merkwürdig feministisch‹ in ihren Ansichten. Sie habe eine Abneigung gegen das Besitzergreifende und gegen die Herrschsucht in Männern. Tatsächlich mißfalle ihr das Männliche an sich. Frauen dagegen, so sagte Virginia, regten ihre Phantasie an, mit ihrer Anmut und ihrem ganzen Lebenszuschnitt.

Nach dem Frühstück gingen sie aus, und diesmal kaufte auch Vita einen Cordsamtmantel, für sich selbst. Zum Mittagessen ebenso wie abends erschienen zu beider Überraschung genau die gleichen Menüs wie am Vortag, weil, wie sie merkten, niemand außer ihnen mehr als eine Nacht in Saulieu verbrachte. Das *Hotel de la Poste* war eine touristische Durchgangsstation und sah sich folglich nicht genötigt, seinen Gästen Abwechslung zu bieten. Nach dem Essen machten sie einen langen Spaziergang, am Bahnhof vorbei in die Wälder. Die Sonne schien, aber es war nicht sehr warm.

Abends las Virginia Vita ihren Memoirentext *Old Bloomsbury*[19] vor, in dem sie ihre Jugend und die Anfänge des Bloomsbury-Kreises beschreibt, aber auch von ihrem Stiefbruder George spricht, der sie, als sie ungefähr zwanzig war, zu ihrer Qual ›in die Gesellschaft‹ einführte und dabei unablässig ihre Kleidung und ihr Benehmen kritisierte. Wenn sie dann, lange nach Mitternacht, endlich im Bett lag und noch etwas lesen wollte, kam George. »Plötzlich ein Klopfen an meiner Tür, das Licht wurde ausgemacht, und George warf sich auf mein Bett, hätschelte und küßte mich und liebkoste mich auch auf andere Weise, um mich, wie er später Dr. Savage erklärte, über die tödliche Krankheit meines Vaters hinwegzutrösten – der zwei oder drei Stockwerke tiefer am Krebs im Sterben lag.«[20] Danach sprach sie noch lange über George. Ihre Diskussion über männliche Herrschsucht und über die Männlichkeit an sich stand damit in engem Zusammenhang. Offenbar versuchte Virginia, Vita sehr wesentliche Dinge über sich, ihre Vergangenheit, über die Gründe für ihre sexuelle Abneigung gegen Männer und ihre allgemeine Scheu mitzuteilen.

Am Donnerstagmorgen fuhren sie um 8 Uhr in Saulieu ab und erreichten eineinhalb Stunden später Avallon. Dort sahen sie sich die Stadt an, die Kirche St Lazare und die alten Stadtmauern und gingen in einen Antiquitätenladen, wo Virginia einen kleinen Frisiertisch kaufte, der ihr nach England geschickt werden würde. Vita fand auf der Post zwei postlagernde Briefe von Harold vor, aber von Leonard war nichts angekommen, und Virginia war sehr unglücklich darüber.

Völlig unerwartet hatten sie dann beim Mittagessen im Hotel ein Zusammentreffen mit Valerie Taylor, einer der ›zweitrangigen‹ Geliebten Vitas, die mit einem befreundeten Ehepaar auf dem Weg nach Suden war. Es stellte sich im Gespräch heraus, daß sie Vita gebeten hatte, genau in dieser Woche mit ihr auf den Kontinent zu fahren, und ohne Antwort von Vita geblieben war, – eine ziemlich peinliche Situation, die durch Vitas wortreiche Erklärungen nicht besser wurde.

Nach dem Mittagessen saß Virginia allein an einer staubigen Straße und schrieb an Leonard. Vita war inzwischen unterwegs, um einen Wagen zu mieten, weil sie nicht in Avallon bleiben wollten. Es war ziemlich heiß und etwas bewölkt, und Virginia mußte auf den Knien schreiben. Wenn sie nur einen Brief von ihm hätte, sagte sie, wäre sie im siebten Himmel wegen des kleinen Frisiertischs, den sie erworben hatte. Und sie erzählte Leonard, wie gut ihr die Landschaft gefiel, die Hügelketten, die Wälder, die kleinen Flüsse und die Städtchen mit ihren Läden und Restaurants und die zahlreichen, eintönig schreienden Esel. Eigentlich wären sie dumm, wenn sie sich hier nicht ein kleines Haus kauften, meinte sie. Das sagte sie immer, wenn es ihr irgendwo gut gefiel, aber sie tat es nie.

Vita tauchte wieder auf und hatte einen Wagen gefunden. Sie gingen gegen 3 Uhr noch einmal zum Postamt und warteten die Nachmittagssendungen ab, doch es war immer noch kein Brief von Leonard dabei, und da Vita es nicht mehr ertragen konnte, Virginia so beunruhigt zu sehen, überredete sie sie dazu, Leonard ein Telegramm zu schicken. »Keine Briefe – in Sorge – drahte Hotel de la Poste Vézelay.«[21]

Dann fuhren sie die kurze Strecke nach Vézelay und sahen schon von weitem die Kathedrale, die auf dem hohen, mit Wein bewachsenen Hügel kauert wie ein riesiges dunkles Tier. Sie brachten ihre Koffer ins dortige *Hotel de la Poste*, das unten im Ort liegt, gingen dann die steile Straße zur Kathedrale hinauf, die sie besichtigten, und schauten von der ummauerten Hochfläche, die sich um die Kirche erstreckt, weit ins Land.

Später lagen sie nebeneinander in einem Feld, sprachen kaum und hörten den Grillen zu. Nach dem Abendessen fand Vita, daß Virginia müde wirkte, und bewog sie dazu, schon um 10 Uhr zu Bett zu gehen. Sie schrieb an Harold, »Virginia ist sehr süß, und ich fühle mich außerordentlich beschützerisch ihr gegenüber. Die Verbindung dieses glänzenden Geistes und zerbrechlichen Körpers ist sehr liebenswert. Sie hat ein liebes und kindliches Wesen, von dem ihr Intellekt ganz getrennt ist. Ich habe nie jemanden gekannt, der so empfindsam ist und so wenig Aufhebens von dieser Empfindsamkeit macht.«[22]

In der Nacht erwachte Vita von einem heftigen Gewitter und ging in Virginias Zimmer, um nachzusehen, ob sie sich fürchtete. In ihrem kurzen Tagebuchbericht über die Burgundreise bemerkt sie dazu nur, daß sie eine Stunde lang über Wissenschaft, Religion und Tod sprachen und sie Virginia dann, als sich der Sturm gelegt hatte, verließ, damit sie wieder einschlafen konnte. Es gibt jedoch andere Zeugnisse, die erkennen lassen, wie aufwühlend ihr Gespräch in jener Nacht gewesen sein muß und wie nah sie sich waren. 1941, kurz nach Virginias Selbstmord, schrieb Vita darüber, »[...] wir saßen im Dunklen, und die Blitze erhellten von Zeit zu Zeit ihr Gesicht. Sie hatte, glaube ich, ein wenig Angst, und vielleicht brachte sie das dazu, mit tieferem Ernst als ich ihn je an ihr gekannt hatte, über Unsterblichkeit zu sprechen und über das eigene Weiterleben nach dem Tod.«[23] Und in einem Brief an Virginia von 1933 schrieb sie ihr, »Erinnerst Du Dich an eine Nacht in Burgund, [...] als ich beim Gewitter über den dunklen Flur in Dein Zimmer kam und wir dalagen und darüber sprachen, ob wir uns vor dem Tod fürchteten oder nicht? Das ist so eine der Gelegenheiten, bei der die Dinge, die ich Dir – und nur Dir – sagen will, gesagt werden.«[24] In einem unveröffentlichten Gedichtentwurf Vitas findet sich noch mehr darüber: Virginia erschauerte immer wieder vor Furcht, während sie zusammen unter der großen Daunendecke lagen, die von ihnen herabglitt. Der Donner rollte, und Virginia erzählte Vita auch von Clara Pater, dem Vorbild der Julia in ihrer lesbischen Erzählung *Slaters Nadeln haben keine Spitzen.*

Am Freitagmorgen regnete es in Strömen, und sie konnten nicht ausgehen, weil sie keine Regenmäntel mitgenommen hatten, aber Virginia war wie erlöst, weil um 8 Uhr 30 Leonards Antworttelegramm kam und sie sich nun keine Sorgen mehr machen mußte. Sie saßen in Vitas Zimmer und schrieben Briefe. Virginia berichtete Leonard, »Übrigens geht es mir ausgezeichnet. Vita ist eine perfekte alte Glucke, läuft immerzu mit Wärmflaschen hin und her und ist eine bewundernswert kompetente Reisende, da sie offenbar perfektes Französisch spricht. Ich glaube nicht, daß wir uns streiten werden – tatsächlich bin ich jetzt, wo wir auf unsere beiderseitigen Launen wenig achten, (nicht, daß sie viele hätte), eingewöhnter. In Wahrheit ist sie eine äußerst nette, freundliche Natur, aber was ich an ihr als Gefährtin mag, sind ihre Erinnerungen an die Vergangenheit. Sie erzählt mir Geschichten aus einer versunkenen Welt – Mrs. Keppel [die Mutter von Violet Trefusis und Geliebte Edwards VII], König Edward, – wie diese in Chantilly bei den Rothschilds zu Gast waren und mit dem Auto einen großen Hund überfuhren und keinesfalls anhalten wollten, weil sie sich sonst zu ihrem Polospiel verspätet hätten.«[25]

Gegen 11 Uhr hörte der Regen auf; sie gingen in einen Antiquitätenladen, ins Museum und wanderten nach dem Mittagessen, während die Sonne hie und da herauskam, durch die Weinberge hinunter an das Ufer des Flüßchens Cure, wo sie sich niederließen und den alten Frauen beim Wäschewaschen zusahen. Dann stiegen sie langsam den Hügel wieder hinauf und genossen dabei die schönen Ausblicke in das Tal. Beim Hotel angekommen, schickte Vita Virginia hinein, damit sie sich ausruhte, während sie um die ganze Stadtmauer lief und den Sonnenuntergang betrachtete.

Am Samstagmorgen ging Virginia Brötchen kaufen, und Vita

sah einigen Maurern zu, die sich auf einer Leiter Steine zureichten. Dann verließen sie Vézelay gegen zehn Uhr mit großem Bedauern, fuhren mit ihrem Mietwagen nach Sermizelles, stiegen dort in den Zug und erreichten zum Mittagessen Auxerre. Auch dort brach ein Gewitter los, und sie mußten warten, ehe sie ausgehen und die Kirchen besichtigen konnten. Das Glasfenster in St. Etienne gefiel Virginia sehr. Später am Nachmittag gingen sie Schokolade trinken. Danach fanden sie einen guten Antiquitätenladen, und dort vergaß Virginia alle ängstliche Sparsamkeit. Sie muß an diesem Nachmittag besonders glücklich gewesen sein, denn trotz der Reisekosten leistete sie sich über den bereits erworbenen Frisiertisch hinaus noch einen weiteren Luxus: Virginia, die spiegelscheuste Frau der Welt, kaufte sich einen Spiegel!

Abends diskutierten sie über die Dichterin Edith Sitwell, und Virginia erzählte Vita ›die Geschichte ihrer frühen Lieben‹, – unter anderem von Madge Symonds, die, wie Vita erst jetzt erfuhr, das Vorbild der Sally Seton in *Mrs. Dalloway* war.

Am Sonntag mußten sie wiederum zur Henkerszeit aufstehen, um den 7 Uhr-Zug nach Paris zu erreichen. Dort fuhren sie mit dem Taxi von ihrem Ankunftsbahnhof Gare de Lyon zum Gare St Lazare, aßen zu Mittag und fuhren weiter nach Rouen. Hier wurden sie von Ethel Sands' Chauffeur abgeholt und nach Offranville gebracht. Virginia freute sich sehr, dort auch ihre Schwester und Duncan anzutreffen, die gerade Ethels Loggia ausmalten – und diesmal gefiel sogar Vita, was die beiden da geschaffen hatten: »Sie haben sechs Szenen aus der bäuerlichen Arbeit gemalt – Weinlese, Heumachen, Ernte, und so fort – in einem Stil, der das Idyllisch-Ländliche mit dem Romantischen mischt – und dem sehr Modernen: das Ergebnis ist absolut bezaubernd.«[26]

Nach einem köstlichen Abendessen las Virginia allen ihr *Old Bloomsbury* vor. Vita schrieb an Harold darüber, »Es ist sehr amüsant und furchtbar unschicklich; die beiden alten Jungfrauen warfen die Köpfe auf vor entsetztem Entzücken. Ich war sehr gespannt, ob Virginia bestimmte Stellen überspringen würde, aber sie übersprang kein Wort.«[27]

Da für Virginia und Vita kein Gästezimmer frei war, brachte Ethels Chauffeur sie nach Dieppe, wo sie im Hotel übernachteten und anderntags die Vormittagsfähre nahmen. – Es war ziemlich windig, und Virginia fürchtete sich vor einer stürmischen Überfahrt. Während das Schiff losmachte, ging sie auf einen französischen Seemann zu, und dann hörte Vita das, was sie auf keinen Fall jemals hatte hören sollen: Virginia sprach französisch! Tief besorgt erkundigte sie sich bei dem Matrosen: »*Est-ce que la mer est brusque?*« [«Ist das Meer barsch?«]

Das Meer war in der Tat etwas barsch, und die lebenspraktische Vita tat das einzig Richtige: Sie bestellte eine Flasche Burgunder und ließ Virginia den größeren Teil davon trinken, worauf sie einschlief und in diesem Zustand die rauhe Überfahrt ganz schadlos überstand.

Leonard erwartete sie bei ihrer Ankunft in Newhaven am Pier. Die Woolfs brachten Vita zu ihrem Zug nach Sevenoaks, fuhren heim nach Rodmell zu Pinker und den Welpen und waren froh, sich wiederzusehen. Aber Virginia dachte an diese kleine Reise immer mit Freude zurück. An Harold schrieb sie kurz danach, »... wir hatten eine perfekte Woche, und ich habe in meinem ganzen Leben nicht soviel gelacht und geredet. Es ging vorüber wie im Flug – Vita war engelsgut zu mir – suchte Zuganschlüsse heraus, gab Trinkgelder, sprach vollendetes Französisch, beugte sich jeder meiner Launen, war stets gut gelaunt, unendlich unterhaltsam, sah hübsch aus, bewies auf Schritt und Tritt das großzügigste und hochherzigste Naturell, sogar als es im W.C. nur einen alten Krug gab und als sie ihre Schlüssel verloren hatte – kurz, es war ein Hauptspaß. Ich wünschte nur, sie wäre nicht so demütig. Es ist absoluter Unsinn, daß sie von ihren Begabungen und Büchern so gering denkt.«[28] Aber in demselben Brief vermittelte sie auch, leicht mokant, ihre Einschätzung von Vitas erotischer Anfälligkeit und gab ihre Eifersucht zu erkennen: »Sie richtet sich wieder in Long Barn ein und hat dort nur Valerie [Taylor], die unablässig über Liebe reden und Miss le Bosquet [Vitas neue Sekretärin], die vermutlich bald das gleiche Thema zur Sprache bringen wird.«[29]

Vita war nach der Reise wieder neu und anders und nostalgisch in Virginia verliebt. Am 5. Oktober machte sie sich das ›melancholische Vergnügen‹, sämtliche Briefe Virginias noch einmal zu lesen. (Sie ließ sie danach von Miss le Bosquet abtippen, – unter Auslassung der intimeren Stellen.) »Burgund erscheint wie ein Traum. ›Erst: freudig Hoffen, nachher: ein Schattenbild.‹ [Shakespeare, Sonett 129] Ich war sehr glücklich. Du auch? Ich habe Walter Pater über Vézelay gelesen.[30] Also wirklich, dieser Narthex [Binnenvorhalle der Basilika], um den ich mir immer Sorgen gemacht habe, ist, wie es scheint, eine der Zierden Frankreichs. Und wir haben ihn überhaupt nicht gesehen. Aber ich habe das Gefühl, als hätte ich genug gesehen, um ein Dutzend Narthexe wettzumachen. Jedenfalls bin ich verwandelt nach Hause zurückgekehrt. Den ganzen Sommer über war ich nervös wie eine Katze, – fuhr auf, träumte, grübelte – jetzt bin ich wieder ganz tatkräftig und stabil, und wieder gierig auf Leben. Und alles Dir zu danken, wie ich glaube. Du siehst also, daß dieser Brief ein Collins [Dankesbrief] ist. Es ist 1/4 vor 1, – fast zwei Stunden nach Virginias Schlafenszeit. Meine Liebste, ich liebe Dich sehr. Alle Sibyllen [Sibyl Colefax] und Tom Eliots der Welt lieben Dich nicht so sehr wie ich. Ich segne Dich für alles, was Du mir gewesen bist. Das ist kein Scherz, sondern nüchterne Wahrheit.«[31]

Virginia empfand deutlich, daß Vita sich ihr wieder angenähert hatte, und antwortete ihr mit einem Eingeständnis ihrer tiefen Ängste, was sie ganz selten tat. »Das war ein sehr netter Brief, den Du mir um Mitternacht beim Licht der Sterne geschrieben hast. Schreibe immer um diese Zeit, denn Dein Herz bedarf des Mondlichts, um es zu schmelzen. Und meins ist in Gaslicht gebraten, da es erst neun Uhr ist, und ich um elf ins Bett muß. Und daher werde ich nichts sagen: nicht ein Wort von dem Balsam meiner Qual – denn ich bin immer gequält – der Du mir warst. Wie ich Dich beobachtete! Wie ich fühlte – also, wie war es genau? Ja, irgendwo habe ich einen kleinen Ball gesehen, der auf einer Fontäne auf und nieder tanzte: die Fontäne bist Du, der Ball ich. Es ist eine Empfindung, die ich nur bei Dir habe. Es ist körperlich stimulierend und zugleich erholsam, ich fühle mich geschmeidig gemacht und geölt – und dann, hier in Tavistock Square, vergeht Stunde um Stunde in krächzendem Geschnatter. Oh, ich habe so viele Leute gesehen, soviel geredet, und bin in der Nacht aufgewacht, ins Herz getroffen von einem Gefühl von Verhängnis und Hoffnungslosigkeit –«[32]

Vier Tage später erschien *Orlando*.

Vita war vor dem Publikationstermin so aufgeregt, daß sie in der Nacht kaum schlafen konnte und am Erscheinungstag des Buches mit einem Gefühl erwachte, als sei ihr »Geburtstag oder Hochzeitstag«[1] – der Tag war in einem gewissen Sinn beides: sie wurde in jene neue Identität hineingeboren, die Virginia für sie erfunden hatte, und Virginia vermählte sich Vita als ihre ›Urheberin‹, ihre Autorin. Nach *Orlando* war Vita, die mit dieser literarischen Gestalt künftig immer identifiziert wurde, so sehr ihr eigen, wie sie es als Geliebte, die sich so bald entzog, nie gewesen war. Jetzt mochte Vita sie betrügen, mit wem sie wollte: Sie entkam ihr nicht mehr.

Virginia schickte ihr das Buch am 11. Oktober mit der ersten Post, in einem Ledereinband, den sie eigens für sie hatte anfertigen lassen. Vita las den ganzen Tag über, schickte zwischendurch ein Telegramm an Virginia und schrieb ihr am Nachmittag atemlos, »[...] ich bin völlig geblendet, verhext, bezaubert, unter einem Bann. [...] Ich fühle mich wie eine von diesen Figuren in einem Schaufenster, der Du eine mit Juwelen bestickte Robe umgehängt hast. [...] Liebling, ich weiß nicht und mag es auch kaum schreiben, so überwältigt bin ich, wie Du ein so herrliches Gewand über einen so dürftigen Aufhänger werfen konntest. Das ist wirklich keine falsche Bescheidenheit; *wirklich* nicht. Über diese Seite davon kann ich aber nicht schreiben, noch weniger es Dir mündlich sagen. [...] Zudem hast Du eine neue Form von Narzissmus erfunden, – ich gestehe, – ich bin in Orlando verliebt – das ist eine Komplikation, die ich nicht vorausgesehen hatte. Virginia, meine Liebste, ich kann Dir nur danken für den Reichtum, den Du verströmt hast. – V. – Du hast mich zum Weinen gebracht mit Deinen Passagen über Knole, Du Schurkin.«[2]

Als Virginia diesen Brief erhielt, telegrafierte sie an Vita: »Deine Biographin ist ungeheuer erleichtert und glücklich.«[3] Und schrieb ihr am selben Tag, »Welch ungeheure Erleichterung! Ich war halb krank vor Angst, bis Dein Telegramm kam. Plötzlich überfiel es mich mit Entsetzen, daß Du verletzt oder zornig sein würdest, und ich wagte nicht, die Post zu öffnen: jetzt soll bellen und beißen, wer will; Du Engel – aber ich bin ziemlich in Eile und schreibe nicht, außer dieser Zeile. Verkauf viel besser. Begeisterung in der *Birmingham Post*. Knole ist erkannt. Sie spielen auf Dich an.«[4]

Vitas Mutter, Lady Sackville, sandte Virginia einen nur mühsam beherrschten Brief: »Sie haben in Orlando einige schöne Sätze geschrieben, aber wahrscheinlich ist Ihnen nicht klar, wie *grausam* Sie gewesen sind. Und die Person, die das Buch inspiriert hat, ist noch grausamer gewesen«[5], aber ihre wahre Reaktion auf das Buch war haßerfüllt: In ihr Exemplar von *Orlando* klebte sie ein Zeitungsfoto Virginias und schrieb daneben, »Das furchtbare Gesicht einer Irren, deren erfolgreiches, wahnsinniges Verlangen es ist, Menschen auseinanderzubringen, die einander mögen. Ich verabscheue diese Frau dafür, daß sie meine Vita verändert und mir weggenommen hat.«[6]

An Ethel Sands und Nan Hudson schrieb sie, »Ich sehe kaum jemanden; ich bin wieder zu krank gemacht worden, und ich brauche Ihnen nicht zu sagen, wodurch oder durch wen. Zunächst war ich betrübt überrascht davon, zu sehen, daß meine Ethel und meine Nan – meine Freundinnen – dieser grausamen Frau V. W. dabei geholfen hatten [Ethel und Nan waren im Vorwort im Scherz als Materiallieferantinnen des Romans aufgeführt], ein Buch zu schreiben, das mir, der Mutter von Orlando – eine sehr schmerzliche Lektüre gewesen ist!«[7]

Lady Sackville trug sehr wesentlich zu dem Erfolg des Romans bei, – er war ein Bestseller, verkaufte viel höhere Stückzahlen als alle vorigen Bücher Virginias und begründete ihren beträchtlichen finanziellen Erfolg der kommenden Jahre –, indem sie an alle Welt und vor allem an die Kritiker schrieb und sich über die ›Unanständigkeit‹ des Werks beklagte. Außerdem versteckte sie in jeder Buchhandlung, die sie betrat, jedes Exemplar von *Orlando*, dessen sie ansichtig wurde, unter Stapeln anderer Bücher. Lady Sackvilles Versuche, das Buch unmöglich zu machen, verstärkten genau das, was sie vermeiden sollten: eine weithin sich verbreitende und anhaltende Identifikation Vitas mit ›Orlando‹.

Virginia hatte sehr wohl vorausgesehen, daß man Vita als Orlando erkennen, sie schließlich *nur noch* als Orlando, als ihre Schöpfung, wahrnehmen würde. Und erst durch dieses ›offenbare Geheimnis‹ erhielt das Buch seinen ihm inzwischen anhaftenden ›sapphischen‹ Anstrich, den der Text für sich selbst genommen gar nicht besitzt. Wer nicht weiß, daß er von der ›entschiedenen Sapphistin‹ Vita Sackville-West handelt, die der Autorin in Liebe verbunden war, kann bei der Lektüre kaum auf den Gedanken kommen, bei *Orlando* handele es sich um einen lesbischen Roman.

Harold war im Gegensatz zu Vitas Mutter des Lobes voll. »Es *ist* wirklich Vita – ihre verwirrte Konzentration, ihre geistesabwesende Zärtlichkeit ... Sie schreitet prächtig und unbeholfen durch 350 Jahre.«[8]

Vita aber äußerte einen Tag nach ihrer ersten Lektüre schließlich doch einiges Unbehagen an dem Roman, – nicht gegenüber Virginia, sondern zu Harold, und unter dem Siegel strengster Verschwiegenheit: »Je mehr ich darüber nachdenke, desto schwächer finde ich den Schluß. Ich kann einfach nicht herausfinden, was sie im Sinn hatte. Wofür steht die Wildgans? Ruhm? Liebe? Tod? Heirat? Offensichtlich hat ein Mensch von V.s Intellekt *irgendeine* Absicht verfolgt, aber welche? Die Symbolik erschließt sich nicht.«[9]

Vita bezog sich hier auf das Ende des Romans; Orlandos Gatte kehrt mit dem Flugzeug nach Hause zurück: »Und als Shelmerdine, nun ein stattlicher Schiffskapitän, heil, rotwangig und munter auf die Erde herabsprang, flog über seinen Kopf hinweg ein einzelner Wildvogel auf. ›Sie ist es!‹ rief Orlando. ›Die Wildgans ...‹«[10] Diese Wildgans erscheint jedoch nicht nur am Schluß, sondern taucht bereits vorher einmal auf: Orlando denkt auf der raschen Autofahrt von London nach Knole in Kent über ihr Leben nach und fragt sich kummervoll, wer sie ist und was sie erreicht hat, – ›Ruhm‹ mit ihrem preisgekrönten Gedicht *Die Eiche*, das wohl, und doch fühlt sie sich immer zugleich als Dichterin und als Scharlatanin. Sie muß dann langsamer fahren, um durch eine Menge von Marktleuten hindurchzukommen. »Doch niemand beachtete sie. Ein Tümmler in einer Fischhandlung erregte weit mehr Aufmerksamkeit als eine Dame, die einen Preis gewonnen hatte und, wenn sie es gewollt hätte, drei Adelskronen übereinander auf der Stirn hätte tragen können.«[11]

In Grübeln versunken fährt Orlando immer langsamer. »›Heimgesucht!‹ rief sie und trat jäh auf den Gashebel. ›Heimgesucht! Schon seit ich ein Kind war. Da fliegt die Wildgans. Sie fliegt am Fenster vorbei aufs Meer hinaus. Auf sprang ich (sie ergriff das Steuerrad fester) und streckte mich danach. Doch die Gans fliegt zu schnell. Ich habe sie gesehen, hier – dort – dort – England, Persien, Italien. Immer fliegt sie schnell hinaus aufs Meer und immer werfe ich ihr Worte nach wie Netze, (hier schwang sie die Hand von sich), die schrumpfen, wie ich Netze habe schrumpfen sehen, die mit nichts als Tang an Deck gezogen wurden; und manchmal finden sich zwei Zoll Silber – sechs Wörter – auf dem Grund des Netzes. Aber nie der große Fisch, der in den Korallenhainen wohnt.‹ Hier senkte sie tief nachdenklich den Kopf.«[12]

Nach Vita haben auch andere über diese Wildgans gerätselt, und sie hat scharfsinnige Interpretationen hervorgerufen, die alle ihre Berechtigung haben. Es gibt daneben jedoch eine sehr einfache und sehr boshafte Erklärung für ihr Erscheinen: Was für Virginia selbst der riesige alte Fisch in den Tiefen des Meeres war, – die wahre Kunst nämlich –, dessen Rückenflosse sie manchmal weit draußen sah, nach dem sie immer wieder ihre Netze auswarf und den *sie* fangen konnte, machte sie in *Orlando* zur Wildgans, nach der Vita ebenfalls ihre Netze auswirft, in denen sie jedoch meist nur Seetang und nur ganz selten einmal etwas Silber findet.

Nun ist aber die Redewendung ›the chase of the wild goose‹ [›Die Jagd nach der Wildgans‹], nach einem sehr schnell und hoch fliegenden und daher schwer jagdbaren Federwild, im Englischen das Synonym für ›vergebliche Liebesmühe‹ oder ›fruchtloses Unterfangen‹. – Kein Wunder also, wenn Virginia unter anderem wegen dieses Seitenhiebs gegen Vitas literarische Bemühungen gefürchtet hatte, sie könnte verletzt oder zornig sein. Und nur gut, daß Vita die Redewendung von der ›Jagd nach der Wildgans‹ nicht gegenwärtig war und sie statt dessen an eine dunkle Symbolik glauben konnte, die sich ihr nicht erschloß.

»Hinter dem Wunsch, Komplimente zu machen und zu schmeicheln, der in *Orlando* so offensichtlich ist, lag der finsterere Impuls, zu bestrafen und zu verletzen. Die sexuelle und emotionale Ambivalenz, die für ihre Beziehung charakteristisch war, kommt im Text von *Orlando* ebenso zum Vorschein wie in den Bedingungen seiner Entstehung.«[13]

Ein weiterer Einwand Vitas war, der Schluß sei nicht überzeugend. »›Heirat und Mutterschaft würden Orlando als Figur entweder verändern oder zerstören; sie tun keins von beiden [im Buch].‹ Vita war selbst durch Heirat und Mutterschaft verändert worden; sie war enttäuscht, daß Orlando, die Inkarnation ihres unversehrten Ich, nicht auf sich selbst gestellt blieb.«[14]

Mary Campbell schrieb nach der Lektüre an Vita und kritisierte, daß »Orlando zu vorsichtig, geschlechtslos und zu gelassen ist, um Dir wirklich zu gleichen. Aber ich denke natürlich daran, wie er *mir* erscheint; er ist für Virginia so ganz anders. Ah! ein ganzes Buch über Orlando, ohne ihre tiefe, feurige Sinnlichkeit zu erwähnen – diese seltsame Mischung aus Feuer und Düsterkeit und Hitze und Kälte – erscheint mir etwas blaß.«[15] Aber im Herbst, als Mary kurz in England gewesen war, um Vita zu besuchen, schrieb sie ihr auf dem Rückweg zu Roy, »Virginia hat recht, Liebling. Ich wünschte, es wäre nicht so, aber Du hast Dich nie in der Liebe verloren.«[16]

Das ist wahr. Virginia hatte verstanden, daß Vitas Sinnlichkeit und Leidenschaftlichkeit unter anderem auch Posen waren, mit denen sie ihre tief verwurzelte Unfähigkeit, menschliche Beziehungen aufzunehmen und zu erhalten, ebenso kaschierte wie ihr ›Gequältsein‹ von ewig ungestillten Bedürfnissen, zu deren Urgrund der narzißtischen Kränkung sie keinen Zugang fand.

Virginia entkleidete Orlando dieser Posen und enthüllte ihr verborgenes Geheimnis: »Muß also zugegeben werden, daß Orlando eines dieser Ungeheuer von Unmenschlichkeit war, die nicht lieben können? Sie war gut zu Hunden, treu zu Freunden, die Freigebigkeit in Person gegenüber einem Dutzend hungernder Dichter und besaß eine Leidenschaft für die Poesie. Aber Liebe, wie männliche Romanciers sie definieren – und wer könnte schließlich mit größerer Autorität sprechen? – hat gar nichts zu tun mit Güte, Treue, Freigebigkeit oder Poesie. Liebe ist ein Aus-dem-Unterrock-Schlüpfen und – aber wir alle wissen ja, was Liebe ist. Wußte es Orlando? Die Wahrheit zwingt uns zu sagen, nein. Sie wußte es nicht.«[17]

Virginia beschrieb in *Orlando* sehr deutlich die verschiedenen Arten der Liebe, stellte die Empfindungen, die sie Vita entgegenbrachte, jenen gegenüber, die Vita mit anderen teilte. Im Roman ließ sie Vita/Orlando die Gefahren der rein sexuellen Leidenschaft erkennen und sie so panisch fliehen, wie sie sich ihnen im wirklichen Leben bedenkenlos in die Arme stürzte: Der vereinsamte Orlando, der sich nach den tiefen Enttäuschungen über Saschas Untreue und über die Gemeinheit der Dichter, die er so verehrte, gänzlich zurückgezogen hat, erhält mehrfach aufdringliche Besuche der grotesken, alten Erzherzogin Harriet Griselda von Finster-Aarhorn und wird plötzlich von Leidenschaft ergriffen. »Aber was für eine Leidenschaft, darf man wohl fragen, konnte das sein? Und die Antwort ist doppelgesichtig wie die Liebe selbst. [...] Als die Erzherzogin Harriet Griselda sich bückte, um die Schnalle [der

Beinschiene einer Rüstung an Orlandos Wade] zu schließen, vernahm Orlando plötzlich von ganz weit her und unerklärlicherweise den Flügelschlag der Liebe. [...] er war bereit, die Hände auszustrecken und den Vogel der Schönheit sich auf seinen Schultern niedersetzen zu lassen, als – welch Grauen – ein knarrendes Geräusch, wie die Krähen es machen, wenn sie in die Bäume einfallen, widerzuhallen begann; die Luft schien von struppigen, schwarzen Flügeln verdunkelt zu sein; Stimmen krächzten; Strohhalme, Zweiglein und Federn fielen herab; und da ließ sich auf seinen Schultern der plumpste und abscheulichste aller Vögel nieder: der Geier. Darum stürzte er aus dem Zimmer und schickte einen Lakaien, damit der die Erzherzogin Harriet zu ihrer Kutsche geleite. Denn die Liebe, zu der wir jetzt zurückkehren dürfen, hat zwei Gesichter, eines weiß, das andere schwarz; zwei Leiber, der eine glatt, der andere haarig; sie hat zwei Hände, zwei Füße, zwei Schwänze, zwei von allen Gliedern, und jedes ist das genaue Gegenteil des anderen. Dennoch sind sie so fest zusammengefügt, daß man sie nicht trennen kann. In diesem Fall begann Orlandos Liebe ihren Flug auf ihn zu, ihr weißes Gesicht ihm zugewendet und ihren glatten lieblichen Leib auswärts gekehrt. Näher und näher kam sie und wehte Lüftchen reinen Entzückens vor sich her. Ganz plötzlich (beim Anblick der Erzherzogin vermutlich) rollte sie sich herum, zeigte sich schwarz, haarig und viehisch; und es war Lust, der Geier, nicht die Liebe, der Vogel des Paradieses, was da häßlich und abscheulich auf seinen Schultern saß.«[18]

Dem ›Geier der Lust‹ kontrastierte Virginia das, was sie bereits in *Mrs. Dalloway* als das ›Erkennen‹ im sinnlichsten Entzücken geschildert hatte: ihr Bild von damals, aus der Anfangszeit ihrer Liebe zu Vita, – »Da, in diesem einen Moment, hatte sie eine Erleuchtung gesehen; ein Zündholz, das in einem Krokus brannte, einen inneren, fast zum Ausdruck gekommenen Sinn«[19] –, nahm sie jetzt wieder auf. In Virginias Imagination waren der Krokus und der blau aufblitzende Eisvogel austauschbare Metaphern. Sie verwendete sie in *Orlando*, um ihre Symbolik des Erleuchtetseins, des ekstatischen ›Erkennens‹ auf den Höhepunkten ihrer Liebeserfahrungen mit einem konkreten Erlebnis zu verknüpfen, das sie mit Vita teilte: mit jenem seligen Tag, den sie beide in Kew Gardens verbracht hatten. Während Orlando in den Wehen liegt, um ihren Sohn zu gebären, läßt Virginia eine von jenen Drehorgeln erklingen, die sie selbst so liebte und deren Klang sie einst in der Marchmont Street nachgegangen war, um sich zu trösten, als Vita sie verließ, um nach Persien zu reisen.

Und dann, ganz unvermittelt, erhebt sie im Roman ihre Stimme, redet Vita direkt an und erinnert sie an den *locus amoenus*, den paradiesischen Garten, in dem sie zusammen glücklich waren: »... welcher Ort ist das? Erkennst Du diesen grünen Anger und in der Mitte den Spitzturm, und die Tore mit den kauernden Löwen zu beiden Seiten? Oh, ja, es ist Kew! Nun gut, Kew tut's auch. Hier sind wir also, in Kew, und ich werde dir heute (dem zweiten März) unter dem Pflaumenbaum eine Traubenhyazinthe zeigen, und einen Krokus, und eine Knospe auch, am Mandelbaum; so daß dort zu wandeln heißt, an Blumenzwiebeln zu denken, haarig und rot, im Oktober in die Erde gesteckt, und jetzt in Blüte; und von mehr Dingen zu träumen, als in Worte gefaßt werden kann, und aus dem Etui eine Zigarette zu nehmen, oder sogar eine Zigarre, und einen Mantel unter [...] eine Eiche zu werfen und dort zu sitzen und den Eisvogel zu erwarten, der, wie man sagt, eines Abends kam und den Fluß von Ufer zu Ufer überquerte.«[20] »Blau, wie ein im Innersten des Augapfels angestrichenes Zündhölzchen fliegt er, brennt, sprengt das Siegel des Schlafs, der Eisvogel.«[21]

Fast am Ende des Romans schließlich findet sich jener Textabschnitt, bei dessen Verfertigung Virginia im März an Vita geschrieben hatte, »Übrigens, glaubst Du, daß ich Dich kenne? Intim? Eine Frage, die ich mir morgen früh stellen werde – Du fährst [in *Orlando*] nach Knole hinunter, und während Du dahinfährst, enthüllst Du die tiefgründigste und geheimste Seite Deines Charakters.«[22]

In der kurzen Romanpassage, auf die sie hier anspielt, gibt Virginia, ganz versteckt und nahezu unauffällig, ihren tiefen Einsichten in Vitas Wesen, ihrer heimlichen Trauer um sie, dem Bewußtsein ihrer Distanz zueinander Ausdruck und bringt sich schemenhaft selbst ins Bild: Sie läßt Orlando im Auto auf der Old Kent Road aus London hinaus nach Süden in Richtung Knole eilen – dieselbe Strecke, die sie so oft mit Vita nach Long Barn gefahren war –, und schildert die im Vorbeifahren rasch aufeinanderfolgenden Impressionen: »Die Old Kent Road war an diesem Donnerstag, dem 11. Oktober 1928, sehr belebt. Die Leute quollen vom Gehsteig auf die Fahrbahn. Frauen mit Einkaufstaschen; Kinder rannten hervor. In Textilgeschäften war Ausverkauf. Straßen verengten und erweiterten sich. Lange Durchblicke schrumpften stetig zusammen. Hier war ein Markt. Hier ein Leichenbegängnis. Hier ein Zug mit Spruchbändern, auf denen ›Ra – Un‹ stand, aber was noch? Fleisch war sehr rot. Metzger standen an der Tür. Frauen wurden beinahe die Absätze weggeschnitten. ›Amor Vin—‹, das stand auf einem Torbogen.«[23]

Scheinbar ist dies nur die Beschreibung der bei hoher Fahrgeschwindigkeit zwangsläufig bruchstückhaften Wahrnehmung aller Dinge. In Wahrheit aber bildet Virginia hier metaphorisch Vitas Lebenshaltung und Naturell ab: ihr Getriebensein und ihre Rastlosigkeit, die sie vieles nur oberflächlich aufnehmen ließen, ihren sich verweigernden Blick, mit dem sie nicht sah, was sie nicht sehen wollte, und so weder zur ›zentralen Transparenz‹ des Schreibens noch zur seelischen Eigenart ihrer Geliebten vordringen konnte.

Die Erwähnung des Leichenbegängnisses weist auf einen bestimmten, realen Abschnitt der Wegstrecke nach Kent hin: An der London Road in Bromley liegen dicht hintereinander zwei Friedhöfe. Die Aufschrift ›Amor Vin —‹ auf dem Torbogen, mit dem nur das Portal eines Friedhofs gemeint sein kann, heißt ergänzt ›Amor Vincit Omnia‹ [Die Liebe besiegt alles], ein ins Christliche umgedeuteter Vers aus Vergils *Eclogen*, der hier das gleiche besagen soll wie ›Die Liebe ist stärker als der Tod‹. Im Blick der allzu rasch an allem Vorübereilenden jedoch, in Orlandos/Vitas Auge, kommt diese hoffnungsvolle und tröstliche Sentenz nicht zustande; sie bricht unvollendet und unverstanden ab.

Im Text folgt: »Eine Frau blickte aus einem Schlafzimmerfenster, zutiefst nachdenklich und ganz still. ›Applejohn & Applebed, Bestattungsuntern —‹ Nichts konnte ganz gesehen oder von Anfang bis Ende gelesen werden.«[24] Diese zutiefst nachdenkliche Frau ist eine Spiegelung Virginias, der kontemplativen Betrachterin, dem absoluten Gegenbild zu jener, die da unter ihr im Wagen vorbeieilt. Ihr Fenster ist mit Hintersinn als Schlafzimmerfenster ausgewiesen, und ihr Haus befindet sich zwischen dem Friedhof und dem Geschäft des Bestattungsunternehmers, – in der Nachbarschaft des Todes.

Der im Original lautende nächste Satz, »What was seen begun – like two friends starting to meet each other across the street – was never seen ended«, erhält seinen viel wahrscheinlicheren Sinn, wenn man ›two friends‹ nicht, wie in der bisher vorliegenden deutschen Übertragung automatisch geschehen, als ›zwei Freunde‹

übersetzt, sondern als ›zwei Freundinnen‹: »Was man beginnen sah – wie etwa zwei Freundinnen, die sich eben anschickten, einander über die Straße entgegenzugehen – davon sah man nie das Ende.«[25] So erst tritt jenes Bild vor Augen, das der Satz hervorrufen soll: Zwei Frauen – Virginia und Vita –, die hier als ewig Aufeinanderzugehende, sich niemals ganz Begegnende wie in einer Momentaufnahme festgehalten sind.

›Obszönität‹ und Subversion

Ende Oktober 1928 fuhr Virginia, wiederum von Vita begleitet, nach Cambridge. Diesmal übernachteten sie im *Lion's Hotel.* Die Studentinnen der *Girton Literary Society* hatten Virginia eingeladen, an den Frauencolleges Newnham und Girton zwei Vorträge über Frauen und Literatur zu halten.

Eine der Studentinnen schrieb in ihren Memoiren, »Das Treffen fand im Empfangszimmer von Girton statt. [...] Das Portrait von Lady Carew [einer Stifterin des Colleges] in üppiger blauer Seide hing über dem Kamin und erinnerte uns daran, daß das Auge der liberalen Aristokratie unser gesamtes Kommen und Gehen überwachte. Der Flügel, über den ein Stück orientalischer Stickerei gebreitet war, war zur Seite geschoben worden. Vor den neugotischen Rauchglasfenstern breiteten Zeder und Magnolie ihre Äste über den Rasen. [...] Im Märchenland des Empfangszimmers von Girton also waren, nach dem Essen im Speisesaal, die Mitglieder der Literarischen Gesellschaft zum Kaffee versammelt; junges Haar im Eton-Schnitt glänzte, chinesische Schals breiteten sich aus wie Schmetterlingsflügel [...]. Mit Virginia Woolf war ihre Freundin Victoria Sackville-West gekommen: die zwei schönsten Frauen, die ich je gesehen hatte. Ich sah ihre Schönheit und ihren Ruhm gänzlich dem Zusammenhang dessen enthoben, was man gewöhnlich das ›wirkliche‹ Leben nennt, als wären sie wie Göttinnen vom Olymp herabgestiegen, um dorthin wieder aufzusteigen, wenn sie am Ende des Abends unseren Blicken entschwänden. [...] Eine ›große Schriftstellerin‹ hatte eine ererbte, von den Schriftstellern der Vergangenheit überkommene Glorie um sich; und um Virginia Woolf schwebte diese Glorie.«[1]

Eine andere Studentin erinnerte sich, wie Virginia Woolf nach ihrem Vortrag in ihr Zimmer kam, wo für sie und die Studentinnen Kaffee und Kekse serviert wurden. »Virginia Woolf stand und saß, und schaute und sprach [...], mich mit diesem wundervollen Blick fixierend, der zugleich leuchtend und durchdringend war, sagte sie, ›Ich hatte keine Ahnung, daß die jungen Damen von Newnham so schön gekleidet sind.‹ Die Eingebildete in mir war gekränkt, auch wenn meine Eitelkeit sich aufrichtete und schnurrte; aber was über die Jahre hinweg überdauert hat, war die Eigenart ihres Blicks, der so viel mehr zu sagen schien als die Worte, die ihn begleiteten. Der Blick trug die Andeutung eines Lächelns in sich, eine Andeutung von Mitleid, aber vor allem war es ein rücksichtsloser Blick; mein hübsches Kleid machte mich nicht gefeit dagegen.«[2]

Virginia registrierte den scharfen Kontrast zwischen dem Reichtum der alten Männercolleges (deren Luxus unter anderen ihr Neffe Julian wie selbstverständlich hinnahm) und der Frugalität der mit weit weniger Mitteln ausgestatteten Frauencolleges und beschrieb ihn im Vergleich der Essen, die sie in beiden Colleges bekommen hatte.

Über die Studentinnen sagte sie: »Ausgehungerte, aber heroische junge Frauen – das ist mein Eindruck. Intelligent, eifrig, arm; und dazu bestimmt, in Massen Lehrerinnen zu werden. Ich sagte ihnen verbindlich, sie sollten Wein trinken und ein eigenes Zimmer haben. Warum sollte all die Pracht und der Luxus auf die Julians und Francisse verschwendet werden und nichts davon auf die Thomasse und die Phares? [die letzteren zwei Studentinnen von Girton]. [...] Ich empfand mich als mittelalt und reif. Und niemand hatte Respekt vor mir. Sie waren sehr eifrig, ichbezogen, oder eher nicht sehr beeindruckt von Alter und Reputation. Sehr wenig Verehrung oder dergleichen. Die Korridore von Girton sind wie Gewölbe in einer greulichen hohen Kirchenkathedrale – erstrecken sich endlos, kalt und glänzend – mit einer Lampe. Hohe, gotische Räume; riesige glänzende Holzflächen; hier und da eine Photographie.«[3]

Die Vorträge, die Virginia in Cambridge hielt, erweiterte sie später zu ihrem langen Essay *Ein Zimmer für sich allein*, ihrem großen feministischen Text über die historischen Behinderungen weiblicher Entfaltung und die Bedingungen weiblicher Kreativität in der Moderne: Wenn Frauen schöpferisch tätig sein wollen, zumal als Schriftstellerinnen, so ihre These, brauchten sie £500 im Jahr, die sie nicht selbst verdienen müßten, und einen respektierten Freiraum, ein Zimmer, zu dem niemand ungebeten Zugang hätte.

Man merkt noch dem ausgearbeiteten Text an, wie sehr er von der Vortragssituation vor einem ausschließlich weiblichen Publikum und der zu jener Zeit vielbesprochenen Thematik geprägt wurde: Der Prozeß um *Quell der Einsamkeit* war in aller Munde; *Orlando* war eben erschienen; alle wußten, daß das Buch von Virginias Freundin Vita Sackville-West handelte, die sie begleitete. –

Die Atmosphäre muß von unausgesprochener Erotik durchtränkt gewesen sein: »Mit Vita im Oktober in Girton zu erscheinen, vor der entscheidenden Verhandlung (9. November), war ein öffentliches Statement in der Art ihres eigenen ›Sapphismus‹. Sie hatte oft das Gefühl, daß man auf sie ›als Sapphistin anspielen würde‹, weil sie dieses Buch [*Orlando*] schrieb, doch ihr Auftreten mit Vita in Girton war mehr als eine Anspielung.«[4]

Und Virginia ›bekannte‹ sich nicht nur, indem sie Vita mitnahm, sondern auch in ihrem Vortrag selbst, der wahrhaft ›geheim und vertraut‹ ist – ein höchst subversiver Text, durchzogen von Anspielungen und Verweisen auf die Frauenliebe:

Virginia nennt die (erfundene) Autorin, deren (erfundenen) Roman *Life's Adventure* sie liest und an dem sie festzustellen versucht, was das eigentlich Andersartige weiblichen Schreibens sei, ›Mary Carmichael‹. Diesen Namen hatte sie in einem Brief an Vita bereits einmal verwendet: »Gerade eben habe ich bei Dir angerufen und gehört, daß Du zum Liebäugeln in den Wald gegangen bist, mit Mary Campbell, oder Mary Carmichael, oder Mary Seton, aber nicht mit mir – hol Dich der Teufel –.«[5] Die Namensschwester von Virginias Schriftstellerin Mary Carmichael war eine der vier Kammerfrauen der schottischen Königin Maria Stuart gewesen, die in Männerkleidern mit ihr auf die Jagd gingen und einen vertrauten Kreis bildeten.

Virginia rief auch die kürzlich verstorbene ›große J.H.‹, die Gelehrte Jane Harrison, an. Die Studentinnen wußten sofort, auf wen sie anspielte: Jane hatte am Newnham College unterrichtet, und ihre innige Beziehung zu Hope Mirrlees war allseits bekannt.

Und schließlich zog sie ihre Zuhörerinnen in eine konspirative Situation hinein, in der der – wohlbemerkt noch nicht abgeschlossene – Prozeß gegen den *Quell der Einsamkeit* und die Frauenliebe überhaupt zu Objekten der heimlichen Verständigung wurden: Virginia trug vor, wie sie mit Spannung die Entwicklung in Mary Carmichaels Roman verfolgte. »Ich blätterte die Seite um und las ...«[6] Hier hielt sie plötzlich inne und wandte sich besorgt an ihre Zuhörerinnen: »... es tut mir leid, daß ich hier so abrupt unterbreche. Sind auch keine Männer anwesend? Versprechen Sie mir, daß hinter jenem roten Vorhang dort drüben nicht die Gestalt von Sir Chartres Biron [dem Ankläger im *Quell der Einsamkeit*-Prozeß!] verborgen ist? Wir sind nur Frauen, versichern Sie mir? Dann darf ich Ihnen sagen, daß die allernächsten Worte, die ich las, die folgenden waren — ›Chloë hatte Olivia gern…‹. Zucken Sie nicht zusammen. Erröten Sie nicht. Lassen Sie uns in der Vertrautheit unserer eigenen Gesellschaft einander eingestehen, daß diese Dinge manchmal geschehen. Manchmal haben Frauen nun einmal Frauen gern.«[7]

Sie setzte neu an: »›Chloë hatte Olivia gern. Sie teilten ein Laboratorium miteinander.‹« In ihrem handschriftlichen Entwurf war Virginia an dieser Stelle noch weit deutlicher gewesen. Nach »Chloë mochte Olivia. Sie teilten ein …« schrieb sie: »Diese Worte standen ganz unten auf der Seite; die Seiten hafteten aneinander. Während ich herumfummelte, sie voneinander zu lösen, tauchte in meinen Gedanken der unvermeidliche Polizist auf … der Befehl, vor Gericht zu erscheinen, das trübselige Warten; der Richter, der mit einer kleinen Verbeugung hereintritt … für die Anklage, für die Verteidigung — das Urteil; dieses Buch ist obszön, und Flammen singen, vielleicht auf dem Tower Hill [der alten Londoner Hinrichtungsstätte], während sie diese Masse von Papier verschlingen. Hier trennten sich die Seiten. Dem Himmel sei Dank! Es war nur ein Labor.«[8] Im Text fuhr sie fort: »›Sie teilten sich ein Labor …‹ Ich las weiter und entdeckte, daß diese zwei jungen Frauen sich damit beschäftigten, Leber zu zermahlen, die anscheinend perniziöse Anämie heilen kann, obwohl eine von den beiden verheiratet war und […] zwei kleine Kinder hatte.«[9]

Virginia fügte in ihren Vortrag auch eine Liebeserklärung an die im Publikum sitzende Vita ein, indem sie ausführlich von Aphra Behn sprach, über die Vita ja erst kürzlich ein Buch veröffentlicht hatte. Und schließlich entwickelte sie ihre große Theorie, nach der es ausschließliche Männlichkeit oder Weiblichkeit in der Kunst nicht gebe; alle wahren Künstler müßten über Androgynität verfügen. »Irgendeine Vermählung der Gegensätze muß vollzogen werden.«[10]

Kurz nach Virginias Auftritt in Cambridge fand eine Versammlung statt, bei der man sich über das weitere Vorgehen während des Prozesses besprach. An ihren Neffen Quentin schrieb Virginia, kurz bevor sie dorthin aufbrach, »Im Augenblick konzentrieren sich all unsere Gedanken auf den Sapphismus – wir müssen die Tugendhaftigkeit jenes Quells von allem, was abgestanden und lauwarm und weder Fisch noch Fleisch ist, hochhalten; Der Quell der Einsamkeit. Ich bin gerade auf dem Weg zu einem Tee, um unsere Zeugenaussagen zu diskutieren. Leonard und Nessa sagen, ich dürfe nicht in den Zeugenstand treten, weil ich einen Schatten auf Bloomsbury werfen würde. Indem ich vergäße, wo ich mich befände, würde ich die Wahrheit sagen. Ganz London, sagen sie, ist wegen dieser Sache ganz aus dem Häuschen. Die meisten unserer Freunde versuchen, den Zeugenstand zu meiden, aus Gründen, die Du Dir denken kannst. Aber im allgemeinen schieben sie es auf das schwache Herz eines Vaters oder auf eine Kusine, die gerade Zwillinge bekommt.«[11]

Das Treffen, zu dem ein Buffet von *Harrods* samt Bedienung bestellt worden war, zog sich sehr lange hin, und Virginia mußte vorzeitig gehen. Vita schrieb ihr, sie habe etwas versäumt: George Bernard Shaw sei später am Abend noch zu ihnen gestoßen und habe eine witzige, paradoxe und destruktive Rede gehalten. »Die Gesellschaft wurde kühner und deutlicher je später es wurde, und die kleine Kellnerin von Harrods, die hinter dem Buffet saß, platzte fast vor Aufregung. ›Und hier‹, dachte ich, ›ist wiederum ein junges Leben auf die schiefe Bahn gebracht.‹ Große Beschlüsse wurden nicht gefaßt, muß ich leider sagen.«[12]

Virginia war der ganzen Angelegenheit etwas müde, »Der Quell der Einsamkeit ist in vollem Gang. Ich muß zu seinen Gunsten aussagen und habe bereits Stunden daran verschwendet, ihn zu lesen und darüber zu reden [...]. Das Buch ist derart langweilig, daß jede nur denkbare Anstößigkeit darin lauern könnte – man kann die Augen einfach nicht auf der Seite festhalten –«[13] Aber das hinderte sie nicht, den Protest weiterhin ernsthaft und unter erheblichem Zeitaufwand zu verfolgen.

Die Verhandlung gegen *Quell der Einsamkeit* fand schließlich am 9. November 1928 statt. Die Zeugen aus der Literaturszene, die sich erboten hatten, für das Buch auszusagen, wurden gar nicht angehört, weil Sir Chartres Biron befand, es gehe nicht um den literarischen Wert oder Unwert des Buches, sondern einzig um die Frage, ob es obszön sei, und diese Frage habe er allein zu beantworten. Er vertagte die Entscheidung und versprach, das Buch noch einmal unvoreingenommen zu lesen.

Virginia war erleichtert, daß sie nicht in den Zeugenstand treten mußte, demonstrierte aber ihre Verbundenheit mit der Sache: »Auf dem Flur sprach ich mit Lady Troubridge (die einmal Bildhauerei betrieben hat, und das letzte Mal, daß wir uns begegnet sind, war auf einem Tee, als Kinder, in Montpelier Square) und John [Radclyffe Hall], zitronengelb, zäh, sehnig, verärgert. Ihre

Kosten [für das Verfahren] belaufen sich auf vierstellige Zahlen, sagte sie. Und Leonard meint, daß das einen Spendenaufruf ankündigt.«[14]

Eine Woche später wurde das Urteil gesprochen: Sir Chartres Biron stellte fest, ›obszön‹ sei im Sinne des Gesetzes jedes Buch, das dazu angetan sei, die Moral seiner Leser zu verderben, und dies sei bei dem in Frage stehenden Werk der Fall. Biron charakterisierte Homosexualität als ›wohlbekanntes Laster, unnatürlich und zerstörerisch für die moralische und physische Gesundheit der Personen, die sich ihm hingeben‹ und folgerte, daß ›keine reine Frau‹ und ›kein heranwachsender Knabe‹ sich lüsterner Gedanken würden erwehren können, wenn sie das Buch läsen, um so weniger, als das Buch gut geschrieben sei.[15] Er verbot den Roman und ordnete an, jedes in England auffindbare Exemplar zu vernichten. Der Verleger legte Berufung ein, die jedoch am 14. Dezember endgültig abgewiesen wurde.

Bei allem Überdruß, den ihr das Buch und der Prozeß verursacht hatten, ließ Virginia es doch nicht dabei bewenden. Drei Monate später steuerte sie einen der sechs Artikel verschiedener Autoren (unter ihnen auch Havelock Ellis und E.M. Forster) bei, die unter dem Titel *The ›Censorship‹ of Books* in der Monatsschrift *The Nineteenth Century and After* veröffentlicht wurden.[16] Während sie damit beschäftigt war, schrieb sie an ihren achtzehnjährigen Neffen Quentin und bat ihn um einen Brief. »Du kennst meinen Appetit auf Fakten. Nichts ist zu klein, entlegen, groß, oder obszön. Es macht mir soviel Mühe, über das Obszöne zu schreiben. In diesem Moment müßte ich einen Artikel [...] zu diesem Thema korrigieren. Wenn die modernen Bücher gereinigt werden, werden wir die Klassiker lesen, sage ich [darin]; und was passiert dann wohl? [...] Das Wetter ist schön. Die Knospen sind noch nicht sichtbar, aber die Luft ist ganz und gar wie ein dünner, elastischer Schleier, der sich einem sanft aufs Gesicht drückt. Ein blauer Schleier sollte es sein. Durch den hindurch sehe ich alles ein wenig verzerrt. Schönheit leuchtet auf zwei Hunde herunter, die das tun, was zwei Frauen nicht tun dürfen. Das ist ein Faktum – Pinker geriet diesen heutigen Nachmittag in eine Verstrickung mit einem Foxterrier. Kann man es ihnen verübeln? Schönheit ist überall.«[17]

»Die Liebe ist so physisch«

Vita befand sich Ende 1928 wieder einmal in einer Schreibkrise, die neben vielem anderen durch ihre resignierte Wahrnehmung ausgelöst wurde, wie sehr sich ihre Dichtung von der modernen poetischen Richtung etwa T.S. Eliots oder Edith Sitwells unterschied. Sie erwartete ungeduldig Virginias Besuch, von dem sie sich Auftrieb erhoffte: »– und am Donnerstag kommt Virginia, und wir werden alle Freuden erproben.* [...] Liebling, Du bist mein Anker. Ein Anker, in Goldklümpchen auf dem Grunde des Meeres verhakt.«[1] (Dieses Bild wiederholte sie später in einem ihrer Notizhefte. Vielleicht wollte sie es für ein Gedicht über Virginia verwenden. Auf demselben Blatt steht ein weiterer Satz, der Virginia beschreibt: sie nennt sie ›so scharf wie eine Sense und so zart wie ein Falter‹.)

Virginia versuchte, ihr ihre Niedergeschlagenheit auszureden. »Was für einen guten Brief Du mir geschrieben hast! Weißt Du, daß ich über Dein Schreiben voll Interesse nachdenke? Du scheinst jetzt mit allen vier Füßen zugleich auf den Boden zu kommen, nicht nur mit dem Vorderbein. Mich interessieren nur sehr wenige Leute als Schriftsteller, aber ich glaube, Dein nächstes Gedicht werde ich mit Aufmerksamkeit lesen. [...] Ich komme am Donnerstag, gerade wenn die Lampen in Sevenoaks angezündet werden, damit ich Dich im Fischladen sehen kann, in einem roten Jersey, eine Papiertüte in der Hand, ziemlich schwer und feucht. Voll Stinte. Und dann machen wir in Deinem Zimmer das Licht an, und ich setze mich in meinen Sessel, und Du – aber ach – zu schnell vorüber, das ist das Schlimmste daran. Und ich mache, daß es noch schneller vorübergeht, mit meiner schrecklichen Empfindung (46 Jahre alt – daher kommt es) des Dahinfliegens der Zeit, so daß ich diese Augenblicke fliehen, fliehen sehe; fast zu deutlich, um es zu ertragen. Ich entdeckte das in Burgund, und konnte kein Mittel finden, meine Augen zu dämpfen, die, manchmal, zu leuchtend sind, nicht wahr? Könnten wir nicht etwas in die Zeit hineinwer-

* Vita zitiert hier aus Christopher Marlowes Gedicht *The Passionate Sheperd to his Love*, dessen erste Strophe lautet: »Come live with me and be my love, / And we will all the pleasures prove / That hills and valleys, dales and fields, / and all the craggy mountains yields.«

fen, um sie dick und träge zu machen? [...] Herrgott! Welche Freude Du mir bist – Dein Potto.«[2]

Doch Vita blieb bedrückt. »Liebling, ich bin keine Dichterin, glaube ich. Ich bin ein Klumpen Teig, was Dichtung angeht. Aber ich würde gern mit Dir darüber sprechen. Ich bin recht traurig deswegen und habe vor, für meine tote Muse Trauer zu tragen. Sie starb jung, armes Ding, ehe sie zu sprechen gelernt hatte. Oder glaubst Du, daß sie nur ein paar Jahre in Zurückgezogenheit verbracht hat und eines Tages wieder auftauchen wird, grauhaarig, aber weise? Ich habe fünf Minuten in *The Land* gelesen und fand es verdammt schlecht. Nirgendwo ein Funke darin. Solide, aber schwerfällig. [...] *Wie* ich mich auf Donnerstag freue, wahrhaftig, Licht meiner Augen und Entzücken meiner Seele, das Du bist. [...] Ja, – wie schade, daß Du im wirklichen Leben keinen Zauber auf die Zeit legen kannst, wie Du es in Büchern tust. Dann könnten wir den Donnerstag 300 Jahre dauern lassen.«[3] Im nächsten Satz erwähnt sie nicht mehr als den Namen eines Dichters, über den sie ein Buch zu schreiben im Begriff war: »Marvell scheint so ziemlich dieselbe Vorstellung gehabt zu haben. Jetzt wird mir zum ersten Mal vollständig klar, was er meinte.«[4]

Man muß dem nachgehen, was sie damit sagen wollte, – und was Virginia sofort verstand –, denn Andrew Marvells Gedicht, auf das sie hier anspielt, enthält nicht nur Bilder der allzu schnell verrinnenden Zeit, sondern ist zugleich eine Liebeserklärung Vitas an Virginia und ein unausgesprochener Kommentar zur Unvereinbarkeit von Vitas und Virginias sexuellem Verhalten. Marvells Gedicht trägt den Titel »An seine spröde Geliebte« und beginnt mit den Versen, ›Hätten wir nur Welt genug, und Zeit, so wäre, Dame, deine Sprödigkeit Verbrechen nicht‹[5] und schildert, wie der Liebende mit Freuden bereit wäre, der zögerlichen Zurückhaltung seiner Angebeteten über Tausende von Jahren hinweg nachzugeben, ›Jedoch in meinem Rücken hör ich stets der Zeit geflügelten Streitwagen naheeilen‹, und im Grab werde es keine Umarmungen geben. ›*Jetzt* laß uns uns liebend tummeln, da wir es können; und jetzt, wie liebetrunkene Greifvögel, besser auf einmal unsere Zeit verschlingen.‹

Was Virginia selbst als ihre ›sexuelle Feigheit‹ bezeichnete, bedeutete, neben einer generellen Scheu und Langsamkeit der Reaktion, die große Angst vor dem Selbstverlust in der Hingabe. Als sie erlebt hatte, wie schrecklich ihr Vitas Abwesenheit war, nachdem sie eben erst mit ihr erfahren hatte, was sexuelle Lust bedeutete, und als sich das späterhin noch verstärkte, kam sie dazu, das Ganze als ›grauenerregend‹ zu empfinden, ohne sich jedoch davon lösen zu können. Sexualität hatte für sie eine todernste und viel größere Bedeutung als für Vita, die ›die körperliche Seite als den einzig zauberhaften Teil der Liebe‹[6] ansah und überaus leichtfertig damit umging. Die, so verstanden, weit ›leidenschaftlichere‹ Virginia wußte das, ersehnte gleichzeitig die Lust, die die bedenkenlosere und oberflächlichere Vita ihr bereiten konnte, und schreckte davor zurück.

Da wird einmal mehr deutlich, wie unterschiedlich die *Bedeutung* von Leidenschaft, Sinnlichkeit und Sexualität für verschiedene Menschen sein kann: für Vita war sie Stillung eines natürlichen – oder nach ihrem Verständnis eher eines ›unnatürlichen‹ – Bedürfnisses und eine Bestätigung ihres Selbstgefühls. Für Virginia war es der ekstatische Ausdruck von Liebe. Diese so verschiedenen Haltungen bildeten in der Tat einen unüberwindlichen Abgrund.

Vita bat am Ende ihres Briefes, »Bring Potto mit. Er bekommt einen Stint ganz für sich allein.«[7] Virginia fuhr nach Long Barn, brachte ganz sicher Potto mit und dazu als Geschenk das gebundene Manuskript von *Orlando*.

Eine Woche später, als die Berufung gegen das Verbot von *Quell der Einsamkeit* endgültig abgewiesen wurde, ging Virginia nicht zu der Verhandlung; Vita war etwas enttäuscht von ihr. Das wiederum machte Virginia traurig, die verhindert gewesen war und Vita bei sich erwartet hatte. »Ich rief so früh an wie ich konnte, um Dich zum Lunch einzuladen: und Du warst schon weg – Und dann warst Du ärgerlich. Und dann war ich unglücklich. Ich wartete den ganzen Nachmittag auf Dich. Und ich hatte Lunch für Dich. Und jetzt bist Du unterwegs in der bitterkalten, schwarzen Nacht, mit unbekannter weiblicher Person; frisch, oder eher abgestanden und nach Parfüm riechend aus den Armen, um es euphemistisch auszudrücken, von Mary – Gott! Was ist das Leben einer respektablen, schwer arbeitenden Frau doch für eine Serie von Flohstichen und Wanzenbissen! [...] Der arme Potto – mit einer Erkältung, weint, weil Vita ärgerlich ist.«[8]

Vita traf sich hie und da wirklich noch mit Mary Hutchinson, aber ihre wichtigste neue Geliebte, – die ›unbekannte weibliche Person‹ – war, seit dem 10. Dezember, Hilda Matheson, die Leiterin der Abteilung Wort bei der BBC, die Vita immer häufiger für

Rundfunkvorträge engagierte. Victoria Glendinning hat am Beispiel Hilda Mathesons einige analytische Beobachtungen zu Vitas Lieben gemacht, die allgemeine Geltung haben: »Für berufstätige Frauen wie Hilda Matheson, die einem gebildeten, aber nicht weltlich gesonnenen Milieu entstammten [Hildas Vater war Geistlicher] und von ihren bescheidenen Gehältern lebten, war eine reiche, berühmte, begabte Frau wie Vita Sackville-West eine aufregende und glanzvolle Erscheinung. Intim mit ihr befreundet zu sein war nicht nur berauschend, sondern schmeichelhaft, wie ein Märchen. Vita ihrerseits zog Selbstbestätigung aus dem starken Eindruck, den sie machte und reagierte leidenschaftlich. [...] Vita war leidenschaftlich in Hilda verliebt – auf ihre jähe, unkontrollierte, bedürftige Art.«[9]

Und doch erwartete Vita, nachdem sie am 19. Dezember nach Berlin gefahren war und bis Weihnachten bereits fünfzig Briefe an Hilda geschrieben hatte, mit großer Ungeduld Virginia, die Mitte Januar mit ›halb Bloomsbury‹, das heißt mit Leonard, Vanessa, deren Sohn Quentin und Duncan, nach Berlin kommen würde! »Noch immer habe ich das Gefühl, als hätte ich mich von Deiner Seite gerissen und wäre in die Nacht hinausgegangen. [...] Jetzt jedoch beginne ich vorwärts zu blicken, statt zurück und daran zu denken, daß Du in wenig mehr als vierzehn Tagen hiersein wirst. Das wird schön, und ich verspreche, so taktvoll zu sein, wie mein Entzücken, Dich hierzuhaben, es zuläßt. Könnten wir wohl ein Mal (und hier fällt der versprochene Takt in sich zusammen) einen Abend allein miteinander ausgehen? [...] Hat Boski [Vitas Sekretärin le Bosquet] daran gedacht, Dir die Bernsteinkette zu schikken? und wirst Du sie tragen? und mich nicht auszanken? und jede einzelne Perle als einen Kuß von Orlando ansehen? [...] Ich sage nichts mehr, außer, daß ich Dich liebe.«[10]

Man könnte hier den Schluß ziehen, daß Vita raffiniert taktierte, weil sie eine Frau war, die es nicht ertragen konnte, eine ihrer Geliebten zu verlieren, und alle gleichzeitig behalten wollte. Sie *war* raffiniert, und sie *wollte* alle gleichzeitig behalten. Aber es ist trotzdem nicht zu bezweifeln, daß sie Virginia liebte. Virginia war ein ›anderer Fall‹ als alle ihre übrigen Geliebten, und Vitas frühere Beschreibung: »sie *ist* ein Engel; ich bete sie wirklich an. Nicht ›verliebt‹, nur Liebe – Verehrung« hatte immer noch ihre Berechtigung. Sie begehrte Virginia nicht wirklich, Virginia sie aber sehr wohl. Vita wiederum konnte es nicht lassen, auf erotische Dinge anzuspielen, weil es ihr gefiel, begehrt zu werden, überall Begehren wachzuhalten und damit Macht auszuüben, – auch da, wo sie selbst eher kalt blieb. All das ist mit Vitas ›Bedürftigkeit‹ sicher gut begründet, aber es bereitete Virginia großen Kummer.

Virginia schrieb ihr, am Holzfeuer in Monk's House sitzend, einen Dankesbrief für ihr Weihnachtsgeschenk. »Dieser unselige Potto ist ganz von gelben Kugeln umschlungen. Er hat sich darin umhergerollt und kann nicht befreit werden – ist kurz davor, sich die Vorderpfoten abzuschnüren, was Dir, wie ich weiß, nicht gefallen würde. Aber darf ich sagen, daß Geschenke nicht erlaubt sind: es steht quer über den ganzen Käfig geschrieben. Es verdirbt ihren Charakter – auf lange Sicht nehmen sie davon Schaden – Dieses eine Mal wird verziehen: aber nie, nie wieder – In jener Nacht, in der Du umgarnt wurdest, in Long Barn [18. Dezember 1925] zogst Du Lord Steynes Papiermesser [das Vita ihr schenken wollte] heraus, und ich mußte schon damals etwas klarstellen: mit diesem Messer wirst Du unseren Herzen eine klaffende Wunde beibringen, sagte ich, und dasselbe gilt auch für Kugeln. [...] Du schreibst mir nie, und Dein Bild ist zurückgewichen, bis es nur mehr der dünnste Schatten des alten Mondes ist: aber gerade als Vita dabei war, zu verschwinden, erschien ein dünner silberner Rand, und jetzt hängst Du wieder wie eine Sichel über meinem Leben. [... – fünf Tage darauf:] Vitas Mond ist voll. Aber es ist wahr, daß das Bild unserer Geliebten sich ewig wandelt, und nach und nach (Du weißt, wie gern ich physische Symptome beobachte) von einem Anblick zu einer Empfindung wird – eine Schwere zwischen der dritten und vierten Rippe; eine physische Bedrückung: Das sind die Zeichen, nach denen Schriftsteller Ausschau halten sollten. Die Liebe ist so physisch; und das Lesen auch. [...] Liebst Du mich wirklich? Sehr? Leidenschaftlich, nicht vernünftig?«[11]

Vita zeigte sich leise irritiert von diesen Liebeserklärungen. Ihre Leidenschaft war gegenwärtig von Hilda absorbiert, und sie hatte gerade ihre liebe Not, die unzähligen Briefe abzufangen, die diese ihr schickte, – oft mit Eilboten, so daß sie während des Dinners in der Botschaft zugestellt wurden. In ihrer Antwort an Virginia schwang etwas Ungeduld mit, und sie stellte sich verständnisloser, als sie war: »Ich mußte Deinen Brief mehrmals lesen, ehe ich seine ganze Bedeutung herausgeholt hatte. Was ist all das mit der 3. und 4. Rippe und den Lieben? Wessen Lieben? Deine? aber man sagt von Dir, Du hättest keine. Meine? aber jedermann weiß, daß ich

Virginias Towser bin. Was bedeutet das also alles? Aber am Schluß Deines Briefes war eine Bemerkung, die mich sehr ermutigt hat: ob ich Dich, fragtest Du, speziell [*particular*, falsch gelesen für *passionate*!] liebte und nicht vernünftig. Also weißt Du tatsächlich (mindestens theoretisch), daß es da einen Unterschied gibt. A la bonne heure! [Bravo!] Wie Clive kichern würde. Jedenfalls gebe ich Dir die Antwort erst, wenn Du nach Berlin kommst – obwohl Du sie schon kennst. [...] Himmel, ich wünschte, Du kämst allein. [...] Bitte, oh bitte, werde nicht krank, so daß Du nicht kommen kannst. Wie der Hirsch schreit nach frischem Wasser ... Denn, wirklich, Du hast keine Ahnung, wie unglücklich ich hier bin. Ich höre beinahe auf zu existieren. Wenn Du kommst, werde ich aufleben wie eine Blume, die Wasser bekommen hat. Ich hole Dich vom Bahnhof ab. Ich schließe jetzt besser, oder ich würde Dir einen zu zügellosen Brief der Liebe und Sehnsucht schreiben.«[12]

Berlin und Harolds Begeisterung für den diplomatischen Dienst waren Vita ein Greuel, und sie verstand nicht, was Harold an seinem Beruf so gefiel. Sie war ein vollkommen unpolitischer Mensch und realisierte nichts von der Faszination, die Harold erlebte, wenn er etwa mit dem ehemaligen Reichskanzler und jetzigen Außenminister Stresemann zusammentraf und an den Verhandlungen über Deutschlands Eintritt in den Völkerbund oder die vorzeitige Räumung des seit dem Ende des I. Weltkriegs besetzten Rheinlands teilnahm. Vita hielt das alles für Harolds unwürdig; sie wollte ihn in England haben, wo er schreiben und sich dadurch, wie sie meinte, weit nützlicher machen könnte als in der Diplomatie.

Vita besorgte für die ganze Bloomsbury-Reisegesellschaft fünf Zimmer mit fließend warm und kalt Wasser im *Hotel Prinz Albrecht*, Prinz-Albrecht-Straße, für je 9 Mark pro Tag; Virginia teilte mit, sie würden am Donnerstag, dem 17. Januar, nachmittags 5 Uhr 21 ankommen, und zwar am Bahnhof ›Friederichstrasse‹. Sie stellte sich vor, Vita werde da sein, ›in Schwarz und Rot, mit einem Hund an der Leine‹, und »während der Zug einfährt, wird der Hund falschherum um eine Säule rennen: Vita wird daher in Schwierigkeiten sein; wird sich auf die Unterlippe beißen und so durch eine Ansammlung von kloßförmigen, schmuddeligen, grauen Frauen schreiten, um uns zu begrüßen«.[13] »Mit Taktgefühl werden wir eine ganze Menge Zeit allein miteinander verbringen. Und Du wirst lieb und freundlich zu Potto sein, nicht?

Und freundlich zu Virginia? Und Du wirst ausdrücklich sagen, daß Du sie liebst, nicht wahr, und sie nicht zu dem Schluß kommen lassen, daß sie auf gleicher Ebene mit ... oh, zum Teufel mit Dir, Du hast mir Harolds Wort für sie nie gesagt.«[14] [Sie meinte Hilda Matheson, deren Kosename ›Stoker‹, i.e. ›Heizer‹, war.] Im übrigen hatte Virginia gehört, daß in Berlin die Grippe grassierte, und plante, sich am letzten Tag ihres Aufenthalts anzustecken, damit sie bei Vita bleiben könnte. Das erstere sollte ihr gelingen.

Virginia lebte in der Gewißheit, die einzig ›wichtige‹ Frauenliebe in Vitas Leben zu sein, die weit über den ›Affären‹ stand; Vita bestätigte sie in dieser Überzeugung, und man muß ihr unterstellen, daß sie dabei guten Gewissens handelte. – Viele Jahre später schrieb Vita in ihrem Gedicht *Solitude* eine, wenn auch gegen ihre Geliebten grotesk unfaire, so doch gegen sich selbst ehrliche Abrechnung mit ihren sexuellen Abenteuern: »Diese billigen und leicht zu habenden Lieben! und was waren sie schon, / Jene hastigen Eindringlinge in tiefste Verstecke? ... / Wir nehmen ein Herz und lassen unser eigenes unversehrt./ Solcher Art sind die billigen, unwürdigen Winkelzüge/ Die das Fleisch verlocken und es leicht beschmutzt zurücklassen/ Und doch bleibt die letzte, schwierige Seele unberührt,/ Redlich wie das Kornfeld und die Heuschober.«[15] – In Entwürfen zu diesem Gedicht nannte Vita sich selbst eine ›herzlose Hedonistin‹, und es scheint nach allen Beobachtungen, daß ihr Herz und ihre Sinnlichkeit in der Tat ewig voneinander getrennte Teile ihrer Persönlichkeit blieben: wo sie liebte, begehrte sie nicht, und vice versa.

Auch das bezeichnet eine Angst vor Hingabe, die nur anders gelagert war als bei Virginia. Deren Unglück war, daß sie Vita liebte, sexuelle Hingabe fürchtete und dennoch ersehnte und daß Vita dieses Begehren schürte, das ihrer Eitelkeit schmeichelte, das sie jedoch nie im gleichen Maß erwidern konnte.

Vita berichtete Virginia vor deren Ankunft, daß sie auf einem ›Sodomiten-Ball‹ gewesen sei [›*Ball der Jugend*‹], »Viele davon waren als Frauen gekleidet, aber ich vermute, daß ich die einzige echte Ware im Saal war.«[16] Potto werde jedenfalls in Berlin allerhand zu sehen bekommen.

Endlich trafen die Woolfs ein; Vita holte sie ab, und die folgende Woche verlief, zumal als zwei Tage später Vanessa, Duncan und Quentin zu ihnen stießen, nicht ohne Komplikationen. Vanessa hatte für die Nicolsons nie viel übrig gehabt und war etwas eifersüchtig, weil Virginia soviel Zeit mit Vita verbringen wollte. Zu allem Überfluß war es bitterkalt, und wenn Virginia und Leonard allein etwas unternahmen, brachte vor allem Leonards rigide Sparsamkeit sie dazu, sehr unvernünftige Dinge zu tun, die Virginias labiler Gesundheit ganz gewiß nicht zuträglich waren. »Die Woolves [Wölfe] amüsieren sich hier sehr gut – ich glaube, Leonard ist hier weit mehr zu Hause als in der Provence, und Virginia findet jede Abwechslung faszinierend. Natürlich wissen sie nicht so recht, was sie tun sollten. Statt ein Taxi zu nehmen, laufen sie lieber meilenweit, und sie gehen ins Hotelrestaurant, wo man ungefähr zehn Mark für den Lunch bezahlt, statt in ein viel besseres Restaurant, wo man für ein Drittel des Preises essen könnte. Ich glaube, Leonard hat sich schon mit Sozialisten eingelassen, und Virginia mit Vita, die ein Auto hat und mit ihr umherflitzen wird.«[17]

Harold war verärgert, weil er Gäste eingeladen und zwei Essen für die Woolfs arrangiert hatte, Leonard sich jedoch weigerte, daran teilzunehmen. Vitas Söhne, die noch Ferien hatten, langweilten sich, weil niemand so recht Zeit für sie hatte. Und dann wurde Nigel nicht einmal ins Kino eingelassen, weil er für den Film *Sturm über Asien*, den sie sich alle gemeinsam ansehen wollten, noch zu jung war. Die wütende Vita mußte ihn nach Hause bringen. Vitas Vetter Eddy war ebenfalls gerade in Berlin und zog sich Vanessas Zorn zu: Als sie nach dem Kinobesuch alle fröstelnd im Schneematsch standen, redete Eddy auf Duncan ein und entführte ihn schließlich, um ihm die einschlägigen Berliner Bars zu zeigen. Eddy wiederum war wenig erfreut, als Harold sich ihnen ungebeten anschloß.

Virginia jedoch amüsierte sich köstlich, überschritt ihre Schlafenszeit jeden Abend erheblich, ging mehrmals in die Oper, trank Wein, besichtigte alle möglichen Gemäldegalerien und genoß ihre Unternehmungen mit Vita. Sie besuchten unter anderem das Planetarium und den Tiergarten. An einem Vormittag gingen sie ins Wellenbad, was bei der herrschenden Eiseskälte sicher ein Fehler war; danach fuhren sie im Schneesturm nach Potsdam, und Virginia fror sehr, während sie sich Sanssouci ansahen.

Und dann kam das Ereignis, mit dem, vorerst kaum merklich, ihre Entfremdung begann. – Am 23. Januar verbrachten sie, wie sie es erhofft hatten, einen Abend allein miteinander. Sie gingen zum Dinner auf den Funkturm, und während vor den Fenstern die

Warnlampen blinkten, muß Virginia ganz offen und fast verzweifelt deutlich von ihrer unbefriedigten Lust und ihrem ungestillten Begehren gesprochen haben. Vita kommentierte das anderntags in ihrem Tagebuch mit dem Satz, »V. sehr indiskret.«[18] Das klingt indigniert; sie war, besonders bei ihrer gegenwärtigen Fixierung auf Hilda, die sie Virginia nicht offenbaren durfte, überfordert von Virginias Wünschen an sie. Und sie war verblüfft: Die scheue Virginia mochte sich zum ersten Mal so unverhohlen geäußert haben.

Trotzdem schrieb sie kurz nach Virginias Abreise, sie hoffe, daß ihr kurzer Aufenthalt in Long Barn [die Woolfs holten dort Pinker ab] sie an Vita erinnert habe »und vielleicht einige von den Gefühlen in Dir wiedererweckt hat, denen Du auf dem Funkturm solch erschreckenden und beunruhigenden Ausdruck verliehen hast«.[19] Sie vertröstete sie auf die Zeit nach ihrer Rückkehr: »DANN kommt Long Barn und der Frühling, und die Nachtigallen, und Dein großes Schlafzimmer, und alles übrige. Aber wirst Du dann in anderer Gemütsverfassung sein? oder mir untreu? Mary [Hutchinson], Christabel [McLaren]? Herrgott, ich würde Dir nie verzeihen – Nein – spare Dich auf für Deinen Orlando.«[20] – Sie konnte es nicht lassen. Ohne Not hielt sie Hoffnungen aufrecht, die zu erfüllen sie in Wahrheit nur mehr wenig Lust verspürte, zeigte da in Reinkultur jenes Doublebind-Verhalten, mit dem sie aufgewachsen war und das sie sich zu eigen gemacht hatte: eine unselige Mischung aus Eitelkeit, Machtbedürfnis, falschverstandener Schonung und Angst vor dem Verlust der geliebten Person.

Virginia, die unterbewußt sehr wohl registriert haben mochte, daß Vita ihre Geständnisse als ›erschreckend, beunruhigend und indiskret‹ wahrnahm und wenig animiert reagierte, befand sich bereits in einer Krise: Sie hatte auf der Rückfahrt mit der Fähre *Somnifène* eingenommen, ein Mittel gegen Seekrankheit, das Vanessa ihr gegeben hatte – nur wenige Tropfen, wie sie sagte. Leonard berichtete an Vanessa, was dann geschah: »Als ich sie morgens weckte, war sie in einem sehr sonderbaren Zustand, so schwindelig, daß ich sie nur unter den größten Schwierigkeiten von der Fähre herunter und in den Zug bekam, weil sie kaum gehen konnte und irgendwie betäubt war. [...] Meine eigene Theorie ist, daß sie in Berlin zuviel unternommen hat, und daß die langen Abende sie völlig erschöpft haben; sie war schon kurz vor dem Zusammenbruch, als sie das Somnifène einnahm, das aus irgendeinem Grund bei ihr eine falsche Wirkung hatte.«[21]

Virginia war sehr krank, lag in den nächsten sechs Wochen im Bett und schrieb fast ausschließlich an Vita. Und wenn es je herzzerreißende Liebesbriefe gegeben hat, so sind es die ihren aus dieser Zeit, mit Bleistift gekritzelt, weil sie halb liegend im Bett schrieb und kein Tintenfaß benutzen konnte. Ihre Briefe sind so zärtlich und erotisch wie selten zuvor und herzzerreißend deswegen, weil sie ins Leere gingen, weil sie sie an eine Vita schrieb, die ihres Begehrens müde war. »Nelly bringt mir Limonade. Ich lese die *Times* und lasse sie fallen. Ich sehe Dich extrem deutlich vor mir – Ach, jedenfalls war es die Woche mit Dir wert. Ich denke an den Turm und die Lichter und die Wellen und das Muschelzimmer in Sans Souci und an Dich, und an Dich —.«[22]

Vita erschrak, als sie von Virginias Erkrankung hörte, und bat sie inständig, nach Long Barn zu fahren und sich dort pflegen zu lassen. »Denk doch nur, was ich Dir schulde! Ich bekam plötzlich einen dicken Strauß weißen Flieder, mit einer Karte: ›Für Orlando.‹«[23] Aber Virginia hätte die Fahrt nach Long Barn gar nicht bewältigen können. Die Ärztin hatte ihr eine einzige Besucherin erlaubt und fragte sie, wen sie denn am liebsten sehen wolle, »und ich denke sofort an — nun gut, es ist nicht Mary oder Christa, obwohl ich doch, um Dich zu ärgern, wohl Mary herbitten werde; und da ich im Nachthemd sein werde — Aber nein. Ich bin sehr treu. Es ist sonderbar, wie ich nach Dir verlange, wenn ich krank bin. Ich denke, alles wäre warm und glücklich, wenn Vita hereinkäme. Und Vita trinkt Tee mit der Frau des Botschafters, nehme ich an, sehr smart und arrogant. [...] Bitte schreib lange, lange Briefe, alles über Dich, und ob Du mich gern hast. Das ist es, was ich will. Ich lese eigentlich nichts mit Interesse außer Deinen Briefen. Ich habe hier oben keine Tinte, und dies hier wird unleserlich. Herrgott! wie gern würde ich Dich sehen!«[24] »Leonard bringt riesige Beefsteaks. Hör mal, ich fürchte, ich werde eine Weile sehr streng niedergehalten werden. Keine Parties — keine Romanzen. Aber das kommt Dir ja sehr gelegen, Du Schurkin. Du willst, daß Virginia und Potto in ihrem Zwinger eingesperrt bleiben — schreib, bitte Liebste, was immer Dir in den Sinn kommt – je mehr desto besser. Ich habe heute keine Schmerzen, sondern bin nur wie ein nasser Scheuerlappen.«[25]

Vita schrieb einen Brief nach Virginias Herzen. Sie hatte eine Fotografin kennengelernt, ›eine rothaarige Lesbierin‹ mit Namen Riess, die bereits viele bekannte Persönlichkeiten fotografiert hatte und tief enttäuscht war, Virginia nicht begegnet zu sein, während sie in Berlin war. »Rotschopf manövrierte mich in ein dunkles kleines Zimmer, wo sie mir Bilder von Josephine Baker zeigte, nackt bis zur Hüfte, — sehr schön, — und andere Photographien von einer Unanständigkeit, die ich nicht beschreiben will; sie betrachtete mich lüstern, ließ mich den Hut abnehmen und bedrängte mich so lange, bis ich zusagte, ihr morgen früh Modell zu sitzen. Sie verursacht mir eine Gänsehaut. Ich kam nach Hause und nahm ein Bad.«[26]

Virginia berichtete inzwischen, wie streng ihre Ärztin mit ihr war: »Meine sämtlichen Abenteuer müssen im Liegen stattfinden — was in gewisser Weise ganz passend sein wird. Eigentlich geht es mir eher besser, und ich denke mir Stunde um Stunde ein Buch aus, das ›Die Nachtfalter‹ [*Die Wellen*] heißen soll.«[27] »Sehr bald werden wir in Long Barn zusammen den Mond aufgehen sehen. [...] Eine Frau schreibt mir, daß sie innehalten und die Seite küssen muß, wenn sie O[rlando] liest: — Deine Rasse, vermute ich. Der Prozentsatz an Lesbierinnen steigt in den [Vereinigten] Staaten, alles Deinetwegen. Und bist Du der rothaarigen Person erlegen? Bitte sei offen und ehrlich. Wenn ich dies hier überstanden habe, werde ich so lebkräftig sein, daß ich bei der geringsten Provokation Amok laufe.«[28]

Leonard war wütend, daß Virginia in Berlin alles maßlos übertrieben hatte, wie er meinte, und diesen ›Trubel‹ nun so bitter büßen mußte, aber er pflegte sie, liebevoll und streng, kaufte ihr riesige Ananas, brachte das Grammophon in ihr Zimmer und spielte ihr Musik vor, bis er meinte, daß es sie zu sehr aufregte. »Kurz, ich hätte mich anläßlich einer dieser Krankheiten längst erschossen, wenn er nicht wäre.«[29] Im übrigen bekam sie Bromid, das ihr den Kopf so schwer machte, als sei er auf dem Kopfkissen festgeklebt. Sie freute sich, daß Vita demnächst aus der sibirischen Kälte Berlins für zehn Tage nach Rapallo entfliehen würde. »Und schreibe mir Postkarten. Und sei glücklich. Und komm bald wieder. Und liebe Potto und Virginia. Wie ich letzte Nacht von Deiner Mutter geträumt habe! Wie ich Dich liebe.«[30]

Vita litt derweil in Berlin unter dem anhaltenden Frost; einmal ging sie ins Kaufhaus Wertheim, um Handschuhe zu kaufen, brachte aus einem Buchladen auf dem Weg eine Tauchnitzausgabe von *Orlando* nach Hause und las unter Tränen. »Ob das einfach von der Schönheit des Buches herrührt, oder weil Du es bist, oder weil es Knole ist, oder weil es alles drei ist, weiß ich nicht. [...] Nie hat es ein Buch gegeben, das mich so bewegt und verhext.«[31]

Wenig später las sie auch Erich Maria Remarques Buch *Im Westen nichts Neues*, das gerade großes Aufsehen machte, im Original, »aber diese teutonische Sprache trampelt mir aufs Gehirn wie ein Elefant, also schreibe ich lieber an Virginia – nicht, daß ich viel zu sagen hätte, außer daß ich sie liebe und wünschte, sie wäre nicht krank. Ich kann nicht glauben, daß es der ›Trubel‹ von Berlin ist; also wirklich, man könnte meinen, daß Du Dich eine Woche lang jede Nacht Orgien hingegeben hättest, bis 5 Uhr morgens, wenn man Dich reden hört, oder eher Leonard und die Ärztin. Nein, nein, es war die Grippe, aber was es auch immer war, es ist sehr bedrückend. Aber denke doch nur daran, wie gut es Dir ging, als ich Dich aus Frankreich zurückbrachte; ganz rund und rosig, und Pottos Fell eine Augenweide. Weißt Du, was ich glaube, was es war, außer der Grippe? UNTERDRÜCKTE GEILHEIT. So, da hast Du's — Du erinnerst Dich an Deine Geständnisse, als die Suchscheinwerfer sich drehten und drehten? Nein, Liebling, ich bin der rothaarigen Dame nicht erlegen — noch irgend jemand anders. Ich bin so brav wie ein Schneeglöckchen. [...] Aber oh! die Prüfungen, denen Du mich aussetzt! Gestern abend dinierten wir bei der Sybil [Colefax] von Berlin [...]. Nach dem Dinner stürzte sie sich auf mich. ›Oh, kommen Sie *bitte* mit ins Nebenzimmer? Wir sind alle ganz wild darauf, mit Orlando zu sprechen.‹ Da siehst Du, was ich Deinetwegen ausstehen muß. Aber Orlando spielte nicht mit. War mürrisch und ungefällig.«[32] Der Vorwurf der unterdrückten Geilheit war das Gröbste und Ungeschminkteste, das sie je an Virginia schrieb, und zeigt, wie gereizt und emotional überlastet sie zu dieser Zeit war.

Am nächsten Morgen jedoch wurde sie freudig überrascht: Sie lag noch im Bett, als ihr deutsches Dienstmädchen Martha mit ›einem dicken Päckchen aus England‹ in ihr Schlafzimmer stampfte. Vita mußte die Empfangsbescheinigung unterschreiben. Dann brannte sie in Ermangelung einer Schere die Kordel mit einem Streichholz durch und fand in dem Päckchen Porträtaufnahmen, die Virginia auf Vitas dringende Bitte bei dem bekannten Londoner Fotografen Lenare hatte machen lassen; ein wirklicher Liebesbeweis, denn sie haßte es, fotografiert zu werden. Vita war hingerissen: »... und da war meine Virginia, schalkhaft blickend. Oh Virginia, Liebling, sie sind gut. Ich habe sie rundherum im ganzen

Zimmer aufgestellt. Ich weiß nicht, welches mir am besten gefällt. [...] Du bist ein Engel, daß Du sie geschickt hast. Ich hatte sehnsüchtig auf sie gewartet. Sehr adrett warst Du an dem Tag, und ich bin froh, daß Du keinen Hut aufhattest. [...] ich bin ganz aufgeregt und glücklich.«[33] Sie fand schließlich doch ihr Lieblingsfoto von Virginia heraus (bedauerte nur, daß Potto nicht auf ihren Knien saß) und ließ es einrahmen. Dieses Foto, wirklich eines der besten, die es von Virginia gibt, stand bis zu ihrem Tod auf ihrem Schreibtisch in Long Barn und später in Sissinghurst, wo es sich noch heute befindet.[34]

Virginia war anscheinend wenig schockiert von Vitas brieflichem Anwurf vom Vortag und gab ihr recht: »Diese Krankheiten sind so öde — vier Wochen meines Lebens einfach weg: Wann soll ich ›Die Nachtfalter‹ schreiben? Ich erzähle der Ärztin, daß es, wie Du sagst, von unterdrückter Geilheit kommt. Das stimmt. Aber es kommt auch von unterdrückter Phantasie. Rezensionen zu schreiben ist jetzt, wie wenn ich meine Hand zur Faust ballte, so sehr möchte ich sie ausstrecken und den Roman schreiben. Und Vita sehen. Das würde mich gesund machen. Im Ernst.«[35]

Vita entfloh dem Berliner Frost und fuhr mit Harold zehn Tage nach Rapallo, aber selbst dort lag Schnee auf den Palmen. Hilda wurde angewiesen, ihre Briefe nach Italien mit der Schreibmaschine zu adressieren, damit Harold ihre Handschrift nicht erkannte. – Auch er wußte nicht, wie eng Vitas Bindung an Hilda war, und sie wollte ihn darüber nicht aufklären.

Sie kehrten zurück in ein Berlin, das noch kälter war und ihr noch mehr mißfiel als zuvor, auch wenn sie einen Buchladen entdeckte, »der ausschließlich homosexuelle Literatur verkauft, die auf Deutsch noch komischer klingt als auf Englisch«.[36]

Vita freute sich darauf, bald wieder zu Hause zu sein. Ihre in England zurückgelassenen Freundinnen hatten unterdessen Kontakt zueinander aufgenommen. Dottie hatte an Hilda geschrieben, »Ich möchte Sie so gern sehen. Mit Ihnen sprechen. Aber ist das eine gute Idee? Ich möchte nicht, daß eine die andere verletzt. Ich weiß, das wir das nicht absichtlich tun würden. Ich bin viel allein gewesen, seit Vita fort ist.«[37] Sie hatte sogar Virginia aufgesucht und gesagt, »daß ihre Einsamkeit eine Krankheit ist – Gott und die Menschen hassen sie«.[38]

Vita wußte – wahrscheinlich von Hilda – bereits von Dotties Besuch bei Virginia und nahm das zum Anlaß, einen Brief an Virginia zu schreiben, der mehr als sonderbar ist: »Wenn sie [Dottie] glaubt, daß alle sie hassen, so ist das meine Schuld. Ich habe geschimpft. Ich habe lange Reden gehalten. Also Du, wie ich wohl weiß, schimpfst gern Leute aus und bringst sie zum Weinen, ob an Gaskaminen oder unter Johannisbeerbüschen, aber ich nicht, und das mit Dottie tut mir leid. Man kann nicht ungesagt machen, was man gesagt hat, am wenigsten dann, wenn es zufällig die Wahrheit ist. Dinge, die man im Zorn sagt, kann man zurücknehmen; die kalten Dinge nicht, die, die man wirklich meint. Außerdem, Dein Schimpfen und Deine Zurechtweisungen (auch wenn nicht im Zorn gesagt) sind verdient; sie sind angemessen; sie sind heilsam. Meine, gegenüber Dottie, mögen verdient sein, und das reichlich, aber angemessen sind sie nie – und heilsam selten. Deshalb sollte ich sie lieber für mich behalten. Wogegen Dein Schimpfen auf mich die Wirkung hat, 12 Monate Keuschheit bei mir hervorzurufen, sowohl physisch wie moralisch. Sehr gut sowohl für meine Seele und meine Nerven.«[39] – Es war eine blanke Lüge, die mit Schrecken erkennen läßt, daß sie Virginia gegenüber ihr Verhältnis zu Hilda Matheson standhaft als absolut platonisch beschrieben haben mußte.

Virginia fragte sie skeptisch, »Hast Du überhaupt noch welche von den Gefühlen in Dir, die die Nachtigallen und das Klatschen von Fröschen auf dem Wasser manchmal in mir wachrufen, an heißen Maiabenden, in Long Barn, wie ich Dir erzählt habe, als wir auf dem Funkel Turm Ente aßen? (Du weißt, was ich meine?) Hast Du überhaupt noch Liebe für mich? oder nur die Wertschätzung, die ein Mitglied des PEN[-Club] für ein anderes hat?«[40]

Vita kehrte Anfang März 1929 nach England zurück – Hilda holte sie von der Fähre ab, was Dottie kränkte – und zog sich erst einmal nach Long Barn zurück, um in ihrem geliebten Garten zu arbeiten und sich von Berlin zu erholen. Hilda half beim Unkrautjäten und Pflanzen; sie war sehr tüchtig und konnte zupacken. Hildas Freundschaft mit Dorothy Wellesley vertiefte sich gleichzeitig.

Virginia wußte noch immer nichts von Vitas gegenwärtigen amourösen Prioritäten, doch sie empfand schmerzlich, daß etwas zu Ende ging. In ihren Tagebuchnotizen schimmert das durch, kaum merklich: »... ich werde in diesen kommenden Monaten in ein Kloster gehen und mich in meinen Geist hinunterlassen [...]. Ich werde gewissen Dingen ins Auge sehen. Es wird eine Zeit des Abenteuers und des Angriffs sein, ziemlich einsam und schmerzhaft, glaube ich. Aber Einsamkeit wird einem neuen Buch gut tun.«[41]

Sie sah Vita nicht sehr oft, und ihre Treffen waren nicht ungestört, weil Vita offenbar versuchte, eine äußerliche Distanz herzustellen und Intimität zu vermeiden. Anfang April 1929 schrieb Virginia, um sich mit Vita zu verabreden, und bat sie gereizt: »Bring Dottie NICHT mit. Das regt mich ernstlich auf. Zweimal in der letzten Zeit hat sie meine heitere Gelassenheit mit Dir ruiniert, und ich lasse das nicht zu. Wähle zwischen uns. Dottie, unbedingt, wenn das nach Deinem Geschmack ist; aber nicht uns beide in demselben Cocktail.«[42] Doch versöhnlich fuhr sie fort, »Hättest Du gern eine Wohnung [die Vanessa vermieten wollte] am Gordon Square, sehr billig? Liebst Du mich? [...] Ich erzählte Nessa neulich in einer Drogerie die Geschichte unserer Leidenschaft. ›Aber gehst Du wirklich gern mit Frauen ins Bett?‹ sagte sie — und nahm ihr Wechselgeld. ›Und wie macht Ihr es?‹, und kaufte dabei ihre Pillen, um sie mit aufs Festland zu nehmen, und redete so laut wie ein Papagei.«[43]

An Vanessa, die inzwischen in Cassis war, schrieb sie, »Ich kann Dir gar nicht sagen, wie unfreundlich und herbstlich es ist; kein Blatt draußen; viele sind sogar wieder zurückgegangen. Und der Schnee fällt auch in meinem Herzen, langsame, weiche Flocken, die nach Salz schmecken vor Tränen. Warum? Aha! Weil Delphin [Vanessa] ein von Salzwasser bedecktes Tier ist und noch nie eine Träne vergossen hat, kennt sie die Bedeutung dieser Freude nicht.«[44]

Manchmal noch flackerte die Liebe zwischen Virginia und Vita wieder auf, ›jäh‹ und ›unstet‹; Virginia kam eine Nacht nach Long Barn, ›hörte die Nachtigallen‹ und betrachtete durch Vitas neuerworbenes Teleskop die Krater auf dem Mond; sie fuhr mit Vita zum Dinner nach Richmond, und sie machten endlich ihren Ausflug nach Hampstead, um das Haus des Dichters John Keats zu besichtigen. Aber ihre Wege waren, ohne daß sie darüber sprechen konnten, im Begriff, sich zu trennen.

Äußerliche Gründe verstärkten diese Tendenz: Harold hatte sich endlich entschlossen, den diplomatischen Dienst aufzugeben, und suchte eine angemessene Position in London. Vita arbeitete sehr fleißig; sie schrieb *Schloß Chevron* [*The Edwardians*]. Virginia ging ihrerseits in die Versenkung und begann ihren schwierigsten Roman, *Die Wellen*.

Nach einem Besuch bei ihrer Schwiegermutter dachte sie über das Alter nach und überlegte, ob auch sie, wie die sechsundsiebzigjährige Marie Woolf, einst daliegen und schluchzen und dennoch darauf hoffen würde, daß der Arzt Besserung verspräche. »Vielleicht geht man nicht zum Schreibtisch und schreibt jenen einfachen und tiefgründigen Text über Selbstmord, den ich mich für meine Freunde [und Freundinnen] hinterlassen sehe.«[45]

Anfang Juni 1929 fuhr sie mit Leonard nach Cassis, und als sie einige Tage nach ihrer Rückkehr noch immer nicht recht in ihren gewöhnlichen Arbeitsrhythmus hineingefunden hatte, schrieb sie, »Und so fiel ich kopfüber in meinen großen See der Melancholie. Herrgott, wie tief er ist! Was für eine geborene Melancholikerin ich bin. Die einzige Methode, sich über Wasser zu halten, ist das Arbeiten. Eine Notiz für den Sommer: ich muß mehr Arbeit annehmen, als ich schaffen kann. (Ich bin) – nein, ich weiß nicht, wovon es kommt. Sobald ich aufhöre zu arbeiten, fühle ich, daß ich nach unten sinke, nach unten. [...] Ich werde mich zwingen, mich der Tatsache zu stellen, daß es nichts gibt — nichts, für keinen von uns. Arbeit, Lesen, Schreiben sind allesamt Maskeraden; und Beziehungen zu Menschen auch.«[46]

Bald danach ereignete sich etwas, das ihren melancholischen Zweifel am Wert menschlicher Beziehungen grausam bestätigte: Vita erzählte Virginia, sie habe sich ganz spontan entschlossen, mit Hilda Matheson vierzehn Tage ins Val d'Isère zu fahren und dort Bergtouren zu machen. Virginia hatte geplant, vor Vitas Abreise noch eine Nacht mit ihr in Long Barn zu verbringen, mußte aber absagen, weil »der Himmel sei verflucht, etwas vorgefallen ist, das die Nacht zu einem leeren Blatt machen würde – (ich sage nicht, was) [möglicherweise vorzeitige Menstruation], ich meine, zu einer Verschwendung. Also wäre es besser, vielleicht den 7. August ins Auge zu fassen. Jeden beliebigen Tag, sobald Du zurück bist; jede beliebige Nacht.«[47]

Vita brach Mitte Juli 1929 mit Hilda auf und schrieb Virginia zwei lange, liebevolle Briefe. Sie lobte Hilda, die eine tüchtige Gefährtin war, Karten lesen und aus Schnee und Aprikosenmarmelade einen Nachtisch verfertigen konnte, und berichtete, daß sie selbst völlig in ihr neues Buch versunken sei. »Aber Du hättest es lieber, wenn ich Dir sagte, daß ich Potto und Virginia vermisse, diese seidigen Geschöpfe mit Stacheln unter dem Fell – und das tue ich, und frage mich eingehend, wann sie wohl kommen und mich besuchen werden, wenn ich zurück bin? Potto würden die Welpen gefallen, und Virginia würde ihr schönes großes Bett gefallen, und Kaffee um elf Uhr, – und die ganze Zuneigung, die ihr zu jeder erlaubten und unerlaubten Stunde bewiesen würde. [...] Ich beobachte hier die Käfer [...] bei ihren Liebesspielen auf heißen Felshängen und würde gern einen in den Brief legen. Doch er würde in der Post zerquetscht werden. Daher schicke ich nur meine Liebe, unzerquetschlich.«[48]

Inzwischen aber hatte Virginia Janet Vaughan getroffen, die Tochter ihrer Jugendliebe Madge Vaughan. Janet studierte Medizin und war eng mit Hilda befreundet, die ihr oft stundenlang von Vita erzählte. Offenbar wußte Janet nichts von Virginias Liebesbeziehung mit Vita, denn sie plauderte lachend darüber, daß Vita und Hilda die Reise nach Savoyen schon seit langem geplant hatten.

Virginia war ins Innerste getroffen, denn wenn sie sich auf etwas fest verlassen hatte, so darauf, daß Vita ehrlich zu ihr war. Ihr Bild der ›Honourable‹, der ehrenwerten und absolut aufrichtigen Vita, stürzte zusammen wie ein Kartenhaus. Vitas Aufrichtigkeit wurde gar nicht so sehr durch den lange geschmiedeten Reiseplan ad absurdum geführt, sondern durch etwas, das Virginia in ihren nachfolgenden Tagebuchaufzeichnungen und Briefen herunterspielte und das doch der eigentlich schmerzliche Punkt war: Sie hatte Vita fraglos geglaubt, als sie ihr sagte, sie lebe seit zwölf Monaten absolut keusch, und ihre Beziehung zu Hilda sei hinmit rein platonischer Natur. Aus Janet Vaughans Bemerkungen mußte sie jedoch entnehmen, daß Hilda seit langem Vitas Geliebte war. Es war ein furchtbarer Schlag.

»... ich bin böse auf Vita: sie hat mir nie erzählt, daß sie vierzehn Tage aufs Festland fahren würde — traute sich nicht, bis zum letzten Augenblick, als sie sagte, es wäre ein plötzliches Vorhaben. Herrgott, Herrgott! Trotzdem belustigt mich es halb; warum stört es mich? wie sehr stört es mich? Ich werde wütend aufbrausen und sie anschuldigen und ihrem Inneren auf den Grund gehen. Eine Tatsache unter anderen ist, daß diese Hildas ein chronischer Fall sind, und da diese nicht verschwinden wird und nicht gebunden ist, wird sie vielleicht ein Dauerzustand. Und als der verdammte intellektuelle Snob, der ich bin, hasse ich es, mit Hilda in Verbindung gebracht zu werden [...]. Ihr ernstes, strebsames, kompetentes, hölzernes Gesicht taucht vor mir auf, wie sie Beratung in der schwerwiegenden Frage sucht, wer im Rundfunk sprechen soll. Ein verquerer Zug an Vita — ihre Leidenschaft für die ernste Mittelschichtsintellektuelle, wie trist und fade sie auch sein mag. Und warum schreibe ich das hier nieder? Ich habe es nicht einmal Leonard erzählt; und wem erzähle ich es, wenn ich es einer leeren Seite erzähle? Die Wahrheit ist, daß ich Gefühlen im Schreiben näherkomme als im [Reden] — glaube ich: ich gehe [ihnen nach] bis auf die Knochen; erfreue mich am Ausdruck; entlaste mich von ihnen, mache sie mir selbst ein wenig glaubwürdig; unterdrücke vermutlich etwas, so daß ich schließlich etwas tue, das auf ein Sich-Anvertrauen hinausläuft.«[49]

Dann vermerkte sie, wie sehr sie mit Arbeit überhäuft war: sie mußte ihren Roman voranbringen, hatte vier Artikel zu schreiben und die Fahnen für *Ein Zimmer für sich allein* zu korrigieren. Doch bei alledem tobte sie innerlich: »›Du kannst zwischen uns wählen‹, sage ich, mich im Schreiben unterbrechend, und ziehe einige Befriedigung daraus, mir sarkastische Sätze auszudenken. Ich bin jedoch nicht sehr sarkastisch, nur anfallsweise.«[50]

Vita kehrte zurück. Virginia rief sie an und scheint in der Tat aufbrausend gewesen zu sein und sie leidenschaftlich angeschuldigt zu haben. Vita war entsetzt von diesem Ausbruch, eilte nach Rodmell und tat alles, um Virginia zu besänftigen. Es gelang ihr. – Virginia schrieb im Tagebuch, »Ich bin [...] wunderbar erleichtert, weil ich eben Vita gesehen und herausgefunden habe, daß ihre Geschichte, die sie mir erzählte, ganz der Wahrheit entsprach — und sie brachte Dokumente mit, um es zu beweisen — und war sehr bestürzt — und war wie eine Eselin hingegangen und hatte Hilda angerufen — die auch sehr bestürzt ist, und war überhaupt so schlicht und ernsthaft, und sah ein, daß meine Haltung verständlich war — oh ja, sie hätte es keinen Augenblick lang ertragen können — aber warum, frage ich mich, langweilt es mich so unerträglich, niederzuschreiben, was im Moment so brennend aufregend ist? Mein eigener Mangel an erzählerischer Kraft. Ich war wirklich über diese Affäre tiefer bekümmert und zornig und verletzt und sarkastisch, als ich mir anmerken ließ, auch dem leeren Blatt gegenüber, hatte aber auch Angst vor Übertreibung. [...] Und ich bin froh — oh sehr froh — über Vita.«[51]

Vita wollte Virginia um keinen Preis verlieren und muß wirklich alles aufgeboten haben, um Virginias Verdacht zu entkräften, bis hin zu den erwähnten ›Dokumenten‹, – möglicherweise gefälschten, nachträglich geschriebenen Briefen von Hilda oder ihr selbst, die ein platonisches Verhältnis zu Hilda und einen spontanen Entschluß zur Reise nahelegten. Hilda wurde instruiert, unter allen Umständen und vor allem Janet Vaughan gegenüber zu betonen, daß ihre Beziehung zu Vita rein freundschaftlicher Natur sei; sie hielt sich daran.

Virginia war unendlich erleichtert, daß Vita allem Anschein nach die Wahrheit gesagt haben mußte, und glaubte ihr. Ihr Unterbewußtes war klüger und glaubte Vita nicht. Virginia bekam eine ihrer Kopfwehattacken: »Liebstes Wesen, ich glaube, ich kann diese Woche nicht kommen — ich mußte ins Bett, mit dem üblichen alten Schmerz, nicht sehr schlimm, und der Preis für den Wert, den ich Deiner Rechtschaffenheit beimaß. Herrgott! Welche Erleichterung war das!«[52]

Ihre unmäßig erscheinende Reaktion ging auf genau das zurück, was sie Vita ganz am Anfang ihrer Beziehung gesagt hatte, als diese Virginias Vorsicht und Zurückhaltung ›grausam‹ nannte: »... nein, nicht grausam, nur dadurch, daß ich zehn Jahre älter bin als Du, in einem völlig anderen Klima: Ehrlichkeit war so wichtig, daß alle meine Spione ewig wachsam sein mußten, auf dem Ausguck nach Schwindlern.«[53]

Virginia hatte Vita ihre Affären nicht wirklich übelgenommen, solange sie ihr als ›Seitensprünge‹ von sekundärer Bedeutung erscheinen konnten und ihre Vorrangstellung in Vitas Herzen nicht bedrohten, weil Vita sie in diesem Sinn darüber ins Bild setzte. Vitas Liebesbeziehung mit Hilda war die erste, die sie ihr verschwiegen hatte, und jetzt begriff Virginia mit einem brennenden Schmerz, daß auch sie eine Betrogene war.

Mehr als drei Jahre später schrieb sie einen Brief an Vita, der zeigt, wie tief und eigentlich unheilbar die Wunde war, die ihr da geschlagen wurde: »Oh, ich tobte neulich abends derart vor Eifersucht, weil ich glaubte, Du wärest in Hilda verliebt gewesen in jenem Sommer als ihr zusammen in die Alpen fuhrt! Weil Du gesagt hattest, Du wärst es nicht. Also, warst Du's? Habt ihr den Akt unter den Dolomiten vollführt? Warum mir das Kummer machen sollte, wo es doch alles vorbei ist – diese Wanderung – weiß ich nicht. Aber es macht mir Kummer. Weißt Du noch, wie Du zur Beichte, oder eher zur Rechtfertigung, in meine Schreibhütte kamst? Und Du warst damals nicht schuldig, oder? Du hast geschworen, daß Du es nicht warst.«[54]

Vorerst jedoch verdrängte Virginia ihre grausamen Einsichten, so gut sie konnte. Sie lag bei geöffneten Fenstern in ihrem Schlafzimmer. »Ich wünschte, ich könnte Dich jetzt sehen. Ich bin sehr glücklich über Virginia und Potto und die liebe alte Vita; ja, sehr, und würde es wortreicher sagen, wenn ich nicht im Bett läge.«[55]

Die liebe alte Vita lag inzwischen ebenfalls im Bett. Sie war gestolpert, als sie eine Treppe hinaufstieg, und hatte sich dabei eine Rückenverletzung zugezogen, die sie für einige Zeit bewegungsunfähig machte und an der sie für den Rest ihres Lebens immer wieder einmal litt. Hilda kam und pflegte sie.

Virginia ließ von Potto ausrichten, »Potto küßt Dich und sagt, er könnte Dir den Rücken reiben und ihn heilen, indem er ihn ableckt.«[56] In demselben Brief schrieb sie, »Nachts bin ich besessen von der Vorstellung meiner eigenen Wertlosigkeit, und selbst wenn ich nur das Licht anzuknipsen brauchte, um mein Leben zu retten, glaube ich, ich würde es nicht tun.«[57]

Vita richtete einen ihrer ›stummen‹ Briefe an Virginia, der einem unausgesprochenen Geständnis und der Bitte um Vergebung so nahe kam, wie ihr das eben möglich war. Sie schrieb, wie sie, die so gar nicht ans Kranksein gewöhnt war, nachts schlaflos daliege und grübele: »Man denkt über das Sterben nach. Außerdem merke ich, daß man auch (mit einigem Schmerz) über die Unwahrhaftigkeit und die Schwierigkeit der Beziehungen mit Menschen nachdenkt; daß es wahrscheinlich niemanden auf der Welt gibt, der einen *ganz und gar* kennt; daß man verschiedenen Menschen abgespaltene Ausschnitte zeigt, nicht mit Absicht, sondern nolens volens, und man kann nur hoffen, daß sie den Rest erraten. Außerdem würde es einem wahrscheinlich gar nicht gefallen, wenn einen irgend jemand ganz und gar und durch und durch kennte.«[58]

Virginia ging auf diesen Brief nicht ein, »so sehr er auch eine Antwort verdient«.[59] Sie riet Vita, gegen die Schlaflosigkeit Bier zu trinken, und setzte hinzu: »Tausend verschiedene Mannigfaltigkeiten von Liebe werden über Dich ausgegossen wie die Schauer aus einer riesigen Gießkanne, von Virginia und Bosman.«[60]

Anfang September 1929 fuhr Virginia nach Long Barn, und Vita bat sie während dieses Besuchs, die Druckfahnen ihres neuen Gedichtbandes *King's Daughter* zu lesen, der in Kürze bei der Hogarth Press herauskommen sollte. Vita war verunsichert, weil Harold ihr dringend geraten hatte, das Buch zurückzuziehen: es sei nicht gut genug. Jetzt sollte Virginia das entscheidende Urteil fällen – über Gedichte, von denen viele einen deutlich lesbischen Anstrich trugen und die in der Mehrzahl während Vitas Leidenschaft für Mary Campbell entstanden waren. Virginia verlor kein Wort über den Inhalt und sprach sich vorbehaltlos für die Veröffentlichung aus.

»Niemals wirst Du mich abschütteln, wie sehr Du es auch versuchst«

Kyra Stromberg hat über Djuna Barnes' Roman *Nachtgewächs* geschrieben, er sei nicht nur die Darstellung einer sexuellen Beziehung zwischen zwei Frauen, sondern die Erzählung einer Liebe. Sie fügt eine Interpretation an, die als Motto auch über den nun folgenden schwierigen Jahren der Liebe zwischen Virginia und Vita stehen kann: »Und dennoch ist klar, daß dieses Verhältnis alles umfaßt: Leidenschaft und Leiden, Zärtlichkeit und Eifersucht. Die Qual des unauflösbaren Mißverständnisses und die Unerreichbarkeit der Anderen. Leib und Seele.«[1]

Es gab deutliche Anzeichen dafür, daß auch Vita unter dem ›unauflösbaren Mißverständnis‹ und der inneren Entfernung von Virginia litt. Mitte September 1929 schrieb sie ihr, sie habe einen schlimmen Traum gehabt: Virginia und Leonard seien nie wirklich verheiratet gewesen und hätten beschlossen, es sei höchste Zeit, die Zeremonie nachzuholen. »So hattet Ihr denn eine vornehme Hochzeit. Du trugst ein Kleid von mittelalterlichem Schnitt aus Goldbrokat und einen langen Schleier und hattest ein Geleit von Brautjungfern und Pagen. Du hattest mich nicht zu der Hochzeit eingeladen. Also stand ich in der Menge und sah Dich an Leonards Arm vorübergehen. Aus irgendeinem Grund, oder Gründen (die nicht schwer zu finden sind) machte mich dieser Traum tief unglücklich, und ich bin weinend aufgewacht, und habe die Wirkung, die er auf mich hatte, immer noch nicht ganz abgeschüttelt.«[2] Virginia überging auch dieses Bekenntnis mit Schweigen.

Im November 1929 besprach Vita Virginias Essay *Ein Zimmer für sich allein* im Radio, und Virginia schrieb ihr danach: »Deine Stimme war wie ein Posaunenstoß, als sie ›Virginia Woolf‹ sagte, und rührte mich zu Tränen; aber vermutlich hast Du ein Lachen unterdrückt. Es ist ein sonderbares Gefühl, sich vor 50 Millionen alter Damen in Suburbia von einer gerühmt zu hören, mit der man den Tag anbrechen sah und die Nachtigallen hörte.«[3]

Ihre ›Unerreichbarkeit‹ füreinander war nicht mehr zu leugnen, obwohl sie sich äußerlich wenig bemerkbar machte. Virginia und Vita trafen sich weiterhin in London, setzten ihre kleinen Ausflüge fort, besuchten sich in Long Barn oder Rodmell und schrieben sich oft. Virginia versuchte lange die Tatsache zu verdrängen, daß ihre Liebe zu Vita anders und lebendiger war als jene, die Vita ihr entgegenbrachte. Sie wehrte sich, warb um sie, kämpfte und argumentierte. Im November, während ihr vor Aufregung leicht übel war, weil sie sich auf ein äußerst unangenehmes Kündigungsgespräch mit ihrer Haushälterin Nelly vorbereiten mußte, notierte sie im Tagebuch, »Ich versuche [...] zu lesen — zu schreiben — und meine Lippen beginnen Worte zu formen; ich beginne, lange Unterhaltungen am Telephon zwischen Vita und mir über Dotty vor mich hin zu murmeln; über Miss Matheson: ich spiele Rollen: ich merke, wie ich laut vor mich hinspreche.«[4]

Hilda Matheson lud auch Virginia zu einem Rundfunkvortrag ein, verlangte aber, wobei sie sich offenbar auf Vita berief, zu Virginias Erbitterung, daß sie ihren Text über den Dandy Beau Brummell rigoros umstellte. »Ich habe im Radio gesprochen und goß meine Wut heiß wie Lava über Vita aus. Sie schien unschuldig — ich meine daran, H M gesagt zu haben, daß ich meinen Brummell problemlos zerstückeln könnte. Und dann kam ich auf ihre Freundinnen zu sprechen, Vitas Freundinnen, und sagte, daß hier, in ihrer Zweitklassigkeit, der Anfang meiner Entfremdung liege. Ich will es nicht haben, daß man sagt, ›Vitas Busenfreundinnen — Dottie, Hilda und Virginia‹. Die zweitklassige Schulmädchenatmosphäre ist mir zuwider. Die meiste Zeit saß sie schweigend da und sagte nur, ich hätte recht. Harold hätte dasselbe gesagt. Man muß das eindämmen. Wenn sie einmal etwas angefangen hat, kann sie nicht mehr aufhören.«[5]

Schließlich ging Virginia in ihrem Zorn und ihrer Kränkung so weit, Vita bitterböse Szenen zu machen. Vanessa berichtete ihr, daß Vita sich darüber beklagt hatte, und Virginia erschrak. »Oh, übrigens, war ich sehr ekelhaft zu Dir, die beiden letzten Male, wegen Deiner Freundinnen und so weiter? — [...] das ist so meine Art, wenn man mich in Wut bringt; aber ich gerate nur alle Jubeljahre einmal so in Wut, und auch dann nur durch die innig Geliebten und Frevelhaften. Aber wenn ich brutal war, dann vergib und verzeih. Bitte, Vita, vergib. Potto und Virginia.«[6]

Vita würde künftig alle ihre Vorwürfe mit Schweigen beantworten. Über ihre jeweiligen neuen Geliebten ließ sie Virginia allerdings nie mehr im ungewissen. Virginia wußte von allen; Harold nicht. Vita konnte sich nicht ändern. Es hatte keinen Sinn, mit ihr zu streiten. Und Virginia konnte sich nicht von ihr lossagen. Aber die Entfremdung von Vita war ein dauerhafter Schmerz, den sie verbarg. Mit Leonard konnte sie nicht darüber sprechen; er hatte immer gefunden, daß Vita ihrer nicht würdig sei, und jetzt schien er recht zu behalten.

Vitas Leben veränderte sich in der Folgezeit wesentlich. Hilda begann schließlich ihre Beziehung mit Dottie Wellesley, mit der sie bis zu ihrem Tod zusammenlebte. Harold verließ den diplomatischen Dienst endgültig und arbeitete seit dem Beginn des Jahres 1930 als hochbezahlter Journalist beim *Evening Standard* des Zeitungsmagnaten Lord Beaverbrook. Er hatte zwar eine Wohnung in London, verbrachte aber die Wochenenden regelmäßig in Long Barn, und Vitas Freundinnen wurden in die zweite Reihe verwiesen. 1931 verließ Harold seinen Posten beim *Evening Standard*, schloß sich Oswald Mosleys faschistischer *New Party* an und gab deren Zeitschrift *Action* heraus. Er ließ sich auch als Kandidat dieser Partei für die Unterhauswahlen aufstellen, erlitt jedoch eine klägliche Niederlage. In späteren Jahren trieb ihn sein ungebrochenes Interesse an der Politik dazu, sich mit wechselndem Erfolg einmal für die Sozialisten und ein andermal für die Konservativen als Abgeordneter zur Verfügung zu stellen.

1930 veröffentlichte Vita in der Hogarth Press ihren Roman *Schloß Chevron*, den ersten von mehreren Bestsellern, die ihr und den Woolfs in den nächsten Jahren große Summen einbrachten. Im selben Jahr fand sie mit Dotties Hilfe eine neue Liebe, das völlig verkommene Sissinghurst, die Reste eines Schlosses aus dem 15. Jahrhundert, das, wie sich herausstellte, sogar einmal einem Sackville gehört hatte und somit als zurückgewonnener ›Familienbesitz‹ betrachtet werden konnte, den ihr nun niemand streitig machen würde. Vita schuf sich hier ihr zweites Knole. 1932 zog die Familie dorthin um und wurde auf die verschiedenen Gebäude verteilt. Die Jungen wohnten für sich, Harold ebenso. Man traf sich zu den Mahlzeiten.

Vita lebte im Schloßturm. Nach einer Liebesbeziehung mit einer Journalistin und deren Freundin richtete Vita 1933 ihrer Schwägerin und langjährigen Geliebten Gwen St Aubyn ein Zimmer in ihrem Turm ein. Mit der Zeit isolierte sie sich immer mehr und war Anregungen von außen immer weniger zugänglich. Doch in den folgenden dreißig Jahren schuf sie in Sissinghurst neben einigen erfolgreichen Romanen und Dichtungen jenes Werk, das wirklichen Anspruch auf Nachruhm hat: ihren Garten.

Virginia vergrub sich von 1930 an in ihren schwierigsten Roman, *Die Wellen*. Und sie begegnete einer Frau, die gerade in dieser Phase der Entfremdung von Vita sehr wichtig für sie wurde: Ethel Smyth, die den Ehrentitel einer ›Dame of the British Empire‹ trug, Komponistin, Suffragette, Schriftstellerin, Liebhaberin vieler Frauen (unter anderen der Kaiserin Eugénie), einundsiebzig Jahre alt und seit Jahren mit Vita befreundet. Sie hatte *Ein Zimmer für sich allein* gelesen, sich bei der Lektüre glühend in die Autorin verliebt, schrieb ihr und schickte ihr zugleich eines ihrer autobiographischen Bücher, *Impressions that Remained* [*Bleibende Eindrücke*], von dem Virginia hingerissen war, – nicht zuletzt deswegen, weil Ethel darin ganz offen auch über ihre Geliebten sprach.

Am 20. Februar 1930 trafen sie sich zum ersten Mal, und Ethel brach in Virginias Leben ein wie ein Tornado. Virginia schrieb nach diesem Besuch, »Ich lag hier gestern um vier, als ich die Klingel hörte, dann ein energisches Stampfen die Treppe herauf, und dann, siehe da, stürmte eine rauhe aber herzliche, militärische alte Frau (älter als ich dachte) ins Zimmer, [...] in einem Dreispitz-Hut und Schneiderkostüm. ›Lassen Sie sich ansehen.‹«[7] Nach der Begrüßung zog Ethel augenblicklich ein Schreibheft und einen Bleistift heraus und begann Virginia über ihre Familie auszufragen. Virginia mußte ihre Antworten fast schreien, denn Ethel war bereits sehr taub.

Binnen einer Viertelstunde nannten sie sich beim Vornamen. Virginia vermerkte: »So ehrlich und schroff ist sie, und dabei urteilsfähig, – beurteilt Vita und ihre zweitklassigen Freundinnen scharfsinnig, – daß vielleicht etwas Griffiges und nicht die übliche überschwengliche leichte Kost daraus wird. [...] Sie hat etwas Großartiges, Bewährtes und Erfahrenes an sich, neben dem Lärm und Aufruhr — und ich bin mir nicht sicher, daß sie wirklich die Egozentrikerin ist, für die die Leute sie halten.«[8] Man erkennt, daß Virginias spontane Sympathie für Ethel auch auf der Möglichkeit beruhte, mit dieser alterfahrenen Lesbierin, die Vita und ihren Freundinnenkreis sehr gut kannte, über das zu sprechen, was sie derzeit umtrieb und hilflos machte. Dabei verlor sie jedoch nie ihre Loyalität gegenüber Vita, über die sie zu Ethel sagte: »... sie ist die hochherzigste aller Frauen, ohne jede Eitelkeit, wofür ich sie ungeheuer bewundere; und es ist nicht so, daß sie unsensibel wäre — sie ist einfach, wie sie ist.«[9]

Über Ethel schrieb sie, »Eine alte Frau von einundsiebzig Jahren hat sich in mich verliebt. Es ist zugleich abscheulich und schrecklich und melancholisch-traurig. Es ist, als würde man von einem riesigen Taschenkrebs gepackt.«[10] Aber sie stand im lebhaftesten Gedankenaustausch mit Ethel, fragte sie über Lesbianismus aus und offenbarte ihr, »Es ist wahr, daß ich nur auf Frauen Eindruck machen will. Einzig Frauen regen meine Phantasie an.«[11]

Ein junger Schriftsteller erlebte Ethel einmal, als er in Monk's House zu Gast war und schilderte, wie sie mit soldatischer Energie zum Haus vordrang. Als sie »sichtbar wurde, blickte Virginia Woolf auf und rief, ›Ach du lieber Gott, da ist Ethel!‹ Ihr Ausruf schien zu bedeuten, ›Was für ein Spaß!‹, und jeder, der Ethel Smyths Memoiren liest, kann leicht feststellen, warum. [...] Sie riß sich den Hut vom Kopf und warf ihn auf einen Tisch, wobei sie ein an ihrem dünn werdenden grauen Haar befestigtes [...] Gerät enthüllte, daß ihrer Taubheit abhelfen sollte. ›Dieses verdammte Dings‹ schrie sie, ›ist zu nichts nutze!‹ Und riß es ab und warf es neben ihren Hut. [...] Im nächsten Augenblick saßen sie und Virginia Woolf sich Knie an Knie und tête à tête auf zwei hochlehnigen Stühlen gegenüber. Die Komponistin hatte viel zu erzählen. Die Schriftstellerin war fast augenblicklich sprachlos, weil Gelächter, unkontrollierbares Gelächter sie übermannt hatte. Sie bebte, sie vibrierte; jedesmal, wenn sie zu sprechen versuchte, schien sich ihre Kehle zusammenzuziehen, und sie berührte sie mit einer ihrer schönen, langen Hände, wie um ein Ersticken zu verhindern. ›Aber Ethel —‹ sagte sie, und weiter kam sie nicht. Lachtränen rannen ihr über das Gesicht, während die Komponistin, dieser guten Zuhörerin so sicher wie eines Orchesters in vollem Lauf, ihr Thema unerschütterlich fortspann.«[12]

In späteren Jahren machte Virginia Ethel ein Geständnis, das das Maß ihres Zutrauens zeigt: »Um Dir die Wahrheit zu sagen, ich bin besessen von dem Wunsch, daß Du mich schildertest: nichts, was ich oft fühle – aber welche Erleuchtung wäre das; schmerzhaft, zweifellos, aber welche Offenbarung, die wahre Seele zu sehen, herausgezogen aus ihrem entstellenden Schneckenhaus, seinen zusammenpressenden und verdrehenden Windungen, von der silbernen, scharfen Hutnadel, oder dem Schwert, von Ethels Genie.«[13] – Es war der alte Wunsch nach Spiegelung, den sie auch an Vita gerichtet hatte.

Ethel Smyth hat Virginia in keinem ihrer veröffentlichten Bücher beschrieben, ihr aber sicher im Gespräch jenes liebevolle und zugleich unsentimental kritische Bild vermittelt, das sie auch in Tagebuchnotizen niederlegte: »Ich glaube nicht, daß ich jemals jemanden tiefer geliebt habe [...]. Man kann mit ihr keine Beziehungen haben wie mit andern. Tatsache ist, daß man sich nehmen muß, was man von Virginia kriegen kann. [...] Natürlich gibt es zwei große Faktoren – ihr Genie und ihre Schönheit. Dazu ihre ganz wundervolle Stimme, und eine Distinktion und Faszination, die sich mit Worten nicht beschreiben lassen. Aber das Sonderbare ist ihre Liebenswertheit. Ich glaube, daß sie sehr schwerwiegende Fehler hat. Absolut selbstbezogen und (kein Wunder) eifersüchtig auf literarische Größe. [...] Sie ist intellektuell über alle Maßen arrogant, jedoch absolut demütig bescheiden, was ihre eigene große Gabe betrifft. Ihre Integrität fasziniert mich. Und wenn es um dein Leben ginge, oder ihr eigenes, könnte sie keine Abstriche von dem machen, was sie für die Wahrheit hält. [...] Inwieweit V. menschlich ist, weiß ich nicht. Sie ist sehr unberechenbar, und man hat nie gehört, daß sie einmal zugegeben hätte, im Unrecht zu sein. Und doch liebt man sie, liebt sie. [...] ›Erstarrter Falke‹ — jemand, der im Konzert hinter ihr saß, sagte, so sah sie aus – so still, so aufmerksam. [...] Wenn sie einen Raum betritt, ist es, als ob jemand aus einer anderen Welt einträte.«[14]

Ethel liebte Virginia sehr; allerdings war sie durchaus die Egozentrikerin, für die die Leute sie hielten. Sie stellte Virginias Geduld oft auf die Probe, wenn sie ihr täglich ein bis drei Briefe schrieb und befahl, ›Antworte postwendend!‹, während Virginia unbedingt Ruhe brauchte, um sich auf ihre Arbeit zu konzentrieren. Mehrmals gerieten sie denn auch in wütenden Streit miteinander, doch sie versöhnten sich immer wieder.

Virginia fand Ethels direkte und nicht selten zudringliche Art zwar bestürzend, aber sie merkte auch, daß diese Frau sie liebte, wirkliches Interesse an ihr nahm und sie dazu brachte, sie geradezu zwang, über Dinge zu sprechen, die sie niemand anderem je erzählt hatte. Sehr bald schon schrieb sie ihr über ihre Jugend und ihre Scheu: »Ich war, gemessen an der damaligen Zeit, ziemlich verwegen; das heißt, wir waren sexuell ziemlich frei [...] — aber ich war sexuell immer feige und bin nie mit Grafen über Berge gewandert wie Du und habe auch nicht die Blüten des Lebens in ganzen Sträußen gepflückt, wie Du das tatest. Mein Schrecken vor dem wirklichen Leben hat mich immer in einem Kloster verharren lassen.«[15] Über die wenigen Männer, zu denen sie sich je erotisch hingezogen gefühlt habe, äußerte sie, sie seien leider alle vom Typus des Fuchsjagden reitenden jungen Landedelmannes gewesen und intellektuell so langweilig, daß sie sich nur umdrehen und davongaloppieren konnte. »Vielleicht zeigt das, warum Clive, der seine Gründe hatte, mich immer einen Fisch genannt hat. Vita nennt mich auch einen Fisch. Und ich erwidere (ich denke oft, wenn ich ihre Hände halte und köstliche Freude aus dem Kontakt mit männlichem oder weiblichem Körper ziehe) ›Aber was ich von Euch will, ist Illusion — daß ihr die Welt tanzen macht.‹ [...] Und wie definierst Du ›Perversität‹? Wo ist die Grenze zwischen Freundschaft und Perversion?«[16] Mit Ethel gab es keine Tabus, und Virginia genoß es, so aus sich herausgehen zu können, – aus sich herausgelockt zu werden. Ethels Anbetung und ungestüme Werbung taten Virginia gut und halfen ihr ein wenig über die Kränkung durch Vitas Rückzug hinweg.

Als es ihr jedoch einmal ganz schlechtging und sie in der Nacht ›am Rande der Verdammnis‹ erwachte und Chloral nehmen mußte, wandte sie sich nicht an Ethel, sondern schickte morgens einen unausgesprochenen Hilferuf an Vita: »Plötzlich habe ich den Gedanken — möchtest Du, daß ich morgen, Freitag, zu Dir komme, über Nacht? Aber — (1) Bist Du allein? (2) Würde es in irgendeiner Weise stören? [...] Könntest Du bitte anrufen?«[17] Vita begriff sofort, rief an und bat sie, umgehend zu kommen. Virginia schrieb von Long Barn aus an Ethel, sie liege ›in Vitas ehebrecherischen Laken‹, während diese liebenswürdig mit ihr spreche und gerade Badesalz in ihr Badewasser schütte.

Vita sah Virginias wachsende Freundschaft mit Ethel nicht ohne Schmerz. »Neulich abends, als sie neben mir auf dem Boden saß, litt Vita erheblich an Eifersucht auf Ethel. Sie pries sie, tapfer, aber bitter. ›Sie hat die ganze Hemmungslosigkeit, die ich verloren habe, da ich in dieser Epoche der Subtilität und Zurückhaltung lebe. Sie erhebt Anspruch auf Dich, sie stürmt herein, wo ich mich zwinge, mich zurückzuhalten.‹«[18]

Virginia wiederum war unglücklich darüber, daß sie mit Vita niemals ungestört zusammensein konnte. »Aber wie soll ich Dich je wieder sehen, ohne Hilda? Ist ein Nachmittag allein gar nicht mehr möglich? Seit Rodmell, und auch da nur zwei Minuten, sind wir nie wieder allein in einem Zimmer gewesen — von dem anderen Ort ganz zu schweigen.«[19] »Gibt es denn keine Chance, daß wir uns irgendwann nächste Woche einen schönen Tag machen?

[...] Antworte. Oder willst Du mich fallenlassen? Antworte. Vermachst Du mich Ethel? Antworte.«[20] Im März 1931 schrieb Virginia sehnsüchtig, »Honey, sag mir, wann Du kommst; ich will Dir in die Arme sinken und das Festliche und das Flackern des Feuers fühlen.«[21]

Doch in diesem Sommer 1931 begann Virginia zu resignieren. Sie machte Vita schließlich keine Vorwürfe mehr, stellte keine Forderungen mehr an sie und äußerte ihren Kummer nicht mehr. – Ein anderer mußte ihr dazu seine Stimme leihen: »Ich habe Dir eine traurige Mitteilung zu machen. Potto ist tot. Ungefähr einen Monat lang (Du bist einen Monat nicht hiergewesen, und ich datiere den Beginn seines Niedergangs auf Deinen letzten Besuch) habe ich zugesehen, wie er schwächer wurde. Zuerst verlor sein Fell den Glanz, dann wies er Kekse zurück, schließlich Bratensoße. Wenn ich ihn fragte, was ihm fehlte, seufzte er, gab jedoch keine Antwort. Als ich neulich unbemerkt ins Zimmer trat, sah ich, wie er sich eine Träne abwischte. Er verharrte noch immer in ungebrochenem Schweigen. Gestern abend war es klar, daß das Ende nahte. Ich saß bei ihm, hielt seine Pfote und fühlte, wie der Puls schwächer wurde. Um 7.45 atmete er tief auf. Ich beugte mich über ihn. Die folgenden Worte konnte ich erhaschen: ›— sag Mrs. Nick, daß ich sie liebe ... Sie hat mich vergessen. Aber ich verzeihe ihr, und ich ... (hier konnte er kaum mehr sprechen) sterbe ... an ... gebrochenem ... Herzen!‹ Dann verschied er. Und das werde ich auch bald tun. [...] Oh mein Gott — mein Potto. Und Mrs. Nick hat uns verlassen.«[22] – Vita war über Pottos Ende jedoch so untröstlich, daß Virginia ihn schließlich wieder zum Leben erwekken mußte: Sie brachte ihn nach Rodmell, »legte ihn auf die Terrasse – gestern regte er sich – heute hat er an einer Iriswurzel geknabbert, die ich zufällig bei mir hatte«.[23]

Ethel Smyth sagte einmal, neben Leonard und Vanessa sei Vita der einzige Mensch, den Virginia wirklich liebte.[24] So war es. Und es blieb so. Die Jahre zwischen 1931 und 1941 zeigen, wenn man sie oberflächlich betrachtet, eine zunehmende Trennung ihrer Lebenswege; sie schrieben sich weniger, sie sahen sich immer seltener. Das könnte zu dem Schluß verführen, den unter anderen Nigel Nicolson gezogen hat: ihre Liebe sei »zu Asche verbrannt«[25] und habe sich in eine gute Freundschaft verwandelt. Wenn man jedoch beider Briefe und Virginias Tagebuch aus jener Zeit liest, drängt sich eine andere Erkenntnis auf: Virginia zog sich zurück und beschied sich, aber während dieser ganzen Zeit brach bei ihr wie bei Vita immer wieder einmal das durch, was im Untergrund vorhanden war: tiefe Liebe, Kränkung, Eifersucht, Heimweh, die jene alten ›jähen, unsteten, heftigen Vereinigungen‹ hervorzurufen vermochten, von denen sie früh schon gesprochen hatten.

Ende 1931, während ihr alter Freund Lytton Strachey im Sterben lag und sie angstvoll auf die Rezensionen ihres gerade veröffentlichten Romans *Die Wellen* wartete, träumte Virginia von Vita und schrieb in ihr Tagebuch: »Ein nebliger Morgen; und Vita ruft an, und ich sage (hauptsächlich wegen meines Traums), daß sie mit jemand anders weggegangen war, sehr ostentativ, auf einer Party, in einem kleinen Haus, dessen Zimmer ich zu meinem Arbeitszimmer machen wollte, indem ich eine Wand einriß — ich sehe es noch vor mir: Ich höre Nessa sagen: ›Sie ist Deiner überdrüssig‹, dann gingen meine Zähne kaputt; dann, wie ich sagte, ging Vita triumphierend mit jemand weg und hatte mich satt; und so wachte ich auf, gegen 4.30, und beschloß, daß ich standhaft sein würde, wenn sie mich anrufen und zum Lunch [...] einladen würde. Sie tat das dann wirklich: und ich war standhaft, und sie war reizend und warmherzig und zutraulich und freundlich und sagte, dann würde sie eben heute Abend vorbeikommen, weil sie mich unbedingt sehen wollte. Meine Standhaftigkeit ging wirklich auf meinen Traum zurück.«[26]

Im April 1932 begann Virginia *Die Jahre*, einen Roman, an dem sie unverhältnismäßig lange und gequält arbeiten würde und der sie an den Rand der Verzweiflung trieb. Im selben Jahr veröffentlichte Winifred Holtby, die lebenslange Freundin von Vera Brittain, ihr Buch über Virginia Woolf.[27] Virginia, die ihr literarisches Abbild ebenso scheute wie ihr reales Spiegelbild, sagte, sie könne es nur durchblättern und hie und da einmal einen Abschnitt lesen. Das Buch muß ihr dennoch Eindruck gemacht haben: eine Stelle über die intuitiven Einsichten ihrer Romanfiguren haftete ihr so fest im Gedächtnis, daß sie sich in eine immer wiederkehrende Phantasie verwandelte und schließlich als Bild in ihre letzte Erzählung einging.

Im November des Jahres hatte sie eine überraschende Begegnung, über die sie an Vita schrieb: »Wer, glaubst Du, hat mich neulich abends besucht und mit mir gesprochen? Dreimal darfst Du raten. Alles falsch. Es war Violet Trefusis — Deine Violet. Gott, das war ein Spaß! Ich erkenne jetzt genau, warum Du so verliebt warst — damals: jetzt ist sie ein bißchen zu füllig, ziemlich verblüht; aber welche Verführungskraft! Was für eine Stimme — lispelnd, stockend, welche Wärme, Geschmeidigkeit, und auf ihre Art — es ist nicht meine — ich bin erheblich kultivierter — aber das ist nicht unbedingt ein Vorzug — wie reizend; wie ein Eichhörnchen zwischen Hasenböcken — ein rotes Eichhörnchen zwischen braunen Nüssen. Wir spähten und zwinkerten durch die Blätter; und redeten einander höchst förmlich mit Mrs. Trefusis und Mrs. Woolf an.«[28]

Im Dezember begab sich Vita auf eine Lesereise nach Amerika. Virginia schrieb an Ethel: »Und morgen fährt meine liebe Vita mit dem Schiff ab, und ich werde sie bis April nicht sehen. Ja, das macht mich traurig: es nimmt eine Lampe und ein Glühen und ein schattiges Laub und eine erleuchtete Halle aus meinem Dasein.«[29] Sie richtete zärtliche, sehnsüchtige Briefe an Vita: »Düsternis überfiel mich, als Du wegfuhrst – frag Ethel. Ist es nicht sonderbar, was für Streiche einem die Zuneigung – um es mal dabei zu belassen – spielt? Manchmal sehe ich Dich sechs Wochen nicht; doch in dem Augenblick, in dem ich weiß, daß Du nicht hier bist und ich Dich nicht sehen könnte, geht in allen Fischläden auf der ganzen Welt das Licht aus. [...] Hier sitze ich in Rodmell, und ein ganzer Fleck meines inneren Globus ist ausgelöscht. Ja, das ist ein Kompliment an Dich. [...] Übrigens, hältst Du in Albertvilleapolis Pa [erfundene Stadt] einen Vortrag über mich? Wenn ja, schick mir Deine Notizen. Bitte. Und laß etwas über Liebe darin stehen. [...] Laß sie in aller Kürze ein Wort darüber enthalten, daß Vita Virginia mehr liebt als die ganze Welt. Mehr als alle die inbrünstigen, aber anämischen Heringsbraterinnen, mit denen sie – der Herr sei ihrer Seele gnädig – verkehrt.«[30]

Von jeder anderen Frau, und zumal von der hyperkritischen und auf Ästhetischem insistierenden Virginia, hätte man erwartet, daß sie Vita spätestens dann aufgab, als sie nichts mehr von der Schönheit und Vitalität ihrer jüngeren Jahre besaß, aber sie tat es nicht. Sie war ihr unsäglich treu, gegen alle Wahrnehmung, gegen die Kritik aller anderen, – obwohl sie ihrem boshaften Mundwerk sehr freien Lauf ließ, was Vitas Arbeit und Erscheinung betraf. So schrieb sie etwa an Ottoline Morell: »Vita kam mit ihren Söhnen, einer in Eton, einer in Oxford, was erklärt, warum sie sich diese Romane für schlafwandelnde Dienstmädchen ausdenken muß. [...] Ich bleibe ihr immer sehr zugetan – ich sage das, weil sie an der Oberfläche ziemlich rot und schwarz und überladen ist, ich weiß: und sehr langsam, und sehr, verglichen mit uns, primitiv: aber sie ist der Unaufrichtigkeit oder Pose unfähig, und gräbt und gräbt und wässert, und führt ihre Hunde spazieren und liest ihre Dichter und verliebt sich in jede hübsche Frau, genau wie ein Mann, und ist, nach meinem Gefühl, echt aristokratisch; aber ich könnte nicht schwören, daß sie Dich nicht langweilt; bestimmt wird sie sich in Dich verlieben. Aber laß sie unbedingt von ihrem rosenroten Turm herunterkommen, wo sie sitzt, mit tausenden von Tauben, die über ihrem Kopf gurren.«[31] Und wenn Ethel, die ihre Gründe hatte, Vita angriff und moralischer Vergehen beschuldigte, verteidigte Virginia die Freundin mit wütendem Eifer.

Gegen die These, daß ihre Liebe sich mit den Jahren in eine ›gute Freundschaft‹ verwandelt habe, spricht auch die Tatsache, daß Virginia sich Vita gegenüber nie verschloß und ihr gegen alle psychologische Vernunft immer wieder ihr ungeschütztes Herz hinhielt. Obwohl sie wußte, daß sie sich damit angreifbar und verletzlich machte, konnte sie ihr zum Beispiel schreiben: »›Ich habe Vita heute beim Lunch im Café Royal gesehen‹ sagte Jack Hutchinson gestern abend. Oh mich durchfuhr ein solcher plötzlich aufschießender Schmerz der Wut! [...] Und ich konnte nicht sagen ›Mit wem war sie dort?‹ Und es brannte mir ein Loch ins Hirn, daß Du zum Lunch im Café Royal warst und mich nicht besucht hast. Wie Dich das freuen wird! Du hast das mit Absicht getan, nehme ich an. Aber mit wem warst Du dort? [...] Und wann werde ich Dich sehen? Liebstes Wesen, bitte schreib und sag mir, mit wem Du im Café Royal zum Lunch warst – und ich saß da allein am Kaminfeuer! [...] Als Jack das sagte – nicht zu mir, sondern zu den anderen, hättest Du meine Hand zittern sehen können; und dann sprachen wir alle weiter, [...] und die Kerzen wurden angezündet, und ich suchte mir meine aus, eine grüne, und es war die erste, die erlosch, was, wie man sagt, bedeutet, daß von den 8 oder 9 Anwesenden ich als erste ein Leichentuch tragen werde. Aber Du mußt zum Lunch ins Café Royal gehen!«[32]

Vitas Begleiterin im *Café Royal* war ihre Schwägerin Gwen St Aubyn. Harolds Schwester litt nach einem Autounfall an einer Kopfverletzung. Sie brauchte Pflege, und Vita hatte sich ihrer angenommen. Sie richtete ihr in ihrem Turm in Sissinghurst ein Zimmer ein und war ihr viele Jahre eng verbunden. Gwen hatte fünf Kinder, hatte aber das Bedürfnis, sich von ihren familiären Pflichten zurückzuziehen, und Vita bestärkte sie in dieser Haltung. Mit Gwen konnte sie, und das mag sehr wichtig für sie gewesen sein, über höchst intime Dinge sprechen, wie sie Virginia mitteilte: »Wir sitzen auf den Stufen des Turms und diskutieren darüber, warum manche Frauen ihre physische Befriedigung innerlich oder äußerlich bekommen und welche Verbindung es zwischen dem inneren und dem äußeren Teil des Nervs gibt oder nicht gibt – und welche Verbindung es zwischen Normalität und Perversion gibt – und so weiter. Eine sehr interessante Frage. Ich könnte Dir gegen drei Uhr morgens mehr darüber erzählen, aber nicht kalten Blutes.«[33] Jedenfalls sei dies für drei Uhr morgens ein geeigneteres Thema als jenes, das Virginia einmal um die gleiche Uhrzeit zur Sprache gebracht habe; die nämlich hatte gefragt: ›Und welches Gehalt zahlst Du Deinem Butler?‹

Im Februar 1934 fuhr Vita mit Gwen, die operiert worden war, zur Erholung nach Italien. In Portofino mieteten sie das ›Castello‹, den Schauplatz von Elizabeth von Arnims *Verzauberter April* (1923). Vita schrieb »mit einer großen Flasche goldenen Weins neben meinem Ellbogen«[34] an ihrem Roman *The Dark Island*.

Virginia mochte Gwen nicht; sie fand sie immer uninteressant und verkrampft und hielt sie für eine ›komplette Egoistin‹, die Vitas Gutmütigkeit schamlos ausnutzte, sich verhätscheln ließ und auf Vitas Schreiben einen fatalen Einfluß hatte. Aber Vita konnte, wie es scheint, mit Gwen einen Teil jener sado-masochistischen Phantasien ausagieren, von denen sie latent besetzt war. (Virginia hatte sie ja bereits während der Niederschrift von *Orlando* gefragt, ob es wahr sei, daß sie es liebe, Schmerzen zuzufügen.)

Im Juli kam Vita zum Lunch und brachte ihr Manuskript von *The Dark Island* mit. »Leonard sagt, es ist gefährliches, phantastisches Zeug, eine Frau wird in einer Höhle ausgepeitscht. Wieviel wird das Publikum ertragen? [...] [Vita] ist üppig geworden, und auffallend und rot — tomatenfarben, und malt sich die Fingernägel und die Lippen an, die keine Farbe brauchen — Gwens Einfluß; darunter eigentlich wie immer; nur ohne den Glanz des Tümmlers, und die Perlen haben an Glanz verloren.«[35] Sie sagte Vita ehrlich, daß sie *The Dark Island* nicht mochte, weil die Tatsache, daß sie die wirklichen Menschen hinter der weiblichen Hauptfigur Shirin [Gwen] und dem grausamen Helden Venn [Vita] kenne, ihr Urteil verbogen habe, »und zweifellos bin ich subkutan eifersüchtig«.[36]

Als Vanessa ihr schrieb, »Ich hatte Vita seit einer Ewigkeit nicht gesehen – sie war einfach falsch herum Orlando geworden – ich meine, in einen Mann verwandelt, mit einem dicken Schnurrbart & und sehr herrisch und zweifellos insgesamt viel dicker – Wie hast Du das gemacht? Vielleicht kommt es teilweise von dem Kontrast mit ihrer absurden kleinen Geliebten«[37], antwortete ihr Virginia, »Was Vitas Verwandlung betrifft, gebe ich Dir recht. Harold sagt, es ist der Wechsel [Menopause] — ich sage, es ist die Liebe —«[38]

Im November 1934 äußerte Vita die Befürchtung, Virginia habe sie vergessen. Diese hatte darauf zu sagen: »Was das ›vergessen‹ betrifft — Himmelkreuznochmal — der Tierarzt sagte, als ich ihm Pottos räudigen Schwanz zeigte, ›Ist dieses Tier in seinen Gefühlen gekränkt worden, gnädige Frau?‹ worauf sich ein Geheul erhob, und der Name Nick, Mrs. Nick hallte von den Wänden wider: und alle Hunde bellten, und die Katzen miauten. Vergessen, also wirklich!«[39] Potto hatte inzwischen reale Gesellschaft bekommen: Leonard besaß seit einigen Monaten ein Krallenäffchen namens Mitz, daß die Woolfs fortan überallhin begleitete.

Im Winter starb Roger Fry. Mit ihm verlor Virginia nach Lytton Strachey innerhalb weniger Jahre den zweiten lieben Freund, und es ging ihr sehr nah. Von nun an sank sie in eine Depression, die sehr lange anhalten sollte, und in diesem Zustand der Düsternis erschien ihr auch ihr Verhältnis zu Vita eine Zeitlang als unrettbar zerstört:

An Ethel schrieb sie zu Beginn des Jahres 1935, »Ich bin schmerzlich berührt, um den Ausdruck meiner Großmutter zu gebrauchen, wegen Vita und Gwen. Ich sprach einen Augenblick mit Harold, und er machte Andeutungen, und ich machte Andeutungen: und das Fazit ist, daß er glaubt, daß V. sehr schlaff geworden ist. Also sagte ich, ›sie sitzt in ihrem roten Turm und — träumt‹. Worauf er eine Augenbraue hochzog und sagte, ›Genau das ist es. Sie weigert sich, irgend jemanden zu sehen, außer —‹«[40]

Und am 11. März schließlich notierte Virginia über einen Besuch bei Vita: »Dann fuhren wir am Sonntag nach Sissinghurst, im bitterkalten Wind, und die ganze Landschaft lag in ihrem Junigrün und -blau vor dem Fenster. Und hier ist nun eine seltsame Anmerkung, die ich machen muß. Meine Freundschaft mit Vita ist vorbei. Nicht mit einem Streit, nicht mit einem Knall, sondern wie eine reife Frucht, die herabfällt. ›Nein, ich komme nicht nach London, bevor ich nach Griechenland fahre‹, sagte sie. Und dann stieg ich ins Auto. Aber ihre Stimme, wie sie vor dem Turmzimmer ›Virginia?‹ sagte, war so bezaubernd wie immer. Nur, dann geschah nichts. Und sie ist sehr dick geworden, sehr die träge Landedelfrau, heruntergekommen, an Büchern jetzt uninteressiert; hat keine Gedichte geschrieben; begeistert sich nur für Hunde, Blumen und neue Gebäude. S[issinghurst] soll einen neuen Gebäudeflügel bekommen, einen neuen Garten, eine neue Mauer. Nun ja, es ist, wie wenn man ein Bild ausschneidet: da hängt sie, im Laden des Fischhändlers in Sevenoaks, ganz rosafarbener Jersey und Perlen; und das war es dann. Und da ist keine Bitterkeit oder Enttäuschung, nur eine gewisse Leere. Wirklich könnte ich – wenn meine Hände nicht so kalt wären – hier meinen Geisteszustand während der letzten vier Monate analysieren und die menschliche Leere begründen mit Vitas Treubruch, Rogers Tod; und niemand, der plötzlich da ist und ihren Platz einnimmt.«[41]

Die politische Lage war ebenfalls wenig geeignet, Virginias Stimmung zu heben. Man begann das Deutschland Hitlers als Bedrohung zu empfinden. »Leonard sagt, wir werden demnächst von den Deutschen vergiftet [...]. Ja, während ich die Oxford Street hinuntergehe, werde ich einen gelben Qualm sehen und in eine Gosse sinken; und der Strom von Teutonen wird sich weiter und weiterwälzen – und das verschlingen, was einmal Bloomsbury war, aber, wie ich vermute, ein Platz [im Original deutsch] mit einer Statue des Führers werden wird.«[42]

Im Mai 1935 fuhren die Woolfs auf dem Weg nach Italien mit dem Wagen durch Deutschland. Überall sahen sie antisemitische Plakate mit Aufschriften wie ›Der Jude ist unser Feind‹ und ›Juden haben keinen Platz in –‹. Bei Bonn gerieten sie versehentlich in eine abgesperrte Straße, an deren Rand Hakenkreuzfähnchen schwenkende Menschen standen, die auf Göring warteten. Unangenehme Situationen, die vor allem Leonard zu fürchten hatte, blieben ihnen jedoch erspart, »denn Mitz brachte uns im Triumph durch alle Situationen. Bezopfte Schulmädchen, blonde arische Fräuleins*, blonde, blühende Fraus*[...] gerieten in Verzückung über das liebe kleine Ding*. Es war auch dem antisemitischsten SA-Mann klar, daß einer, der so ein ›süßes kleines Ding‹ auf der Schulter trug, kein Jude sein konnte.«[43]

Nach der Rückkehr von der Reise war Virginia sehr bedrückt. Sie fragte bei Ethel an, »Was ist mit Gwen und V.? Vita schreibt

* Im Original deutsch.

mir nie ein Wort, was mich ziemlich verletzt, außer daß ich weiß: was sein muß, muß sein. Und was nützt es, sich zu beklagen?«[44] Vita beendete gerade ihre Biographie der Jeanne d'Arc, die sie unter dem starken Einfluß von Gwen geschrieben hatte, die sich auf ihre Konversion zum katholischen Glauben vorbereitete. Virginia mißfiel das Buch.

Ende November 1935 kam Vita zu Besuch, und Virginia schrieb an Ethel, »es wird Dich amüsieren zu hören, daß, obwohl meine Liebe zu ihrem Charakter, so bescheiden, so großmütig, unvermindert ist, ich ihr eigentlich nicht vergeben kann, daß sie so stark geworden ist: mit solchen tomatenroten Wangen und dickem schwarzem Schnurrbart — Das war bestimmt nicht nötig: und das Teuflische daran ist, daß es ihre Augen verschließt, die die strahlende Schönheit waren, für die ich sie zuerst liebte, und sie insgesamt (vom Aussehen) auf die Erscheinung irgendeiner Füchse jagenden, durch Rüben stiefelnden Landedelfrau reduziert. Man würde nicht denken, daß sie einen Satz drechseln kann, nur einen Hund peitschen; aber für mich bleibt sie, wie ich schon sagte, immer die Bescheidenheit und Sanftheit nicht mehr in Person, aber als schwebten sie über ihr, in einem Nimbus. Sie schien düster wegen Gwen; aber unsere Kommunikation über diesen Punkt ist formell.«[45]

Im Dezember 1935 analysierte die jüdische Ärztin Charlotte Wolff, die aus Deutschland emigriert war und sich mit der Deutung von Handlinien beschäftigte, Virginias Hand. Sie hatte den Eindruck von einem »zutiefst gestörten Menschen, der um sein emotionales Gleichgewicht und seine geistige Gesundheit rang.«[46] Virginia lud sie zu einer zweiten Sitzung an den Tavistock Square ein. Sie hatten ein langes Gespräch, in dem Virginia viel von sich preisgab. Beim Abschied vergaß Charlotte Wolff ihre Aktentasche und lief zurück, als sie es bemerkte. »Da stand sie an der Eingangstür, winkte und hielt die Tasche hoch. Als sie mir die Tasche übergab, lächelte sie; es war ein ausdrucksloses Lächeln. Dann wandte sie den Kopf ab, betrachtete die Menschen, die vorübergingen und sagte: ›All diese Leute, all diese Leute – manchmal verliere ich mich, laufe und laufe durch die Straßen. Und ich weiß nicht, wo ich bin.‹«[47]

Charlotte Wolff erlebte Virginia in jener Depression, die sie so lange gefangenhielt. Im Mai 1936 schrieb sie, »Vita heute zum Lunch. Sehr stabil, körperlich und geistig. Ich sehe keinen moralischen Verfall, keine Veränderung: aber mein Verhältnis zu ihr hat sich schließlich auch nie geändert: immer liebevoll.«[48] Doch am selben Tag mußte sie ein schweres Beruhigungsmittel nehmen. Ethel erklärte sie, »Es tut mir schrecklich leid, daß ich nicht geschrieben habe, aber es ging mir wieder ziemlich schlecht – vermutlich das Resultat von 4 Tagen in London. Der Schlaf scheint mich für diesmal verlassen zu haben, und wie Du weißt, macht mich das sehr melancholisch und ruhelos bei Tage. Vita da zum Lunch zu sehen hatte zur Folge, daß ich Chloral nehmen mußte. [...] Aber erzähle ihr das auf keinen Fall — doch das würdest Du ohnehin nicht tun.«[49]

Sie las Vitas *Jeanne d'Arc* und fand das Buch zugleich wortreich und nichtssagend. Aber von Colette, deren Bücher ihr Ethel gegeben hatte, war sie hingerissen: »Ich bin nahezu sprachlos von der ungeheuren Gewandtheit, dem Durchblick und der Schönheit von Colette. Wie macht sie es nur? Niemand in ganz England könnte so etwas fertigbringen. [...] Ich bin grün vor Neid.«[50]

Auch von einer anderen wichtigen Neuerscheinung hörte sie: »Nein, ich habe ›Nachtgewächs‹ noch nicht gelesen, aber ich habe mir den Namen aufgeschrieben. [...] Tom [Eliot] sagt, das sei ein bemerkenswertes Buch.«[51] Vermutlich las sie Djuna Barnes' Roman nie; zumindest hat sie sich nirgendwo dazu geäußert, was man nur bedauern kann, denn das Thema des Buches hätte sie ganz sicher fasziniert. *Nachtgewächs* war nach dem Ende von Djuna Barnes' Beziehung zu Thelma Wood entstanden. Barnes hatte Paris verlassen und eine bittere Zeit durchgemacht. Zu ihrem seelischen Schmerz traten Krankheit, Geldmangel und Schulden. Ihr Zufluchtsort war Hayford Hall, Peggy Guggenheims Sommersitz in der Nähe des Dartmoor in Devonshire. Dort im Bett liegend, hatte Barnes den größten Teil ihres Romans geschrieben. Virginias Freund T.S. Eliot, der damals Lektor des Verlagshauses Faber & Faber war, nahm den Roman an und schrieb ein Vorwort dazu. Barnes' Buch, das Epoche hätte machen müssen, wurde jedoch nur zaghaft angekündigt und hatte wenig Erfolg.

Virginia hätte sogar die Autorin kennenlernen können: 1937 siedelte sich Djuna Barnes in London an. Es ging ihr schlecht, sie ›trank wie ein Fisch und rauchte wie ein Schlot‹. Kurz vor Kriegsausbruch holte eine Freundin sie im letzten Moment nach Amerika zurück.

Durch Ethel lernte Virginia Ende 1936 auch die über siebzigjährige Prinzessin de Polignac kennen, geborene Winaretta Singer, Tochter und immens reiche Erbin des Nähmaschinenherstellers, die in zweiter (Konvenienz-) Ehe den Prinzen Edmond de Polignac geheiratet hatte und inzwischen verwitwet war. Winaretta lebte damals noch in Frankreich und war eine berühmte Mäzenin der Künste und Wissenschaften und eine große Musikliebhaberin. Neben anderen wohnte auch die Pianistin Clara Haskil oft über lange Zeit als ihr Gast bei ihr.[52] Ethel hatte einmal eine Liebesaffäre mit Winaretta gehabt, ebenso wie Romaine Brooks (Natalie Barneys Geliebte) und Violet Trefusis. Harold Nicolson schrieb über sie, »Selten habe ich eine Frau so bestimmt sitzen sehen; Entschiedenheit sprach aus jeder Linie ihres Hinterns.«[53] Die Prinzessin konnte einschüchternd wirken und machte mit ihren eisblauen Augen und ihrem kantigen Kinn auf manche einen aggressiven Eindruck. Zu denen, die sie kannten, war sie jedoch warmherzig, und ein Freund Ethels nannte sie ›die witzigste Frau in ganz Europa‹.

Ende November ging Virginia mit Ethel ins vornehme *Claridges* zum Lunch, wo sie Winaretta zusammen mit der Komponistin Nadia Boulanger erlebte. Virginia war beeindruckt. An ihre alte Freundin Dorothy Bussy, eine Schwester Lytton Stracheys, schrieb sie: »London war das übliche Getümmel. Ich traf zu viele Leute – darunter auch [...] La Princesse de Polignac, geborene Winnie Singer, aber als was sie auch geboren wurde, jetzt ist sie eine gereifte, imposante Konservative, und wenn man sie so ansieht, würde man nicht glauben, daß sie die Hälfte aller Jungfrauen von Paris geschändet hat, und dabei, so sagt mir Ethel Smyth, mit solchem Ungestüm auf sie lossprang, daß einmal ein Sofa zerbrach.«[54]

Die Adressatin dieses Briefs schrieb in hohem Alter unter dem Pseudonym ›Olivia‹ den gleichnamigen autobiographischen Roman *Olivia* über ihre Pensionatsjahre in Paris und ihre Liebe zu ihrer Lehrerin Marie Souvestre, die im Roman ›Mademoiselle Julie‹ genannt wird. Dorothy Bussy widmete *Olivia* ›Dem geliebten Andenken von V[irginia] W[oolf]‹.[55]

Wenige Tage nach dem Zusammentreffen mit Winaretta Singer konnte Virginia *Die Jahre* endlich beenden. Die britische Öffentlichkeit erregte sich zu dieser Zeit über König Edward, der abdankte, um Wallis Simpson heiraten zu können.

In der Hogarth Press spielte sich dagegen ein wirkliches Drama ab, das Virginia aufwühlte und dessen Verlauf und Folgen sie betroffen und minutiös notierte: Die Managerin und Lektorin des Verlags, Margaret West, war schwer erkrankt; »Nachricht, daß Miss West an Lungenentzündung stirbt. Ein melancholischer Spaziergang mit Leonard im Regen. Die üblichen Gedanken: und auch dies, daß ich zu reserviert war, nie freundlich genug, und sie nie zum Dinner eingeladen habe. Ich muß diese Reserviertheit überwinden, wenn ich es irgend kann. So wenig, was man tun kann, aber tu es wenigstens, wenn es möglich ist. Eine so stumme Beziehung. Ich gehe an ihrem Zimmer vorbei und denke, ich hätte hineingehen können; und jetzt werde ich es nie mehr tun.«[56] »Miss West ist gestern gestorben. Und Miss Howlett beschuldigt Miss Bevan, die krank in Worthing liegt. [...] Vita heute zum Lunch.«[57] »Ein triefend nasser, nebliger Tag: Miss Wests Begräbnis in Golders Green. Derselbe Tisch, dieselben Blumen: ein kleiner, dunkelroter Sarg: ein großer, adlerähnlicher Pfarrer; und eine Ansammlung von braunen, schäbig angezogenen, sehr alten und kläglichen alten Jungfern: Miss Howlett Hauptleidtragende. Miss Howlett mit knotigen Händen, einem alten, rosigen Gesicht, blauen, festblickenden, gealterten Augen. [...]« 27. Januar, an Ethel: »Herrgott! wir gingen zum Begräbnis, und da war das arme alte Weib [Miss Howlett], mit dem sie zusammengelebt hat, und anderes Elend, in strömendem Regen und Nebel, und nichts, was man sagen konnte, denn in Wahrheit brachten sie sie mit ihrer hemmungslosen Idiotie um, und sie war bei weitem die beste von all unseren Managern.« 10. Februar, an Ethel: »Und dann kündigte die Untergebene [Miss Bevan] – mein Gott, welches Schlangennest übelriechender Gefühle Miss Wests Tod aufgedeckt hat.« 14. Februar, an Eddy SW: »Miss West, unsere Managerin, starb; das führte zu anderen Komplikationen – manche, wie gewöhnlich, von schmutziger, wenn auch psychologisch aufregender Art (das bezieht sich auf Sapphismus und Eifersucht und den Geisteszustand von Freundinnen, deren Feindschaft durch den Tod plötzlich offenbar wird).« An Ethel: »... das Leben ist von einer Härte, die mir immer noch ziemlichen Schrecken einjagt. Jedoch ist es nicht mein Leben, an das ich denke, nein: an das von Miss Bevan, die in Miss West verliebt war.«[58] An Ethel: »und ich werde Dir die traurige Geschichte von Miss Bevan eines Tages erzählen – es war unsere West, die sie liebte; und tötete, jedenfalls wird sie dessen beschuldigt von der anderen Geliebten [Miss Howlett] – und kommt weinend zu mir, aber jetzt ist sie fort.«[59]

1937 kehrte Virginias Neffe Julian aus China zurück, wo er nach Abschluß seiner Studien als Universitätsdozent gelehrt hatte, und kündigte an, er werde nach Spanien gehen und im Bürgerkrieg gegen Franco kämpfen. Alle Versuche, ihn davon abzubringen, waren vergeblich.

Virginia und Vanessa wußten, ohne darüber sprechen zu können, daß er getötet werden würde. Er wurde am 20. Juli 1937 von einem Granatsplitter getroffen und starb wenig später. Vanessa war seelisch vernichtet. Einzig Virginias ständige Gegenwart während der Wochen nach Julians Tod hielt sie am Leben. Vanessa war außerstande, ihr selbst zu sagen, wie dankbar sie ihr war, und wandte sich an Vita, »Ich kann niemals sagen, wie sehr Virginia mir geholfen hat. Vielleicht werden Sie ihr eines Tages, nicht jetzt, sagen können, daß das wahr ist.«[60]

Im September fuhren Virginia und Leonard nach Sissinghurst: »Vita mit dieser schweigenden Güte, und Harold auch, ein Gefühl des menschlichen, unausgesprochenen Verstehens, und jetzt wo Gwen nicht da ist, für mich ungebrochener.«[61] Gwen war in der Zwischenzeit in ein eigenes kleines Haus in der Nähe von Sissinghurst gezogen.

1938 erkrankte Vita schwer; sie litt monatelang an mysteriösen Symptomen und verlor extrem viel Gewicht. Endlich fanden die Ärzte heraus, daß sie an einer Bleivergiftung litt, und konnten eine entsprechende Behandlung einleiten. »Gestern bin ich dem Krankenhaus entkommen, und es geht mir wieder gut, außer, daß ich ein bißchen zittrig bin – so ungefähr wie ein neugeborenes Lamm, wacklig in den Knien. [...] Jetzt habe ich eine hübsche, sylphengleiche Figur und bin genötigt, meine Kleidungsstücke mit Sicherheitsnadeln obenzuhalten.«[62] Virginia erschrak über diese Neuigkeiten. »Es macht mich ganz unglücklich, daran zu denken, wie elend Du gewesen sein mußt. [...] Aber wenn Du einen Augenblick Zeit hast, schreib mir kurz. Wir sitzen beide aufrecht wie bettelnde Hunde mit erhobenen Pfoten und senden Dir unser treuliches, ergebenes Mitgefühl. Und wie ent-bleien sie Dich?«[63]

Wenig später dankte sie Vita für eine Spende für die Frauenbibliothek in Marsham Street, die Virginia seit langem eifrig unterstützte, und schickte ihr ihr eben erschienenes Buch *Drei Guineen*. Virginia formulierte in dieser Streitschrift, an der sie nach Julians Tod mit vermehrter Wut gearbeitet hatte, eine flammende Anklage gegen das Patriarchat, dessen Strukturen sie sowohl für die Unterdrückung weiblichen Lebens wie für die allgemeine Kriegstreiberei verantwortlich machte.

Über dieses Buch geriet sie mit Vita, die über die Jahre sehr konservativ und unter der sich zunehmend abzeichnenden Drohung eines Krieges mit Deutschland schließlich sogar nationalistisch geworden war, in den einzigen bitterernsten Streit, den sie je hatten. Vita schrieb ihr über *Drei Guineen*, »im einen Augenblick bezauberst Du einen mit Deiner schönen Prosa, und im nächsten machst Du einen mit Deinen irreführenden Argumenten wütend.«[64] Virginia war außer sich. Sie wollte wohl gelten lassen, daß Vita anderer Meinung war als sie, aber ›Irreführung‹ und Unehrlichkeit, – das konnte sie nicht auf sich sitzen lassen. Sie verbat sich, daß Vita sie des intellektuellen Betrugs beschuldige und sie dann ›widerlich süßlich mit Lobpreisungen ihres Charmes und Witzes vollsabbere‹. Vita hatte große Mühe, sie zu besänftigen und sie von der ›Übertriebenheit‹ ihrer Reaktion zu überzeugen, – die so übertrieben gar nicht war. Virginia lenkte jedoch ein, weil sie wußte, daß es zum Bruch mit Vita kommen würde, wenn sie sie in dieser Sache beim Wort nähme.

Im August 1938 kam Vita nach langer Zeit wieder einmal nach Rodmell zu Besuch und blieb über Nacht. Danach schrieb sie an Harold, »... es war wirklich schön. Wir saßen draußen im Garten und sahen zu, wie die späte Sonne das Korn auf den Downs vergoldete. Heute morgen hatte ich dann ein langes Gespräch mit Virginia, die in ihrer herrlichsten Stimmung war. [...] Oh Gott im Himmel, was ist Virginia doch für eine bezaubernde Person! Wie sie Zauber ins Leben webt! Wann immer ich sie sehe, hebt sie mein Leben auf eine höhere Ebene.«[65]

Zu Weihnachten schickte sie Virginia eine Gänseleberpastete und eine nostalgische Erinnerung: »Wenn ich daran denke, wie die Deckenbalken in Long Barn einmal über uns schwankten! ... und Delphine sich auf den Marmorplatten tummelten.«[66]

Virginia dankte ihr für dieses fürstliche Geschenk, das ihr und Leonard praktisch das Leben gerettet habe, weil in Monk's House alles eingefroren und der Strom ausgefallen war und sie nichts hätten kochen können. »Und Mitzi starb in der Nacht nach dem Weihnachtsabend. Es war sehr rührend – ihre Augen geschlossen, und ihr Gesicht so weiß wie bei einer sehr alten Frau. Leonard hatte sie zum Schlafen mit in sein Zimmer genommen, und zu allerletzt kletterte sie auf seinen Fuß. Doch genug — stirb nicht —«[67]

Von nun an hatten ihre Briefe, obwohl sie sich nicht sehr oft schrieben, wieder den Ton der Gewißheit, — auch wenn Virginia jetzt immer fragte, wo in der Hierarchie von Vitas Favoritinnen sie gerade stehe. »Und auf welcher Sprosse [Deiner Rangleiter] befinden wir uns — mein armer Potto und V.?«[68]

Der Kriegsausbruch stand nun, im Sommer 1939, täglich bevor, und Vita versicherte ihr, »Virginia, Liebling, Du stehst sehr hoch auf der Rangleiter — immer.«[69] Sie gestand Virginia, wie der drohende Krieg sie ängstige, und meinte, »Ich glaube, Du bist viel tapferer als ich; oder sollte ich sagen, philosophischer. Ich weiß nicht, was Du empfindest. — Was für sonderbare Gefühlsstadien man in diesen Tagen durchläuft! Ich könnte darüber an niemand schreiben, den ich nicht so liebte wie ich Dich liebe. Es ist alles zu geheim und vertraut.«[70]

Virginia antwortete, sehr philosophisch sei sie nicht, eher betäubt. »Trotzdem hätte ich gern noch weitere zehn Jahre: und ich mag meine Freunde [und Freundinnen]: ich mag die jungen Leute. Das wird alles vorbei sein, wenn — [...] aber komm jederzeit, und wirklich, mein liebstes Wesen, auf welcher Sprosse ich auch stehe, die Leiter ist ein großer Trost in dieser unerträglichen Aufhebung alles Wirklichen — etwas Wirkliches. Aber ist es nicht sonderbar? — man kann es nicht in Worte fassen.«[71]

Vier Wochen später war der Krieg längst Realität. Vita fuhr nach Rodmell und berichtete Harold, »Virginia schien es gesundheitlich gut zu gehen, obwohl ihre Gedanken natürlich traurig sind. Sie sagt, das einzig Gute, das der Krieg bis jetzt hervorgebracht hat, ist die Tatsache, daß sich Ethel in ihre Nachbarin verliebt hat, die 84 ist, wie sie selbst. [Ethel war in Wahrheit ›erst‹ 80.] Seit Jahren haben sie dicht nebeneinander gewohnt und sich gemieden, aber der Krieg hat sie dazu gebracht, über den Gartenzaun hinweg miteinander zu reden, mit dem Resultat, daß sie sich als Zwillingsseelen erkannten. [...] Virginia war so lieb und zärtlich zu mir. Ich war gerührt. Sie hat Ethel gesagt, daß sie nur drei Menschen liebe: Leonard, Vanessa und mich; das ärgerte Ethel, aber mich freute es.«[72]

Im Mai 1940 hatte Virginia einen Traum, den sie von einer ›guten Freundin‹ nicht hätte träumen können und den sie Vita mitteilte: »Eine Kuh flog über uns hinweg und zerquetschte Dir die Nase — Sie wurde schwarz. Ich hatte Tapiokapudding zur Hand und legte ihn darauf. Die Nase schwoll nach und nach an wie ein winziges Schwein. Was ist die Interpretation? Sowohl Entsetzen wie Schuldgefühl waren sehr stark gegenwärtig.«[73]

Vita versuchte nicht, diesen Traum zu interpretieren, und es wäre in der Tat schwierig, ihn zutreffend zu deuten. Er teilt jedoch auch unerklärt mit, welch immense Bedeutung Vita noch immer für Virginias inneres Leben hatte und welche verborgenen seelischen Kämpfe da ans Licht des Bewußtseins drängten.

Im September 1940 wird das erst kürzlich bezogene Londoner Haus der Woolfs in Mecklenburgh Square während eines Angriffs so schwer beschädigt, daß sie nur noch möglichst viele Möbel und Bücher herausholen und nach Rodmell schaffen können. Die Möbel werden im Dorf untergestellt, die Bücher sind verschmutzt und zum Teil naß vom Löschwasser und müssen irgendwie in dem kleinen Monk's House gestapelt werden.

Die Lebensmittelrationen werden kleiner, und Virginia, die ihr Leben lang Probleme hatte, genug zu essen, denkt sich nun Phantasiemahlzeiten aus. »Nahrung wird zur Obsession. Nur widerwillig gebe ich ein Gewürzbrötchen her.«[1] Octavia Wilberforce, eine Freundin des Hauses und Virginias neue Ärztin, bewirtschaftet den kleinen Bauernhof ihrer Lebensgefährtin Elizabeth Robins, die zur Zeit in Amerika ist. Sie schickt wöchentlich Milch und Sahne für die Woolfs ins einige Kilometer entfernte Städtchen Lewes. Virginia fährt mit dem Fahrrad dorthin und holt diese willkommenen Geschenke ab. Als Vita ihr einmal ein ganzes Pfund Butter schickt, freut sie sich wie ein Kind.

Ende Oktober 1940 war Hilda Matheson bei einer Schilddrüsenoperation gestorben, zweiundfünfzig Jahre alt. Vita und einige andere Freundinnen stellen jetzt ein Erinnerungsbuch über sie zusammen. Vita bittet auch Virginia um einen Beitrag. Virginia lehnt ab, und Vita schreibt, »Oh je, ich wußte gar nicht, daß Deine Abneigung gegen Hilda so nachdrücklich war – ich dachte, es wäre nur ein negatives Gefühl –.«[2] Virginia antwortet, »Es ist nicht wahr, daß ich Hilda nicht mochte. Ich empfand nur – Was? Etwas Unklares, zu Staub Zermahlendes: ebenso meine Schuld wie ihre. Und ein plötzlich aufschießender Schmerz der Eifersucht packte mich, zur Unzeit, beim Dinner bei Sybil. [...] Und liebtest Du Hilda? Wir müssen über all das sprechen.«[3]

Mit diesem wiederum eisigen Winter 1940/41, mit den Erinnerungen an ihre Kindheit und Jugend, die sie beim Schreiben ihrer Memoiren überschwemmt haben, mit dem Einsetzen der Isolation, der Trennung von Freunden und Publikum, beginnt Virginias Absinken in eine furchtbare Depression. Sie kämpft dagegen an wie eine Löwin. »Dieses tiefe Wellental soll mich, ich schwöre es, nicht verschlingen«, schreibt sie am 26. Januar 1941. »Die Einsamkeit ist groß. Das Leben in Rodmell ist sehr bedeutungslos. Das Haus ist feucht. Das Haus ist unaufgeräumt. Aber es gibt keine Alternative. Und die Tage werden auch wieder länger werden.«[4] Sie arbeitet, sie beendet den Roman *Zwischen den Akten*, obwohl ihre Schreibhand, die schon seit Monaten Lähmungserscheinungen zeigt und zittert, sich jetzt oft zusammenkrampft wie eine Vogelklaue.

Sie hat noch einmal Gäste, und niemand merkt ihr an, daß etwas sie quält. Die Schriftstellerin Elizabeth Bowen besucht sie Mitte Februar und erinnert sich später, »wie sie in der Hocke saß – wir nähten so vor uns hin, reparierten einen zerrissenen spanischen Vorhang im Haus – und sie ließ sich auf die Fersen nieder und legte den Kopf zurück, in einen Sonnenflecken, frühe Frühlingssonne. Dann lachte sie dieses mitreißende, alles erstickende, köstliche, johlende Lachen.«[5]

Am 17. Februar kommt Vita nach Rodmell und schreibt an Harold, »Virginia spricht gerade mit den bedint [Vitas Familienausdruck für Dienstboten], und ich sitze allein in ihrem freundlichen Zimmer mit dem unglaublichen Durcheinander von Sachen. Es ist so überfüllt, daß ich Angst habe, ich könnte etwas umwerfen. (Einen Stuhl habe ich schon zerbrochen.) Leonard ist, beladen mit Körben voll Äpfel und Mohrrüben, auf den Markt gefahren. Sie sind *wirklich* nett. Leonard hat jetzt eine Katze, was bedeutet, daß in den Zimmern obendrein noch Blechnäpfe auf dem Boden herumstehen.«[6] Auf ihre Bitte lädt Virginia bei dieser Gelegenheit auch Vitas Freundin Enid Bagnold zum Lunch ins Monk's House ein und fühlt sich unbehaglich. »Natürlich wollte sie – eine alte Liebe, nehme ich an – mit Vita allein sein; und da war ich nun; und es regnete in Strömen.«[7]

Vita macht Ausflugspläne mit Virginia: sie will mit ihr nach Smallhythe fahren, wo ihre drei lesbischen Freundinnen leben, und sie verabreden, daß Vita bald wieder nach Rodmell kommen soll.

Am 4. März 1941 schickt Vita ihr ein Patentfeuerzeug. Virginia dankt ihr und schreibt, »Oh liebstes Wesen – [...] Ich stelle mir vor, Dein Obstgarten beginnt jetzt, sich bunt zu sprenkeln wie an dem Tag, als ich dort hinkam. Einer der Anblicke, die ich noch auf meinem Sterbebett vor mir sehen werde.«[8]

Octavia Wilberforce kommt seit einiger Zeit öfter zum Tee und unterhält sich jedesmal lange mit Virginia. Später schreibt sie über diese Gespräche, »Hin und wieder fragte sie, ob ich düstere Stimmungen hätte, etc., ob ich denn nie deprimiert sei. Ich versuchte alles was mir einfiel, um abzulenken.«[9] Von der Unterhaltung am 12. März berichtet Octavia, Virginia habe ihr gestanden, »daß sie ›verzweifelt gewesen war – bis in tiefste Tiefen deprimiert‹, hatte gerade eine Geschichte beendet. Fühlte sich immer so – aber jetzt besonders nutzlos.«[10] Diese ›Geschichte‹ ist Virginias letzte Erzählung, der sie zunächst den Titel ›Inconclusions‹ [etwa: ›Ergebnislosigkeiten‹] gibt und die sie später *Das Symbol* nennt. Es ist ein Text von kaum drei Druckseiten, der eingehend betrachtet werden muß, denn es spricht manches dafür, daß er unter anderem als Virginias Abschiedsbrief an Vita gelesen werden kann.

Das Symbol ist, zumal wenn man jene Passagen aus dem handschriftlichen Entwurf hinzuzieht, die Virginia bei der Überarbeitung strich, eine bewegende Demonstration der Verflochtenheit von Leben, Literatur, Erinnerung, Liebe, Resignation und Todmüdigkeit.

1926, während Vita in Persien war, hatte Virginia ihr letztgültiges Erkenntnisziel beschrieben, das sie im Leben wie im Schreiben verfolgte: »Fast alles macht mir Freude, und doch habe ich eine rastlos Suchende in mir. Warum gibt es keine Entdeckung im Leben? Etwas, auf das man die Hand legen und sagen kann, ›Das ist es‹? Meine Depression ist ein zermürbendes Gefühl – ich schaue, aber das ist es nicht – das ist es nicht. Was ist es? Und werde ich sterben, ehe ich es gefunden habe? Dann (als ich gestern abend durch den Russell Square ging) sehe ich die Berge am Himmel: die großen Wolken, und den Mond, der über Persien aufgegangen ist; ich habe eine große und erstaunliche Empfindung von etwas dort, das ›es‹ ist. Es ist nicht eigentlich Schönheit, was ich meine. Es ist, daß die Sache in sich selbst genug ist: befriedigend, vollbracht. Ein Gefühl meiner eigenen Fremdheit, wie ich da auf der Erde wandle, ist auch dabei: der unendlichen Seltsamkeit der menschlichen Situation; wie ich den Russell Square entlangtrotte, mit dem Mond da oben und diesen Bergwolken. Wer bin ich, was bin ich, und so fort: diese Fragen schweben immer in mir umher.«[11]

1932 hatte Winifred Holtby ihr Buch über Virginia veröffentlicht. Sie schrieb dort über die blitzartig aufscheinenden intuitiven Einsichten mancher Romanfiguren Virginias: »Das sind die Augenblicke der Offenbarung, welche das Chaos, den Verdruß, die

Mühseligkeit des Lebens aufwiegen. Die Krönung des Lebens ist weder das Glück, noch die Vernichtung; es ist das Verstehen. [...] Das sind die Augenblicke, in denen die ganze Unordnung des Lebens ein Muster annimmt; wir sehen; wir verstehen; und sofort wird die unerträgliche Bürde erträglich; einen Augenblick lang stehen wir auf den Felshängen jenes großen Berges, von dessen Gipfel aus wir die Wahrheit sehen können, und erfreuen uns so der größten Glückseligkeit, deren wir fähig sind.«[12]

Holtby gelang mit diesen Bildern selbst eine ungeheuer intuitive Deutung dessen, wofür Virginia lebte. Eine in ihren letzten Jahren immer wiederkehrende Phantasie Virginias ging, was ihr vielleicht gar nicht mehr bewußt war, auf diese Sätze Holtbys zurück. Im Juni 1937 notierte Virginia, »Ich würde gern eine Traumgeschichte über den Gipfel eines Berges schreiben. Warum das? Über das Liegen im Schnee; über Farbringe; Schweigen ... & die Einsamkeit. Ich kann jedoch nicht. Aber soll ich mich nicht, demnächst irgendwann, einem kurzen Einsinken in diese Welt hingeben?«[13] Im November 1938 reflektierte sie, »Es gibt sehr wenige Berggipfel-Augenblicke. Ich meine, in Frieden von einer Höhe Ausblick zu halten.«[14] Vier Monate vor ihrem Tod wollte sie in ihrem neuen Buch »einige Augenblicke hohen Drucks zusammenbrauen. Ich denke daran, meinen Berggipfel – jene hartnäckige Vision – als Ausgangspunkt zu nehmen.«[15]

Mit dieser ›hartnäckigen Vision‹ beginnt Virginia im März 1941 ihre letzte Erzählung *Das Symbol*. Dazu tritt eine Reihe von Bildern und Assoziationen, die eng mit Vita verknüpft sind, denn sie stammen fast wörtlich aus dem ersten Liebesbrief, den diese ihr vor siebzehn Jahren aus den Dolomiten geschickt hatte und den Virginia einmal ›eines ihrer kostbarsten Besitztümer‹ nannte:

Sie habe, hatte Vita damals geschrieben, die Herausforderung angenommen, eine Geschichte für die Hogarth Press zu verfassen: »Auf den *Gipfeln von Bergen und neben grünen Seen* schreibe ich sie für Dich [...] und nur Dir soll sie gewidmet werden. Aber natürlich war die wahre Herausforderung nicht die Geschichte, (die ja schließlich nur ein ›kommerzielles Projekt‹ war), sondern der Brief. Du sagtest, ich *schriebe Briefe* von unpersönlicher Gefühlskälte. Nun, vielleicht ist es schwierig, etwas anderes zu tun in einer Landschaft, wo *zwei Felsengipfel von entschiedener Majestät direkt vor meinem Fenster in den Himmel aufragen* und wo *ein Amphitheater von Bergen* meinen Horizont und meine Schritte umschließt. Heute *kletterte ich zum ewigen Schnee hinauf* und fand dort leuchtend gelbe Mohnblüten, die gleichermaßen dem Gletscher und dem Sturm trotzen, und schämte mich angesichts ihres Mutes. [...] Ich habe das Gefühl, als wäre aller Intellekt aufgesogen von reiner physischer Energie und von Wohlbefinden. Und so, davon bin ich überzeugt, sollte man sich fühlen. Ich betrachte sinnend *die jungen Bergsteiger, mit Seilen und Eispickeln behangen, und denke, daß sie allein verstanden haben, wie das Leben zu leben ist.* –«[16] [Kursiv v.d. Verf.]

All das, dazu die Erinnerung an Vitas Gebirgswanderungen im Val d'Isère mit Hilda Matheson und daran, daß der Tutor der Nicolson-Söhne 1930 mit seiner Verlobten in den Alpen tödlich verunglückt war[17], muß Virginia gegenwärtig gewesen sein, als sie diese letzte Erzählung schreibt, nach deren Beendigung sie ›verzweifelt und bis in tiefste Tiefen deprimiert‹ ist.

Der Text beginnt mit ihrem Bild vom Ort des Rückzugs, der äußersten, einsamsten Glückseligkeit: »Da war eine kleine Mulde auf dem Gipfel des Berges, wie ein Krater auf dem Mond. Sie war mit Schnee gefüllt, schillernd wie eine Taubenbrust, oder fahl weiß. Hin und wieder war da ein Wirbeln von trockenen Partikeln, die nichts bedeckten. Es war zu hoch für atmendes Fleisch oder fellbedecktes Leben. Trotzdem war der Schnee einen Augenblick lang schillernd; und blutrot; und rein weiß, je nach Tag.«

Von dort senkt sich der Blick auf die Welt: Tief unten im Tal liegen ein grüner See, ein Dorf und darin der Kirchhof mit den Gräbern jener Bergsteiger, die über die Jahre beim Versuch, den Gipfel zu bezwingen, abgestürzt sind. In der Handschrift folgt hierauf der Satz, »Der jungfräuliche Gipfel war niemals erstiegen worden. Er war eine Bedrohung: etwas im Geist Gespaltenes wie zwei Teile einer zerbrochenen Scheibe: zwei Zahlen: zwei Zahlen, die nicht addiert werden können: ein Problem, das unlösbar ist.«[18]

Dann wird eine Figur eingeführt, die Virginias Leben, das aus Kontemplation und Beschreibung bestand, abbildet: Unten im Dorf schreibt eine ältere Dame, resigniert und vom Leben enttäuscht, an ihre Schwester in Birmingham. Sie beginnt ihren Brief mit dem Satz, »›Der Berg ist ein Symbol...‹«[19] Die Dame sitzt auf dem Balkon ihres Hotels, von dem aus sie die Hauptstraße des Dorfes – den Schauplatz des Lebens – überblicken kann wie »aus der Loge eines Theaters. Es gab sehr wenige Wohnzimmer, und daher wurden die Stücke – so wie sie nun einmal waren – die Auftakte – in der Öffentlichkeit aufgeführt. Sie waren immer ein wenig provisorisch; Präludien, Auftakte. Unterhaltungen zum Zeitvertreib; selten zu einem Schluß führend, wie etwa Heirat; oder auch nur dauerhafter Freundschaft. Sie hatten etwas Unwirkliches an sich, etwas Wesenloses, Ergebnisloses.«[20] – Auf der Bühne von Vitas ›Amphitheater von Bergen‹ spielt sich das ab; und nicht einmal ›dauerhafte Freundschaft‹ steht am Ende jener Stücke, die da gespielt werden. –

Auf der Dorfstraße unter dem Balkon brechen eben einige junge Bergsteiger zu dem Versuch auf, der vor ihnen schon so viele Kletterer das Leben gekostet hat: der Erstbesteigung des Berges. Die Dame nickt ihnen zu und winkt ihnen zum Abschied. »Sie hatte geschrieben, der Berg sei ein Symbol. Aber für was? [...] Wir klettern stets auf irgendeinen Gipfel; das war das Klischee. Aber es gab nicht das wieder, was vor ihrem geistigen Auge stand, nachdem sie durch ihr Fernglas den jungfräulichen Gipfel gesehen hatte.«[21]

Virginia beschreibt im handschriftlichen Entwurf, wie die Gedanken der Dame abschweifen zu ihrem gegenwärtigen Befinden: »›Gefällt es mir hier? Um Dir die Wahrheit zu sagen, ich habe praktisch gar keine Gefühle mehr. Ich schreibe auf einem Balkon, und um ein Uhr wird der Gong ertönen. Ich habe mir die Nägel nicht geschnitten, ich habe mich nicht frisiert. Wenn ich ein Buch lese, kann ich es nicht beenden.‹«[22] Sie denkt an ihre Jugend, an verpaßte Gelegenheiten, unerfüllte Lieben, und vergleicht sich mit den jungen Bergsteigern. »Ich kenne den Wunsch, die Höhe zu meistern, ebensogut wie sie. Die absurdesten Träume überkommen mich. Ich glaube, wenn ich nur dort hingelangen könnte, wäre ich glücklich, zu sterben. Ich glaube, dort, in dem Krater, der aussieht wie einer der Flecken auf dem Mond, würde ich die Antwort finden.« (Vor vielen Jahren hatte Virginia durch Vitas Teleskop die Mondkrater gesehen, »silbern weiß, und wie die Stellen, die entstehen, wenn Wasser in Gips tropft«.[23]) »Mir ist der Gedanke gekommen, daß wir, wenn wir – vergeudete Jugend etwa – bereuen, nur Klischees benutzen. Das wirkliche Problem besteht darin, den Gipfel des Berges zu ersteigen.«[24]

Die Dame gesteht dann, wie sehr der ständige Anblick des alles überragenden und beherrschenden Bergs sie bedrückt: »... manchmal könnte ich schreien [...], daß ich immer diesen Berg sehe. Manchmal sieht er aus, als wäre er auf der gegenüberliegenden Straßenseite. Manchmal wie eine Wolke; nur bewegt er sich nie.«[25] Und schließlich: »›Während ich diese Worte schreibe, sehe ich die jungen Männer ganz deutlich auf dem Steilhang des Berges. Sie sind aneinander angeseilt. [...] Jetzt überqueren sie eine Gletscherspalte ...‹ Der Federhalter fiel ihr aus der Hand, und der Tintentropfen zog sich in einer Zickzacklinie die Seite hinunter. Die jungen Männer waren verschwunden. Erst spät an diesem Abend, als der Suchtrupp die Leichen geborgen hatte, fand sie den unbeendeten Brief auf dem Tisch des Balkons. Sie tauchte den Federhalter noch einmal ein und fügte hinzu, ›Die alten Klischees kommen immer wieder sehr gelegen. Sie starben bei dem Versuch, den Berg zu ersteigen ... Und die Bauern brachten Frühlingsblumen, um sie ihnen auf die Gräber zu legen. Sie starben bei einem Versuch, das zu entdecken, was ...‹ Es schien keine angemessene Schlußfolgerung zu geben. Und sie fügte hinzu, ›Liebe Grüße an die Kinder‹, und dann ihren Kosenamen.«[26] – Selbst mit dem ihr nächsten Menschen ist keine wirkliche Verständigung möglich; sie kann nicht begreiflich machen, was sie empfindet.

Die ›jungen Bergsteiger, mit Seilen und Eispickeln behangen‹, stürzen vor den Augen der Betrachterin ab. Der ›jungfräuliche Gipfel‹, das unlösbare Problem, die Bedrohung, Virginias Sehnsuchts- und Todesort, ihr Bild eines endgültigen Refugiums, widersetzt sich dem Versuch der äußerlichen Bemächtigung durch physische Kraft, Mut und Forscherdrang. Und Vitas Überzeugung, daß die jungen Bergsteiger ›allein verstanden haben, wie das Leben zu leben ist‹, trägt nicht; sie fällt ins Leere.

Virginias Projektionsfigur, die Frau, die ›den Wunsch, die Höhe zu meistern, ebensogut kennt wie sie‹, versucht eine andere Art der Aneignung dieses Hochziels: sie imaginiert den Gipfel, betrachtet den Berg, denkt über ihn nach, macht ihn zum Symbol; sie schreibt über ihn. Doch auch sie scheitert: Der Federhalter – Virginias einziges Werkzeug – fällt ihr aus der Hand; das Schreiben wird unmöglich; es endet ohne Schlußfolgerung, mit einer willkürlichen, sinnlosen Linie.

Mitte März fährt Virginia mit Leonard nach London; sie treffen sich mit dem jungen John Lehmann, der die Hogarth Press übernommen hat, um einiges zu besprechen. Lehmann fällt auf, daß Virginia ungewöhnlich nervös und angespannt ist und daß ihre Hände zittern. Schließlich bekennt sie, daß sie ihren Roman *Zwischen den Akten* beendet habe. Er sei jedoch sehr schlecht und könne auf keinen Fall veröffentlicht werden. Leonard widerspricht ihr, aber sie läßt sich nicht davon abbringen. Das Buch sei ›zu leichtgewichtig und skizzenhaft‹ und bedürfe einer vollständigen Überarbeitung.[27]

Am 18. März macht Virginia im Regen einen Spaziergang durch die Sumpfwiesen. Leonard geht ihr ein Stück entgegen. »Sie kam über die Wiesen zurück, völlig durchnäßt, und sah krank und mitgenommen aus. Sie sagte, sie sei ausgerutscht und in einen der Wassergräben gefallen.«[28] – Virginia hat in Wahrheit versucht, sich zu ertränken; einer ihrer beiden Abschiedsbriefe an Leonard ist an diesem Tag geschrieben.

Am 22. März übermittelt sie Vita einen für diese bestimmten Brief, den jemand an den *New Statesman* geschickt hatte, fälschlicherweise »adressiert an ›Miss Virginia Woolf‹. — Was für eine sonderbare Gedankenübertragung! Nein, ich bin nicht Du. Nein, ich halte keine Wellensittiche.«[29] – Vitas Wellensittiche in ihrer großen Voliere starben, weil kein Vogelfutter mehr zu haben war. – »Louie's überleben: und sie füttert sie mit Abfällen — ich nehme an, es sind Unterschichtsvögel, anspruchslos. Wenn wir hinüberkommen [nach Sissinghurst], darf ich ihr ein Pärchen mitbringen, wenn welche überleben? Sterben sie alle auf einmal? Wann werden wir kommen? Gott weiß es —«[30]

Der beunruhigte Leonard bittet Vanessa um einen Besuch. Sie kommt, schreibt danach an Virginia und mahnt sie dringend, sich Ruhe zu gönnen, ihrem und Leonards Urteil über ihren Zustand zu vertrauen. Und sie formuliert den unheilvollen Satz, »Was sollen wir tun, wenn die Invasion kommt und Du eine hilflose Invalidin bist –.«[31] Virginias Antwort darauf wird erst nach ihrem Tod gefunden: »Du kannst Dir nicht vorstellen, wie sehr mir Dein Brief gefallen hat. Aber ich habe das Gefühl, daß ich dieses Mal zu weit weggegangen bin, um wieder zurückzukommen. Ich bin jetzt sicher, daß ich wieder verrückt werde. Es ist genauso wie beim ersten Mal; ich höre immer Stimmen, und ich weiß, daß ich jetzt nicht darüber hinwegkomme. [...] Ich kann kaum noch klar denken. Wenn ich es könnte, würde ich Dir sagen, was Du und die Kinder mir bedeutet haben. Ich glaube, Du weißt es. Ich habe dagegen angekämpft, aber jetzt kann ich nicht mehr.«[32]

Am Tag darauf schreibt sie ihre letzte Tagebucheintragung: »Diese windige Ecke. Und Nessa ist in Brighton, und ich stelle mir vor, wie es wäre, wenn wir [uns gegenseitig unsere] Seelen einflößen könnten.«[33]

Auch Vita geht es in diesen Tagen nicht gut; einer ihrer Hunde muß erschossen werden; der Krieg belastet sie; sie trinkt viel. Harold, der nach einem unerfreulichen Wochenende mit ihr nach London zurückgekehrt ist, schreibt ihr einen traurigen Brief. »Ich bekomme Angst, wenn ich Dich mit ungesunder Gesichtsfarbe sehe, wenn Du keinem zuhörst und nur langsam und mit Mühe sprechen kannst.«[34]

Virginia kann schließlich nicht mehr essen, nicht mehr schlafen. Leonard bringt sie trotz ihres Protests zu Octavia Wilberforce nach Brighton, die sie untersucht, sie bittet, sich helfen zu lassen, und dann mit Leonard allein bespricht, was man möglicherweise zu tun haben wird.

Am nächsten Tag, einem Freitag, verläßt Virginia ungesehen das Haus, geht durch die Seitenpforte des Gartens und läuft zum Fluß Ouse hinunter. Roy Bleach, ein junger Mann aus dem Dorf, der sie seit seiner Kindheit kennt, fährt auf einem Traktor über die Felder. Er sieht Virginia kommen und beobachtet, ob sie stehenbleiben wird, um kurz mit ihm zu sprechen, aber sie geht weiter, ohne aufzublicken.

Als sie um ein Uhr nicht zum Mittagessen erscheint, schaut Leonard im Haus nach ihr und findet ihre Abschiedsbriefe an ihn und an Vanessa. Er rennt zum Fluß Ouse und sieht Virginias Spazierstock im Wasser treiben. Die Ouse ist ein gezeitenabhängiger Fluß; bald nach Virginias Verschwinden hat die Ebbe eingesetzt, und man vermutet, daß ihr Leichnam mit der durch das Tauwetter besonders starken Strömung ins Meer hinausgetragen worden ist.* Trotzdem sucht Leonard zusammen mit einigen Männern aus dem Dorf den ganzen Tag nach Virginia, bis es zu dunkel wird und sie aufgeben müssen.

Am Abend dieses entsetzlichen Tages hat Leonard die Größe, an Vita zu schreiben, weil er ihr ersparen möchte, daß sie aus dem Radio oder den Zeitungen von Virginias Selbstmord erfährt. »Ich weiß, was Sie empfinden werden, und was Sie für sie empfanden. Sie hatte Sie sehr gern. Sie ist in diesen letzten Tagen durch die Hölle gegangen.«[35]

Vita bekommt Leonards Brief am Montag und schreibt entsetzt an Harold, »Ich habe eben den furchtbarsten Schock erlebt: Virgi-

* Tatsächlich hat sich ihr Körper in einer Vertiefung der Uferböschung verfangen, und man wird sie drei Wochen später fast genau an der Stelle finden, wo sie untergegangen war.

nia hat sich umgebracht. Es steht noch nicht in den Zeitungen, aber ich habe Briefe von Leonard, und auch von Vanessa, die es mir mitteilen. [...] Ich kann es einfach nicht fassen – dieser wunderbare Verstand, dieser wunderbare Geist. Und es schien ihr so gut zu gehen, als ich sie zuletzt sah, und noch vor zwei Wochen bekam ich einen scherzhaften Brief von ihr.«[36]

An Leonard schreibt sie, »Für Sie empfinde ich einen wahrhaft überwältigenden Kummer, und für mich selbst einen Verlust, der sich niemals verringern kann.«[37]

Eine Woche darauf fährt Vita nach Charleston zu Vanessa. »Sie war besonders lieb und erzählte mir alles. Ich war etwas bestürzt, als sie mir sagte, daß Leonard mich auch sehen wollte. Ich fuhr also zum Monk's House. Er trank gerade Tee — nur eine Tasse auf dem Tisch, an dem sie immer Tee tranken. Das Haus war voll von seinen Blumen, und Virginias Sachen lagen alle herum wie immer. [...] Er sprach vollkommen ruhig über die ganze Sache, in allen Einzelheiten, und ließ nichts aus. Einige Wendungen schnitten mir ins Herz. Er sagte, ›Als wir sie nirgends finden konnten, lief ich zu einem verfallenen Haus auf den Downs hinauf, das sie liebte; es heißt Mad Misery [Irres Elend], aber sie war nicht dort.‹ Ich weiß noch, wie sie mir von Mad Misery erzählte und sagte, sie würde mich eines Tages dahin mitnehmen.«[38]

Dieser Ort, den offenbar nur Virginia ›Mad Misery‹ nannte, während er für die Bewohner von Rodmell immer ›Mount Misery‹ hieß und heißt, hatte für Virginia eine besondere Bedeutung gehabt, von der vielleicht niemand wußte und die Vita mitzuteilen sie keine Gelegenheit mehr fand: Auf dem Hügel dort oben hatte in einem halbzerfallenen Gebäudeteil einmal eine geistesgestörte Frau gewohnt. Virginia war ihr, die, wie sie selbst von einem Hund begleitet, allein umherstreifte, auf ihren Spaziergängen oft begegnet, und vielleicht sah sie in ihr so etwas wie eine ›Doppelgängerin‹, ein *Alter ego*:

Zweieinhalb Jahre vor ihrem eigenen Selbstmord notierte sie in ihrem Tagebuch das Ende jener Unglücklichen, »Die alte Frau, die oben auf dem M[oun]t Misery wohnte, ertränkte sich vor drei Tagen. Die Leiche wurde in der Nähe von Piddinghoe gefunden – mein üblicher Spaziergang. Ihr Sohn starb; sie wurde wunderlich; war in Brighton Hebamme gewesen; wohnte in Mr. Bradfields Haus, in der Hälfte mit den zerbrochenen Fensterscheiben. Sie geisterte immer über die Downs mit einem Hund. Einmal kam sie am

Sonntag spät in den Laden [in Rodmell], um für 2 Pence Paraffin zu erbetteln – sie war allein im Dunkeln. Sie drohten, ihr zu kündigen – Farm wurde gebraucht. Sie hatte ihren Hund getötet. Also macht sie sich schließlich auf den Weg, vielleicht am Montag, als die Flut nachmittags hoch war, und springt hinein.[39] – Der plötzliche Wechsel ins Präsens macht deutlich, wie sehr Virginia sich dieses Ende vergegenwärtigte. Gleich darauf folgt der Satz: »Louie sagt, ihr Bruder fand neulich eine Ertrunkene bei Barcombe Mills – ein grauenhafter Anblick.«[40]

Vita beendet den Bericht über ihren Besuch bei Leonard: »Er sagte, ›Lassen Sie uns irgendwo hingehen, wo es behaglicher ist‹ und nahm mich mit hinauf in ihr Wohnzimmer. Da lag ihre Gobelinstickerei auf einem Stuhl, und all ihre bunte Wolle hing über einer Art kleinem Handtuchgestell, das sie sich dafür hatte machen lassen. Ihr Fingerhut auf dem Tisch. Ihr Schreibblock mit ihrer Handschrift. Das Fenster, aus dem man den Fluß sehen kann.«[41]

Amor Vin —

Anhang

Danksagung

Ich danke *Roy Bleach*, Newhaven, der mir Notizen über seine Kindheitserinnerungen an Virginia Woolf und Monk's House überließ, *Frank S. Dean F. W. C. F.*[1], Rodmell, der mir erzählte, wie Virginia Woolf an seiner Tankstelle im Auto saß und wartete, bis das Benzin nachgefüllt und die Reifen aufgepumpt waren, *Heidi Gidion*, die auch die Texte ihrer Freundinnen mit Interesse liest, *Susanne Gretter*, ohne die dieses Buch nicht geschrieben worden wäre, *Karin Gundel*, die die ›falschen‹ Fragen im richtigen Moment stellt und *stachys lanata* aus dem Handgelenk schüttelt, *Johanna Regenhardt-Jürgen* und *Hans-Joachim Jürgen*, die mir seit achtzehn Jahren liebevollen Persönlichkeitsschutz gewähren, *Ulrich Lehmann*, der sich während eines Sturmtiefs über den Britischen Inseln auf die London Road in Bromley wagte und nach einem fiktiven Portal suchte, *Agathe Losch*, die in einer Amsterdamer Buchhandlung den dritten Band der Briefe von Virginia Woolf entdeckte, *Horst Meller*, der mein Lehrer war und mich über John Donne prüfte, den *MitarbeiterInnen der Niedersächsischen Staats- und Universitätsbibliothek Göttingen*, die meine Leihscheine auch zum elften Mal ohne Ironie verlängerten, *Nigel Nicolson*, der Fragen nach der genauen Körpergröße oder der Parfümmarke seiner Mutter *fast* ohne mit der Wimper zu zucken beantwortete, *Luise F. Pusch*, die mir einmal etwas zutraute, *Angela Kingsford Röhl*, die mir vor dreißig Jahren Nordwest-Englisch beibrachte und mich noch immer zum Klettern auf die Hebriden schickt, *Mary Simpson*, die das wesentliche Buch besorgte, als ich schon aufgeben wollte, sowie *Luise, Gretel, Daisy und Rudolph*, die mich nie vergessen lassen, wann *ihre* Essenszeiten sind.

Anmerkungen

Alle Übersetzungen stammen, soweit nicht anders vermerkt, von der Verfasserin.

»Wen liebte sie? Und wie?«

1 Virginia Woolf, *The Art of Biography.* In: Virginia Woolf, *Collected Essays*, 4 vols., London 1966-67. Hier: vol. 4, S. 227

2 S. u.a.: Lyndall Gordon, *Virginia Woolf: Das Leben einer Schriftstellerin*, aus dem Englischen von Tommy Jacobsen, Frankfurt am Main 1987, [zuerst: London 1984], Suzanne Raitt, *Vita and Virginia: The Work and Friendship of Vita Sackville-West and Virginia Woolf*, Oxford 1993. (– Raitt schreibt ein ganzes Buch über die Interdependenzen von Leben, Beziehung und Werk beider Frauen, stellt jedoch fest, was zwischen ihnen geschah, sei »in vielerlei Hinsicht relativ wenig« gewesen. S. ihr Vorwort, S. VIII.) Diese Auffassung findet sich auch in: Victoria Glendinning, *Vita Sackville-West: Eine Biographie*, aus dem Englischen von Hans J. Schütz, Frankfurt am Main 1990 (Künftig zit. als: Glendinning), [zuerst: London 1983]

3 Das eingehende Vorwort zum Briefwechsel zwischen Vita und Virginia läßt der Beziehung mehr Gerechtigkeit widerfahren. Der Band verfestigt aber ebenfalls das falsche Bild der ›frigiden‹ Virginia Woolf, u.a. durch die Auslassung von Briefstellen, die das Gegenteil beweisen. S.: Louise DeSalvo and Mitchell A. Leaska (eds.), *The Letters of Vita Sackville-West to Virginia Woolf*, London (1984) 1985 (Künftig zitiert als: LVV), S. 9-46

4 Quentin Bell, *Virginia Woolf: Eine Biographie*, aus dem Englischen von Arnold Fernberg, Frankfurt am Main 1982 (Künftig zit. als: Bell). Hier: S. 381

5 Ebd., S. 382

6 Nigel Nicolson, *Portrait einer Ehe: Harold Nicolson und Vita Sackville-West*, Übersetzung: Peter de Mendelssohn. Mit einem Nachwort von Ingrid von Rosenberg, Frankfurt am Main und Berlin 1991 (Künftig zit. als: Portrait), S. 269

7 Virginia Woolf, *The Letters of Virginia Woolf*, ed. by Nigel Nicolson and Joanne Trautman, 6 vols., London 1975-80 (Künftig zit. als: Letters). Hier: Bd. 3, S. XXIf.

Endzeit

1 Virginia Woolf, *The Diary of Virginia Woolf*, ed. by Anne Olivier Bell, V vols., London 1977-84 (Künftig zit. als: Diary). Hier: Bd. V, S. 231, 28. August 1939
2 Letters 6, S. 355, 2. September 1939
3 Diary V, S. 237, 23. September 1939
4 Ebd., S. 234, 3. September 1939
5 Ebd., 6. September 1939
6 Ebd., S. 239, 25. September 1939
7 Ebd., S. 245, 9. November 1939
8 Ebd., S. 248, 2. Dezember 1939
9 Ebd., S. 249, 8. Dezember 1939
10 Ebd., S. 250, 9. Dezember 1939
11 Ebd., S. 260, 20. Januar 1940
12 Ebd., S. 261, 26. Januar 1940
13 Ebd., S. 271, 7. März 1940
14 Ebd., S. 271, 20. März 1940
15 Letters 6, S. 385, 12. März 1940
16 Glendinning, S. 410
17 Ebd., S. 413
18 Ebd., S. 416
19 LVV, S. 457, 16. September 1939
20 Ebd., S. 460, 24. April 1940
21 Leonard Woolf, *Letters of Leonard Woolf*, ed. by Frederic Spotts, London (1990) 1992 (Künftig zitiert als: Letters LW), S. 164
22 Zit. nach: Bell, S. 494
23 Glendinning, S. 423
24 Diary V, S. 311, 16. August 1940
25 Ebd., S. 313 f., 31. August 1940
26 Letters 6, S. 424, 30. August 1940

Anfänge

1 Diary II, S. 216, 15. Dezember 1922
2 Ebd., S. 216f.
3 Ebd., S. 217
4 Portrait, S. 256 (19. Dezember 1922)
5 Diary II, S. 221, 2. Januar 1923
6 Ebd., S. 222
7 Letters 3, S. 4f., 10. Januar 1923
8 Nigel Nicolson (ed.), *Vita and Harold: The Letters of Vita Sackville-West and Harold Nicolson 1910-1962*, London 1992 (Künftig zit. als:

VHL), S. 119
9 VHL, S. 119
10 Letters 3, S. 9, 23. Januar 1923
11 Diary II, S. 232, 7. Februar 1923
12 Diary II, S. 235 f., 19. Februar 1923
13 Diary II, S. 236, 19. Februar 1923
14 Diary II, S. 239, 17. März 1923
15 LVV, S. 49

»Der Zaubergarten der Frauen«

1 Portrait, S. 46
2 Ebd., S. 50 f.
3 Ebd., S. 50
4 Ebd., S. 28
5 Ebd., S. 17
6 Ebd., S. 25 f.
7 Nigel Nicolson in: Alen MacWeeney and Sue Allison, *Bloomsbury Reflections*, London 1990, S. XII
8 Portrait, S. 26
9 Für den Hinweis auf diese letztere Möglichkeit danke ich Karin Gundel, Göttingen
10 Portrait, S. 35
11 S. dazu Harold Nicolsons Bemerkungen in: Suzanne Raitt, *Fakes and Femininity: Vita Sackville-West and her mother*, in: Isobel Armstrong (ed.), *New Feminist Discourses: Critical Essays on Theories and Texts*, London und New York 1992, S. 115
12 Glendinning, S. 252
13 Portrait, S. 36
14 Glendinning, S. 453
15 Portrait, S. 39
16 Portrait, S. 135
17 Susan Mary Alsop, *Lady Sackville: A Biography*, London 1978, S. 210
18 Zit. n. Glendinning, S. 170
19 Ingrid von Rosenberg, Nachwort zu: Violet Trefusis, *Ringlein, Ringlein, du mußt wandern*, aus dem Englischen übertragen von Ilse Bezzenberger, Frankfurt am Main 1988, S. 197-223, und Nachwort zu: *Trunken von Deiner Schönheit: Violet Trefusis an Vita Sackville-West*, hrsg. von Mitchell A. Leaska und John Phillips, aus dem Englischen übertragen von Ariane Möhlen, Claudia Ostwig, Ingrid von Rosenberg, Ute Sartorio-Tschoepke, Ilona Traub, Birgit Wagner, Beate Mehling und Barbara Wöste. Mit einem Nachwort von Dr. Ingrid von Rosenberg, Frankfurt am Main und Berlin 1993, S. 372-394

20 Vanessa Bell an Virginia, 9. Mai 1909, zit. n.: Jane Dunn, *A Very Close Conspiracy: Vanessa Bell and Virginia Woolf*, London 1990 [Künftig zit. als: Dunn], S. 122
21 Letters 3, S. 546f., 16. Oktober 1928
22 Angelica Garnett, *Freundliche Täuschungen: Eine Kindheit in Bloomsbury*, aus dem Englischen und mit einem einführenden Essay von Kyra Stromberg, Berlin 1990, S. 115
23 Virginia Woolf, *Moments of Being: Unpublished Autobiographical Writings of Virginia Woolf*, edited with an introduction and notes by Jeanne Schulkind, London 1976 (Künftig zit. als: Moments), S. 95
24 Diary II, S. 121f., 2. Juni 1921
25 Virginia Woolf, *Mrs Dalloway*, Harmondsworth 1967, S. 37-41
26 Diary III, S. 46f., 27. November 1925
27 Bell, S. 115
28 Bell, S. 115f.
29 Zum Problem des sexuellen Mißbrauchs s.: Susanne Amrain, *»Gleichmut! Üben Sie sich in Gleichmut, Mrs. Woolf.«*. In: Sibylle Duda und Luise F. Pusch (Hrsg.innen), *Wahnsinnsfrauen*, Frankfurt am Main 1992, S. 174-225
30 Diary III, S. 52, 21. Dezember 1925
31 S.: Letters 1, S. XVIII (Vorwort)
32 Katherine Mansfield an Ottoline Morrell, 3. Juli 1917, zit. nach: Claire Tomalin, *Katherine Mansfield: Eine Lebensgeschichte*, aus dem Englischen von Eike Schönfeld, Frankfurt am Main 1992, S. 231
33 Diary I, S. 257f., 22. März 1919
34 Diary II, S. 225ff., 16. Januar 1923
35 Claire Tomalin, *Katherine Mansfield*, a.a.O., S. 290

»Darling Mrs. Nicolson«

1 Diary II, S. 283, 9. Januar 1924
2 Letters 3, S. 83, 8. Januar 1924
3 Letters 3, S. 85f., 23. Januar 1924
4 Glendinning, S. 190f.
5 Glendinning, S. 192
6 Letters 6, Appendix, S. 505, 15. Februar 1924
7 Diary III, S. 75, 18. April 1926
8 Letters 3, S. 94, 18. März 1924
9 Portrait, S. 257
10 Letters 3, S. 101, 25. April 1925
11 Osbert Sitwell, *Laughter in the Next Room: An Autobiography*, London 1950, S. 19f.
12 Diary II, S. 306f., 5. Juli 1924

13 Ebd.
14 Leonard Woolf, *Mein Leben mit Virginia: Erinnerungen*, Herausgegeben und aus dem Englischen übersetzt von Friederike Groth, Frankfurt am Main 1988, S. 215
15 Dorothy Wellesley, *Far Have I Travelled*, London 1952, S. 154
16 Stephen Spender, *World within World: The Autobiography of Stephen Spender*, London (1951) 1991, S. 155
17 LVV, S. 54f., 16. Juli 1924
18 Letters 3, S. 125f., 19. August 1924
19 Ebd., S. 126
20 LVV, S. 56, 22. August 1924
21 Diary II, S. 313f., 15. September 1924
22 Letters 3, S. 135, 2. Oktober 1924
23 LVV, S. 58, 15. Sept. 1924
24 Letters 3, S. 131f., 15. September 1924
25 LVV, S. 60, 17. September 1924
26 Letters 3, S. 171, 11. März 1925
27 Ebd., S. 136, 3. Oktober 1924
28 Diary III, S. 149, 23. Juli 1927
29 Letters 3, S. 136, 3. Oktober 1924
30 Von Fritz J. Raddatz. Gesendet am 21. 3. 1993 im NDR
31 Diary II, S. 320, 1. November 1924
32 *Mrs. Dalloway*, S. 42f.
33 Letters 3, S. 140, 9. November 1924
34 S.: Penelope Fitzgerald, *Charlotte Mew and her Friends*, London 1984, S. 199
35 Letters 3, S. 150, 26. Dezember 1924
36 Ebd., S. 151, 26. Dezember 1924
37 Ebd., S. 155f., 24. Januar 1925
38 Ebd.
39 Ebd., S. 157, 27. Januar 1925
40 Ebd., S. 164, 5. Februar 1925
41 Ebd.
42 Diary III, S. 7, 8. April 1925
43 Diary III, S. 28, 5. Juni 1925
44 Leo Myers' Bemerkung über Margaret Todd zu Ethel Sands. Zit. n.: Wendy Baron, *Miss Ethel Sands and Her Circle*, London 1977, S. 179
45 Letters 3, S. 197, 24. August 1925
46 Ebd., S. 198
47 LVV, S. 67, 25. August 1925
48 LVV, S. 68
49 Letters 3, S. 200, 1. September 1925
50 Ebd., S. 204, 7. September 1925
51 Ebd., S. 205

52 LVV, S. 73
53 Letters 3, S. 207, 15. September 1925
54 Ebd., S. 215, 23. September 1925
55 Ebd.
56 Ebd., S. 216 [Sept. 1925]
57 LVV, S. 77, 11. Oktober 1925
58 Letters 3, S. 217, 13. Oktober 1925
59 Ebd., S. 219, [early November] 1925
60 Ebd., S. 220
61 Ebd., S. 221, 16. November 1925
62 Dunn, S. 206 (Vanessa in einem Brief an ihren Sohn Julian vom 4. März 1936)
63 Glendinning, S. 206
64 Diary III, S. 47, 27. November 1925
65 Ebd., S. 47f.
66 Virginia zitiert hier aus Percy B. Shelleys *Stanzas Written in Dejection near Naples*
67 Diary III, S. 48ff., 7. Dezember 1925
68 Ebd., S. 51
69 LVV, S. 84, 8. Dezember 1925
70 Letters 3, S. 223, 9. Dezember 1925
71 LVV, S. 85, 10. Dezember 1925
72 Letters LW, S. 228, 16. Dezember 1925

»Satan, der Du bist, nach Persien zu verschwinden und mich hier allein zu lassen!«

1 Virginia Woolf, *Orlando: Eine Biographie*, Übersetzung von Herberth und Marlys Herlitschka, Frankfurt am Main 1964, S. 266
2 Ebd., S. 265
3 Ebd., S. 272
4 Diary III, S. 52, 21. Dezember 1925
5 LVH, S. 134f., 17. Dezember 1925
6 Portrait, S. 266, 18. Dezember 1925
7 Glendinning, S. 210
8 LVV, S. 318, 29. Dezember 1928
9 LVV, S. 269, 8. Februar 1928
10 Portrait, S. 210
11 Ebd., S. 266
12 Diary III, S. 52ff., 21. Dezember 1925
13 Letters 3, S. 224, 22. Dezember 1925
14 Ebd., S. 225, 23. Dezember 1925
15 LVV, S. 87, 24. Dezember 1925

16 LVH, S. 136, 26. Dezember 1925
17 Bell, S. 382
18 Glendinning, S. 211
19 LVV, S. 88, 3. Januar 1926
20 Letters 3, S. 225 f., 5. Januar 1926
21 LVV, S. 90, 8. Januar 1926
22 Letters 3, S. 227, 9. Januar 1926
23 Ebd., S. 229, 15. Januar 1926
24 Ebd.
25 Diary III, S. 57, 19. Januar 1926
26 LVV, S. 98, 21. Januar 1926
27 Letters 3, S. 237, 2. Februar 1926
28 Ebd., S. 231, 26. Januar 1926
29 Moments, S. 80 f.
30 Letters 3, S. 232 f., 26. Januar 1926
31 Ebd., S. 233
32 Diary III, S. 59, 23. Februar 1926
33 Ebd., S. 62, 27. Februar 1926
34 Letters 3, S. 235, 31. Januar 1926
35 Ebd., S. 236
36 Ebd., S. 236 f.
37 Letters 3, S. 238 f., 3. Februar 1926
38 LVV, S. 103, 29. Januar 1926
39 Letters 3, S. 243, 1. März 1926
40 Ebd., S. 241 f., 17. Februar 1926
41 LVV, S. 105, 4. Februar 1926
42 Letters 3, S. 244, 2. März 1926
43 Ebd.
44 Ebd.
45 Ebd., S. 245
46 Ebd., S. 246, 16. März 1926
47 LVV, S. 110, 8. Februar 1926
48 Letters 3, S. 245 f., 2. März 1926
49 LVV, S. 112, 14. Februar 1926
50 Ebd., S. 113
51 Ebd., S. 115, 20. Februar 1926
52 Ebd., S. 116 f., 23. Februar 1926
53 Ebd.
54 Ebd., S. 247 f.
55 LVV, S. 120, 16. März 1926
56 Letters 3, S. 251, 29. März 1926
57 Ebd.
58 LVV, S. 125, 9. März 1926
59 Ebd., S. 128, 15. März 1926

60 Ebd.
61 Ebd., S. 129 f.
62 Ebd., S. 131
63 Diary III, S. 73, 9. April 1926
64 Letters 3, S. 253 f., 13. April 1926
65 Ebd., S. 253
66 LVV, S. 135 f.
67 James Lees-Milne, *Harold Nicolson: A Biography*, 2 Bde., London 1980-81 (Künftig zitiert als: Lees-Milne). Hier: Bd. 1, S. 272
68 Victoria Glendinning schreibt in ihrer Biographie, Vita sei am Tag nach ihrer Rückkehr sofort zu ihren Kindern gefahren, die in einem Internat bei Oxford waren, und habe anschließend den Dichter Robert Bridges aufgesucht. Das beruht jedoch auf einem Datierungsirrtum: Vita fuhr erst Ende Juni.

»Und ist da nicht etwas Dunkles in Dir?«

1 Letters 3, S. 264, 19. Mai 1926
2 Diary III, S. 86 f., 20. Mai 1926
3 Letters 3, S. 266, 22. Mai 1926
4 Diary III, S. 88, 25. Mai 1926
5 Letters 3, S. 272, 7. Juni 1926
6 LVH, S. 145, 12. Juni 1926
7 Letters 3, S. 275, 13. Juni 1926
8 LVH, S. 146, 14. Juni 1926
9 Ebd.
10 LVV, S. 142 f., 17. Juni 1926
11 Ebd., S. 144
12 Ebd., S. 145 f.
13 Zit. n. Glendinning, S. 228
14 Letters 3, S. 277, 22. Juni 1926
15 LVH, S. 147, 25. Juni 1926
16 Ebd., S. 149 f., 28. Juni 1926
17 Ebd., S. 150, 7. Juli 1926
18 Ebd., S. 151, 1. Juli 1926
19 Ebd., S. 151 f.
20 Diary III, S. 91, 30. Juni 1926
21 Ebd.
22 Ein Film der Regisseure Cooper und Schoedsack
23 Letters 3, S. 281, 19. Juli 1926
24 Ebd.
25 Ebd., S. 281 f.
26 Diary III, S. 103

27 Ebd.
28 LVH, S. 154 f., 27. Juli 1926
29 Ebd., S. 145, 31. Mai 1926
30 Vgl.: Glendinning, S. 560
31 Angelica Garnett, *Freundliche Täuschungen*, a.a.O., S. 122
32 Diary III, S. 104, 31. Juli 1926
33 LVV, S. 152, 4. August 1926
34 Letters 3, S. 284 f., 8. August 1926
35 LVH, S. 158 f., 17. August 1926
36 Diary III, S. 106, 5. September 1926
37 Ebd.
38 Virginia Woolf, *Slater's Pins Have No Points*, zuerst veröffentlicht in *Forum*, Januar 1928. Dt. in: *Das Mal an der Wand.*
39 Diary III, S. 110, 15. September 1926
40 Letters 3, S. 290 f., 15. September 1926
41 Ebd., S. 291
42 Ebd.
43 LVV, S. 155, 17. September 1926
44 Letters 3, S. 293, 21. September 1926
45 Ebd., S. 294, 22. September 1926
46 Diary III, S. 111, 28. September 1926
47 Ebd., S. 112
48 Ebd., S. 212, 18. Dezember 1928
49 Ebd., S. 112, 28. September 1926
50 Vgl.: Diary III, S. 247, 22. August 1929
51 Private Mitteilung an die Verf. von Roy Bleach, Newhaven
52 S.: Louie Everest, später verheiratete Mayer, in: Joan Russell Noble (ed.), *Recollections of Virginia Woolf by her Contemporaries*, London (1972) 1989, S. 189
53 Diary III, S. 112, 28. September 1926
54 Ebd., S. 113, 30. September 1926
55 Ebd.
56 Letters 3, S. 296, 3. Oktober 1926
57 Ebd., S. 297, 10. Oktober 1926
58 Ebd.
59 Ebd., S. 300, 19. Oktober 1926
60 Diary III, S. 114, 30. Oktober 1926
61 Ebd., S. 115 f.
62 Glendinning, S. 234. – S. hierzu: Elaine Miller, *›Mag kommen, was kommen will und soll‹ : Die Beziehung zwischen Charlotte Brontë und Ellen Nussey*, in: Lesbian History Group, ... *Und Sie Liebten Sich Doch!: Lesbische Frauen in der Geschichte, 1840-1985*, Göttingen 1991, S. 31-57
63 Diary III, S. 114, 30. Oktober 1926

64 LVH, S. 166, 26. Oktober 1926
65 Diary III, S. 115, 30. Oktober 1926
66 Ebd.
67 LVV, S. 105, 4. Februar 1926
68 Letters 3, S. 301, 1. November 1926
69 LVH, S. 168f., 7. November 1926
70 Ebd., S. 169, 9. November 1926
71 Letters 3, S. 301, 9. November 1926
72 Ebd., S. 302
73 Ebd., S. 302, 19. November 1926
74 Ebd.
75 Ebd., S. 302f.
76 LVH, S. 173, 20. November 1926
77 Ebd.
78 Vita Sackville-West, *Year's End*, in: *Collected Poems*, London (Hogarth Press) 1933
79 LVV, S. 163, 21. November 1926
80 Diary III, S. 117, 23. November 1926
81 LVH, S. 174f., 23. November 1926
82 Ebd., S. 175, 30. November 1926
83 William Shakespeare, Sonett 116, »Let me not to the marriage of true minds/ Admit impediments«
84 LVH, S. 176f., 17. Dezember 1926

»Aber es ist Vita, die ich anbete«

1 LVV, S. 166, 1. Dezember 1926
2 Letters 3, S. 305, 3. Dezember 1926
3 LVV, S. 167f., 8. Dezember 1926
4 Letters 3, S. 306f., 8. Dezember 1926
5 Diary III, S. 119, 11. Dezember 1926
6 Virginia Woolf, *Zum Leuchtturm*, Deutsch von Karin Kersten, Frankfurt am Main 1993, S. 188
7 LVV, S. 170, 16. Dezember 1926
8 Letters 3, S. 309, 25. Dezember 1926
9 LVV, S. 172, 25. Dezember 1926
10 Letters 3, S. 311, 29. Dezember 1926
11 Ebd., S. 313, 30. Dezember 1926
12 LVV, S. 175, 2. Januar 1927
13 Letters 3, S. 316, Fußnote
14 LVV, S. 176, 6. Januar 1927
15 Ebd.
16 Ebd., S. 177f., 15. Januar 1927

17 Portrait, S. 255
18 Glendinning, S. 239
19 Diary III, S. 125, 23. Januar 1927
20 Letters 3, S. 318, 25. Januar 1927
21 LVV, S. 179, 28. Januar 1927
22 Ebd., S. 179 f.
23 Letters 3, S. 564, 22. Dezember 1928
24 LVV, S. 180
25 Ebd., S. 181 f.
26 Ebd., S. 183, 31. Januar 1927
27 Letters 3, S. 319 f., 31. Januar 1927
28 Ebd., S. 320
29 Ebd., S. 321
30 Ebd.
31 LVV, S. 191, 9. Februar 1927
32 Ebd., S. 192 f., 19. Februar 1927
33 Ebd., S. 191
34 Letters 3, S. 325, 5. Februar 1927
35 Ebd., S. 325 f.
36 Ebd., S. 326
37 LVV, S. 196, 23. Februar 1927
38 Letters 3, S. 330, 16. Februar 1927
39 Ebd., S. 331
40 Ebd., S. 332, 18. Februar 1927
41 Ebd., S. 333
42 Ebd.
43 Ebd., S. 334
44 Ebd., S. 338, 28. Februar 1927
45 Ebd., S. 344, 6. März 1927
46 Ebd.
47 LVV, S. 202, 4. März 1927
48 Ebd., S. 201
49 Diary III, S. 131, 14. März 1927
50 Die Schwester des Schriftstellers Walter Pater (1839-1894), dessen Roman *Marius, der Epikuräer* ein Lieblingsbuch der jungen Virginia war.
51 Virginia Woolf, *Moments of Being: ›Slater's Pins Have No Points*, in: Susan Dick (ed.), *The Complete Shorter Fiction of Virginia Woolf*, London (1985) 1986, S. 299 (Anmerkungen)
52 Ebd., S. 214
53 Diary III, S. 131, 14. März 1927
54 S.: Elizabeth Mavor, *Die Ladies von Llangollen*, aus dem Englischen von Petra Hassenpflug, Göttingen 1994
55 Diary III, S. 131, 14. März 1927
56 Letters 3, S. 346, 15. März 1927

57 Ebd., S. 346, 15. März 1927
58 Ebd., S. 347
59 Ebd., S. 348, 16. März 1927
60 LVV, S. 209, 30. März 1927
61 Letters 3, S. 352, 23. März 1927
62 Ebd.
63 Ebd., S. 351, 21. März 1927
64 Ebd., S. 352, 23. März 1927
65 Ebd.
66 Ebd., S. 353
67 Diary III, S. 132, 21. März 1927
68 Letters 3, S. 356, 27. März 1927
69 Ebd., S. 358, 5. April 1927
70 Ebd., S. 359f.
71 LVV, S. 211f., 4. April 1927
72 Leonard Woolf, *Mein Leben mit Virginia*, S. 253
73 LVV, S. 213, 5. Mai 1927

»*Eine Serie von* grandes passions«

1 Diary III, S. 135, 11. Mai 1927
2 LVV, S. 216, 8. Mai 1927
3 Ebd., S. 217f., 12. Mai 1927
4 Letters 3, S. 373, 13. Mai 1927
5 Ebd., S. 377, 15. Mai 1927
6 Ebd., S. 375, 15. Mai 1927
7 Ebd., S. 380f., 22. Mai 1927
8 Diary III, S. 137, 6. Juni 1927
9 Letters 3, S. 387, 29. Mai 1927
10 LVV, S. 223, 30. Mai 1927
11 Letters 3, S. 388, 5. Juni 1927
12 Bell, Fn. 4, S. 405f.
13 LVV, S. 227, 6. Juni 1927
14 Letters 3, S. 390, 7. Juni 1927
15 LVV, S. 228, 8. Juni 1927
16 Ebd., S. 229f., 11. Juni 1927
17 Ebd., S. 230, 14. Juni 1927
18 Letters 3, S. 391f., 14. Juni 1927
19 Ebd., S. 140, 18. Juni 1927
20 LVV, S. 232, 23. Juni 1927
21 Glendinning, S. 250
22 Diary III, S. 145f., 4. Juli 1927
23 Ebd.

24 Glendinning, S. 250
25 LVV, S, 233jf., 4. Juli 1927
26 Ebd., S. 234
27 Letters 3, S. 395, 5. Juli 1927. (Der Brief wurde von den Herausgebern versehentlich auf den 4. Juli datiert, weil Virginia ›Montag‹ darüber geschrieben hatte. Da er eine Antwort auf Vitas Brief vom 4. ist, muß sie ihn am Dienstag geschrieben haben.)
28 Vgl. hierzu: Lillian Faderman, *Köstlicher als die Liebe der Männer: Romantische Freundschaft und Liebe zwischen Frauen von der Renaissance bis heute*, Aus dem Amerikanischen von Fiona Dürler und Anneliese Tenisch, Zürich 1990, S. 386ff.
29 Letters 3, S. 393. Dieser Brief wird von den Hrsgn. nur »[1927?]« datiert. Aus Vitas Antwort erhellt, daß er kurz vor dem 7. Juli geschrieben worden sein dürfte.
30 Letters 3, S. 396, 8. Juli 1927
31 Diary III, S. 147, 23. Juli 1927
32 Ebd.
33 Letters 3, S. 397, 15. Juli 1927
34 Ebd., S. 398, 18. Juli 1927
35 LVH, S. 182f., 22. Juli 1927
36 Diary III, S. 149, 23. Juli 1927
37 Letters 3, S. 402, 24. Juli 1927
38 Letters 3, S. 402f., 24. Juli 1927
39 LVV, S. 237, 25. Juli 1927
40 Diary III, S. 152, 10. August 1927
41 Letters 3, S. 406, 3. August 1927
42 Ich danke Maryam Roushan, Göttingen, für die Übersetzung dieses Satzes.
43 LVV, S. 241, 4. August 1927
44 Letters 3, S. 408, 7. August 1927
45 Ebd., S. 409
46 LVV, S. 242, 8. August 1927
47 Ebd.
48 LVV, S. 243, 16. August 1927
49 Letters 3, S. 407f. [19. August 1927]. – Die Herausgeber datieren diesen Brief vierzehn Tage früher, auf den 5. August. Es geht jedoch aus dem Inhalt zweifelsfrei hervor, daß er eine Antwort auf Vitas Brief vom 16. August ist.
50 Ebd., S. 412, 22. August 1927
51 Ebd.
52 Letters 3, S. 415, 2. September 1927
53 Diary III, S. 154f., 4. September 1927
54 Ebd., S. 155, 5. September 1927
55 Letters 3, S. 420f., 11. September 1927

56 Ebd., S. 431, 14. Oktober 1927
57 LVV, S. 247, 16. September 1927
58 Letters 3, S. 423, 25. September 1927

›*Orlando*‹ oder *Die Rache der Schöpfung*

1 Diary III, S. 161, 5. Oktober 1927
2 Letters 3, S. 427, 6. Oktober 1927
3 Vita Sackville-West, *Knole and the Sackvilles*, London 1922
4 Letters 3, S. 429, 6. Oktober 1927
5 LVV, S. 252f., 11. Oktober 1927
6 Glendinning, S. 372
7 Letters 3, S. 429f., 14. Oktober 1927
8 Diary III, S. 159, 22. Oktober 1927
9 Letters 3, S. 430f., 14. Oktober 1927
10 Ebd., S. 433, 21. Oktober 1927
11 Diary III, S. 164, 20. November 1927
12 Roy Campbell, *Light on a Dark Horse: An Autobiography*, London (1951) 1971, S. 253
13 Ebd., S. 264f.
14 Glendinning, S. 257
15 Diary III, S. 165, 20. November 1927
16 LVV, S. 256f., 11. November 1927
17 Letters 3, S. 435f., 11. November 1927
18 Glendinning, S. 259f.
19 Letters 3, S. 438, 18. November 1927
20 LVV, S. 258, 17. November 1927
21 Ebd., S. 259, 22. November 1927
22 Glendinning, S. 260f.
23 Letters 3, S. 443, 5. Dezember 1927
24 Glendinning, S. 262
25 Ebd., S. 443f., 21. Dezember 1927
26 LVV, S. 261f., 29. Dezember 1927
27 Letters 3, S. 451, 29. Januar 1928
28 Ebd., S. 452f., 31. Januar 1928
29 LVV, S. 268, 2. Februar 1928
30 Letters 3, S. 456, 9. Februar 1928
31 LVV, S. 269f., 10. Februar 1928 [In der Ausgabe fehldatiert auf den 8. Februar]
32 Die Heldin des gleichnamigen Gedichts von Tennyson

33 LVV, S. 272f., 29. Februar 1928
34 Harold an Vita, 3. 11. 1927, zit. n. Lees-Milne, Bd. 1, S. 322
35 LVV, S. 278, 14. März 1928
36 Letters 3, S. 468f., 6. März 1928
37 Ebd., S. 474
38 Ebd., S. 475
39 LVV, S. 281f., 3. April 1928
40 Letters 3, S. 479, 31. März 1928
41 Ebd., S. 480
42 Ebd., S. 483f., 11. April 1928
43 Diary III, S. 179f.; 17. April 1928
44 Letters 3, S. 484f., 17. April 1928
45 LVH, S. 194, 18. April 1928
46 Letters 3, S. 487f., 27. April 1928
47 Vita Sackville-West, Liberty, in: Harper's Bazaar, 1930
48 Glendinning, S. 276
49 Ebd., S. 275
50 Diary III, S. 182, 24. April 1928
51 LVV, S. 288, 6. Mai 1928
52 Nach einem Gedicht von William Dunbar (1465? – 1530?), »London, thou art the Flower of cities all! / Gemme of all joy, Jasper of jocunditie«
53 Letters 3, S. 497, 12. Mai 1928
54 Ebd., S. 500, 25. Mai 1928
55 Vgl. hierzu: Louise DeSalvo, *Virginia Woolf: Die Auswirkungen sexuellen Mißbrauchs auf ihr Leben und Werk*, aus dem Amerikanischen von Elfi Hartenstein, München 1990
56 LVH, S. 195f., 16. Mai 1928
57 Ebd., S. 218, 10. Juli 1929
58 Diary III, S. 187f., 7. Juli 1928
59 Ebd., S. 187
60 LVV, S. 290f., 10. Juli 1928
61 Diary III, S. 187, 7. Juli 1928
62 Letters 3, S. 514, 25. Juli 1928
63 Diary III, S. 188, 8. August 1928
64 Letters 3, S. 515, 7. August 1928

Die öffentliche Moral und ein »verdienstvolles, langweiliges Buch«

1 LVH, S. 200f., 4. August 1928
2 Glendinning, S. 278
3 John Richardson, *New York Review*, 15. 11. 1973

4 Portrait, S. 138f.
5 Radclyffe Hall, *Quell der Einsamkeit*, Übersetzung von Rudolf Harms, Göttingen 1991, S. 573
6 Noel Riley Fitch, *Sylvia Beach: Eine Biographie im literarischen Paris 1920-1940*, aus dem Amerikanischen von Angelika Schleindl, Frankfurt am Main 1988, S. 279f.
7 Michael Baker, *Our Three Selves: The Life of Radclyffe Hall*, London 1985, S. 226
8 Letters 3, S. 520, 30. August 1928
9 Diary III, S. 193, 31. August 1928
10 E. M. Forster, *Maurice*, London 1971
11 LVV, S. 296, 31. August 1928
12 Letters 3, S. 525f., 2. September 1928
13 A. O. J. Cockshut, *Man and Woman: A Study of Love and the Novel 1770-1940*, London 1977, S. 190
14 Rosemary Auchmuty, *Du bist eine Lesbe, Angela!: Elsie J. Oxenham und der Aufstieg und Fall der Internatsgeschichte*. In: Lesbian History Group, *... Und sie liebten sich doch!: Lesbische Frauen in der Geschichte, 1840-1985*, Göttingen 1991, S. 124-146. Hier: S. 140
15 Zit. n.: Sonja Ruehl, *Inverts and Experts: Radclyffe Hall and the Lesbian Identity*. In: Judith Newton and Deborah Rosenfelt (eds.), *Feminist Criticism and Social Change. Sex, Class, and Race in Literature and Culture*, New York and London 1985, S. 165-180. Hier: S. 178
16 Rosemary Auchmuty, *An ihren Freundinnen sollen wir sie erkennen: Leben und Netzwerk einiger Frauen in North Lambeth 1880-1940*. In: *... Und sie liebten sich doch*, a.a.O., S. 81-102. Hier: S. 96
17 Letters 3, S. 529f., 8. September 1928
18 Ebd., S. 530
19 Zit. nach: P. N. Furbank, *E.M. Forster: A Life*, London (1977-78) 1991, S. 154

Die Reise nach Burgund

1 Es befindet sich in der Berg Collection der New York Public Library
2 Glendinning, S. 280
3 LVV, S. 290, 10. Juli 1928
4 Bell, S. 403
5 Ebd., S. 404
6 Letters 3, S. 519, 22. August 1928
7 Letters 3, S. 520f., 30. August 1928
8 Letters 3, S. 469, 6. März 1928
9 Letters 3, S. 528f., 8. September 1928
10 Ebd., S. 530

11 Letters 3, S. 531, 16. September 1928
12 Diary III, S. 198
13 Letters 3, S. 533 f., 24. September 1928
14 Ebd., S. 534
15 Ebd.
16 LVH, S. 204, 25. September 1928
17 Letters 3, S. 535, 25. September 1928
18 S.: Letters LW, S. 233 ff.
19 *Old Bloomsbury*, in: Virginia Woolf, *Augenblicke: Skizzierte Erinnerungen*, Aus dem Englischen von Elizabeth Gilbert. Mit einem Essay von Hilde Spiel, Stuttgart 1981, S. 212-240 [Geschrieben 1921 oder 1922]
20 Ebd., S. 213
21 Letters 3, S. 538, 27. September 1928
22 Letters 3, S. 533
23 Joan Russell Noble, *Recollections of Virginia Woolf*, London 1972, S. 136
24 LVV, S. 403, 24. Juni 1933
25 Letters 3, S. 539, 28. September 1928
26 LVH, S. 204, 2. Oktober 1928
27 Ebd., S. 204 f.
28 Letters 3, S. 541, 7. Oktober 1928
29 Ebd., S. 542
30 Walter Pater, *Studies in the History of the Renaissance*, London 1873
31 LVV, S. 302, 5. Oktober 1928
32 Letters 3, S. 540, 7. Oktober 1928

Gibt es Dich? Habe ich Dich erfunden?

1 LVH, S. 206, 11. Oktober 1928
2 LVV, S. 304 ff., 11. Oktober 1928
3 Ebd., S. 306, 12. Oktober 1928
4 Letters III, S. 544, 12. Oktober 1928
5 Ebd., S. 548, Fußnote 1
6 Susan Mary Alsop, *Lady Sackville*, S. 232
7 Wendy Baron, *Miss Ethel Sands and her Circle*, London 1977, S. 194
8 Letters 3, S. 548, Fußnote 1
9 Glendinning, S. 285
10 Virginia Woolf, *Orlando: Eine Biographie*, Übersetzung von Herbert und Marlys Herlitschka, Frankfurt am Main 1964, S. 292
11 Ebd., S. 277 f.
12 Ebd., S. 278
13 Suzanne Raitt, *Vita and Virginia: The Work and Friendship of Vita Sackville-West and Virginia Woolf*, Oxford 1993, S. 18

14 Glendinning, S. 286
15 Zit. n. Glendinning, S. 287f.
16 Ebd., S. 288
17 Ebd., S. 238
18 Ebd., S. 101f.
19 *Mrs. Dalloway*, S. 42f.
20 *Orlando*, S. 260
21 Ebd., S. 262
22 Letters 3, S. 469, 6. März 1928
23 *Orlando*, S. 272
24 Ebd.
25 Ebd., S. 273

›Obszönität‹ und Subversion

1 Kathleen Raine, *The Land Unknown*, London 1975, S. 21f., zit. n.: Jane Marcus, *Sapphistory: The Woolf and the Well.* In: Karla Jay and Joanne Glasgow (eds.), *Lesbian Texts and Contexts*, New York and London 1990, S. 164-179. Hier: S. 166
2 Ann Phillips (ed.), *A Newnham Anthology*, Cambridge 1979, S. 173. Zit. n.: Jane Marcus, *Sapphistory: The Woolf and the Well*, a.a.O., S. 176
3 Diary III, S. 200f., 27. Oktober 1928
4 Jane Marcus, Sapphistory: *The Woolf and the Well*, a.a.O., S. 167
5 Letters 3, S. 487, 27. April 1928
6 Virginia Woolf, *A Room of One's Own* (London 1928), Harmondsworth 1967, S. 81
7 Ebd.
8 *Monk's House Papers*, B. 6. Zit. n.: Jane Marcus, *Sapphistory*, a.a.O., S. 173
9 *A Room of One's Own*, S. 83
10 Ebd., S. 103
11 Letters 3, S. 555, 1. November 1928
12 LVV, S. 309, 3. November 1928
13 Letters 3, S. 556, Anfang November 1928 (an Ottoline Morrell)
14 Diary III, S. 207, 10. November 1928
15 Vgl. zu dem Gesamtverlauf des Prozesses: mein Nachwort zu *Quell der Einsamkeit*, a.a.O., S. 283f.
16 Virginia Woolf, *The ›Censorship‹ of Books*, in: *The Nineteenth Century and After*, London, April 1929, S. 446f.
17 Letters 4, S. 34, 20. März 1929

1 LVV, S. 313, 29. November 1928
2 Letters 3, S. 561f., 2. Dezember 1928
3 LVV, S. 315, 3. Dezember 1928
4 Ebd.
5 Andrew Marvell (1621- 1678), *To His Coy Mistress*
6 Glendinning, S. 295; aus einem Brief Hilda Mathesons
7 LVV, S. 315, 3. Dezember 1928
8 Letters 3, S. 563f., 14. Dezember 1928
9 Glendinning, S. 292f.
10 LVV, S. 317, 26. Dezember 1928
11 Letters 3, S. 569f., 29. Dezember 1928 und 3. Januar 1929
12 LVV, S. 321f., 6. Januar 1929
13 Letters 4, S. 2, 8. Januar 1929
14 Letters 4, S. 5, 9. Januar 1929
15 Aus *Solitude*, 1938. Zit. n.: Glendinning (engl. Ausgabe), S. 296
16 LVV, S. 324, 12. Januar 1929
17 Vanessa Bell an Roger Fry, zit. n.: Bell, S. 407
18 Glendinning, S. 296
19 LVV, S. 325, 25. Januar 1929
20 Ebd., S. 325f.
21 Letters 4, S. 8 n.
22 Ebd., S. 8, 28. Januar 1929
23 LVV, S. 327, 29. Januar 1929
24 Letters 4, S. 9f., 29. Januar 1929
25 Ebd., S. 10, 30. Januar 1929
26 LVV, S. 329, 31. Januar 1929
27 Letters 4, S. 11, 31. Januar 1929
28 Ebd., S. 14, 4. Februar 1929
29 Ebd., S. 17, 7. Februar 1929
30 Ebd.
31 LVV, S. 335, 5. Februar 1929
32 Ebd., S. 336f., 6. Februar 1929
33 Ebd., S. 337f., 7. Februar 1929
34 S. Umschlagfoto
35 Letters 4, S. 20f., 12. Februar 1929
36 LVV, S. 347, 23. Februar 1929
37 Glendinning, S. 297
38 Letters 4, S. 24, 15. Februar 1929
39 LVV, S. 348, 25. Februar 1929
40 Letters 4, S. 28f., 23. Februar 1929
41 Diary III, S. 219, 28. März 1929
42 Letters 4, S. 36, 5. April 1929

43 Ebd.
44 Ebd., S. 40, 12. April 1929
45 Diary III, 31. Mai 1929
46 Ebd., S. 235, 23. Juni 1929
47 Letter 4, S. 75, 12. Juli 1929
48 LVV, S. 358f., 24. Juli 1929
49 Diary III, S. 239, 5. August 1929
50 Ebd., S. 240
51 Ebd., S. 240f., 10. August 1929
52 Letters 4, S. 77, 12. August 1929
53 Letters 3, S. 219, [früher November] 1925
54 Letters 5, S. 111, 18. Oktober 1932
55 Ebd.
56 Ebd., S. 80, 18. August 1929
57 Ebd.
58 LVV, S. 365, 22. August 1929
59 Letters 4, S. 82, 24. August 1929
60 Ebd.

»Niemals wirst Du mich abschütteln, wie sehr Du es auch versuchst«

1 Kyra Stromberg, *Djuna Barnes: Leben und Werk einer Extravaganten*, Berlin 1989, S. 100f.
2 LVV, S. 370, 16. September 1929
3 Letters 4, S. 104, 3. November 1929
4 Diary III, S. 266, 17. November 1929
5 Ebd., S. 267, 25. November 1929
6 Letters 4, S. 113, 3. Dezember 1929
7 Diary III, S. 290, 21. Februar 1930
8 Ebd., S. 291f.
9 Letters 4, S. 196, 2. August 1930
10 Letters 4, S. 171, 14. Mai 1930
11 Ebd., S. 203, 19. August 1930
12 William Plomer, *The Autobiography of William Plomer*, With a Postscript by Simon Nowell-Smith, London 1975, S. 333f.
13 Letters 6, S. 39, 11. und 13. Mai 1936
14 Ethel Smyth, Tagebuchnotizen 1933, zit. n. : Christopher St John, *Ethel Smyth: A Biography*, London 1959, S. 222ff.
15 Letters 4, S. 180, 22. Juni 1930
16 Ebd., S. 200, 15. August 1930
17 Ebd., S. 190, 24. Juli 1930
18 Diary III, S. 332, 11. November 1930

19 Letters 4, S. 247, 30. Oktober 1930
20 Ebd., S. 259f., 3. Dezember 1930
21 Ebd., S. 299, 12. März 1931
22 Ebd., S. 362, 25. Juli 1931
23 Ebd., S. 365, 4. August 1931
24 Ethel Smyth, Tagebuchnotizen 1933, zit. n.: Christopher St John, *Ethel Smyth*, a.a.O., S. 224
25 Letters 5, S. XIII (Vorwort)
26 Diary IV, S. 54, 17. November 1931
27 Winifred Holtby, *Virginia Woolf*, London 1932
28 Letters 5, S. 121, 8. November 1932
29 Ebd., S. 141, 28. Dezember 1932
30 Ebd., S. 148f., 7. Januar 1933
31 Letters 5, S. 266, 31. Dezember 1933
32 Ebd., S. 240, 1. November 1933
33 LVV, S. 406, 18. August 1933
34 LVV, S. 415, 6. Februar 1934
35 Diary IV, S. 226, 17. Juli 1934
36 Letters 5, S. 333, 23. September 1934
37 Vanessa an Virginia, 27. April 1935, zit. n.: Dunn, S. 211 [*Monk's House Papers*]
38 Letters 5, S. 390, 7. Mai 1935
39 Ebd., S. 342, 30. Oktober 1934
40 Ebd., S. 362, 8. Januar 1935
41 Diary IV, S. 287, 11. März 1935
42 Letters 5, S. 383, 3. April 1935
43 Leonard Woolf, *Mein Leben mit Virginia*, a.a.O., S. 269
44 Ebd., S. 435, 24. Oktober 1935, an Ethel Smyth
45 Ebd., S. 447, 26. November 1935
46 Charlotte Wolff, *Augenblicke verändern uns mehr als die Zeit: Eine Autobiographie*, aus dem Englischen von Michaela Huber, Weinheim und Basel 1982, S. 162
47 Ebd., S. 164
48 Letters 6, S. 42, 27. Mai 1936
49 Ebd., S. 43, 4. Juni 1936
50 Ebd., S. 49, 25. Juni 1936
51 Ebd., S. 95f., 26. Dezember 1936, an Ottoline Morrell
52 S.: Jérôme Spycket, *Clara Haskil: Eine Biographie*, mit einem Vorwort von Herbert von Karajan, Übersetzung aus dem Französischen von Erika und Gerald Tunner, Bern und Stuttgart 1977, S. 96ff.
53 Harold Nicolson, Tagebuch; zit. n.: Michael Elliman und Frederick Roll, *The Pink Plaque Guide to London*, Preface by Jackie Forster, London 1986, S. 182
54 Letters 6, S. 100, 1. Januar 1937

55 Olivia [i. e. Dorothy Bussy], *Olivia*, aus dem Englischen übertragen von S. Neumann, Frankfurt am Main 1960
56 Diary V, S. 51, 21. Januar 1937
57 Ebd., 22. Januar 1937
58 Letters 6, S. 111, 1. März 1937
59 Letters 6, S. 112, 7. März 1937
60 Vanessa Bell an Vita Sackville-West, 16. August 1937. Zit. n.: Dunn, a.a.O., S. 286
61 Diary V, S. 111, 26. September 1937
62 LVV, S. 436, 1. April 1938
63 Letters 6, S. 220, 5. April 1938
64 LVV, S. 440, 15. Juni 1938
65 LVH, S. 303 f., 3. August 1938
66 LVV, S. 445, 19. Dezember 1938
67 Letters 6, S. 307, 25. Dezember 1938
68 Ebd., S. 351, 19. August 1939
69 LVV, S. 454, 25. August 1939
70 Ebd.
71 Letters 6, S. 354 f., 29. August 1939
72 LVH, S. 316 f., 28. September 1939
73 Letters 6, S. 396, [früher Mai] 1940

»Mad Misery«

1 Diary V, S. 357, 26. Februar 1941
2 LVV, S. 469, 14. Januar 1941
3 Letters 6, S. 462, 19. Januar 1941
4 Diary V, S. 354 f.
5 Joan Russell Noble (ed.), *Recollections of Virginia Woolf*, a.a.O., S. 49 f.
6 Glendinning, S. 432
7 Letters 6, S. 474, 1. März 1941, an Ethel Smyth
8 Letters 6, S. 476, 4. März 1941
9 Letters LW, S. 252; Octavia Wilberforce an Leonard Woolf, 29. März 1941
10 *Octavia Wilberforce's conversations with Virginia Woolf as reported in six letters to Elizabeth Robins in New York*. Monk's House Papers, Sussex University. Zit. n. George Spater und Ian Parsons, *A Marriage of True Minds: An Intimate Portrait of Leonard and Virginia Woolf*, S. 182 -184
11 Diary III, S. 62 f., 27. Februar 1926
12 Winifred Holtby, *Virginia Woolf*, London 1932. Zit. n.: Vera Brittain, *Testament of Friendship: The Story of Winifred Holtby*, London (1940) 1947, S. 339

13 Diary V, S. 95, 22. Juni 1937
14 Ebd., S. 187, 16. November 1938
15 Ebd., S. 341, 23. November 1940
16 LVV, S. 54, 16. Juli 1924. Vgl. hierzu: *The Complete Shorter Fiction of Virginia Woolf*, edited by Susan Dick, London 1985 [Künftig zit. als: Woolf/Dick], dort: S. 305. – Die deutsche Fassung dieses Buches ist 1989 im Rahmen der großen, von Klaus Reichert edierten Neuausgabe des Gesamtwerks von Virginia Woolf im S. Fischer Verlag unter dem Titel *Das Mal an der Wand: Gesammelte Kurzprosa*, Deutsch von Marianne Frisch, Brigitte Walitzek, Claudia Wenner, Dieter E. Zimmer, Frankfurt am Main 1989, erschienen. – Susan Dick stellte die Texte in akribischer Arbeit zusammen, die sie vermutlich viele Jahre beschäftigt hat. Sie versah die Texte mit vorzüglichen Anmerkungen, schrieb ein höchst informatives Vorwort, gab erschöpfende Auskunft über ihr editorisches Verfahren, fügte wichtige Appendices an und nannte die Fund- und Publikationsorte der einzelnen Stücke. – Die deutsche Ausgabe bietet statt dessen eine karge Vorbemerkung, kürzt die Anmerkungen mit der Begründung, die Textgenese könne ja nur ›den Wissenschaftler‹ interessieren, und läßt die Appendices ebenso entfallen wie die Bibliographie der Fundorte. Susan Dick wird nicht als Herausgeberin genannt, sondern winzig gedruckt im Impressum versteckt. – Die Verf. hat sich mit Gewinn auf Susan Dicks Originalausgabe verlassen.
17 Vgl. Diary III, S. 314, 28. August 1930
18 Woolf/Dick, S. 305
19 Ebd., S. 282
20 Ebd.
21 Ebd., S. 282f.
22 Ebd., S. 305
23 Diary III, S. 222, 29. April 1929
24 Woolf/Dick, S. 305
25 Ebd., S. 283
26 Ebd., S. 284
27 Vgl.: John Lehmann, *Thrown to the Woolfs: Leonard and Virginia Woolf and the Hogarth Press*, New York 1979, S. 99f.
28 Leonard Woolf in seiner Autobiographie *The Journey Not the Arrival Matters*, zit. n.: Letters 6, Apendix A, S. 490
29 Letters 6, S. 484, 23. März 1941
30 Ebd.
31 Ebd., S. 485, n. 2
32 Ebd., S. 485, 23. März 1941
33 Diary V, S. 359, 24. März 1941
34 Zit. n.: Glendinning, S. 434
35 Letters LW, S. 250, 28. März 1941

36 VHL, S. 336f., 31. März 1941
37 Letters LW, S. 253, 31. März 1941
38 Nigel Nicolson (ed.), Harold Nicolson: *Diaries and Letters 1939-1945*, London 1967, S. 159
39 Diary V, S. 161, 17. August 1938
40 Ebd. (Anmerkung dort in der Fußnote: »Die gerichtliche Untersuchung betreffend Mrs. Kathleen Shearer, ca. 45 Jahre alt, vom Sheperd's Cottage, Mount Misery, Southease, ergab, daß sie ›Selbstmord begangen hatte, während ihr geistiges Gleichgewicht gestört war‹.« – Es ist die übliche Formel in solchen Fällen, die vom Untersuchungsrichter auch nach Virginias Tod wörtlich so ausgesprochen wurde.) – Virginia Woolfs Leichnam wurde drei Wochen später von Jugendlichen entdeckt, fast an derselben Stelle, an der sie in den Fluß gesprungen war. Frank Dean erklärte der Verf., der Fluß sei dort besonders tief gewesen, weil man die Uferböschung ausgebaggert hatte, um die Tiere auf zwei aneinandergrenzenden Weiden daran zu hindern, bei Ebbe durch den Fluß zu waten und so auf die benachbarte Weide zu gelangen. Virginia Woolf war kein ›grauenhafter Anblick‹, als man sie fand; das salzige und sehr kalte Wasser hatte den Leichnam vor Entstellung bewahrt.
41 Zit. n.: Glendinning, S. 436

Danksagung

1 Frank S. Dean ist Eigentümer der noch heute bestehenden Autowerkstatt und Tankstelle *The Forge Garage* in Rodmell, deren treue Kunden Virginia und Leonard Woolf waren, seit sie 1927 ihr erstes Auto gekauft hatten. Die Buchstaben hinter Mr. Deans Namen bedeuten: *Fellow of the Worshipful Company of Farriers*. Mr. Deans Vater war der Dorfschmied von Rodmell und fungierte gleichzeitig als Bestattungsunternehmer des Ortes. Er besorgte 1941 die Überführung von Virginia Woolfs Leichnam nach Newhaven zur gerichtlichen Untersuchung und danach zur Verbrennung nach Brighton. Leonard Woolf begrub Virginias Asche im Garten von Monk's House, unter einer der beiden großen Ulmen, die dicht nebeneinanderstanden und die sie ›Virginia und Leonard‹ nannten.

Literatur

Ackland, Valentine, *For Sylvia: An Honest Account*, Foreword by Bea Howe, London 1985

Alsop, Susan Mary, *Lady Sackville: A Biography*, London 1978

Amrain, Susanne, *»Gleichmut – üben Sie sich in Gleichmut, Mrs. Woolf!«*. In: Sibylle Duda und Luise F. Pusch (Hrsg.innen), *Wahnsinnsfrauen*, Frankfurt am Main 1992, S. 174-225

Baker, Ida, *Katherine Mansfield: The Memoirs of LM*, London 1971

Baker, Michael, *Our Three Selves: The Life of Radclyffe Hall*, London 1985

Baron, Wendy, *Miss Ethel Sands and Her Circle*, London 1977

Beach, Sylvia, *Treffpunkt – Ein Buchladen in Paris*, aus dem Amerikanischen von Lilly von Sauter, München o. J.

Beauman, Nicola, *Morgan: A Biography of E. M. Forster*, London 1993

Bell, Quentin, Angelica Garnett, Henrietta Garnett, Richard Shone, *Charleston: Past and Present*, London 1987

Bell, Quentin, *Virginia Woolf: Eine Biographie*, aus dem Englischen von Arnold Fernberg, Frankfurt am Main 1982

Benstock, Shari, *Expatriate Sapphic Modernism: Entering Literary History*, in: *Lesbian Texts and Contexts: Radical Revisions*, ed. by Karla Jay and Joanne Glasgow, New York und London 1990, S. 183-203

Bernikow, Louise, *Among Women*, New York u.a. 1981

Boddy, Gillian, *Katherine Mansfield: The Woman and the Writer*, Ringwood, Victoria 1988

Brenan, Gerald, *Personal Record 1920-1972*, London 1974

Brittain, Vera, *Testament of Friendship: The Story of Winifred Holtby*, London (1940) 1947

Campbell, Roy, *Light on a Dark Horse: An Autobiography*, London (1951) 1971

Caramagno, Thomas C., *The Flight of the Mind: Virginia Woolf's Art and Manic-Depressive Illness*. With an Afterword by Kay Redfield Jamison, Berkeley u.a. 1992

Chadwick, Whitney and Isabelle de Courtivron, *Significant Others: Creativity and Intimate Partnership*, London 1993

Chalon, Jean, *Portrait einer Verführerin: Die Biographie der Natalie Barney*, München 1977

Cockshut, A. O. J., *Man and Woman: A Study of Love and the Novel 1770-1940*, London 1977

Cook, Blanche Wiesen, *»Women Alone Stir My Imagination«: Lesbianism and the Cultural Tradition*. In: Signs 4, Chicago (1978) 1979, S. 718-739

Cook, Blanche Wiesen, *The Historical Denial of Lesbianism.* In: Radical History Review 20 (1979), S. 60-65
DeSalvo, Louise and Leaska, Mitchell A., *The Letters of Vita Sackville-West to Virginia Woolf*, London (1984) 1985
DeSalvo, Louise, *Fakes and Femininity: Vita Sackville-West and her mother*, in: Isobel Armstrong (ed.), *New Feminist Discourses: Critical Essays on Theories and Texts*, London und New York 1992, S. 103-118
DeSalvo, Louise, *Lighting the Cave: The Relationship between Vita Sackville-West and Virginia Woolf.* In: Signs 8, Chicago 1982-83, S. 195-214
DeSalvo, Louise, *Virginia Woolf: Die Auswirkungen sexuellen Mißbrauchs auf ihr Leben und Werk*, aus dem Amerikanischen von Elfi Hartenstein, München 1990
DeSalvo, Louise, *Tinder-and-Flint': Virginia Woolf & Vita Sackville-West.* In: Whitney Chadwick and Isabelle de Courtrivon (eds.), *Significant Others: Creativity & Intimate Partnership*, London 1993
Dunn, Jane, *A Very Close Conspiracy: Vanessa Bell and Virginia Woolf*, London 1990
Edel, Leon, *Bloomsbury: A House of Lions*, London 1981
Elliman, Michael, and Frederick Roll, *The Pink Plaque Guide to London*, Preface by Jackie Forster, London 1986
Faderman, Lilian, *Köstlicher als die Liebe der Männer: Romantische Freundschaft und Liebe zwischen Frauen von der Renaissance bis heute*, aus dem Amerikanischen von Fiona Dürler und Anneliese Tenisch, Zürich 1990
Fitch, Noel Riley, *Silvia Beach: Eine Biographie im literarischen Paris 1920-1940*, aus dem Amerikanischen von Angelika Schleindl, Frankfurt am Main 1988
Fitch, Noel Riley, *The Elusive »Seamless Whole«: A Biographer Treats (or Fails to Treat) Lesbianism.* In: Karla Jay and Joanne Glasgow, *Lesbian Texts and Contexts: Radical Revisions,* New York und London 1990
Fitzgerald, Penelope, *Charlotte Mew and her Friends*, London 1984
Forster, E. M., *Maurice*, London 1971
Furbank, P. N., *E. M. Forster: A Life*, London (1977-78) 1991
Gadd, David, *The Loving Friends: A Portrait of Bloomsbury*, Newton Abbot 1976
Garnett, Angelica, *Freundliche Täuschungen: Eine Kindheit in Bloomsbury*, aus dem Englischen und mit einem einführenden Essay von Kyra Stromberg, Berlin 1990
Gathorne-Hardy, Jonathan, *The Interior Castle: A Life of Gerald Brenan*, London 1992
Glendinning, Victoria, *Edith Sitwell: A Unicorn among Lions*, Oxford, New York u.a. 1986
Glendinning, Victoria, *Elizabeth Bowen: Portrait of a Writer*, London 1977

Glendinning, Victoria, *Vita Sackville-West: Eine Biographie*, aus dem Englischen von Hans J. Schütz, Frankfurt am Main 1990
Gordon, Lyndall, *Virginia Woolf: Das Leben einer Schriftstellerin*, aus dem Englischen von Tommy Jacobsen, Frankfurt am Main 1987
Grier, Barbara, and Coletta Reid, *Lesbian Lives: Biographies of Women from The Ladder*, Reno, Nevada, 1976
Gruber, Ruth, *Virginia Woolf: A Study*, Kölner Anglistische Arbeiten, Bd. 24, Leipzig (Tauchnitz) 1935
Guiguet, Jean, *Virginia Woolf and her Works*, London 1965
Hall, Radclyffe, *Quell der Einsamkeit*, Übersetzung von Rudolf Harms, Göttingen 1991
Hawkes, Ellen, *Woolf's ›Magical Garden of Women‹*. In: Jane Marcus (ed.), *New Feminist Essays on Virginia Woolf*, London 1981, S. 31-60
Hobby, Elaine, and Chris White (eds.), *What Lesbians do in Books*, London 1991
Holroyd, Michael, *Lytton Strachey: A Critical Biography*, 2 vols., London 1967
Holtby, Winifred, *Virginia Woolf*, London 1932
Kaplan, Louise J., *Weibliche Perversionen: Von befleckter Unschuld und verweigerter Unterwerfung*, aus dem Amerikanischen von Sabine Schulte, Hamburg 1991
Kennedy, Richard, *A Boy At The Hogarth Press* (illustrated by the Author), London (1972) 1978
Klein, Jürgen, *Virginia Woolf: Genie – Tragik – Emanzipation*, München 1984
Knopp, Sherron E., *»If I Saw You Would You Kiss Me?«: Sapphism and the Subversiveness of VirginiaWoolf's ›Orlando‹*. In: Joseph Bristow (Hrsg.), *Sexual Sameness: Textual Difference in Lesbian and Gay Writing*, London 1992, S. 24-34
Leaska, Mitchell A. (Hrsg..), *A Passionate Apprentice: The Early Journals of Virginia Woolf 1897-1906*, London 1990
Leaska, Mitchell A., und John Phillips (Hrsg.), *»Trunken von Deiner Schönheit«: Violet Trefusis an Vita Sackville-West*, aus dem Englischen übertragen von Ariane Möhlen, Claudia Ostwig, Ingrid von Rosenberg, Ute Sartorio-Tschoepke, Ilona Traub, Birgit Wagner, Beate Mehling und Barbara Wöste. Mit einem Nachwort von Dr. Ingrid von Rosenberg, Frankfurt am Main und Berlin 1993
Lees-Milne, James, *Harold Nicolson, A Biography*, 2 vols., London 1980-81
Lehmann, John, *Thrown to the Woolfs: Leonard and Virginia Woolf and the Hogarth Press*, New York 1979
Lesbian History Group, ... *Und sie liebten sich doch!: Lesbische Frauen in der Geschichte, 1840-1985*, Göttingen 1991

Lützen, Karin, *Was das Herz begehrt: Liebe und Freundschaft zwischen Frauen*, Hamburg 1990
MacWeeney, Alen and Sue Allison, *Bloomsbury Reflections*, London 1990
Marcus, Jane, *Sapphistory: The Woolf and the Well*. In: *Lesbian Texts and Contexts: Radical Revisions*, ed. by Karla Jay and Joanne Glasgow, New York und London 1990, S. 164-179
Marcus, Jane, *Thinking Back Through Our Mothers*. In: *New Feminist Essays on Virginia Woolf*, London 1981, S. 1-31
Mavor, Elizabeth, *Die Ladies von Llangollen*, aus dem Englischen von Petra Hassenpflug, Göttingen 1994
McQueeny, Maire (Hrsgn.), *Virginia Woolf's Rodmell: An Illustrated Guide to a Sussex Village*, Rodmell Village Press 1991
Meller, Caroline, *The Androgynous Self: Fictional Biography in Virginia Woolf. ›Orlando‹ as a Private Study*. Unveröffentl. MS, 1991
Nicolson, Harold, *Diaries and Letters 1939-1945*, ed. by Nigel Nicolson, London 1967
Nicolson, Harold, *Tagebücher und Briefe*, 2 Bde., 1930-1945, hrsg. von Nigel Nicolson. Vorwort, Auswahl und Übersetzung aus dem Englischen von Helmut Lindemann. 1. Band: 1930-1941, Frankfurt am Main 1969
Nicolson, Nigel (ed.), *Vita and Harold: The Letters of Vita Sackville-West and Harold Nicolson 1910-1962*, London 1992
Nicolson, Nigel, *Portrait einer Ehe: Harold Nicolson und Vita Sackville-West* [Illustrierte Ausgabe], Frankfurt am Main 1992
Nicolson, Nigel, *Portrait einer Ehe: Harold Nicolson und Vita Sackville-West*, Übersetzung Peter de Mendelssohn, mit einem Nachwort von Ingrid von Rosenberg, Frankfurt am Main u. Berlin 1991
Noble, Joan Russell (ed.), *Recollections of Virginia Woolf by her Contemporaries*, London (1972) 1989
Ocampo, Victoria, *Virginia Woolf in My Memory* (1941). In: Doris Meyer, *Victoria Ocampo: Against the Wind and the Tide*, Austin, Texas, 1990, S. 235-240
Olivia [i.e. Dorothy Bussy], *Olivia*, aus dem Englischen übertragen von S. Neumann, Frankfurt am Main 1960
Orenstein, Gloria Feman, *The Salon of Natalie Clifford Barney: An Interview with Berthe Cleyrerge*. In: Signs 4, 1979, S. 484-496
Phillips, Ann (ed.), *A Newnham Anthology*, Cambridge 1979
Pippett, Aileen, *The Moth and the Star: A Biography of Virginia Woolf*, New York 1957
Plomer, William, *The Autobiography of William Plomer*, with a postscript by Simon Nowell-Smith, London 1975
Raine, Kathleen, *The Land Unknown*, London 1975
Raitt, Suzanne, *Fakes and femininity: Vita Sackville-West and her mother*.

In: *New Feminist Discourses: Critical Essays on Theories and Texts*, ed. by Isobel Armstrong, London und New York 1992, S. 103-118
Raitt, Suzanne, *Vita & Virginia: The Work and Friendship of V. Sackville-West and Virginia Woolf*, Oxford 1993
Ruehl, Sonja, *Inverts and Experts: Radclyffe Hall and the Lesbian Identity.* In: Judith Newton and Deborah Rosenfelt (eds.), *Feminist Criticism and Social Change. Sex, Class, and Race in Literature and Culture*, New York and London 1985, S. 165-180.
Rule, Jane, *Bilder und Schatten: Die lesbische Frau in der Literatur*, Berlin 1979
Sackville-West, Vita, *Die Herausforderung* [*Challenge*], aus dem Englischen von Irmela Erckenbrecht, mit einem Vorwort von Nigel Nicolson, Frankfurt am Main 1992
Sackville-West, Vita, *Knole and the Sackvilles*, London (1922) 1948
Sackville-West, Vita, *Pepita: Die Tänzerin und die Lady*, aus dem Englischen von Hans B. Wagenseil, mit einem Nachwort von Rita Hortmann, Berlin 1984
Sarton, May, *I Knew a Phoenix*, London 1963
Sitwell, Osbert, *Laughter in the Next Room: An Autobiography*, London 1950
Spater, George und Ian Parsons, *Portrait einer ungewöhnlichen Ehe; Virginia und Leonard Woolf*, aus dem Englischen von Barbara Scriba-Sethe, Frankfurt am Main 1980
Spender, Stephen, *World within World: The Autobiography of Stephen Spender*, London (1951) 1991
Spotts, Frederic (ed.), *Letters of Leonard Woolf*, London (1990) 1992
Spycket, Jérôme, *Clara Haskil: Eine Biographie*, mit einem Vorwort von Herbert von Karajan, Übersetzung aus dem Französischen v. Erika und Gerald Tunner, Bern und Stuttgart 1977
St John, Christopher [i. e. Christabel Marshal], *Ethel Smyth: A Biography*, with additional Chapters by V. Sackville-West and Kathleen Dale, London 1959
Stimpson, Catharine R., *Zero Degree Deviancy: The Lesbian Novel in English*. In: Critical Inquiry 8, Chicago 1981/82, S. 363-379
Stromberg, Kyra, *Djuna Barnes: Leben und Werk einer Extravaganten*, Berlin 1989
Tomalin, Claire, *Katherine Mansfield: Eine Lebensgeschichte*, aus dem Englischen von Eike Schönfeld, Frankfurt am Main 1992
Trautmann, Joanne, *The Jessamy Brides: The Friendship of Virginia Woolf and Vita Sackville-West* (Pennsylvania State University Studies No. 36), University Park, Pennsylvania 1973
Trefusis, Violet, *Don't Look Round*, New York 1992 (Zuerst: London 1952)
Trefusis, Violet, *Ringlein, Ringlein, du mußt wandern*, aus dem Eng-

lischen übertragen von Ilse Bezzenberger, mit einem Nachwort von Ingrid von Rosenberg, Berlin 1988
Troubridge, Una, *The Life and Death of Radclyffe Hall* (Hammond & Hammond) 1961
Wellesley, Dorothy, *Early Light: The Collected Poems of Dorothy Wellesley*, London 1955
Wellesley, Dorothy, *Far Have I Travelled*, London 1952
Wilberforce, Octavia: *Octavia Wilberforce's conversations with Virginia Woolf as reported in six letters to Elizabeth Robins in New York*. MS Monks House Papers, Sussex University. Zit. in: George Spater und Ian Parsons, *Portrait einer ungewöhnlichen Ehe*, a.a.O.
Wilson, J. J., *Why is ›Orlando‹ Difficult?* In: Jane Marcus (ed.), *New Feminist Essays on Virginia Woolf*, London 1981, S. 170-184
Wineapple, Brenda, *Genêt: A Biography of Janet Flanner*, New York 1989
Wolff, Charlotte, *Augenblicke verändern uns mehr als die Zeit: Eine Autobiographie*, aus dem Englischen von Michaela Huber, Weinheim und Basel 1982
Woolf, Leonard, *Mein Leben mit Virginia: Erinnerungen*, hrsg. und aus dem Englischen übersetzt von Friederike Groth, Frankfurt 1988
Woolf, Virginia, *A Passionate Apprentice: The Early Journals 1897-1909*, edited by Mitchell A. Leaska, London 1990
Woolf, Virginia, *A Room of One's Own*, Harmondsworth 1967 [Deutsche Ausgabe: *Ein Zimmer für sich allein*, Übersetzung von Renate Gerhardt, Frankfurt am Main 1992]
Woolf, Virginia, *Collected Essays*, 4 vols., London 1966-67
Woolf, Virginia, *Moments of Being: Unpublished Autobiographical Writings of Virginia Woolf*, edited with an introduction and notes by Jeanne Schulkind, London 1976 [Deutsche Ausgabe: *Augenblicke: Skizzierte Erinnerungen*. Aus dem Englischen von Elizabeth Gilbert. Mit einem Essay von Hilde Spiel, Stuttgart 1981]
Woolf, Virginia, *Mrs Dalloway*, Harmondsworth 1967 [Deutsche Ausgabe: *Mrs. Dalloway*, Übersetzung von Herberth und Marlys Herlitschka, Frankfurt am Main 1991]
Woolf, Virginia, *Orlando: Eine Biographie*, Übersetzung von Herberth und Marlys Herlitschka, Frankfurt am Main 1964
Woolf, Virginia, *Pointz Hall: The Earlier and Later Typescripts of ›Between the Acts‹*. Edited, with an Introduction, Annotation, and an Afterword by Mitchell A. Leaska, New York 1983
Woolf, Virginia, *The Complete Shorter Fiction of Virginia Woolf*, ed. by Susan Dick, London (1985) 1986. [Deutsche Ausgabe: *Das Mal an der Wand*. Gesammelte Kurzprosa. Deutsch von Marianne Frisch, Brigitte Walitzek, Claudia Wenner, Dieter E. Zimmer, Frankfurt am Main 1989]

Woolf, Virginia, *The Diary of Virginia Woolf*, ed. by Anne Olivier Bell, V vols., London 1977-84
Woolf, Virginia, *The Letters of Virginia Woolf*, ed. by Nigel Nicolson and Joanne Trautman, 6 Vols., London 1975-80
Woolf, Virginia, *The ›Censorship‹ of Books*, in: *The Nineteenth Century and After*, London, April 1929, S. 446f.
Woolf, Virginia, *Zum Leuchtturm*, Deutsch von Karin Kersten, Frankfurt am Main 1993

Personenregister

Die Namen der im Text durchgehend präsenten Personen werden nicht gesondert aufgeführt.

NF 266c/1/6.08

Louis Begley
- Lügen in Zeiten des Krieges. Roman. Übersetzt von Christa Krüger. st 2546. 223 Seiten
- Mistlers Abschied. Roman. Übersetzt von Christa Krüger. st 3113. 288 Seiten
- Schiffbruch. Roman. Übersetzt von Christa Krüger. st 3708. 288 Seiten
- Schmidt. Roman. Übersetzt von Christa Krüger. st 3000. 320 Seiten
- Schmidts Bewährung. Roman. Übersetzt von Christa Krüger. st 3436. 314 Seiten

Thomas Bernhard
- Alte Meister. Komödie. st 1553. 311 Seiten
- Heldenplatz. st 2474. 164 Seiten
- Holzfällen. st 3188. 336 Seiten
- Wittgensteins Neffe. st 1465. 164 Seiten

Peter Bichsel
- Eigentlich möchte Frau Blum den Milchmann kennenlernen. 21 Geschichten. st 2567. 73 Seiten
- Kindergeschichten. st 2642. 84 Seiten

Ketil Bjørnstad. Villa Europa. Übersetzt von Ina Kronenberger. st 3730. 536 Seiten

Volker Braun. Unvollendete Geschichte. st 1660. 112 Seiten

Bertolt Brecht
- Dreigroschenroman. st 1846. 392 Seiten
- Geschichten vom Herrn Keuner. st 16. 108 Seiten
- Hundert Gedichte. Ausgewählt von Siegfried Unseld. st 2800. 188 Seiten

NF 266c/2/6.08

Lily Brett
- Einfach so. Roman. Übersetzt von Anne Lösch. st 3033. 446 Seiten
- New York. Übersetzt von Melanie Walz. st 3291. 160 Seiten
- Zu sehen. Übersetzt von Anne Lösch. st 3148. 332 Seiten

Antonia S. Byatt. Besessen. Roman. Übersetzt von Melanie Walz. st 2376. 632 Seiten

Truman Capote. Die Grasharfe. Roman. Übersetzt von Annemarie Seidel und Friedrich Podszus. st 3135. 208 Seiten

Paul Celan. Gesammelte Werke 1-3. Gedichte, Prosa, Reden. Drei Bände. st 3202-3204. 998 Seiten

Clarín. Die Präsidentin. Roman. Übersetzt von Egon Hartmann. Mit einem Nachwort von F. R. Fries. st 1390. 864 Seiten

Sigrid Damm. Ich bin nicht Ottilie. Roman. st 2999. 392 Seiten

Marguerite Duras. Der Liebhaber. Übersetzt von Ilma Rakusa. st 1629. 194 Seiten

Karen Duve. Keine Ahnung. Erzählungen. st 3035. 167 Seiten

Hans Magnus Enzensberger
- Ach Europa! Wahrnehmungen aus sieben Ländern. Mit einem Epilog aus dem Jahre 2006. st 1690. 501 Seiten
- Gedichte. Verteidigung der Wölfe. Landessprache. Blindenschrift. Die Furie des Verschwindens. Zukunftsmusik. Kiosk. Sechs Bände in Kassette. st 3047. 633 Seiten

Hans Magnus Enzensberger (Hg.). Museum der modernen Poesie. st 3446. 850 Seiten

NF 266c/3/6.08

Laura Esquivel. Bittersüße Schokolade. Mexikanischer Roman um Liebe, Kochrezepte und bewährte Hausmittel. Übersetzt von Petra Strien. st 2391. 278 Seiten

Max Frisch
- Andorra. Stück in zwölf Bildern. st 277. 127 Seiten
- Biedermann und die Brandstifter. Ein Lehrstück ohne Lehre. st 2545. 95 Seiten
- Homo faber. Ein Bericht. st 354. 203 Seiten
- Mein Name sei Gantenbein. Roman. st 286. 288 Seiten
- Montauk. Eine Erzählung. st 700. 207 Seiten
- Stiller. Roman. st 105. 438 Seiten

Carole L. Glickfeld. Herzweh. Roman. Übersetzt von Charlotte Breuer. st 3541. 448 Seiten

Norbert Gstrein
- Die englischen Jahre. Roman. st 3274. 392 Seiten
- Das Handwerk des Tötens. Roman. st 3729. 357 Seiten

Fattaneh Haj Seyed Javadi. Der Morgen der Trunkenheit. Roman. Übersetzt von Susanne Baghestani. st 3399. 416 Seiten

Peter Handke
- Die drei Versuche. Versuch über die Müdigkeit. Versuch über die Jukebox. Versuch über den geglückten Tag. st 3288. 304 Seiten
- Kindergeschichte. st 3435. 110 Seiten
- Der kurze Brief zum langen Abschied. st 172. 195 Seiten
- Die linkshändige Frau. Erzählung. st 3434. 102 Seiten
- Mein Jahr in der Niemandsbucht. Ein Märchen aus den neuen Zeiten. st 3084. 632 Seiten
- Wunschloses Unglück. Erzählung. st 146. 105 Seiten

NF 266c/4/6.08

Christoph Hein
- Der fremde Freund. Drachenblut. Novelle. st 3476. 176 Seiten
- Horns Ende. Roman. st 3479. 320 Seiten
- Landnahme. Roman. st 3729. 357 Seiten
- Willenbrock. Roman. st 3296. 320 Seiten

Marie Hermanson
- Muschelstrand. Roman. Übersetzt von Regine Elsässer. st 3390. 304 Seiten
- Die Schmetterlingsfrau. Roman. Übersetzt von Regine Elsässer. st 3555. 242 Seiten

Hermann Hesse
- Demian. Die Geschichte von Emil Sinclairs Jugend. st 206. 200 Seiten
- Das Glasperlenspiel. Versuch einer Lebensbeschreibung des Magister Ludi Josef Knecht samt Knechts hinterlassenen Schriften. st 2572. 616 Seiten
- Siddhartha. Eine indische Dichtung. st 182. 136 Seiten
- Unterm Rad. Erzählung. st 52. 166 Seiten
- Steppenwolf. Erzählung. st 175. 280 Seiten

Ödön von Horváth
- Geschichten aus dem Wiener Wald. st 3336. 266 Seiten
- Glaube, Liebe, Hoffnung. st 3338. 160 Seiten
- Jugend ohne Gott. st 3345. 182 Seiten
- Kasimir und Karoline. st 3337. 160 Seiten

Bohumil Hrabal. Ich habe den englischen König bedient. Roman. Übersetzt von Karl-Heinz Jähn. st 1754. 301 Seiten

Uwe Johnson
- Jahrestage. Aus dem Leben der Gesine Cresspahl. Einbändige Ausgabe. st 3220. 1728 Seiten
- Mutmassungen über Jakob. st 3128. 308 Seiten

NF 266c/5/6.08

James Joyce
- Dubliner. Übersetzt von Dieter E. Zimmer. st 2454. 228 Seiten
- Ulysses. Roman. Übersetzt von Hans Wollschläger. st 2551. 988 Seiten

Franz Kafka
- Amerika. Roman. st 2654. 311 Seiten
- Der Prozeß. Roman. st 2837. 282 Seiten
- Das Schloß. Roman. st 2565. 424 Seiten

André Kaminski. Nächstes Jahr in Jerusalem. Roman. st 1519. 392 Seiten

Ioanna Karystiani. Schattenhochzeit. Roman. Übersetzt von Michaela Prinzinger. st 3702. 400 Seiten

Bodo Kirchhoff. Infanta. Roman. st 1872. 502 Seiten

Wolfgang Koeppen
- Tauben im Gras. Roman. st 601. 210 Seiten
- Der Tod in Rom. Roman. st 241. 187 Seiten
- Das Treibhaus. Roman. st 78. 190 Seiten

Else Lasker-Schüler. Gedichte 1902-1943. st 2790. 439 Seiten

Gert Ledig. Vergeltung. Roman. Mit einem Nachwort von Volker Hage. st 3241. 224 Seiten

Stanisław Lem
- Der futurologische Kongreß. Übersetzt von I. Zimmermann-Göllheim. st 534. 139 Seiten
- Sterntagebücher. Mit Zeichnungen des Autors. Übersetzt von Caesar Rymarowicz. st 459. 478 Seiten

NF 266c/6/6.08

Hermann Lenz. Vergangene Gegenwart. Die Eugen-Rapp-Romane. Neun Bände in Kassette. 3000 Seiten. Kartoniert

H. P. Lovecraft. Cthulhu. Geistergeschichten. Übersetzt von H. C. Artmann. Vorwort von Giorgio Manganelli. st 29. 239 Seiten

Amin Maalouf
- Leo Africanus. Der Sklave des Papstes. Roman. Übersetzt von Bettina Klingler und Nicola Volland. st 3121. 480 Seiten
- Die Reisen des Herrn Baldassare. Roman. Übersetzt von Ina Kronenberger. st 3531. 496 Seiten
- Samarkand. Roman. Übersetzt von Widulind Clerc-Erle. st 3190. 384 Seiten

Andreas Maier
- Klausen. Roman. st 3569. 216 Seiten
- Wäldchestag. Roman. st 3381. 315 Seiten

Angeles Mastretta. Emilia. Roman. Übersetzt von Petra Strien. st 3062. 413 Seiten

Robert Menasse
- Selige Zeiten, brüchige Welt. Roman. st 2312. 374 Seiten
- Sinnliche Gewißheit. Roman. st 2688. 329 Seiten
- Die Vertreibung aus der Hölle. Roman. st 3493. 496 Seiten
- Das war Österreich. Gesammelte Essays zum Land ohne Eigenschaften. st 3691. 464 Seiten

Eduardo Mendoza. Die Stadt der Wunder. Roman. Übersetzt von Peter Schwaar. st 2142. 503 Seiten

Alice Miller
- Am Anfang war Erziehung. st 951. 322 Seiten

NF 266c/7/6.08

- Das Drama des begabten Kindes und die Suche nach dem wahren Selbst. st 950. 175 Seiten

Magnus Mills

- Die Herren der Zäune. Roman. Übersetzt von Katharina Böhmer. st 3383. 216 Seiten
- Indien kann warten. Roman. Übersetzt von Katharina Böhmer. st 3565. 230 Seiten

Adolf Muschg

- Der Rote Ritter. Eine Geschichte von Parzivâl. st 2581. 1089 Seiten
- Sutters Glück. Roman. st 3442. 336 Seiten

Cees Nooteboom

- Allerseelen. Übersetzt von Helga van Beuningen. st 3163. 440 Seiten
- Die folgende Geschichte. Übersetzt von Helga van Beuningen. st 2500. 148 Seiten
- Philip und die anderen. Roman. Übersetzt von Helga van Beuningen. st 3661. 168 Seiten
- Rituale. Roman. Übersetzt von Hans Herrfurth. st 2446. 231 Seiten

Kenzaburô Ôe. Eine persönliche Erfahrung. Roman. Übersetzt von Siegfried Schaarschmidt. st 1842. 240 Seiten

Sylvia Plath. Die Glasglocke. Übersetzt von Reinhard Kaiser. st 2854. 262 Seiten

Ulrich Plenzdorf. Die neuen Leiden des jungen W. st 300. 140 Seiten

NF 266c/8/6.08

Marcel Proust. Auf der Suche nach der verlorenen Zeit. Frankfurter Ausgabe. Herausgegeben von Luzius Keller. Übersetzt von Eva Rechel-Mertens. Sieben Bände in Kassette. st 3641-3647. 5300 Seiten

João Ubaldo Ribeiro. Brasilien, Brasilien. Roman. Übersetzt von Curt Meyer-Clason und Jacob Deutsch. st 3098. 731 Seiten

Patrick Roth
- Corpus Christi. st 3064. 192 Seiten
- Die Nacht der Zeitlosen. st 3682. 150 Seiten

Ralf Rothmann
- Hitze. Roman. st 3675. 292 Seiten
- Junges Licht. Roman. st 3754. 238 Seiten
- Milch und Kohle. Roman. st 3309. 224 Seiten

Carlos Ruiz Zafón. Der Schatten des Windes. Übersetzt von Peter Schwaar. st 3800. 565 Seiten

Jorge Semprún. Was für ein schöner Sonntag! Übersetzt von Johannes Piron. st 3032. 394 Seiten

Arnold Stadler. Mein Hund, meine Sau, mein Leben. Roman. Mit einem Nachwort von Martin Walser. st 2575. 164 Seiten

Andrzej Stasiuk. Die Welt hinter Dukla. Übersetzt von Olaf Kühl. st 3391. 175 Seiten

Jürgen Teipel. Verschwende Deine Jugend. Ein Doku-Roman. Über den deutschen Punk und New Wave. Vorwort von Jan Müller. Mit zahlreichen Abbildungen. st 3271. 336 Seiten

Hans-Ulrich Treichel
- Der irdische Amor. Roman. st 3603. 256 Seiten

NF 266c/9/6.08

- Tristanakkord. Roman. st 3303. 238 Seiten
- Der Verlorene. Erzählung. st 3061. 175 Seiten

Galsan Tschinag
- Der blaue Himmel. Roman. st 2720. 178 Seiten
- Die graue Erde. Roman. st 3196. 288 Seiten
- Der weiße Berg. Roman. st 3378. 290 Seiten

Mario Vargas Llosa
- Das Fest des Ziegenbocks. Roman. Übersetzt von Elke Wehr. st 3427. 540 Seiten
- Das grüne Haus. Roman. Übersetzt von Wolfgang A. Luchting. st 342. 429 Seiten
- Der Krieg am Ende der Welt. Roman. Übersetzt von Anneliese Botond. st 1343. 725 Seiten
- Tante Julia und der Kunstschreiber. Roman. Übersetzt von Heidrun Adler. st 1520. 392 Seiten
- Das Paradies ist anderswo. Roman. Übersetzt von Elke Wehr. st 3713. 496 Seiten
- Tod in den Anden. Roman. Übersetzt von Elke Wehr. st 2774. 384 Seiten

Martin Walser
- Brandung. Roman. st 1374. 319 Seiten
- Ehen in Philippsburg. st 1209. 343 Seiten
- Ein fliehendes Pferd. Novelle. st 600. 151 Seiten
- Halbzeit. Roman. st 2657. 778 Seiten
- Ein springender Brunnen. Roman. st 3100. 416 Seiten
- Seelenarbeit. Roman. st 3361. 300 Seiten

Robert Walser
- Der Gehülfe. Roman. st 1110. 316 Seiten
- Geschwister Tanner. Roman. st 1109. 381 Seiten
- Jakob von Gunten. Ein Tagebuch. st 1111. 184 Seiten

NF 266c/10/6.08